Constitutional Control of
Interrogation of Suspects

安部祥太=著
Shota ABE

被疑者取調べの憲法的規制

日本評論社

はしがき

　本書は，アメリカにおけるMiranda判決を中心とした被疑者取調べ規制を整理しつつ，これを継受し変容させた韓国の被疑者取調べ規制を検討することにより，日本における被疑者取調べの憲法的規制策を提示することを試みるものである。

　厚労省元局長事件を契機として，2011年から議論が開始された法制審議会特別部会では，「取調べ及び供述調書に過度に依存した捜査・公判の在り方の見直し」が検討された。その結果，2016年刑事訴訟法改正では，取調べ録音・録画などが法制化された。
　しかし，法制審議会特別部会を含む近時の議論は，被疑者の権利保障に基づいた取調べ適正化策の検討を重視していない。「取調べ及び供述調書に過度に依存した捜査・公判の在り方の見直し」を図るためには，憲法及び刑訴法の理念に基づき，被疑者の防禦権を実質的に保障する必要がある。現在もなお，法制審議会特別部会の基本構想が掲げた「別途検討されるべき」課題が残されたままである。
　本書は，以上のような問題意識に基づいて，被疑者の防禦権を実質的・実効的に保障することによって取調べを適正化するべく，被疑者取調べの憲法的規制を提示することを試みるものである。

　本書の内容は，言うまでもなく，多くの先達の業績に依っている。本書で引用した多くの先行研究がなければ，私の研究は不可能であった。他方で，日本において，韓国刑訴法研究は，これまでほとんど行われてこなかった。この点，本書は，あまり類例のない日米韓3ヶ国の比較研究を行っている。本書が，数多くの先行研究に付け加えるものを少しでも含んでいることを願うばかりである。

　本書は，筆者が2015年度に提出した博士学位論文を三分の二に圧縮し，

修正を加えたものである。本書の内容は，既に述べた問題意識や研究目的に照らせば，甚だ不充分なものである。しかし，本書出版の目的の1つは，学位論文を公刊することである。諸家のご批判を仰ぐべきことと，2016年改正を踏まえても取調べを憲法に基づいて規制すべき状況が続いていることを考慮し，できるだけ修正を加えずに公刊することにした。

　学位論文の執筆にあたっては，多くの方々のご指導・ご支援を頂いた。まず，指導教員である後藤昭先生に感謝申し上げる。検察の在り方検討会議や法制審議会特別部会の委員を歴任され，日本の刑事訴訟法学を常にリードされてきた後藤先生から，直接にご指導を頂く機会に恵まれたことは，望外の喜びであった。後藤先生は，上記委員としてもご多忙な中，いつでも筆者のために時間を割いてくださった。そして，不出来な筆者を見放すことなく，筆者の考えを常に尊重し，とことん議論してくださった。その過程で，学位論文の至らぬ点のみならず，研究や教育への姿勢など，多くを学ばせて頂いた。後藤先生によるご指導なくして，学位論文の執筆は不可能であった。心から御礼申し上げる。

　学位論文審査で副査を務めて頂いた酒井安行先生には，筆者が刑事訴訟法の研究を開始するにあたって，快く受け入れて頂いた。そして，問題の本質から表現方法に至るまで，極めて緻密な議論を展開してくださり，筆者の研究の礎を育ててくださった。同じく副査を務めて頂いた新倉修先生には，机上の空論に終始せず，国際的・実務的な視点を踏まえることの大切さをお教え頂いた。外部副査を務めて頂いた一橋大学の葛野尋之先生には，博士前期課程の頃より，厳しくも温かいご意見を度々頂いた。筆者が研究成果をお送りし，その直後にお目にかかった際には，挨拶も差し置いてご指導をしてくださる等，ご自身の教え子のように接して頂いた。

　その他，特に，一橋大学名誉教授・福田雅章先生をはじめとする現代刑事法研究会の先生方，一橋大学名誉教授・村井敏邦先生をはじめとする一橋大学刑事判例研究会の先生方，成城大学教授・指宿信先生をはじめとする科研費補助金新学術領域「法と人間科学」の先生方，刑事司法研究会の先生方，神戸大学名誉教授・三井誠先生には，大変お世話になった。国外では，高麗大学校教授・河泰勳先生及び洪榮起先生，韓国国立警察大学校

教授・李東熹先生，漢陽大学校教授・李銀模先生，Hawaii 大学教授・David T. Johnson 先生等に議論をお付き合い頂いたり，資料をご提供頂いた。この場を借りて，御礼申し上げたい。

筆者は，幸運なことに，2013年度から日本学術振興会特別研究員に採用された（研究課題番号：13J01388）。本書は，その研究成果を取りまとめたものである。その間，（現）大津地方裁判所判事・今井輝幸氏にご紹介頂き，高麗大学校を複数回訪れることができた。本書が引用する韓国語文献のほとんどは，高麗大学校で収集したものである。

本書の出版は，故・守屋克彦先生が立ち上げられた NPO 法人「刑事司法及び少年司法に関する教育・学術研究推進センター」（ERCJ）より，第4回守屋研究奨励賞を頂かなければ実現しなかった。志ばかり大きく，見返しても改善点ばかりが目立つ学位論文を，出版に適した研究であると判断して頂き，身に余る大変光栄な賞を頂戴した。ところが，出版作業中の2018年11月1日，守屋先生は鬼籍に入られた。その翌日から韓国出張が控えていたため，葬儀に列席することは叶わなかった。また，そのお手に，本書をお届けすることも叶わなかった。この不義理は，悔やんでも悔やみきれない。授賞式の席上，守屋先生から頂いた「良いお仕事をなさっていると思います。これからも頑張ってください」とのお言葉に，本書が応えられたかどうか甚だ心許ないものの，守屋先生に改めて深く御礼申し上げるとともに，本書を守屋先生に捧げたい。

本書の編集段階では，日本評論社・柴田英輔氏，晴山秀逸氏から，適切なご指摘を数多く頂いた。校正段階では，國學院大學兼任講師・暮井真絵子氏から，時を惜しまぬご協力を得た。この場をお借りして御礼申し上げる。

最後に，幼少期から勉強熱心でもなく，格別優秀でもない筆者が学問の道へ進むことを許し，いつも温かく見守ってくれた父・信美，母・利恵子，学問と実務という違いこそあれ，いつも刺激を与えてくれた弟で弁護士の拓也に感謝したい。

     2019年9月　秋の陽射しが照りつける高麗大学校にて
             安部祥太

目　次

第1部　日本の被疑者取調べとその問題点　1

第1章　戦前における被疑者取調べ　4
1．大日本帝国憲法の刑事人権規定　4
2．明治刑訴法における被疑者取調べ　5
　(1)　強制処分としての被疑者訊問　5
　(2)　任意捜査としての被疑者取調べ　6
　(3)　大審院判例とその変化　7
　(4)　取調べに対する法的規制　8
3．大正刑訴法における被疑者取調べ　10
　(1)　大正刑訴法の特色と捜査機関の強制処分権限の拡大・強化　10
　(2)　強制処分としての被疑者訊問とその規制　12
　(3)　任意捜査としての被疑者取調べとその規制　13
　(4)　戦時刑事特別法における被疑者取調べ　15

第2章　日本国憲法及び現行刑訴法の制定と被疑者取調べ　17
1．日本国憲法制定時の問題意識　17
2．現行刑訴法の制定過程と被疑者取調べ　18

第3章　現行法における被疑者取調べとその問題点　20
1．旧刑訴法との連続性　20
　(1)　実定法上の連続性　20

(2) 運用上の連続性　21
 2．いわゆる「取調べ受忍義務」論　23
 3．取調べ目的での未決拘禁の利用──いわゆる「代用監獄」問題　28
 4．被疑者取調べと権利保障　32
　(1) 黙秘権　32
　(2) 弁護人の援助を受ける権利　35
 5．法務省「取調べに関する国内調査結果報告書」にみる
　　被疑者取調べの実態　40
　(1) 取調べ時間に関する調査　41
　(2) 検察官による取調べの実態　42
　(3) 接見交通の実態　42
　(4) 検事及び警察官を対象としたヒアリング調査　43
　(5) 調査報告書から見える取調べの「実態」　43

第4章　国際水準からみる日本の被疑者取調べ　45

 1．国際条約等の諸規定　45
 2．国際社会からの勧告等と日本政府の態度　46

第5章　小括──被疑者取調べを憲法に基づいて　　　　　　規制する必要性　49

 1．取調べ中心主義　49
 2．2016年刑訴法改正の特徴と問題点　50
 3．被疑者取調べを憲法に基づいて規制する必要性　53

第 2 部　アメリカにおける被疑者取調べの憲法的規制　57

第 1 章　Miranda 判決以前の被疑者取調べ規制と Miranda への道　59

1．自白法則の変化　59
  (1) 伝統的なコモン・ロー上の自白法則の受容　59
  (2) 自己負罪拒否特権に基づく自白排除　60
  (3) デュー・プロセスに基づく自白排除　61
2．McNabb-Mallory ルール　72
  (1) McNabb-Mallory ルールの確立　72
  (2) 違法収集証拠排除法則の発展と McNabb-Mallory ルール　75
3．弁護人依頼権侵害と自白排除　81
  (1) Massiah 判決　81
  (2) Escobedo 判決　82
  (3) 弁護人依頼権保障の発展との関係　85
4．自己負罪拒否特権の発展　94
  (1) 自己負罪拒否特権の発展過程　95
  (2) 自己負罪拒否特権に関する判例の動向　98

第 2 章　Miranda 判決　105

1．Miranda 判決の概要　106
  (1) 事案の概要　106
  (2) 要旨　107
2．Miranda 判決の意義　108

第3章　Miranda 判決以降の被疑者取調べ規制　113

1．Miranda 法理の縮小　114
  (1)　包括的犯罪規制及び市街地安全法の制定　114
  (2)　弾劾例外　118
  (3)　予防法則への格下げ　121
  (4)　「公共の安全」例外　123
2．Miranda 判決の解釈を巡る諸判例　125
  (1)　身体拘束の意義　125
  (2)　取調べの意義　133
  (3)　Miranda 権利の行使と取調べ中止効　135
3．Miranda 法理の維持——Dickerson 判決を中心に　150
  (1)　Dickerson 判決に至る経緯　151
  (2)　Dickerson 判決による Miranda 判決の再確認　153
  (3)　Dickerson 判決の意義と課題　160
《付記》Miranda 法理に関する現代的評価
　　　——Weisselberg「追悼論文」とその後　163

第4章　小括——Miranda 判決の現代的意義　165

第3部　韓国における被疑者取調べの憲法的規制　173

第1章　韓国刑訴法の史的展開　174

1．現行刑訴法制定前史　174
2．憲法及び刑訴法の制定と主たる改正　178
  (1)　韓国制憲憲法の制定過程　178
  (2)　現行憲法の成立　182
  (3)　刑訴法の制定過程と現在までの改正沿革　192

3．韓国における憲法上の基本権保障に対する考え方　208
　　(1)　民主化以前の基本権とその保障　209
　　(2)　民主化以降の基本権とその保障　213
　4．小括——韓国刑訴法の変遷と刑訴法学の発展　217

第2章　韓国における被疑者取調べの概要　219

　1．日本による植民地統治期における被疑者取調べ　219
　　(1)　朝鮮王朝時代における被疑者取調べ　219
　　(2)　明治刑訴法依用期の特例　220
　　(3)　大正刑訴法依用期の特例　221
　　(4)　朝鮮における戦時刑事特別法の依用　223
　　(5)　戦前の日本における被疑者取調べとの比較　223
　2．現行刑訴法における被疑者取調べ　225
　　(1)　1954年制定刑訴法以前の被疑者取調べ　225
　　(2)　1954年制定刑訴法と被疑者取調べ　227
　　(3)　現行刑訴法における被疑者取調べ　232
　3．供述録取書の法的地位と証拠採用要件　242
　　(1)　刑訴法312条に関する従前の解釈と「調書裁判」　243
　　(2)　2004年大法院判決による判例変更　246
　　(3)　2007年改正刑訴法における供述録取書の証拠採用要件　248
　4．いわゆる「代用監房」問題　257
　　(1)　いわゆる「代用監房」問題とその沿革　257
　　(2)　近時の憲法裁判所決定と代用監房に対する認識　259
　　(3)　代用監房視察録——ソウル特別市・広津警察署の留置施設等
　　　　261
　《付記》警察署取調室の変化　263

第3章　韓国における被疑者取調べの憲法的規制　265

1．黙秘権　265
　(1)　黙秘権規定の沿革と内容　265
　(2)　黙秘権の意義と黙秘権侵害　267
　(3)　黙秘権の不告知と供述の証拠能力　268
　(4)　権利不行使と権利放棄の関係　273
2．弁護人の援助を受ける権利　275
　(1)　接見交通権　275
　(2)　被疑者取調べへの弁護人立会権　282
　(3)　小括──Miranda 法理の具体的展開　306
《付記》政策論に基づく被疑者取調べ規制について　309

第4章　被疑者取調べと「適法手続」　310

1．「適法手続」の意義　310
2．韓国における Due Process の受容　311
3．刑事手続における「適法手続」の内容　313
4．被疑者取調べと「適法手続」　315

第5章　小括──韓国における被疑者取調べの憲法的規制　317

第4部　日米韓3ヶ国における被疑者取調べ規制の差異の背景　321

第1章　裁判所の判断の違い　323

1．被疑者取調べの性質に対する裁判所の事実認識の違い　323

(1) 被疑者取調べの性質に対する各国裁判所の事実認識　323
　(2) 事実認識の差異の背景　326
 2．憲法解釈に対する各国裁判所の態度の違い　331
　(1) 憲法解釈の問題としての取調べ規制　331
　(2) 各国裁判所の憲法解釈の比較　333

第2章　実定法の違い　342

 1．各国憲法の条文の違い　342
　(1) 黙秘権規定の同質性　342
　(2) Miranda 法理の「先取り」　344
　(3) 弁護人の援助を受ける権利　345
　(4) その他　348
 2．日韓両国の刑訴法の条文の違い　349
　(1) 被疑者取調べの根拠規定　349
　(2) 黙秘権告知規定　350
　(3) 接見交通権規定　352
　(4) その他　353
 3．日本の実定法上の問題点　353

第3章　捜査実務の意識の違い　355

 1．日本の捜査実務家の意識　355
 2．韓国の捜査実務家の意識　357

第4章　その他の視座　361

第5部　日本における被疑者取調べの憲法的規制　365

第1章　アメリカ及び韓国から得られる総論的示唆　367

第2章　日本における被疑者取調べの憲法的規制　370

1．いわゆる「取調べ受忍義務」論　370
2．黙秘権　376
　(1)　黙秘権侵害の基準　376
　(2)　黙秘権行使の効果　379
　(3)　黙秘権保障のための手続的保護措置　379
　(4)　黙秘権告知のあり方と不告知の効果　380
3．弁護人の援助を受ける権利　382
　(1)　接見交通権　382
　(2)　被疑者取調べへの弁護人立会権　387
4．補論――取調べ録音・録画制度の憲法的位置づけ
　　　　　に関する一試論　392

第3章　予想される批判への反論と今後の課題　399

1．予想される批判と反論　399
2．今後の課題　401
　(1)　取調べ手続の再構成と新たな捜査手法の検討　401
　(2)　在宅被疑者の取調べ　404
　(3)　その他の課題　408

第1部
日本の被疑者取調べとその問題点

日本の刑事司法の特色として，詳密な捜査，確信に基づく厳格な起訴，供述調書を最大限に活用した公判，その結果としての100％に近い有罪率を挙げることができる。このような刑事司法は，「精密司法」と称されることがある[1]。精密司法論は，実体的真実主義と親和的である反面，「手続の適正」が軽視されるきらいがある。この傾向を回避するために，当事者主義を重視し，「適正手続の遵守」によって，その健全さが図られなければならないとされてきた[2]。しかし，精密司法論は，真相解明に資するという側面が次第に強調され，犯罪発生率の低さと結びつけられる等，日本の治安を支える理念として援用されるようになった[3]。

　このような実体的真実主義を支えるのが詳密な捜査手続であり，その中心的役割を果たしてきたのが被疑者取調べである。そこでは，取調べの真相解明機能が強調され，ここで獲得された供述調書が公判廷における事実認定を大きく左右することになる。その結果，直接主義・口頭主義に基づく公判中心主義は形骸化する[4]。このように，日本の刑事司法は，捜査段階から公判段階に至るまで，被疑者取調べを「基軸」としている。換言すれば，日本の刑事司法は「取調べ中心主義」である[5]。

　ところで，本書が比較対象とする韓国では，日本による植民地統治期に，明治刑訴法及び大正刑訴法が依用されていた。そのため，当時の朝鮮にお

---

1) 松尾浩也『刑事訴訟法（上）〔新版〕』（弘文堂，1999年）16頁。
2) 松尾・前掲注1) 16頁は，「良くも悪くも精密司法である」という表現を使い，刑事司法をニュートラルに評価する用語として用いていた。松尾浩也・小田中聰樹・鈴木茂嗣・三井誠「座談会　刑事訴訟法と刑事訴訟法学の60年」ジュリ1370号（2009年）27頁〔松尾浩也発言〕も参照。
3) たとえば，河上和雄「日本の刑事手続の特色—検察の立場から—」三井誠・中山善房・河上和雄・田邨正義編『刑事手続（上）』（筑摩書房，1988年）11〜19頁，土本武司『刑事訴訟法要義』（有斐閣，1991年）17〜34頁等。
4) 葛野尋之「被疑者取調べ適正化の現在—その位置と課題—」法時85巻9号（2013年）56〜57頁。
5) 三井誠「取調べの現実と今後」井戸田侃編『総合研究＝被疑者取調べ』（日本評論社，1991年）28〜29頁，多田辰也『被疑者取調べとその適正化』（成文堂，1999年）1頁等。頃安健司「身柄拘束中の被疑者の退出権」河上和雄編『刑事裁判実務体系第11巻　犯罪捜査』（青林書院，1991年）458頁は，「被疑者の取調べを抜きにして，我が国の刑事司法制度を語ることはできない」と指摘する。

ける被疑者取調べは，一部を除き，日本の戦前における被疑者取調べと同じである。現在の韓国における被疑者取調べを理解するためにも，この時期の被疑者取調べを把握しておくことが必要である。そこで，以下では，本書第３部で韓国における被疑者取調べの変遷を辿る前提を示す趣旨を兼ねて，明治刑訴法以後の被疑者取調べを概観する。その上で，現行法における被疑者取調べとその問題点を確認する。そして，「取調べ中心主義」の実態を示し，日米韓３ヶ国比較を行うための足がかりとする。

第1章

戦前における被疑者取調べ

1．大日本帝国憲法の刑事人権規定

　大日本帝国憲法（以下，旧憲法）第2章「臣民權利義務」に設けられた23条は，「日本臣民ハ法律ニ依ルニ非スシテ逮捕監禁審問處罰ヲ受クルコトナシ」とし，法律による逮捕・監禁・審問・処罰を規定していた。審問とは，「法廷若くは警察署及び官衙に引き出して事實を審糺する事」を言い，「殊に本條に於ては『法律に依らずして』と記したれば凡そ人を逮捕，監禁，審問，處刑するに何れも皆な法律の正條に從ひて之を行ふのみ勅令，命令等凡そ行政上の命令のみにては之を行ふ事を得ざる事明かなり」と解説されていた[1]。この解説は，旧憲法の公布から9日後に示されたものである。少なくとも旧憲法制定時は，この規定に積極的な意義が見いだされていた[2]。

　しかし，その後，第2章「臣民權利義務」は，「所謂憲法上ノ自由權ナル者ノ本旨ハ絶對ニ國家ニ對抗スルノ權利ヲ認容スルノ意ニ非ス，唯，之ヲ立法權ノ行動ニ留保シ，政府行政ノ自由ノ干渉ヲ排斥セントスルニ外ナラサルナリ」と理解されるようになった[3]。このような理解の下，旧憲法に規定された「臣民權利」は，形骸化・矮小化されることになる。臣民の権利と関連して，穂積八束は，「臣民ハ絶對ニ，無限ニ，國權ニ服從ス

1）明治政治史研究会編『憲法解釈資料―大日本帝国憲法発布当時の一般憲法思想を窺ふべき逐条憲法解釈文献―』（ナウカ社，1936年）98～100頁所収の東京日日新聞1889年2月20日第5191号「大日本帝國憲法解釋」。
2）高野隆「刑事人権規定の制定過程」憲法的刑事手続研究会編『憲法的刑事手続』（日本評論社，1997年）100頁を併せて参照。

此ノ完全ナル服従アルカ故ニ亦完全ナル保護ヲ受ケ，完全ナル保護アルニ由リテ權能ノ享有ヲ全ウスルコトヲ得ルナリ。權力ナケレハ服従ナシ，服従ナケレハ保護ナシ，保護ナケレハ權能ナシ。權能トハ人格及權利ノ享有ノ謂ナリ」と説いていた[4]。また，「生命ト意思トハ天賦固有ナリトスルモ，人格ト權利トハ法ノ賜タリ，禽獸ニ生命アリテ人格ナク，意思アリテ權利ナシ，唯，人能ク之ヲ享有スルノ理此ニ存ス」とされた[5]。旧憲法の刑事人権規定は，「人権保護的な規制作用を殆どまったく持っていなかった」のである[6]。

2．明治刑訴法における被疑者取調べ

(1) 強制処分としての被疑者訊問

治罪法の制定以前は，糺問判事職務仮規則や司法警察仮規則，司法省職制章程並検事職制章程などにより，やむを得ない場合に限り，検事及び司法警察官（以下，「捜査機関」とも称する）の強制権限行使が認められていた。そして，その軸として，拷問が行われていた[7]。その反省から，治罪法や明治刑訴法は，現行犯の場合を除き，検事及び司法警察官の捜査手続に関する具体的な規定を設けなかった[8]。主たる捜査は，予審判事が担うことが期待された。

明治刑訴法93条が認めた強制処分としての「被告人ノ訊問」も，予審判事の権限として規定されていた[9]。そして，非現行犯である場合は，捜査

---

3) 穂積八束『憲法提要〔修正増補第8版〕』（有斐閣，1943年）216頁。後述するように，植民地統治期における朝鮮・京城帝国大学では，穂積八束の『憲法提要』を用いて旧憲法の講義が行われていた。韓国の制憲憲法に携わった者は，この講義によって旧憲法の精神を学んだとされている。
4) 穂積・前掲注3）201頁。
5) 穂積・前掲注3）202頁。
6) 小田中聰樹『刑事訴訟法の歴史的分析』（日本評論社，1976年）133頁。
7) 小田中聰樹「被疑者取調の歴史的考察（戦前）」井戸田侃編『総合研究＝被疑者取調べ』（日本評論社，1991年）110～112頁。
8) 小田中・前掲注7）112～113頁。
9) 井上操『刑事訴訟法述義〔全〕』（明法堂，1891年）454頁。

機関は強制処分を行い得ないという点で，学説は一致していた[10]。また，明治刑訴法94条により，「恐嚇又ハ詐言ヲ用」いて自白を求めてはならないことが確認された。

(2) 任意捜査としての被疑者取調べ

明治刑訴法は，任意捜査としての被疑者取調べについて，何ら規定していなかった[11]。そこで，現行犯以外の場合に，捜査機関が任意捜査として被疑者を取り調べ得るかが問題となる。これについて，治罪法下の1886年に発せられた司法警察訓則132条は，「現行犯ト非現行犯トヲ問ハス又臨検シタル場合ト否トニ拘ラス捜査上必要トスル時ハ…被告人ヲ呼出シ又ハ其所在ニ就キ取調ヲ爲スコトヲ得《省略筆者》」と規定していた[12]。これに代わって1893年に発せられた司法警察官執務心得47条も，「捜査上必要トスルトキハ犯罪ノ事実ヲ知ルト思料スル者又ハ被告人ヲ呼出シ若クハ其所在ニ就キ陳述ヲ聴クコトヲ得，但呼出ヲ爲スニハ書面又ハ口頭ヲ以テ報知ス可シ又其承諾ヲ得テ犯所其他ノ場所ニ同行スルコトヲ得」と規定していた（同48条は，「前條ノ場合ニ於テ被告人其他ノ陳述ハ之ヲ録取ス可シ」と規定し，供述録取書を作成することができる旨を規定していた。)[13]。とりわけ，1900年以降，起訴便宜主義が捜査実務に定着・確立するに伴い，その前提として詳密・活発な捜査を行うことが意識され，検事による被疑者取調べが励行されるようになった[14]。このようにして，捜査機関は，非現行犯であっても任意捜査として被疑者取調べを行っていた。実際には，あたかも捜査機関に強制的な被疑者訊問権があるかの如く，呼出，訊問，調書作

---

10) 松室致『改正刑事訴訟法』（有斐閣，1899年）195〜199頁，豊島直通『刑事訴訟法原案』（明治大学出版，1900年）477〜478頁，富田山壽『最近刑事訴訟法要論〔下巻〕』（有斐閣，1910年）891〜892頁等。主な判例として，大判明治25年6月30日法曹記事10号48頁，大判明治28年10月3日刑録1輯3巻29頁等。

11) 明治刑訴法は，「被疑者」という概念を設けていなかった。そのため，告訴・告発されたり，現行犯として逮捕された者は「被告人」と呼ばれた。

12) 出射義夫「検察制度の研究」司法研究報告書26輯4号（1939年）148頁。

13) 五十嵐光彰『司法警察官執務心得』（忠愛社，1893年）18〜19頁。

14) 出射・前掲注12) 159頁，小田中・前掲注7）117頁。

成が行われていたという[15]。

　このような捜査実務に対して，当時の学界も，任意捜査としての被疑者取調べを支持していた。たとえば，豊島直通は，法が任意取調べを禁じていない旨を強調した[16]。富田山壽も，被訊問者の承諾を得れば，任意取調べを行い得るとした[17]。さらに，林賴三郎も，被訊問者の承諾を得れば，公序良俗に反しない範囲で捜査の目的を達成するために必要な行為を行い得るとし，必要な行為の例示として「（イ）任意ノ呼出，承諾同行，承諾留置，（ロ）任意ノ問答」等を挙げていた[18]。

(3)　大審院判例とその変化

　以上のように，明治刑訴法下では，捜査機関が任意捜査として被疑者取調べを行い，「聴取書」が作成されていた[19]。大審院は，「訊問」の定義を明示していないものの，「訊問」とは「捜査機関が質問し供述を得ること」と解されていた[20]。また，「訊問調書」は，「被告ヲ訊問セシ事跡」が認められる書類であると解されていた[21]。このような捜査実務に対して，大審院明治25年判決は，捜査機関の「被告人ヲ訊問シ調書ヲ作ルノ

---

15) 小田中・前掲注7) 116頁。
16) 豊島・前掲注10) 479頁。
17) 富田・前掲注10) 891〜892頁。
18) 林賴三郎『刑事訴訟法論〔第4版〕』（巌松堂書店，1919年）549〜550頁。
19) 花井卓蔵「教科書の獄を論じて其法律上裁判上の疑義に及ぶ（3）」法律新聞156号（1903年8月30日付）4〜6頁。聴取書については，田中輝和「旧旧刑訴における捜査の方法とその法的規制についての素描―旧法第二五四条第一項成立の背景―」法学30巻4号（1966年）30〜39頁，小田中・前掲注6) 140〜154頁，守屋克彦『自白の分析と評価―自白調書の信用性の研究―』（勁草書房，2005年）17〜38頁，青木孝之『刑事司法改革と裁判員制度』（日本評論社，2013年）100〜135頁が詳しい。
20) 多田辰也『被疑者取調べとその適正化』（成文堂，1999年）74頁。なお，大判明治27年8月16日法曹記事33号515頁は，「訊問調書」が有罪の証拠とされたことに対する上告趣意について，「（被告人が）通知ニ掛リ警察署ニ出頭シテ陳述シタル所ヲ録取シタルニ止（る）」と判示している。
21) 大判明治28年10月3日刑録1輯3巻27頁は，「該書面而ノ名目及外形上ノ體裁如何ニ拘ハラス其實司法警察官ノ訊問ニ對スル答辯ヲ記載シタル書面ニ外ナラス」と判示し，「被告ヲ訊問セシ事跡」の有無を判断している。

権」を否定し,「訊問調書」を無効とした[22]。ところが,大審院明治36年判決は,明治25年判決を変更し,被訊問者の「自由任意ノ承諾」があれば捜査機関の任意取調べは容認される旨を判示した[23]。その後も大審院は,被訊問者の「自由任意ノ承諾」を要件として,任意取調べを容認してきた[24,25]。

(4) 取調べに対する法的規制

　捜査機関による任意取調べは,学説や大審院判決の支持を得て,積極的に行われた。これに対して,明治刑訴法は適切な規制策を設けていなかった。まず,前提として,被疑者の弁護権が認められていなかったことに留意しなければならない。そのため,被疑者と弁護人の接見交通権は観念し得なかった[26]。また,明治刑訴法は,被告人訊問における黙秘権告知に関する規定を設けていなかった。被疑者に対する任意取調べにおいても,黙秘権告知は行われていなかったと思われる[27]。

　もっとも,明治刑訴法は,予審判事による「被疑者訊問」に対して,いくつかの規制を設けていた。まず,明治刑訴法は,予審判事による訊問には裁判所書記が立ち会うことを要求し,書記が立ち会うことができない場合には2名以上の立会人を要するとしていた(92条)。この規定は,捜査機関が現行犯人を強制処分として訊問する場合(以下,「仮予審処分としての訊問」と称する。)にも準用された[28]。その後,大審院は,検事が仮予審

---

22) 大判明治25年6月30日法曹記事10号48頁。大判明治28年10月3日刑録1輯3巻29頁も参照。
23) 大判明治36年10月22日刑録9輯26巻1721頁。
24) 大判明治36年10月26日刑録9輯23巻1586頁,大判明治38年1月16日法律新聞257号11頁,大判明治40年1月29日法律新聞409号12頁,大判明治42年4月12日刑録15輯9巻427頁等。
25) もっとも,「被告ヲ審訊追窮シ被告ヲシテ自白ヲ為スノ已ムヲ得サルニ至ラシメ」るような取調べは禁じられ,このような自白を録取した聴取書は無効とされていた(大判大正9年11月8日刑録26輯23巻816頁)。
26) この頃の刑事弁護の実態については,田中輝和「明治・大正期の刑事弁護」後藤昭・高野隆・岡慎一編『現代の刑事弁護3―刑事弁護の歴史と展望―』(第一法規,2014年) 25～65頁を参照。
27) 多田・前掲注20) 78頁。

処分としての訊問を行う場合には,裁判所書記の立会いが必要であると判示した[29]。これに対して,捜査機関が任意捜査として被疑者取調べを行う場合には,立会人が要求されなかった。また,聴取書への署名・押印も要求されなかった。これは,捜査機関による任意取調べによって作成される「聴取書」は,予審判事の訊問(あるいは,仮予審処分としての訊問)によって作成される「訊問調書」と同視すべきものではないと解されたためである[30]。

また,明治刑訴法は,予審判事の訊問によって調書を作成する場合には,「読聞け」を行うこと(95条),増減変更を申し立てる機会を与えること(96条)を求めていた。しかし,これらの規定も,捜査機関が任意捜査として被疑者取調べを行い,聴取書を作成する場合には準用されなかった。そのため,聴取書は,「憲法及び刑事訴訟法の外に屹立して治外法権を有する文書」であると評されていた[31]。

以上のように,明治刑訴法下では,任意捜査としての被疑者取調べに対する手続的規制は存在しなかった[32]。しかし,聴取書に関しては,弁護士のみならず,大審院判事の中にも批判的な者がいた。大審院判事を経験した横田秀雄は,「聴取書の効力を否定さねばならぬ」と述べていた[33]。このような問題意識や,明治から大正にかけて発生した人権蹂躙事件などを契機として[34],取調べに対する法的規制が提案されたことがある。法律新聞を創刊した弁護士であり,衆議院議員であった高木益太郎等は,第31回帝国議会に「犯罪捜査ニ関スル法律案」を提出し,注目を集めた[35]。全9ヶ条から成る「犯罪捜査ニ関スル法律案」は,捜査手続の規制に関す

---

28) 大判明治28年7月2日刑録1輯1巻28頁。
29) 大判明治41年5月21日刑録14輯12巻572頁。
30) 大判明治29年1月14日刑録2輯1巻11頁,大判明治35年3月17日刑録8輯3巻41頁,大判明治36年10月22日刑録9輯26巻1721頁等。
31) 花井・前掲注19) 5頁。
32) 多田・前掲注20) 78頁。
33) 横田秀雄「刑事裁判と国民の信頼」法律新聞945号(1913年6月30日付)3頁。
34) 田中・前掲注26) 54頁を参照。
35) 同法案及び提案理由書は,法律新聞918号(1914年2月5日付)14頁を参照。

る初めての立法案であった[36]。このうち，計4ヶ条が取調べに関するものであった。その内容は，弁護士等による取調べ立会い（1条），明治刑訴法が予審判事による被告人訊問と関連する明治刑訴法94条「恐嚇又ハ詐言」禁止規定を，捜査機関による取調べにも及ぼすこと（2条），検事による起訴後の取調べ禁止（3条），捜査上作成した文書の証拠使用禁止（5条）であった[37]。しかし，これらの立法要求は，そのほとんどが実現しなかった（聴取書の証拠能力を否定しようとする5条の趣旨は，大正刑訴法343条に受け継がれた。）。

3．大正刑訴法における被疑者取調べ

(1) 大正刑訴法の特色と捜査機関の強制処分権限の拡大・強化

　1922年に制定された大正刑訴法は，基本的には明治刑訴法と良く似た構造を有していた[38]。他方で，大正刑訴法は，捜査機関の強制処分権限を拡大・強化した[39]。明治刑訴法下では，捜査機関は，「現行犯」である場合に限り強制処分を行うことができた。これに対して，大正刑訴法下では，捜査機関は，現行犯に加え，「要急事件[40]」の場合にも強制処分を行うことができた（123条）。要急事件とは，①被疑者が住居不定であるとき，②現行犯人がその場所に居ないとき，③現行犯人の取調べにより共犯を発見したとき，④既決囚や被拘禁者が逃亡したとき，⑤死体の検証により犯人

---

36) 小田中・前掲注6）324頁，多田・前掲注20）88頁。
37) 多田・前掲注20）88頁。
38) 小野清一郎『刑事訴訟法講義〔全訂第3版〕』（有斐閣，1937年）45頁。
39) 政府は，捜査機関の強制処分権限を拡大・強化する理由として，人権蹂躙の防止を挙げていた。これは，明治刑訴法下では，捜査機関の強制処分権限が制限されていたために人権蹂躙問題が生じたという理解に基づくものである（法曹会編『刑事訴訟法案衆議院貴族院委員会議事録』（法曹会，1922年）481～482頁〔林頼三郎発言〕）。
40) 「要急処分」とは，「急速を要し，捜査機關をして直接強制の處分を行はしむべき理由ある場合」を指し示す語である。これは，牧野英一の命名であり，その後も踏襲されている（牧野英一『重訂刑事訴訟法〔増補18版〕』（有斐閣，1932年）356頁，宮本英脩『刑事訴訟法大綱』（松華堂書店，1936年）244頁，小野・前掲注38）266～267頁，團藤重光『刑事訴訟法綱要』（弘文堂書房，1943年）443頁等）。

を発見したとき，⑥被疑者が常習として強盗・窃盗の罪を犯したときである[41]。現行犯である場合や，これらの6つの場合のいずれか1つに該当する場合には，司法警察官による被疑者訊問（127条）や，検事による被疑者訊問（129条）が認められた[42]。

検事は，現行犯人を逮捕し，若しくはこれを受け取り，又は勾引状の執行を受けた被疑者を受け取ったときは，遅くとも24時間以内に訊問を行うこととされた（129条1項）。なお，24時間が経過した後の訊問は無効とされた[43]。司法警察官は，現行犯人を逮捕し，又はこれを受け取ったときは，即時これを訊問することとされた（127条前段）。捜査機関が強制処分として被疑者訊問を行い得るのは，以上の場合に限られ，それ以外は任意の供述を聴取できるのみであった[44]。

もっとも，大正刑訴法の「現行犯」概念は，現行法の現行犯概念よりも遥かに広範であった。大正刑訴法は，「現行犯」を「現ニ罪ヲ行ヒ又ハ現ニ罪ヲ行ヒ終リタル際ニ發覺シタルモノ」と規定していた（130条1項）。ここでいう，「現ニ罪ヲ行ヒ終リタル」とは，「時間的ノ意義」ではなく[45]，「犯罪の実行後未だ多くの時間を経ずして，其の形跡の明瞭なる場合」と解されていた[46]。また，「必ずしも犯人がその場所に在ることを要しない」とされていた[47]。そのため，「犯人ノ轉居後空家ヨリ他殺死體ヲ發見シタル場合ニハ，狀況ニ變化ナキ限リ，數日ヲ經過」した場合も，現行犯であった[48]。さらに，大正刑訴法は，「準現行犯」として，「兇器贓物ソノ他ノ物ヲ所有シ，誰何セラレテ逃走シ，犯人トシテ追呼セラレ又は身體被服ニ顯著ナル犯罪ノ痕跡アリテ犯人ト思料スヘキ場合」は，現行犯

---

41) 團藤・前掲注40）444～445頁。なお，小野・前掲注38）268頁も参照。
42) その他に，捜査機関は，押収・捜索（170条），検証（180条），証人尋問（214条）等の強制処分も行うことができた。
43) 大判昭和7年4月18日刑集11巻384頁。
44) 團藤・前掲注40）455頁。
45) 宮本・前掲注40）243頁。
46) 小野・前掲注38）267頁。
47) 小野・前掲注38）267頁。
48) 宮本・前掲注40）243頁。

人がその場所にいるものとみなす旨を規定していた（130条2項）。これには，現行法が準現行犯規定に付している「罪を行い終わってから間がないと明らかに認められるとき」という要件がなかった。そのため，大正刑訴法下では，現行法における現行犯よりも広範に「現行犯」が認められていた[49]。

(2) 強制処分としての被疑者訊問とその規制

　大正刑訴法は，予審において，被告人が弁護人を選任することを認めていた（39条1項）。しかし，弁護人は，予審判事による強制処分としての被告人訊問に立ち会う権限を有していなかった。明文で立会いが認められていたのは，裁判所書記のみであった（136条）。また，大正刑訴法は，被告人の黙秘権に関する規定を設けず，「被告人ニ対シテハ丁寧深切ヲ旨トシ其ノ利益ト爲ルヘキ事實ヲ陳述スル機會ヲ與フヘシ」という規定を設けているのみであった（135条）。

　裁判所による被告人訊問に関する規定は，現行犯又は要急事件について捜査機関が強制処分として被疑者を訊問する場合にも準用された（139条）。但し，司法警察官が訊問を行う場合は，立会人は司法警察吏で足りるとされた（139条但書）。また，裁判所書記が行う職務は，司法警察官が行い得るとされた（59条）。

　これらの訊問で作成された訊問調書は，後述する343条によって，無条件に証拠とされた。大正刑訴法下では，証拠能力の制限は原則として「ないといってよい」とされ，若干の例外が設けられていただけであった[50]。そして，予審判事が作成した被告人訊問調書や，現行犯及び要急事件において捜査機関が作成した被疑者訊問調書は，その例外による制限を受けなかった。

---

49) 法務庁検務局総務課編『改正刑事訴訟法提案理由書——附改正法律案・主要改正點——』（有隣出版株式会社，1948年）38頁。
50) 團藤・前掲注40) 359頁。

(3) 任意捜査としての被疑者取調べとその規制

　捜査機関による任意捜査としての被疑者取調べは，大正刑訴法下でも継続して行われた[51]。これは，捜査機関による強制処分を制限する規定を根拠とするものであった。すなわち，254条1項は，「捜査ニ付テハ其ノ目的ヲ達スル爲必要ナル取調ヲ爲スコトヲ得但シ強制ノ處分ハ別段ノ規定アル場合ニ非サレハ之ヲ爲スコトヲ得ス」と規定していた。そして，この規定に基づいて行い得る任意捜査の1つとして，被疑者取調べが挙げられていた[52]。大審院判決も，任意捜査としての被疑者取調べを「司法慣習トシテ」承認していた[53]。

　大正刑訴法も，明治刑訴法と同様に，被疑者の弁護権を認めていなかった。そのため，大正刑訴法下でも，被疑者と弁護人の接見交通権は観念し得なかった。黙秘権告知に関する規定を欠いていたことも，明治刑訴法と同様であった[54]。また，強制処分としての被疑者訊問に対する規制も，任意捜査としての被疑者取調べには適用されなかった。そのため，裁判所書記や司法警察吏の立会いは必要ではなく[55]，聴取書の作成にあたって，その内容を読み聞かせ，増減変更を申し立てる機会を与え，署名・捺印を求める必要もなかった[56]。

　もっとも，大正刑訴法は，明治刑訴法とは異なり，聴取書の証拠能力を制限する規定を設けていた。被告人その他の供述を録取した書類は，「法令ニ依リ作成シタル訊問調書」でなければ証拠使用が禁じられたのである（343条）。捜査機関が任意捜査としての被疑者取調べで作成した聴取書は，「法令ニ依リ作成シタル訊問調書」には該当しないため，原則として証拠

---

51) 團藤・前掲注40）455頁及び508頁。
52) 小野・前掲注38）357〜358頁，團藤・前掲注40）508頁等。
53) 大判昭和11年11月16日刑集15巻1451頁。
54) 多田・前掲注20）97頁。
55) 大判昭和2年9月10日刑集6巻353頁，大判昭和8年2月3日刑集12巻105頁，大判昭和8年2月22日刑集12巻85頁等。
56) 1923年司法警察職務規範16条は，読み聞かせや増減変更の申立て，署名・捺印について規定していた。しかし，この規定に違反しても，聴取書の証拠能力に影響を与えることはなかった（多田・前掲注20）97頁及び100頁注（25））。

使用が禁じられた[57]。但し、例外として、①供述者が死亡したとき（343条1項1号）、②疾病等により供述者への訊問ができないとき（同2号）、③訴訟関係人の異議がないとき（同3号）は、当該書類を証拠とすることができた。また、区裁判所の事件に対しては、証拠能力の制限規定は適用されなかった（同条2項）[58]。さらに、聴取書は、検事が起訴するか否かを判断するにあたって、重要な資料とされた[59]。そのため、捜査機関は、聴取書を積極的に作成することが推奨されていた[60]。このように、343条によって聴取書の証拠能力が制限されたものの、任意捜査としての取調べの必要性・重要性は変わらなかった。また、これを適切に規制するには至らなかった[61]。

　このような任意取調べに対しては、次のような批判が向けられていた。たとえば、小野清一郎は、任意取調べが当事者の自由意思に基づくもので、承諾する義務を負わないにも関わらず、「検事又は司法警察の要求あるときは事實上一種の心理的強制力を有する」と指摘した上で、「此等の行為は理論上當事者の自由なる承諾を以て行はれるものとされてゐる」と危惧し、法律上の制限がないために裁判所の強制処分以上の強制処分が捜査機関によって行われ得ると主張していた[62]。もっとも、小野の主張は、個人の自由に対する不当な侵害が生じるのは、捜査機関に強制権限が認められていないためであると理解した上で、捜査機関に強制処分権限を更に認めることにより、取調べの法律的規律と個人の法律的保護が可能になると

---

57) この規定は、司法警察官作成の聴取書のみならず、検事作成の聴取書に対しても適用された（大決大正14年1月29日大刑集4巻21頁）。
58) この場合、審級は問われなかった（大判大正13年1月30日大刑集3巻51頁）。また、訊問調書と聴取書がいずれも証拠として認められる場合は、いずれを判断資料としても良いとされた（大判大正14年5月21日刑集4巻313頁、大判昭和8年2月24日刑集12巻169頁、大判昭和8年5月29日刑集12巻623頁等）。
59) 多田・前掲注20) 98頁。
60) 南波杢三郎『實際的研究　新刑事訴訟法〔新訂第8版〕』（松華堂、1924年）22頁。
61) 多田・前掲注20) 102頁注（29）は、現行犯や要急事件の範囲が広いこと、検事が主導して予審や強制処分としての被告人訊問・被疑者訊問が行われていたことを挙げ、聴取書を証拠として提出しなくても事足りたのではないかと指摘する。
62) 小野・前掲注38) 357～358頁。

いう文脈で展開されたことに留意する必要がある[63]。

いずれにせよ，大正刑訴法においても，任意捜査としての被疑者取調べが盛んに行われていた。そして，その問題点が強く意識されていたにも関わらず，直接的な規制は存在しなかった[64]。

(4) 戦時刑事特別法における被疑者取調べ

捜査機関から強く主張されていた強制処分権限拡大論は，1941年の戦時立法によって実現した。国防保安法は，外交，財政，経済等に関する「国家機密」の保護と，国防保安事件等を特別刑事手続によって処理することを目的とする法律であった。ここで規定された特別刑事手続により，国防保安法違反事件については，弁護権が制限されたり（29条～32条），控訴審が廃止されたりした（33条）。また，検事の強制処分権限が拡大された（17条～28条）。その結果，検事は，被疑者の勾引・勾留，訊問，押収，捜索，検証等の強制処分権限を獲得した。これらは，検事が司法警察官に命ずることにより，その権限を行使させることも可能であった[65]。

加えて，治安維持法が全面改正された。改正治安維持法上の刑事手続は，治安維持法違反事件について，国防保安法と概ね同じ内容を設けるものであった。但し，検事による勾留期間の上限を1年とした点や，予防拘禁制度（刑期満了後も，再犯のおそれを理由として拘禁し続ける制度）を設けた点で，国防保安法と異なる[66]。

1942年2月に制定された戦時刑事特別法は，通常の刑事事件について，捜査機関に強制処分権限を付与しなかった。地方裁判所の事件であっても聴取書は証拠能力の制限を受けない旨を規定することで（25条），捜査機関に強制処分権限を付与しなくても足りると考えられたためである[67]。

---

63) 小野・前掲注38）239～240頁を参照。
64) 併せて，多田・前掲注20）98～99頁を参照。
65) 以上，小田中聰樹『刑事訴訟法の史的構造』（有斐閣，1986年）138頁。
66) 小田中・前掲注65）141～143頁を参照。
67) 團藤重光「戦時刑事法の展開」法時14巻4号（1942年）25頁。大正刑訴法及び戦時刑事特別法と聴取書の証拠能力については，久岡康成「大正刑訴法と供述を録取した書面」立命316号（2007年）195～219頁。

これにより，事実上，捜査機関の権限が強化された。また，裁判所構成法戦時特例4条1項所掲の罪について，弁護権が大きく制限された（20条，21条，24条等）。

　このような戦時立法に対しては，2つの評価が加えられ，論争が展開されていた[68]。1つは，牧野英一による否定的評価である。牧野は，検察権限の拡大・強化について，「訴訟法における保障機能を完うするものであるかにつき，問題が成立する」としていた[69]。これに対して，團藤重光は，「戦時立法が一般法制のパイオニヤーたる機能をもつことをここにもみることができる」と肯定的評価を下していた[70]。佐伯千仭も，戦時立法は従来から改革を要するとして議論されてきた刑訴法の問題点に対応したものであって，「今日の所謂戦時法は一時的立法でなくて，むしろ，恒久的性格を有するものとして考へられねばならぬ」と述べていた[71]。

　戦時刑事特別法は，「法外的暴力＝人権蹂躙の許容，放任，それへの依存，その『合法化』という実質を持ち，強制捜査権限の拡大・強化や捜査書類（聴取書）への証拠能力付与による刑事手続の検察一元化と，被告人の基本的権利の剥奪（弁護権の制限，控訴権の剥奪など）により，簡易，迅速な刑罰権の実現を意図したもの」であった[72]。そのイデオロギーは，日本国憲法や現行刑訴法の制定作業において，戦時立法の完全な廃絶と民主化を志向する力学と相剋することになる。その結果，現行憲法及び刑訴法は，捜査機関の強制捜査権限等の側面で，戦時刑事特別法の重要な部分を再編・継受することになった[73]。

---

68) 論争の詳細は，小田中・前掲注65）194～206頁。
69) 牧野英一「非常時立法としての刑罰法規の強権」法時13巻3号（1941年）3頁。
70) 團藤重光「國防保安法の若干の檢討」法時13巻5号（1941年）7頁。
71) 佐伯千仭「戰時下に於ける我刑政の發展―戰時刑事特別法の制定を中心として―」論叢46巻4号（1942年）132～133頁。
72) 小田中・前掲注65）208頁。
73) 以上，小田中聰樹「予審を廃止したことの評価」松尾浩也編『刑事訴訟法の争点』（有斐閣，1979年）236～237頁，小田中・前掲注65）208頁等を参照。なお，本書の元となった学位論文の執筆後に，久岡康成「刑訴法198条と明治憲法期における被疑者の任意取調」香川36巻3＝4号（2017年）105～125頁に接した。

第2章

日本国憲法及び現行刑訴法の制定と被疑者取調べ

1．日本国憲法制定時の問題意識

　現行憲法の制定にあたり，GHQ民政局行政課法規担当官 Milo E. Rowell は，「日本の政治諸慣行を調査すること，および憲法改革の領域の進展過程に注目すること」を指示された[1]。調査の結果，Rowell は，1945年12月6日付レポートで「日本の刑事裁判は，拷問によってえられた自白に依拠するところが大きいこと，および政府の批判者に犯罪を犯させるようアジャン・プロヴォカツールを用いることで，悪名高いものがある。」と注記していた[2]。また，1946年1月11日付「私的グループによる憲法改正草案に対する所見」では，長期の身体拘束や自白強要を挙げ，個人の基本的権利が捜査手続で大きく侵害されていると指摘し，黙秘権規定や弁護人依頼権規定などを憲法に設けるべきであるとした。加えて，「自白は，弁護人の立会いのもとでなされたのでないかぎり，いかなる法廷手続においても，これを証拠にすることができないという憲法上の規定が必要であるとの意見」を紹介し，これを極端な規定と位置づけつつも，「日本の法律家には，それは司法の運営を不当に妨げるものではないという意見をもつ者が数多く存する」と記した[3]。

---

1) チャールズ・L・ケーディス（竹前栄治・岡部史信訳）「日本国憲法制定におけるアメリカの役割（上）」法時65巻6号（1993年）30頁。
2) 高柳賢三・大友一郎・田中英夫編『日本国憲法制定の過程―連合国総司令部側の記録による―Ⅰ原文と翻訳』（有斐閣，1972年）9〜10頁。
3) 高柳ほか・前掲注2）28〜30頁。

以上のように，現行憲法の制定時に，GHQ は刑事手続改革を民主化のための重要課題の1つとして位置づけた。その結果，1946年11月3日，10ヶ条の詳細な刑事人権規定を設けた日本国憲法が公布された[4]。

2．現行刑訴法の制定過程と被疑者取調べ

　刑訴法の制定作業は，1945年秋頃から行われた[5]。その過程を眺めると，刑事司法改革の重要性について，GHQ と日本側で認識に隔たりがあった。日本側は，戦前から受け継いだ強制処分権限強化論を前提とした刑訴法を想定していたため，GHQ との間で意見が対立した[6]。捜査機関に対して強制処分としての「被疑者訊問」を認めていた第6次案を改め，被疑者取調べを任意処分と位置づけた第7次案が示されたのは，1947年8月中旬以降のことであった[7]。GHQ が早い段階から新設を求めていた接見交通権規定や黙秘権告知規定は，日本側の最終案である1947年10月20日付第9次案でも設けられていなかった。その後，1948年3月23日から刑事訴訟法改正小審議会が[8]，1948年4月12日から刑事訴訟法改正協議会が[9]，それぞれ開催された。協議会の準備的交渉と位置づけられた小審議会では，接見交通における秘密性の確保が確認された。しかし，黙秘権告知規定については，検察側の強い反対により，協議会まで持ち越されることになった[10]。

---

4) 刑事人権規定の詳細な制定過程は，高野隆「刑事人権規定の制定過程」憲法的刑事手続研究会編『憲法的刑事手続』(日本評論社，1997年) 110～185頁に譲る。

5) 刑訴法の制定過程及び関連事項をまとめた資料として，井上正仁「刑事訴訟法 (昭和23年法律第131号) 制定過程年表」ジュリ551号 (1974年) 59～66頁がある。刑訴法の詳細な制定過程については，小田中聰樹『現代刑事訴訟法論』(勁草書房，1977年) 25～139頁等に譲る。

6) 刑事訴訟法制定過程研究会編「刑事訴訟法の制定過程 (6)」法協92巻5号 (1975年) 91～92頁〔小田中聰樹執筆〕。

7) 小田中・前掲注5) 100～103頁，多田辰也『被疑者取調べとその適正化』(成文堂，1999年) 129～130頁。

8) 小田中・前掲注5) 106頁。

9) 小田中・前掲注5) 107～135頁。

計16回に亘る協議会における協議は，GHQ が示したプロブレムシートに沿って進行された[11]。この協議会において，GHQ の主導により，被疑者取調べは任意捜査に限って行い得ること，黙秘権告知規定を新設すること，調書の閲覧等に関する規定を新設すること，供述録取書の証拠能力について任意性を厳格に要求すること，起訴状一本主義を採用すること等が確認された[12]。その後，刑事訴訟法小委員会を経て，最終的な刑事訴訟法案が作成され，1948年5月25日の閣議決定を経て，同月26日に国会に上程された。国会では，勾留理由等について若干の修正が加えられ，同年7月5日の両院本会議で可決され，1949年1月1日より現行刑訴法が施行された[13]。

---

10) 小田中聰樹「刑事裁判制度の改革」東京大学社会科学研究所編『戦後改革4　司法改革』(東京大学出版会，1975年) 245〜248頁を参照。
11) プロブレムシートは，「日本人との議論の基礎とするため，争点の簡単な分析と解決のための提案を記したもの」である。Alfred C. Oppler, *Reform of Japan's Legal and Judicial System under Allied Occupation*, 24 WASH L. REV. 290, 303 (1949).
12) これらについては，小田中・前掲注5) 107〜127頁，大出良知「被疑者取調の歴史的考察 (戦後)」井戸田侃編『総合研究＝被疑者取調べ』(日本評論社，1991年) 129〜132頁，多田・前掲注7) 136〜143頁等を参照。
13) なお，本書の元となった学位論文の執筆後に，久岡康成「刑訴法198条と明治憲法期における被疑者の任意取調」香川36巻3＝4号 (2017年) 105〜125頁に接した。

第 3 章

現行法における被疑者取調べとその問題点

1．旧刑訴法との連続性

(1) 実定法上の連続性

　現行刑訴法は，戦前の刑事手続の改善を目指すものであった。予審制度や強制処分としての「被疑者訊問」は廃止され，当事者主義化・英米法化された[1]。取調べ依存を改め，物証を中心とする捜査と公判中心主義を志向したとも評し得る[2]。しかし，現行刑訴法等の条文を眺めると，憲法の理念に合致せず，「当事者主義化」を果たせない構造上の問題点が散見される。その最たるものが，198条1項但書である。同但書は反対解釈の余地を残し，取調べ受忍義務を肯定する実務が定着した。また，207条1項但書が保釈の規定を準用していないため，被疑者保釈が認められていない。これに対しては，立法論ないしは憲法論として，強い批判が向けられている[3]。さらに，法は，いわゆる「代用監獄」への収容を可能にしている。207条1項が準用する64条は，勾留状に「勾留すべき刑事施設」を明記することを要求している。「勾留すべき刑事施設」とは，法務省が管轄する刑事施設（刑事収容施設法3条3号）である。しかし，「刑事施設に収容することに代えて」，都道府県警察に設置された留置施設（警察留置場）に留

---

1) 團藤重光「新刑事訴訟法と当事者主義」法時20巻9号（1948年）10頁。
2) 三井誠『刑事手続法 (1)〔新版〕』（有斐閣，1997年）7頁。
3) 平野龍一『刑事訴訟法』（有斐閣，1958年）102頁，田宮裕『捜査の構造』（有斐閣，1971年）23頁，村岡啓一「第34条」憲法的刑事手続研究会編『憲法的刑事手続』（日本評論社，1997年）299頁，後藤昭・白取祐司編『新・コンメンタール刑事訴訟法〔第3版〕』（日本評論社，2018年）516頁〔多田辰也執筆〕等。

置することが認められている（同15条1項）。

　これらの規定ないし解釈に共通することは，取調べを目的とした身体拘束を可能にすることである。そして，身体拘束を利用した取調べの機能をより一層確実なものとしているのが，刑訴法39条3項による接見指定である。憲法上の弁護人依頼権に基づく接見交通権が，捜査の必要によって譲歩させられることになる。これは，身体拘束された被疑者をさらに孤立無援にさせる効果をもつ。

　法は，取調べを目的とした身体拘束を認めていない。このことは，法の規定（60条1項各号）のみならず，現行法が目指した当事者主義的捜査構造や，弾劾的捜査観等の刑訴法理論に照らしても明らかである[4]。また，黙秘権の保障と相容れない。それにも関わらず，現行法は，相矛盾する規定を多く設けている。現行刑訴法は，被疑者・被告人の権利保障を充実させ，当事者主義構造を導入し，英米法の理念を大きく反映させようとした。そして，これにより，現行憲法の理念に適合させようと試みた。しかし，被疑者を捜査の客体と捉え，供述を得るために身体拘束が有用であるという認識のままに，旧法と連続した形でアメリカ法が継受された[5]。刑訴法は，「憲法の精神を受けて積極的にこれを肉づけしているとはいえず[6]」，憲法と刑訴法の間には乖離が存在するのである[7]。現行刑訴法は，その所期の目標を達成できない構造的な問題を抱えている。

(2)　運用上の連続性

　憲法と刑訴法の間の乖離は，現行法の運用によって更に広まった。法曹三者の意識が，旧刑訴法下から変わらなかったのである[8]。とりわけ，捜

4）身体拘束の目的に関する筆者の基本的な立場は，安部祥太「第1審の無罪判決と控訴審における再勾留の可否」青社43巻1号（2014年）163～168頁を参照。
5）この点は，制定当初から自覚されてきた。たとえば，小野清一郎『新刑事訴訟法概論』（法文社，1948年）はしがき及び34頁，團藤重光『新刑事訴訟法綱要〔初版〕』（弘文堂，1948年）15頁等。
6）田宮裕『刑事訴訟とデュー・プロセス』（有斐閣，1972年）206頁。
7）杉原泰雄『基本的人権と刑事手続』（学陽書房，1980年）26頁。
8）横山晃一郎『憲法と刑事訴訟法の交錯』（日本評論社，1977年）10～15頁。

査実務家による意識は，現行憲法及び刑訴法の理念とは大きな隔たりがあった。警察庁の加藤孝雄は，「捜査ないし捜査機関が被疑者と対等とすべき論は，被疑者の権利をあまりにも強調しすぎた考えであり，捜査の公益性により被疑者に若干の負担を負わせるのは，国権の発動たる捜査としてけだし当然のこと」であるという見解を示している[9]。検察官出身であり，最高裁判事を務めた亀山継夫も，「戦後の検察の努力の相当部分は，このいわば明治以来の大変革の影響をいかにして最小限にとどめ，効果的に犯罪の大波に対処するかに向けられたといってよい。その解答が，新刑訴をできる限り旧刑訴的に運用するという現在の姿であり，歴史的に見れば成功の評価を与えられるべきものであろう」と述べている[10]。これらの見解は，現行法の旧法的運用が自覚的になされてきたことを示している。

現行法の旧法的運用は，取調べについても当てはまる。たとえば，検察官であった本田正義は，被疑者の身体拘束や「理詰め」の取調べ，連日に亘る「長時間」で「しつよう」な自白追及，「大声を張り上げて取り調べるとか数人の取調官が一人の被疑者を取囲んで順次発問するとかいった方法」について，「有形又は無形な力」であると位置づける。そして，「弁護人が毎日被疑者と接見し，黙秘すべきことを慫慂したとすれば，被疑者から自白を求めることは殆ど不可能」であり，「自白を求める要素となっている前述の圧力が弁護人の力によってかき消されてしまう」という[11]。

このように，現行刑訴法の理念は，とりわけ捜査実務家の意識によって

---

9) 加藤孝雄「接見交通と捜査」警論36巻9号（1983年）43頁。
10) 亀山継夫「刑事司法システムの再構築に向けて―主として検察の立場から見た『新刑訴』の回顧と展望―」『松尾浩也先生古稀祝賀論文集 下巻』（有斐閣，1998年）14頁。
11) 本田正義「贈収賄事件と自白の任意性―実務上の立場から―」法時31巻9号（1959年）17頁。なお，捜査実務家による「取調べ観」については，友川清中「取調べ―その実情と機能及び重要性―」警論35巻9号（1982年）75～104頁，林茂樹「逮捕・勾留中の被疑者の取調べについての一考察（上）（下）」警論37巻11号，37巻12号（いずれも1984年），山崎裕人「『被疑者の取調べ』考」警論38巻8号（1985年）62～80頁，上林清「被疑者供述を効果的に得るための一考察」警論50巻3号（1997年）101～122頁等を参照。近時のものとして，富松茂大『自動車事故の供述調書作成の実務―取調べの基本と応用―』（立花書房，2016年）3～82頁，城祐一郎『取調べハンドブック』（立花書房，2019年）2～11頁等がある。

「意図的に」歪められてきた[12]。その結果，取調べ・供述証拠重視の捜査活動が常態となり，伝聞例外によって捜査段階の供述調書が活用され，公判中心主義が形骸化した。現行刑訴法の旧法的運用は，現行憲法及び刑訴法の理念と実務の間にも大きな隔たりを生じさせた（第4部第3章も参照）[13]。

2．いわゆる「取調べ受忍義務」論

　刑訴法198条1項但書は，「被疑者は，逮捕又は勾留されている場合を除いては，出頭を拒み，又は出頭後，何時でも退去することができる。」と規定している。従来，身体拘束中の被疑者は，取調べに応じる義務を負うことを前提に，その義務が身体拘束の理由とされた被疑事実に限定されるか否かが争われていた[14]。その後，捜査・裁判実務は，取調べの必要性を強調しつつ，同但書の反対解釈を実質的な根拠として挙げ，身体拘束された被疑者に対する「取調べ受忍義務」を認めてきた。これに対して，戦後の刑事訴訟法学は，取調べ受忍義務否定論を激しく展開してきた。

　身体拘束中の被疑者であっても，取調べのための出頭・滞留義務を負わない旨を初めて主張したのは，平野龍一である。平野は，被疑者に対して取調べのための出頭・滞留を義務づけた場合，「実質的には供述を強いるのと異ならない」とした上で，同条項について，「出頭拒否・退去を認めることが，逮捕または勾留の効力自体を否定するものではない趣旨を，注意的に明らかにした」ものであると説いた[15]。田宮裕も，弾劾的捜査観

---

12) 村田和宏「接見交通権と取調べの関係について」九法78号（1999年）77頁。

13) 三井・前掲注2）7頁。このような乖離は，外国人研究者からも指摘されている。See Charles D. Weisselberg, *Exporting and Importing Miranda*, 97 Bos L. Rev. 1234, 1245（2017）.

14) 身体拘束の理由とされた被疑事実に限定されると解するものとして，團藤重光『條解刑事訴訟法（上）』（弘文堂，1950年）366頁（但し，監獄職員が被疑者を出頭させる義務について言及しているに過ぎない。）。被疑事実に限定されないと解するものとして，宮下明義『新刑事訴訟法逐条解説Ⅱ—捜査・公訴—』（司法警察研究会公安発行所，1949年）53頁，平場安治『刑事訴訟法講義〔改訂版〕』（有斐閣，1954年）340頁。

に基づいて,「取調受忍義務（出頭義務）」を明確に否定した[16]。その後,平野も,「取調を受ける義務」自体を否定するに至った[17]。このようにして,いわゆる「取調べ受忍義務否定論」が相次いで展開され[18],学界において根強い支持を得た。かつて有力に主張された受忍義務肯定説[19]は,少数説になったと言っても過言ではない（近時主張されている川出敏裕の見解は,第5部第2章で取り上げる）。

　取調べ受忍義務否定論の主たる根拠は,①法は,取調べを目的とする身体拘束を予定していないこと,②取調べを受けることを被疑者に義務づけると,憲法38条1項及び法198条2項に反して,供述を強制する結果にならざるを得ないこと等である[20]。もっとも,一口に「取調べ受忍義務否定論」といっても,文言解釈を巡って,いくつかのバリエーションがみられる。代表的な見解は,①198条1項但書は「出頭拒否・退去を認めることが逮捕または勾留の効力自体を否定するものでない趣旨を注意的に明らかにしたものにとどまる」とする平野の見解である[21]。また,②198条1項は,在宅被疑者が取調べ受忍義務を負わないことを規定するに留まり,逮捕・勾留された被疑者については解釈に委ねられているとする見解もみられる[22]。さらに,③198条1項全体は在宅被疑者に対する出頭要求が可能であることを規定したものであり,但書はこの出頭要求が任意であることを示すものであるとする見解や[23],④法は,身体拘束中の被疑者に対

---

15) 平野・前掲注3）106頁。
16) 田宮裕「捜査の構造について」研修209号（1965年）7頁。
17) 平野龍一『刑事訴訟法概説』（東京大学出版会, 1968年）69〜70頁。
18) たとえば,平場安治編『刑事訴訟法要論』（日本評論社, 1969年）86頁〔光藤景皎執筆〕,田宮・前掲注3）70頁,鴨良弼『刑事訴訟法の新展開』（日本評論社, 1973年）210頁,石川才顯『刑事訴訟法講義』（日本評論社, 1974年）117頁等。
19) 團藤重光『新刑事訴訟法綱要〔7訂版〕』（創文社, 1967年）326頁,柏木千秋『刑事訴訟法』（有斐閣, 1970年）56頁,高田卓爾『刑事訴訟法〔2訂版〕』（青林書院, 1984年）335頁。比較的近時のものとして,加藤康榮『適正捜査と検察官の役割―適正な裁判を求めて―』（北樹出版, 2008年）27頁以下等。
20) 平野・前掲注17）69頁,後藤昭『捜査法の論理』（岩波書店, 2001年）152頁等。
21) 平野・前掲注3）106頁。
22) 鈴木茂嗣『刑事訴訟法〔改訂版〕』（青林書院, 1990年）83頁。
23) 田宮裕『刑事訴訟法〔新版〕』（有斐閣, 1996年）132頁。

しても原則として取調べ拒否権を認めているものの，同但書によって，一定の事情（事案の性質・重大性，嫌疑の程度，供述証拠の重要性等）があるときは，例外的に拒否権が認められない場合があり得るとする見解[24]等がある[25]。その他，取調べ受忍義務と出頭・滞留義務を明確に区別し，取調べ受忍義務を否定した上で，身体拘束されている被疑者に出頭拒否や退去の自由はないとする見解も提起されている[26]。

加えて，そもそも身体拘束下の取調べは許されないとする主張もある。これは，198条1項但書の「逮捕又は勾留されている場合を除いては」という文言について，法が身体拘束中の被疑者の取調べ自体を認めておらず，在宅被疑者に対してのみ取調べを行い得ることを前提としたものであると解する[27]。また，黙秘権保障と公判中心主義の要請によって，身体拘束中の被疑者に対する取調べが許されなくなる場合を指摘する見解もある[28]。その他に，捜査構造論について，いわゆる「訴訟的捜査観」に立ち，被疑者の弁解を録取する手続としての「取調べ」を認めつつ，証拠収集手段としての積極的な取調べは許されないとする見解がある[29]。

取調べ受忍義務をめぐる学界の議論は，受忍義務肯定説を前提とする捜査・裁判実務を動かすには至らなかった[30]。その理由は，「取調べ室での濃密な取調べを通じて被疑者の供述を獲得することが，捜査・訴追のため極めて重要であり，また不可欠な場合」があり，「刑事政策上も有益であ

---

[24] 三井・前掲注2）133頁。
[25] 学説の整理は，酒巻匡「逮捕・勾留中の被疑者の取調べ受忍義務」松尾浩也・井上正仁編『刑事訴訟法の争点〔新版〕』（有斐閣，1991年）57〜58頁を参照。
[26] 渡辺修『被疑者取調べの法的規制』（三省堂，1992年）210〜211頁，松尾浩也『刑事訴訟法（上）〔新版〕』（弘文堂，1999年）67頁，寺崎嘉博『刑事訴訟法〔第3版〕』（成文堂，2013年）179〜180頁，酒巻匡『刑事訴訟法』（有斐閣，2015年）94頁等。
[27] 沢登佳人「逮捕または勾留中の被疑者の取り調べは許されない」新潟12巻2号（1979年）5〜10頁，横山晃一郎『誤判の構造—日本型刑事裁判の光と影—』（日本評論社，1985年）65〜69頁。
[28] 上口裕「身柄拘束中の被疑者取調について」南山5巻1＝2号（1981年）138〜139頁。
[29] 井戸田侃『刑事手続の構造序説』（有斐閣，1971年）84頁，石川・前掲注18) 117頁等。

る」と考えられてきたためであろう[31]。要するに，捜査手続における身体拘束中の取調べの重要性・不可欠性と，真実発見への強い志向である[32]。また，受忍義務を否定する諸説の解釈が，実務家を納得させるに至っていないことも影響しているであろう[33]。さらに，学説の問題点として，受忍義務否定論が受忍義務の有無という直接の論点を超えたところでいかなる帰結をもたらすかについて，具体的な検討がなされてこなかったことも影響しているかもしれない[34]。この点について，後藤昭は，受忍義務否定説を徹底した場合の帰結を描写した。その結果，受忍義務否定論を承認すれば，①被疑者の取調べ拒否権を侵害して獲られた自白は任意性を欠くこと，②被疑者は，身体拘束下にあっても，取調べに応じる条件として，弁護人の立会いを要求することができること，③取調べないしその予定は，接見指定の要件である「捜査のため（の）必要」に当たらないこと，④否認ないし黙秘する被疑者を代用監獄に勾留すべきでないこと等が論理的に導かれるとした[35]。

その後，勾留権限と捜査権限を峻別するという観点から，従来の議論とは異なるアプローチによる受忍義務否定説の主張が試みられた[36]。この見解は，捜査機関は身体拘束されている被疑者を取調室に移動させる権限を与えられていないため，身体拘束された被疑者の出頭・滞留義務は観念

---

30) 東京地決昭和49年12月9日刑月6巻12号1270頁，東京高判昭和53年3月29日刑月10巻3号233頁，浦和地判平成2年10月12日判時1376号24頁等を参照。なお，最大判平成11年3月24日民集53巻3号514頁は，傍論ながら，「身体の拘束を受けている被疑者に取調べのために出頭し，滞留する義務があると解することが，直ちに被疑者からその意思に反して供述することを拒否する自由を奪うことを意味するものでない」と判示している。

31) 原田明夫「被疑者の取調べ―検察の立場から―」三井誠・中山善房・河上和雄・田邨正義編『刑事手続（上）』（筑摩書房，1988年）181頁。

32) 酒巻・前掲注25) 59頁。

33) 三井誠「被疑者の取調べとその規制」刑法27巻1号（1986年）174頁。

34) 三井・前掲注33) 176頁，酒巻・前掲注25) 59頁，多田辰也『被疑者取調べとその適正化』（成文堂，1999年）212頁等。

35) 後藤・前掲注20) 170頁。

36) 梅田豊「取調べ受忍義務否定論の再構成」島法38巻3号（1994年）1～26頁，高内寿夫「逮捕・勾留中の被疑者取調べに関する一試論」白鷗3号（1995年）73～98頁等。

し得ないとする。そして，そのために198条1項但書は「逮捕又は勾留されている場合」を除外したと解する。その結果，捜査機関は，いわゆる一般接見（80条）の範囲内でのみ，被疑者を取り調べることができるとする[37]。勾留権限と捜査権限の峻別という観点に基づくこの見解は，いわゆる代用監獄との関係で，実況見分への立会い等のために捜査機関が被疑者を連れ出すことに対する疑問と通底する。すなわち，「代用監獄で勾留せよという裁判官の命令を受けて勾留しているのであるから，それを法律の規定に基づかずに捜査機関の判断だけで連れ出せるというのは，実は，不思議なことではなかろうか」という疑問である[38]。勾留権限と捜査権限を峻別して受忍義務を否定する論者は，この疑問について，被疑者を警察留置場から取調室へ連れ出す場合にも妥当すると理解する[39]。この見解によれば，未決拘禁の目的を純化させ，取調べ目的での身体拘束を防ぐことができる。しかし，取調べ実務との整合等の問題が依然として残されており[40]，支持を得るには至っていない。

　1990年代前半まで盛んに議論されてきた取調べ受忍義務論は，近年では息を潜めつつある。その理由として，①身体拘束下の取調べの必要性を強く認識している捜査機関が，あまりにも当然に取調べ受忍義務を肯定していること，②裁判所も，捜査の必要性を考慮し，取調べ受忍義務を事実上肯定していること，③それゆえ，学界から受忍義務否定論を展開しても，「捜査の必要性」を前に，水掛け論に終わること等が考えられる。そのため，議論の軸は，受忍義務論に代わるようにして，代用監獄問題や被疑者取調べ録音・録画等へと移っていった。しかし，受忍義務論は，日本の捜査法が抱える問題が最も先鋭に表れる論点の1つである[41]。捜査機関は，

---

37) 福田雅章「国際人権法における被疑者取調べ」井戸田侃編『総合研究＝被疑者取調べ』（日本評論社，1991年）311頁は，国際人権法の観点から，一般外部交通の一環としての取調べを法制化するよう示唆していた。
38) 後藤・前掲注20) 113頁。
39) 梅田豊「いわゆる『取調べ受忍義務』なるものの法的根拠について」愛学55巻1＝2号（2014年）3～4頁。
40) 後藤・前掲注20) 113頁。
41) 後藤・前掲注20) 171頁。

現在もなお，取調べ受忍義務を前提としている。198条1項但書の解釈を含め，取調べ受忍義務に関する原理的な問題を改めて議論する必要性は高い。

3．取調べ目的での未決拘禁の利用
　——いわゆる「代用監獄」問題

　取調べ受忍義務論に代わり，1980年代から新たに議論の中心となったものの1つが，取調べを目的とした未決拘禁の改革である。本来，身体拘束は，取調べを目的として認められる処分ではない。現行法は，捜査段階における身体拘束の目的を，①罪証隠滅の防止と②逃亡の防止（将来の公判への出頭確保）に限定している（60条1項，207条1項）[42]。仮に取調べを目的とした身体拘束が認められるとすれば，このような身体拘束は被疑者の黙秘権を制約するおそれがある。また，被疑者に証拠方法となることを強制することになるため，当事者主義にも反する[43]。

　しかし，被疑者を勾留する際には，刑事施設ではなく，警察署の留置施設（代用監獄）に収容することが認められている（刑事収容施設法15条1項）。代用監獄は，捜査機関が「被疑者の身柄を拘束・管理しその日常生活を支配することから生ずる心理的圧力を取り調べに利用するシステム」であるといわれる[44,45]。そして，「ソフト・ウェアとしての取調受忍義務と相俟って，捜査と拘禁を結合させるハード・ウェア」として機能してき

---

[42] もっとも，罪証隠滅を防止するための身体拘束は，当事者主義の理念とは矛盾する。そのため，英米法的当事者主義を採り入れながら，罪証隠滅の防止を勾留の要件として規定した現行法には矛盾が存在すると指摘されている（平野龍一『捜査と人権』（有斐閣，1981年）23頁）。

[43] 後藤昭「未決拘禁法の基本問題」福井厚編『未決拘禁改革の課題と展望』（日本評論社，2009年）5～6頁。酒井安行「身体拘束場所—警察に置いてどこが悪い《代用監獄》—」法セミ510号（1997年）47頁は，代用監獄によって取調べと身体拘束が結びつくことによって，延いては憲法の基本精神である人間の尊厳（憲法13条）を脅かすことになると指摘する。

[44] 小田中聰樹『現代司法と刑事訴訟の改革課題』（日本評論社，1995年）224頁。平野・前掲注42）169頁は，「被勾留者にとっては，（自分を逮捕し，その有罪の証拠を集めている一群の人々の管理の下で日常生活を送る）こと自体が大きな心理的圧力である」と指摘する。

た[46]｡換言すれば,「代用監獄」は,取調べ受忍義務論と結びつくことにより,細部にわたる実体的真実発見を重視し,そのために濃密で徹底した捜査・取調べを求める「精密司法」を支えてきた[47]｡

　捜査機関は,代用監獄について,「捜査を適切かつ迅速に行い,事案の真相を明らかにする上で極めて大きな役割を果たしており,今や刑事司法の運用上必要欠くべからざるもの」であるとする[48]｡ここでは,「臨機適切な取調べ」の条件として,「被疑者の勾留場所が捜査機関と近接した場所であること,取調室等の施設が十分に整備されていること」が必要とされ[49],拘置所はこれらの条件を満たさないとして,代用監獄を「効果的な被疑者取調べの実施」に不可欠と位置づけている[50]｡また,検察実務家も,「最長23日間という短期間に被疑者からの十分な弁解の聴取その他の捜査を円滑かつ効率的に実施しつつ,被疑者と家族・弁護人等との接見が便利に行われるには,多数の警察官が常駐し,各地域の中心部にきめ細かく設置されている警察署の留置場に被疑者を勾留することが最も現実的な方法」であると言う[51]｡これらの見解は,未決拘禁を取調べ目的で利用することの「必要性・重要性」に加え,身体拘束の長期化回避や親族・

---

45) このような圧力の存在は,心理学の立場からも指摘されている｡たとえば,浜田寿美男『自白の研究―取調べる者と取調べられる者の心的構造―〔新版〕』(北大路書房,2005年)377頁は,代用監獄を「異常な非人間的状況」とした上で,このような状況下では正常な判断はできないと指摘する(同260〜270頁も参照)｡
46) 葛野尋之「代用刑事施設問題の現在―2008年規約委員会勧告から―」福井厚編『未決拘禁改革の課題と展望』(日本評論社,2009年)87頁｡
47) 葛野尋之「未決拘禁の司法的コントロールと代用監獄」刑事立法研究会編『代用監獄・拘置所改革のゆくえ』(現代人文社,2005年)61頁,新倉修「未決拘禁法案のゆくえ―代用監獄は廃止できる?―」法時78巻5号(2006年) 3頁｡
48) 警察庁刑事局「『代用監獄』関係資料　警察の留置場を勾留施設とする必要性」警論31巻4号(1978年)148頁｡
49) 警察庁・前掲注48)152頁｡
50) このような考え方は,近時も維持されている｡たとえば,第1回未決拘禁者の処遇等に関する有識者会議(平成17年12月6日開催)〔片桐裕発言〕及び同会議警察庁配付スライド資料｡富松・前掲注11)52頁は,身体拘束が「取調べに集中できる状況」の設定に資することを示唆する｡
51) 菊池浩「逮捕・勾留の場所―検察の立場から―」三井誠・馬場義宣・佐藤博史・植村立郎編『新・刑事手続Ⅰ』(悠々社,2002年)272頁｡

弁護人等との接見の便宜等を挙げ，捜査上も被疑者の権利保障上も「代用監獄」が必要不可欠であるとする[52]。捜査機関は，被疑者を警察留置場に勾留することについて，被疑者の権利保障にも役立つという「恩恵的パターナリズム[53]」の観点からも，その必要性を強調しているのである。

　代用監獄問題の本質は，取調べと身体拘束を密接に結びつける点にある。この点を改善するために，1970年代頃から，警察における捜査業務と留置業務を分離する必要性が強調された。そして，1980年には，警察庁組織令の改正により，留置部門を捜査部門から総務部門に移管することになった。これにより，組織上の「捜査と留置の分離」が図られた。しかし，この通達後も，留置部門が捜査部門に従属する実態があると指摘されてきた[54]。その後，2007年に施行された刑事収容施設法は，留置担当官が被留置者に係る犯罪の捜査に従事することを禁じた（16条3項）。そして，具体的な措置として，留置業務は留置担当官が行う旨を被疑者に告知したり，就寝や食事の時間経過後も引き続いて取調べが行われているときに，留置主任官が捜査主任官に取調べの打切りを要請すること等が行われている[55]。これにより，「捜査と留置の分離」は，以前と比較すれば実現している。刑事収容施設法の立案者は，監獄法下とは異なり，刑事収容施設法下では「刑事施設に収容して処遇される者を留置施設に留置することができるという根拠」を定めるのみであって，かつての「代用監獄制度」を存続させ

---

52) 林眞琴・北村篤・名取俊也『逐条解説刑事収容施設法〔第3版〕』（有斐閣，2017年）80頁。捜査機関が警察留置場への勾留を必要とする理由は，主に2つ考えられる。1つは，取調べのために時間や労力を節約することである（捜査の便宜）。もう1つは，自白を獲得することである。すなわち，被疑者を24時間管理下に置くことによって生じる心理的圧力のもとでなければ，自白を得ることは困難であり，「真相」を解明することができないという理由である（平野・前掲注42）170頁）。

53) 恩恵的パターナリズムについては，Daniel H. Foote, *The Benevolent Paternalism of Japanese Criminal Justice*, 80 CALIF. L. REV. 317 (1992), ダニエル・H・フット「日米比較刑事司法の講義を振り返って」ジュリ1148号（1999年）165〜173頁を参照。

54) 小池振一郎「逮捕・勾留の場所─弁護の立場から─」三井誠・馬場義宣・佐藤博史・植村立郎編『新・刑事手続Ⅰ』（悠々社，2002年）280頁。

55) 法務省・警察庁「刑事収容施設及び被収容者等の処遇に関する法律の施行状況について」（平成23年5月）39頁。

ているのではないと説明する[56]。しかし，このような理解はあまりに形式的なものである。被留置者出入簿等への記載漏れや，被留置者への利益供与も報告されている[57]。また，代用監獄を利用して被疑者から自白を獲得した「冤罪事件」も数多く報告されている[58]。「留置」が「捜査」に与える影響は，完全に遮断されていない。

現在，被疑者が起訴前に勾留される場合，そのほとんどが刑事施設ではなく警察留置場に収容される[59]。たとえば，2004年に警察署内の留置場に収容された勾留被疑者の1日平均収容人員は，5,440人（98.27％）であった。これに対して，同年に拘置所に収容された勾留被疑者の1日平均収容人員は，わずか96人（1.73％）であった。この割合は，2004年特有のものではない。むしろ，2007年に刑事収容施設法が施行され，逮捕又は勾留された者を「刑事施設に収容することに代えて，留置施設に留置することができる」と明文化されてからは，一貫して98.0％以上の被疑者が警察留置場に収容されている[60]。また，遡っても，少なくとも1982年以降，警察留置場に収容された勾留被疑者の割合が90％を下回ったことはない。

「代用監獄」は，警察が被疑者の衣食住すべてを支配下に置くことを可能にする。そして，警察留置場に収容した期間を利用して，被疑者に対する熱心な取調べや「説得」が行われる。捜査機関は，「代用監獄」の必要性を説き続けてきた。そして，取調べ受忍義務肯定説と合わせて，日本の「精密司法」を支える「必要不可欠」なものとして維持してきた。このよ

---

56) 林ほか・前掲注52) 82頁。
57) 法務省ほか・前掲注55) 39～40頁。
58) 日本弁護士連合会「世界も驚く『DAIYO-KANGOKU』―『代用監獄』と国連拷問禁止委員会・人権理事会・自由権規約委員会勧告―〔第4版〕」（2012年12月）3～5頁。なお，「特集1 21世紀の行刑改革―未決・既決のありかたを考える（2）―」自正56巻10号（2005年）11～54頁も参照。代用監獄の同房者を利用して自白を獲得した引野口事件（福岡地裁小倉支判平成20年3月5日刑弁55号173頁）のような事案もみられる。
59) 以下の記述は，第1回未決拘禁者の処遇等に関する有識者会議（平成17年12月6日開催）における法務省配布資料6-2「勾留被疑者の拘置所への勾留割合の推移」による。
60) 法務省ほか・前掲注55) 37頁図表1「警察が逮捕した被疑者の留置施設への勾留割合」。

うな捜査実務や法の運用には，根強い批判が向けられてきた。しかし，現状は，「代用監獄」の廃止はもとより，その運用の縮小も実現していない。

4．被疑者取調べと権利保障

(1) 黙秘権
　(a) 黙秘権の意義
　憲法38条1項は，「何人も，自己に不利益な供述を強要されない。」と規定し，自己負罪拒否権（黙秘権）を保障している。ここでいう「不利益な供述」の強要禁止は，「何人も自己が刑事上の責任を問われる虞ある事項について供述を強要されないことを保障した」ものと解されている[61]。この規定を根拠として，被疑者・被告人が黙秘権を有することに争いはない（法311条，198条2項）。黙秘権は，単に沈黙を保障するのみならず，内容の有利不利を問わず，供述するか否かについての自己決定の自由を保障する権利として理解される[62]。

　黙秘権の本質は，「個人の人格の尊厳に対する刑事訴訟の譲歩にある」とされている[63]。すなわち，「人格は自律を生命とする。自己保存の本能を克服して，自己を進んで刑罰に服させるのは崇高な善であり，人はそのように行為する道徳的義務を持つ。それは極めて崇高な道徳的義務である。しかし正にその故に他からの強制を許さない。ただ各自の自発的行為にまつだけである。この故に，積極的に自己を有罪に導く行為をとることを法律的に強制しない。まして国家は，個人を保護するためにのみ存在するものである。その目的達成のための手段として，個人の人格を侵害するというのは，自己矛盾である」と説かれる。換言すれば，黙秘は自己防衛本能と密接に結びついており，刑事手続において供述を迫ることは，「自ら進

---

61) 最大判昭和32年2月20日刑集11巻2号802頁。
62) 後藤昭「被疑者・被告人の法的地位」井上正仁・酒巻匡編『刑事訴訟法の争点』（有斐閣，2015年）42頁。
63) 平野・前掲注42）94～95頁。なお，大阪高判昭和40年8月26日下刑集7巻8号1583頁，和歌山地判平成14年12月11日判夕1122号464頁を併せて参照。

んで死ね，あるいは自ら進んで自分の自由を束縛しろ，と迫ること」を意味する[64]。このように，自己を破壊する行動を採るよう迫ることは，まさに人間の尊厳を踏みにじることになる[65]。

また，黙秘権は，無罪推定原則や当事者主義等の刑事訴訟法理論や，「歴史的経験を踏まえた現実の必要性に基づく切実な要求」からも導かれる[66]。その他に，個人のプライバシー権の保護[67]や，国家の責任による真相解明という視点[68]が強調されることもある。もっとも，これらの視点は，「個人の人格の尊厳」に関する説明に集約されるものであろう[69]。

(b) 黙秘権告知

刑訴法は，憲法上の黙秘権を前提として，黙秘権告知を捜査機関に義務づける（198条2項）。黙秘権告知は，取調べの場の心理的な構造を変革する重要な手続である[70]。すなわち，黙秘権の存在自体を被疑者に知らしめ[71]，黙秘権保障の法的空間を現実に形成する[72]。また，告知を行う捜査官に，自戒の機会を提供する[73]。さらに，黙秘権告知により，取調べに内在する供述を強制する雰囲気を緩和させる[74]。黙秘権告知は，黙秘

---

64) 渕野貴生「黙秘する被疑者・被告人の黙秘権保障」刑弁79号（2014年）12頁。
65) 高田昭正『被疑者の自己決定と弁護』（現代人文社，2003年）91頁，村岡啓一「黙秘権を勧めることは『不適切』弁護か？」刑弁38号（2004年）22頁，中島洋樹「被疑者・被告人の供述主体性（1）―イギリスにおける黙秘権保障の歴史的展開を手掛かりに―」法雑51巻1号（2004年）61～63頁等。
66) 渕野・前掲注64) 11～13頁。
67) 鴨良弼『刑事訴訟法の基本理念』（九州大学出版会，1985年）83頁，田宮・前掲注23) 334頁，上口裕「自己負罪拒否特権の意義と射程」村井敏邦・川崎英明・白取祐司編『刑事司法改革と刑事訴訟法〔上巻〕』（日本評論社，2009年）516～518頁，緑大輔『刑事訴訟法入門〔第2版〕』（日本評論社，2017年）169頁等。
68) 松尾浩也・岩瀬徹編『実例刑事訴訟法Ⅲ』（青林書院，2012年）207頁〔遠藤邦彦執筆〕。
69) 高内寿夫『公判審理から見た捜査―予審的視点の再評価―』（成文堂，2016年）280～281頁。なお，安部祥太「刑事訴訟法入門―『犯人』の権利を守るのはなぜか？―」法セミ759号（2018年）40頁。
70) 松尾・前掲注26) 118頁。
71) 田口守一『刑事訴訟法〔第7版〕』（弘文堂，2017年）138～139頁。
72) 川﨑英明「黙秘権保障における黙秘権告知の意義」『浅田和茂先生古稀祝賀論文集〔下巻〕』（成文堂，2016年）104～105頁。

権を実質的・実効的に保障するための保護手段として重要な意義を有する[75]。

　ここで，黙秘権告知が憲法上の黙秘権の内容に含まれるか否かが問題となる。最高裁昭和25年判決は，検察事務官が黙秘権を告知せずに被疑者を取り調べた事案について，「検察事務官がその取調に際し被告人に黙秘権のあることを告知しなかつたからとて所論のような違法はなく，またこれらの取調に基く被告人の供述が任意性を欠くものと速断することもできない」と判示した[76]。その後，最高裁は，この判決の立場を踏襲しており[77]，黙秘権告知は憲法上の黙秘権の内容に含まれないと解している。

　このことは，黙秘権の意義に関する理解と関係していると思われる[78]。最高裁は，黙秘権の意義について，「威力その他特別の手段を用いて，供述する意思のない被告人に供述を余儀なくすることを禁ずる趣旨」であると解している[79]。この判示を前提にすれば，黙秘権侵害は，具体的な強要等によって「現実に」被疑者の供述の自由が侵害された場合にのみ認められる[80]。そのため，黙秘権告知を欠いた「だけ」では，「直ちに」黙秘権を侵害したことにはならない。このような論理によって，黙秘権告知は憲法上の要求ではないとされ，黙秘権とは切り離された別個独立のものと

---

73) 酒巻匡「捜査の終結・被疑者の権利」法教368号（2011年）71頁，河上和雄・中山善房・古田佑紀・原田國男・河村博・渡辺咲子編『大コンメンタール刑事訴訟法〔第2版〕第4巻』（青林書院，2012年）178頁〔河村博執筆〕等。
74) 河上ほか編・前掲注73) 178頁〔河村博執筆〕等。
75) 法学協会編『註解日本国憲法（上）』（有斐閣，1953年）661頁。
76) 最判昭和25年11月21日刑集4巻11号2359頁。なお，裁判所が被告人に黙秘権を告知しなかった事案に関する最大判昭和23年7月14日刑集2巻8号846頁も参照。
77) 最判昭和27年3月27日刑集6巻3号520頁，最判昭和28年4月14日刑集7巻4号841頁，最判昭和28年5月1日集刑80号49頁，最判昭和36年11月17日集刑140号181頁，最判昭和43年12月19日集刑169号763頁，最判昭和48年12月20日集刑190号989頁，最判昭和59年3月27日刑集38巻5号2037頁，最判昭和63年4月28日集刑249号521頁等。
78) 関口和徳「被疑者取調べにおける黙秘権告知と憲法38条1項—黙秘権告知は黙秘権の内容に含まれるのか—」法時86巻5号（2014年）113〜114頁。
79) 最大判昭和24年2月9日刑集3巻2号146頁。
80) 後藤・前掲注20) 156頁，渕野貴生「黙秘権保障と自白法則」川崎英明・白取祐司編『刑事訴訟法理論の探求』（日本評論社，2015年）188頁等。

して取り扱われている[81]。

(2) 弁護人の援助を受ける権利
　(a) 接見交通権とその指定

　刑訴法39条1項は，身体拘束中の被疑者・被告人と弁護人等の自由かつ秘密の接見交通権を保障している[82]。被疑者と弁護人等の接見交通権は，「刑事手続上最も重要な基本的権利に属するもの」であるとともに，弁護人の固有権であるとされている[83]。

　他方で，39条3項は，「捜査のため必要があるとき」に，捜査機関が接見の「日時，場所及び時間」を指定することを認めている[84]。かつては，この接見指定権限の運用を巡って，極めて盛んな議論が展開されていた[85]。その後，日弁連が組織的に接見指定に対する国家賠償請求訴訟に取り組んだ結果，一定の判例が蓄積された[86]。また，2008年には，最高検察庁及び警察庁が「取調べの適正を確保するための逮捕・勾留中の被疑者と弁護人等の接見に対する一層の配慮について」をそれぞれ発した。同通達は，弁護人から接見の申し出があったときには，被疑者を取調べ中であっても，「できる限り早期に接見の機会を与えるようにし，遅くとも，直近の食事又は休憩の際に接見の機会を与えるよう配慮する」ことを捜査官に要求している。その結果，接見指定自体を巡る争いは少なくなり，実

---

81) 最大判平成11年3月24日民集53巻3号514頁は，接見指定規定と憲法38条1項の関係について判示する文脈で，「不利益供述の強要の禁止を実効的に保障するためにどのような措置が採られるべきかは…立法政策の問題に帰する《省略筆者》」と判示している。
82) 三井誠「接見交通権問題の現状と今後」法時65巻3号（1993年）16頁。
83) 最判昭和53年7月10日民集32巻5号820頁。
84) 同条項の制定過程については，三井誠「接見交通権規定の成立過程」『平野龍一先生古稀祝賀論文集　下巻』（有斐閣，1991年）261〜288頁を参照。
85) 一連の論点等について，三井・前掲注2) 155〜166頁，加藤克佳「被疑者と弁護人の接見交通」井上正仁・酒巻匡編『刑事訴訟法の争点』（有斐閣，2013年）104〜107頁を参照。接見指定を巡る判例の整理については，村岡啓一「被疑者と弁護人の接見交通」法教389号（2013年）4〜13頁が詳しい。
86) 日本弁護士連合会ウェブサイト「接見妨害国賠訴訟（確定勝訴事件）状況」を参照。

務上は解決された問題であるという認識が高まりつつある[87]。

　しかし、接見指定を巡る「原理的な問題」が解決した訳ではない。現在の判例が、「取調べのために弁護人との接見を後回しにさせるような接見指定を認めているため」である[88]。また、接見交通権の議論の軸が秘密交通権の問題へと移りつつあるとしても、接見指定に関する争点の検討は不可欠である[89]。

　最高裁は、「現に被疑者を取調中」である場合や、「間近い時に右取調べ等をする確実な予定」がある場合は、「捜査のため必要があるとき」に該当し、接見の日時・場所・時間を指定し得るとしてきた[90]。そして、平成11年大法廷判決において、「捜査機関が現に被疑者を取調べ中である場合や実況見分、検証等に立ち会わせている場合、また、間近い時に右取調べ等をする確実な予定があって、弁護人等の申出に沿った接見等を認めたのでは、右取調べ等が予定どおり開始できなくなるおそれがある場合などは、原則として…取調べの中断等により捜査に顕著な支障が生ずる場合に当たる《省略筆者》」と判示した[91]。この論理は、「接見の希望と被疑者取調べ等ないしその間近で確実な予定とが抵触する場合には、『原則として』接見指定の要件がある」と理解するものである[92]。その結果、「接見の利益と取調べの利益とが対立する場合に、基本的に取調べの利益を優先させる」ことになり、「接見指定権を自白獲得のために使うことを許容する」ことに繋がる[93]。

　最高裁の論理は、延いては、「捜査のため必要がある」という理由によ

---

87) 日本弁護士連合会接見交通権確立実行委員会編『接見交通権マニュアル〔第19版〕』（2018年）11頁。緑・前掲注67) 163頁は、「接見指定の問題から、秘密交通権の問題へと変化しつつある」と指摘する。
88) 後藤昭「接見指定権の原理的問題」『福井厚先生古稀祝賀論文集─改革期の刑事法理論─』（法律文化社、2013年）138〜139頁。
89) 加藤・前掲注85) 107頁。
90) 最判昭和53年7月10日民集32巻5号820頁（杉山事件判決）、最判平成3年5月10日民集45巻5号919頁（浅井事件判決）。
91) 最大判平成11年3月24日民集53巻3号514頁。
92) 後藤・前掲注88) 144頁。
93) 後藤・前掲注88) 150頁。

り，弁護人の援助を受ける権利と黙秘権を実質的に制約することを許容するものである。実務上は，接見指定を巡る問題が提起されることは少なくなった。しかし，このような「実務上の解決」は，捜査機関による「恩恵的な対応」によってもたらされたものである[94]。被疑者の権利の実質的保障という観点からみれば，接見指定に関する「原理的な問題」は，看過し得ない状態のままである。

(b) 弁護人立会権

法は，被疑者取調べに弁護人が立ち会うことができるか否かについて，明文規定を設けていない。現行憲法及び刑訴法の制定時，GHQ民政局行政部が発した1946年1月11日付「私的グループによる憲法改正草案に対する所見」において，「自白は，弁護人の立会いのもとでなされたのでないかぎり，いかなる法廷手続においても，これを証拠とすることができないという憲法上の規定が必要である」との意見があった[95]。民政局長宛の「人権に関する小委員会案」でも，「自白は，それが被告人の弁護人の面前でなされたものでない限り，効力がない。」という規定が存在した[96]。しかし，その後の議論で，民政局長Courtney Whitneyによって，同条項が行き過ぎである旨と指摘された[97]。その結果，憲法に自白法則を規定すれば足りるとされ[98]，1946年2月13日に示されたマッカーサー草案には，弁護人立会いに関する規定は設けられなかった。

現行刑訴法の制定時も，1948年6月4日衆議院司法委員会において，弁護士出身の猪俣浩三によって，弁護人立会権の必要性が説かれていた[99]。これに対して，法務庁事務官であった野木新一は，①取調べに弁護人が立

---

94) 白取祐司『刑事訴訟法の理論と実務』（日本評論社，2012年）151頁。
95) 高柳賢三・大友一郎・田中英夫編『日本国憲法制定の過程—連合国総司令部側の記録による—Ⅰ原文と翻訳』（有斐閣，1972年）29頁。
96) 高柳ほか編・前掲注95) 233頁。
97) 高柳ほか編・前掲注95) 213頁。
98) 大出良知「刑事弁護の憲法的基礎づけのための一試論」自正40巻7号（1989年）124頁，三井・前掲注2) 167頁。
99) 衆議院司法委員会「第2回国会衆議院司法委員会議事録」24号（1948年）2～4頁〔猪俣浩三発言〕。

ち会わなくても，公判廷で調書の作成者に対して反対尋問を行うことによって，一定の防禦活動ができること，②旧法と比較すると被疑者の防禦権は拡充されていること等を挙げ，弁護人立会権を明確に否定していた[100]。また，「弁護人が，被疑者の取調べに立会えないとすれば，弁護人を被疑者につけるという意味は，大部分抹殺されてしまう[101]」という指摘に対しても，現行法上の被疑者の当事者性と黙秘権によって十分に被疑者の保護が可能であるとし，「弁護人側を立会わせるということは，今の日本の段階におきましては…捜査の敏活に差支えがある《省略筆者》」と回答していた[102]。

現行法の解釈論としても，弁護人立会権を導くことはできないという見解が存在する。これは，明文規定の不存在の他に，裁判官が行う第1回公判期日前の証人尋問手続や，捜査機関が行う捜索・差押，検証等についても弁護人の立会権が定められていないこととの均衡上，取調べ立会権は認め難いとするものである[103]。加えて，捜査密行原則と抵触するという見解や，捜査機関に認められた取調権を制約することになるという見解も存在する[104]。

これに対して，現行法の解釈論として，弁護人立会権を認める見解がある。弁護人立会権肯定説は，その根拠を巡って，大きく4つに分類することができる。①訴訟的捜査構造論を根拠とする見解，②憲法論を根拠とする見解，③取調べ受忍義務否定説を根拠とする見解，④刑訴法上の接見交通権を根拠とする見解である。

まず，①訴訟的捜査構造論を根拠とする見解は，被疑者取調べが弁解録

---

100) 衆議院・前掲注99) 4～5頁〔野木新一発言〕。野木は，捜査官が「相当と認める場合」にも弁護人の立会いを否定する趣旨ではないと発言している。
101) 衆議院司法委員会「第2回国会衆議院司法委員会議事録」37号（1948年）2頁〔中村俊夫発言〕。
102) 衆議院・前掲注101) 2～3頁〔野木新一発言〕。
103) 石井一正「自白の証拠能力」大阪刑事実務研究会編『刑事公判の諸問題』（判例タイムズ社，1989年）409頁等。
104) 石井・前掲注103) 410頁，椎橋隆幸『刑事弁護・捜査の理論』（信山社，1993年）120頁等。

取に限られ，かつこれは被疑者の権利でもあるとした上で，被疑者又は弁護人の要求があれば，立会いを許さなければならないとする[105]。次に，②憲法論を根拠とする見解は，いくつかのバリエーションがみられる。大別すると，②-1 憲法38条1項の黙秘権に基づくもの[106]，②-2 憲法34条の弁護人の援助を受ける権利に基づくもの[107]，②-3 憲法37条3項の弁護人の援助を受ける権利に基づくもの[108]，②-4 憲法34条及び37条3項を根拠とするもの[109]，②-5 憲法34条及び38条1項を根拠とするもの[110]等が主張されている。もっとも，憲法上の諸規定は単一に捉えるべきではなく，総合的に考慮すべきであるという見解もある[111]。この他に，③取調べ受忍義務否定説の論理的帰結として弁護人立会権を導く見解や[112]，④刑訴法39条1項の接見交通権を根拠とする見解[113]，⑤黙秘権と弁護権の関係及び各機能を指摘した上で，黙秘権を確保するために弁護人立会権が不可欠であるとする見解もある[114]。⑤黙秘権を確保するために弁護人立会権が不可欠であるとする見解は，黙秘権と弁護権の関係と関連して，それぞれの権利が二重性を有することに注目する[115]。すなわち，黙秘権は，供

---

105) 井戸田侃「取調の法的規制」熊谷弘・松尾浩也・田宮裕編『捜査法体系Ⅰ―第1編逮捕・取調―』（日本評論社，1972年）248頁。
106) 村井敏邦「『ミランダ』への道」法セミ436号（1991年）107頁，松尾浩也・鈴木茂嗣編『刑事訴訟法を学ぶ〔新版〕』（有斐閣，1993年）151頁〔村井敏邦執筆〕，小坂井久「第38条第1項」憲法的刑事手続研究会編『憲法的刑事手続』（日本評論社，1997年）440頁等。
107) 芦部信喜編『憲法Ⅲ―人権（2）―』（有斐閣，1981年）151頁〔杉原泰雄執筆〕等。
108) 沢登佳人「憲法・刑事訴訟法英文によれば，検察・警察の取調を受けるとき，被疑者は弁護士のつきそい援助を求める権利を有する」新潟15巻2号（1983年）207〜208頁。
109) 大出・前掲注98）129頁。
110) 高田・前掲注65）91頁，村岡・前掲注65）100頁。
111) 渡辺・前掲注26）216頁，高野隆「被疑者の取調べにどのように対処するか」竹澤哲夫・渡部保夫・村井敏邦編『刑事弁護の技術（上）』（第一法規出版，1994年）99〜100頁等。
112) 後藤・前掲注20）170頁。
113) 川島健治「身柄拘束下での取調べに対する弁護権」青法36巻2＝3合併号（1995年）352頁。
114) 葛野尋之『未決拘禁法と人権』（現代人文社，2012年）195〜200頁。

述の自由の保護や供述の強要禁止という保護的性格と，取調べにおける被疑者の効果的防禦を可能にするための防禦権的性格を有する。そのため，黙秘権と弁護権が結合するとき，黙秘権の保護的性格は弁護権の保護的機能によって確保され，黙秘権の防禦権的性格は弁護権の参加的機能によって確保される。そして，防禦権的性格を有する黙秘権を確保する手続保障として，弁護権の参加的機能から，取調べ立会権が導かれるとする[116]。この見解は，本書で取り扱う Miranda 法理や欧州人権裁判所 Salduz 判決[117]等が示した弁護人立会権を理論的に説明しつつ，日本においても憲法38条1項及び34条を根拠として弁護人立会権を導いている。

このように，近時の学界においては，弁護人立会権を認める見解が多数を占めているように思われる。もっとも，現行法の制定当時から，自白の任意性あるいは信用性を保障するために，捜査機関が弁護人を立ち会わせることは差し支えないと解されていた[118]。犯罪捜査規範180条2項も，弁護人立会いを前提としたものであると解し得る。しかし，現実に弁護人が取調べに立ち会うことはほとんどない。

5．法務省「取調べに関する国内調査結果報告書」にみる被疑者取調べの実態

取調べの適正化を論じるためには，現実の被疑者取調べの実態を把握する必要がある。しかし，被疑者取調べは「ブラックボックス」の中で行われており，その実態を正確に把握することは極めて困難である。取調べの実態を明らかにするために有用な方法は，法社会学的なアプローチによる参与観察であろう。しかし，取調べの参与観察は極めて困難である[119]。そこで，訴訟記録の閲覧によって取調べの実態把握が試みられたことがあ

---

115) *See* John Jackson, *Re-Conceptualizing the Right of Silence as An Effective Fair Trial Standard,* 58 Int'l & Comp. L.Q. 835, 849-854（2009）.
116) 葛野・前掲注114) 198頁。
117) Salduz v Turkey,（2008）49 EHRR 421.
118) 野木新一・宮下明義・横井大三『新刑事訴訟法概説〔追補訂〕』（立花書房，1949年）121頁，宮下・前掲注14) 56頁等。

る[120]。もっとも，この記録はやや古いものであり，調査した事件数も計17件に留まる[121]。これらは，被疑者取調べの実態調査が困難であることの証左であろう。

　この点について，近時，法務省は「取調べに関する国内調査結果報告書」を公表した（以下，「調査報告書」と称する。)[122]。この調査は，取調べ録音・録画の導入に先立ち，その対象事件・範囲を検討する前提として，客観的な統計資料を収集把握するために行われたものである[123]。

(1) 取調べ時間に関する調査

　調査は，2010年9月1日から9月30日までの1ヶ月間に，支部及び区検を含む全地検の検察官が終局処分を行った事件のうち，被疑者が逮捕・勾留された8,233件の事件を対象に行われた[124]。司法警察職員及び検察官が行った取調べ時間の平均は21時間35分であり，裁判員制度対象事件に限ると43時間14分であった。このうち，検察官による取調べ時間は，全事件の平均が2時間47分であり，裁判員制度対象事件の平均に限ると9時間1分であった。終局処分の種別に分けると，被疑者が起訴された事件の取調べ時間の平均は23時間であり，起訴されなかった事件の取調べ時間の平均は16時間56分であった。特に，裁判員裁判対象事件や収賄事件，公職選挙法

---

119) 捜査実務を参与観察した宮澤節生も，取調室への立入りは認められなかった（宮澤節生『犯罪捜査をめぐる第一線刑事の意識と行動―組織内統制への認識と反応―』（成文堂，1985年）11頁）。
120) 多田・前掲注34) 146～194頁。
121) 多田辰也による調査は，1982年に東京地裁で判決が出され，確定した事件の訴訟記録を調べたものである。17件の内訳は，殺人事件3件，強盗致傷を含む強盗事件3件，恐喝事件3件，常習累犯窃盗事件3件，覚せい剤取締法違反事件3件，有印私文書偽造・同行使・詐欺事件1件，贈収賄事件1件である（多田・前掲注34) 146頁）。
122) 法務省「取調べに関する国内調査結果報告書」（平成23年8月）。
123) 以下の記述は，調査報告書のうち特徴的な点を要約したものである。詳細は，調査報告書を併せて参照されたい。
124) 法務省・前掲注122) 1～6頁。裁判員制度対象事件や贈収賄事件，公職選挙法違反事件については，2010年9月1日から同年11月30日までの3ヶ月間に検察官が終局処分を行った事件のうち，被疑者が逮捕・勾留された事件を対象としたものである。

違反事件等では，平均を大きく超えて取調べが行われた。終局処分時における「自白事件」は89.4％であり，このうち否認から自白に転じた事件は10.5％であった。

(2) 検察官による取調べの実態

検察官による取調べの実態を把握するため，2011年2月1日から3月2日までの30日間に，計20庁の調査対象地検に所属する検察官が行った取調べについて，その対象者，取調べ時間，取調べ回数，取調べ場所，立会人の有無，弁護人選任の有無等が調査された[125]。調査対象期間に，被疑者・参考人に対する取調べは48,521回行われ，その合計時間は40,560時間であった。身体拘束された被疑者の取調べでは，その約70％で調書が作成された。しかし，参考人を含めると2回に1回しか取調べが調書化されなかった。身体拘束された被疑者の取調べの約70％が検察庁内の取調室（個室）で行われる一方で，警察署で取調べが行われたケースも存在した(3.6％)。第三者の立会いはほとんど認められておらず，身体拘束された被疑者の取調べに立ち会った者は通訳人のみであった。弁護人を選任していた被疑者は，53.9％であった。

(3) 接見交通の実態

2008年5月に最高検察庁及び警察庁がそれぞれ発出した「取調べの適正を確保するための逮捕・勾留中の被疑者と弁護人等の接見に対する一層の配慮について」を受けて，2010年6月1日から2011年5月31日までの1年間に，全地検において，被疑者又は弁護人等からなされた接見等の申出に対して，検察官がいかなる対応を採ったかが調査された[126]。調査対象期間に行われた接見等の申出は，合計3,280件であった。被疑者からの申出は329件（13％）に留まり，2,853件（87％）は弁護人等からの申出であった。被疑者からの申出329件のうち，98件は弁護人選任の申出であった。

---

125) 法務省・前掲注122) 6～10頁。
126) 法務省・前掲注122) 33～35頁。

被疑者又は弁護人等からなされた接見の申出3,182件のうち，3,142件(98.7%)で直ちに弁護人等との接見の機会が与えられた。少なくとも，取調べ中でないときに接見の申出がなされたときは，そのほとんどの場合で，直ちに接見が実現している。取調べ中に申出がなされた310件のうち，305件では，直ちに接見が実現したり，あるいは直近の休憩等の機会に接見が実現した。もっとも，「直ちに接見が実現したり，あるいは直近の休憩等の機会に接見が実現した」件数の内訳を知ることはできない。接見の申出があった時点から，「直近の休憩等の機会」までの時間も不明である。そのため，現に取調べ中である場合に，「直ちに接見が実現した」件数を知ることはできない。

(4) 検事及び警察官を対象としたヒアリング調査

調査報告書は，「捜査・公判経験の豊富な検事28名及び現場の第一線で捜査に従事している又は従事していた警察官14名（いずれも既に退職した者を含む。），取調べでの通訳経験を有する通訳人7名」を対象に，ヒアリング調査を行っている[127]。調査対象者は，自白がなければ起訴や立件ができない事件が極めて多いと認識しており，捜査にとって不可欠なものであると位置づけている。また，「取調べにおける刑事政策的な機能」を指摘する者も存在する。ここでは，被疑者の犯人性を前提として，「自白し，処分について納得して，刑務所で服役することが再犯防止，ひいては治安の維持につながる」という意見も示された。その他，自白がなければ公判が長期化し，「公判が回らなくなる」という危惧が示された。また，取調べは「説得の過程が大半」であるとされ，「否認する被疑者を説得して自白を得る場面」が可視化されると，「誰も説得などできない」事態を招き，「自白を獲得することができなくな」るという。

(5) 調査報告書から見える取調べの「実態」

調査報告書から窺い知ることができる点は，次の通りである。身体拘束

---

[127] 法務省・前掲注122) 40〜41頁及び別添資料2。

下の取調べは，日常的に数多く行われている。裁判員裁判対象事件や収賄事件，公職選挙法違反事件等では，取調べ時間が長くなる傾向がある。終局処分時点における「自白事件」は全体の89.4%であり，このうち，弁解録取時点で否認していた事件が10.5%である。身体拘束下の被疑者取調べでは，その約70%で調書が作成されているものの，参考人を含めると2回に1回しか取調べが調書化されていない。第三者の立会いは，通訳人を除き，ほとんど認められていない。被疑者段階で弁護人を選任していた者は53.9%である。取調べ中でないときに接見の申出がなされた場合は，その大部分で直ちに接見が実現している。他方で，取調べ中に接見の申出がなされた場合に，どの程度の時間が経過してから接見が実現しているかは不明である。経験豊富な捜査官にとって，取調べや自白は欠かすことができないものであり，否認する被疑者を「説得」する過程が極めて重要であると認識されている。

　これらは，多田辰也による訴訟記録の分析調査の結果と通底する。多田は，17件の訴訟記録を分析することにより，身体拘束中の取調べが数多く行われ，その間に弁護人を選任していた者は極めて少ないこと[128]，多くの被疑者は，熱心な取調べに対して充分に防禦することができないまま捜査段階を終えていることを示した[129]。弁護人選任に関しては，その間に当番弁護士制度が開始・定着したことや，被疑者国選弁護制度が設けられたため，単純比較は困難である。しかし，この点を考慮しても，孤立無援の被疑者が熱心な取調べに一人で対峙していることを窺い知ることができる。代用監獄の運用状況や，取調べ受忍義務を肯定する実務，被疑者の権利保障が不充分であること等に照らせば，取調べは被疑者にとって極めて危機的な状況である。

---

128) 多田・前掲注34) 182〜194頁。
129) 多田・前掲注34) 192頁。

第4章

国際水準からみる日本の被疑者取調べ

1．国際条約等の諸規定

　ここまで概観してきた日本の被疑者取調べの特徴は，国際水準に照らすとより一層顕著となる[1]。日本が1979年に批准した自由権規約は，①拷問等の禁止（7条前文），②身体拘束後の裁判官等の面前への速やかな引致及び身体拘束の例外化（9条3項），③自由を奪われた者の「人道的にかつ人間の固有の尊厳を尊重」した取扱い（10条1項），④被告人の「有罪の判決を受けていない者としての地位に相応する別個の取扱い」（10条2項（a）及び14条2項），⑤「防御の準備のために十分な時間及び便宜を与えられ並びに自ら選任する弁護人と連絡すること」の十分かつ平等な保障（14条3項（b）），⑥「自己に不利益な供述又は有罪の自白を強要されないこと」の十分かつ平等な保障（14条3項（g））を要求している。

　日本が1999年に加入した拷問等禁止条約は，「拷問」について，「身体的なものであるか精神的なものであるかを問わず人に重い苦痛を故意に与える行為であって，本人若しくは第三者から情報若しくは自白を得ること，本人若しくは第三者が行ったか若しくはその疑いがある行為について本人を罰すること，本人若しくは第三者を脅迫し若しくは強要することその他これらに類することを目的として又は何らかの差別に基づく理由によって，かつ，公務員その他の公的資格で行動する者により又はその扇動により若しくはその同意若しくは黙認の下に行われるもの」と定義している（1条

---

[1] 被疑者取調べのみならず，日本の刑事手続全般が特徴的であるとされており，「かなり異状であり，病的」であると評されたこともある（平野龍一「現行刑事訴訟の診断」『團藤重光博士古稀祝賀論文集　第4巻』（有斐閣，1985年）407頁）。

1項前文)。そして，締約国に対して，①拷問を防止するための「立法上，行政上，司法上その他の効果的な措置」を採ること（2条1項），②法執行職員等の「訓練」に「拷問の禁止についての教育及び情報」を十分取り入れること（10条1項），③拷問の発生を無くすために「尋問に係る規則，指示，方法及び慣行」並びに「身体の拘束及び取扱いに係る措置」について体系的な検討を維持すること（11条），④「拷問によるものと認められるいかなる供述も，当該供述が行われた旨の事実についての，かつ，拷問の罪の被告人に不利な証拠とする場合を除くほか，訴訟手続における証拠としてはならないこと」の確保（15条）を求めている。

その他，被拘禁者処遇最低基準規則（1957年），被拘禁者保護原則（1988年），被拘禁者取扱基本原則（1990年）等の国際準則や，国際学会決議（1959年1月10日国際法曹委員会「デリー宣言[2]」や，1979年第12回国際刑法学会「ハンブルク決議[3]」）は，①司法官憲に引致された後の被疑者・被告人の拘禁を警察に委ねてはならないこと，②身体拘束された者の外部交通や，弁護人立会権を含む弁護士への自由なアクセスを保障すること，③身体拘束の目的を「司法の執行の必要性」に純化させることを要求している。

翻って，日本の捜査・裁判実務は，被疑者を警察留置場へ勾留し，被疑者と弁護人の接見交通の日時・場所・時間を指定する権限を捜査機関に認めた上で，弁護人の立会いがないまま密室で被疑者を取り調べることを容認している。これは，国際水準に照らせば，極めて特異である。

2．国際社会からの勧告等と日本政府の態度

これらの国際条約等を実効的に履行させるために，批准国の審査が行われている。日本もこの審査を受け，いくつかの勧告をされている。2012年

2）なお，平野龍一「国際法曹委員会のデリー宣言―法の支配の観念は変った―」ジュリ176号（1959年）64～65頁，五十嵐二葉『テキスト国際刑事人権法総論』（信山社，1996年）115～117頁〔五十嵐二葉訳〕を参照。

3）庭山英雄「第三分科会の報告―第12回国際刑法学会の報告―」刑法23巻3＝4号（1980年）369～374頁，五十嵐・前掲注2）115～117頁〔庭山英雄訳〕。

12月の普遍的定期的審査（UPR）第2回審査報告書では，複数の国が，日本における弁護人立会いの実現や警察留置場の廃止等を勧告した[4]。2013年5月の国連拷問禁止委員会（CAT）第2回定期報告に関する最終見解では，警察留置場の廃止や弁護人立会いの実現[5]，取調べ時間の短縮等を勧告した[6]。2014年7月の自由権規約委員会（CCPR）第6回定期報告に関する最終見解では，警察留置場への収容廃止，勾留の代替手段の検討，全被疑者に対する逮捕時点からの弁護人依頼権保障，弁護人の取調べ立会い等を勧告した[7]。

1989年の国際人権連盟調査団「パーカー・ジョデル報告書[8]」や，1991年のアムネスティ・インターナショナル「日本の死刑廃止と被拘禁者の人権保障」，1995年の国際法曹協会（IBA）調査報告書「代用監獄—日本における警察拘禁制度—[9]」，2004年の同報告書「日本における被疑者の取調べ—電磁的記録の導入—[10]」等も，日本の刑事司法が被疑者を警察留置場へ収容し，取調べのために身体拘束を利用していることを一貫して批判している[11]。

国際条約等に基づく刑事司法の国際水準や，日本に対する各種勧告・批判を受けて，日本の刑事法学も，国際人権法に基づいた刑事司法の構築を目指してきた。そして，取調べ中心主義の支柱である代用監獄の廃止を積

---

4) A/HRC/22/14（2012）.
5) CAT/C/JPN/CO/2（2013），Para. 10.
6) CAT/C/JPN/CO/2（2013），Para. 11.
7) CCPR/C/JPN/CO/6（2014），Para. 18.
8) 代用監獄廃止・接見交通権確立委員会編『警察留置場での拘禁—日本の代用監獄制度—』（悠久書房，1989年）9〜39頁，平野龍一『「国際人権連盟」報告書（パーカー・ジョデル報告書）』法時61巻7号（1989年）92〜102頁，刑事立法研究会「国際人権法と代用監獄—NGO報告『警察留置場での拘禁—1989年2月パーカー・ジョデル報告書—』を読む—」國學院27巻2号（1989年）83〜121頁。
9) 日本弁護士連合会編『代用監獄の廃止と刑事司法改革への提言—国際法曹協会（IBA）の調査レポートと国際セミナーから—』（明石書店，1995年）19〜93頁。
10) 日本弁護士連合会編『裁判員制度と取調べの可視化』（明石書店，2004年）74〜117頁。
11) 庭山英雄・西嶋勝彦・寺井一弘編『世界に問われる日本の刑事司法—諸外国はどう見ているか—』（現代人文社，1997年）130〜191頁も参照。

極的に説いてきた。また，近時は，弁護人立会いや取調べ録音・録画の導入も，国際水準への合致という文脈から強調されてきた。日本の刑事司法が，被疑者を警察留置場に収容し，身体拘束を取調べ目的で利用するという制度的・構造的な問題点を抱えているためである。しかし，日本は，その勧告等を受け容れていない。日本政府は，自由権規約委員会からの質問事項に対する第6回政府回答の中で，代用刑事施設への収容を「廃止することは現実的ではない」し，「悪用されているとは認識していない」と述べていた[12]。また，「取調べ中の弁護人へのアクセス」について，弁護人立会いに触れずに，2008年以降の接見交通権の実施状況を示すのみであった[13]。そして，録音・録画の試行状況[14]や，法制審特別部会による録音・録画を具体化する試み[15]，警察庁が発出した「警察捜査における取調べ適正化指針」に基づく取調べ時間の「厳格な制限（strict time limits）[16]」を詳細に説明し，被疑者取調べに対してなされている配慮を示すのみであった。日本政府は，取調べ中心主義の本質的な問題について，国際社会からの批判に正面から応じていない。

---

12) CCPR/C/JPN/Q/6/Add.1 (2014), Para. 133-134.
13) CCPR/C/JPN/Q/6/Add.1 (2014), Para. 150.
14) CCPR/C/JPN/Q/6/Add.1 (2014), Para. 135-147.
15) CCPR/C/JPN/Q/6/Add.1 (2014), Para. 148.
16) CCPR/C/JPN/Q/6/Add.1 (2014), Para. 151-154.

第5章

小括──被疑者取調べを憲法に基づいて規制する必要性

1．取調べ中心主義

　ここまで整理・確認した被疑者取調べの問題点は，次の通りである。(1) 捜査機関は，取調べを極めて重要な捜査手続の1つとして位置づけている。(2) そこでは，訴追・立証のためのみならず，再犯防止や治安維持のためにも自白が必要であるとされ，真実発見が強く希求される。(3) 身体を拘束された被疑者は，そのほとんどが警察留置場に収容され，衣食住その他を四六時中警察に管理される。(4) 身体を拘束され，外部と隔絶された被疑者は，実務上，取調べ受忍義務を負うとされている。(5) そのため，被疑者は，自己の意思で取調室から退去することができず，捜査官による熱心な説得に応じ続けなければならない。(6) この段階で弁護人を選任している被疑者は6割以下であり，弁護人による援助を得ることなく取調べに臨む者も少なくない。(7) 仮に弁護人を選任していたとしても，取調べ中にいつでも接見することはできず，取調べ終了直後あるいは「直近の休憩等の機会」まで待たなければならない。(8) 取調べを受ける際に弁護人を立ち会わせ，助言を適宜受けることも認められていない。(9) このような取調べに対しては，国際社会から幾度となく批判が向けられ，改善勧告がなされてきたものの，日本が取調べ中心主義の本質的な問題を改善する様子はみられない。

　また，このような取調べの特徴と関連して，供述調書の在り方等も問題となる。すなわち，(10) 調書を作成するか否か，被疑者の供述をどの程度克明に記載するか，いかなる形式で調書を作成するか等，調書の作成方

法は捜査官の裁量に委ねられている。そして，(11)作成した調書は公判廷に顕出され，これに大きく依拠した事実認定が行われる。

　身体拘束と取調べが結合した刑事手続では，被疑者の自白獲得が目指される。もちろん，自白が得られれば，犯罪事実の立証にあたり大きな証拠となる。仮に，被疑者から自白が得られなくても，何らかの弁解がなされ，それと矛盾する証拠が得られた場合，被疑者の弁解が変遷することは訴追側に有利に働く。また，被疑者の弁解が証拠と矛盾したまま固まれば，これも訴追側に有利に働く。身体拘束と取調べが結合した刑事手続は，被疑者の防禦主体性を否定し，被疑者を専ら証拠方法として取り扱う糺問的捜査に親和的となる。

　このように，日本の刑事司法は，詳密かつ熱心な取調べと，そこで獲得した自白を基軸としており，これらが公判手続にも大きな影響を与えるという特徴を有している。三井誠は，1980年代の段階で，上記のような取調べ実態を挙げ，「以上の特徴は…ここ三十余年間，基本的には継続していると評しても過言ではない《省略筆者》」と指摘していた[1]。この指摘から，さらに30年以上の年月が経過した。しかし，その間にこれらの問題点が改められることはなかった。日本の刑事司法は，現在もなお，「取調べ中心主義」のままである。

2．2016年刑訴法改正の特徴と問題点

　1999年から実施された司法制度改革以後も，佐賀農協背任事件[2]，志布志事件[3]，氷見事件[4]等が発生した。これらの事件を契機として，捜査機関による自白強要が改めて問題となった[5]。同時に，現在の被疑者取調べ

1）三井誠「被疑者の取調べとその規制」刑法27巻1号（1986年）172～173頁。なお，平野龍一「現行刑事訴訟の診断」『團藤重光博士古稀祝賀論文集　第4巻』（有斐閣，1985年）407～423頁も参照。
2）佐賀地決平成14年12月13日判時1869号135頁。
3）鹿児島地判平成19年2月23日判タ1313号285頁。
4）富山地裁高岡支判平成19年10月10日裁判所ウェブサイト〔LEX/DB：28135488〕。

の密室性を打破する必要性が強固に認識された[6]。

　このような中で，いわゆる郵政不正事件及び厚労省元局長無罪判決[7]と関連し，検察官による証拠隠滅事件や，大阪地検特捜部長及び特捜副部長による犯人隠匿事件が明らかになった[8]。これを受けて，「検察の在り方検討会議」が設置され，捜査過程の透明化や，供述調書に依存する捜査・公判の改善が必要であると認識された[9]。その検討の場として設置された「法制審議会―新時代の刑事司法制度特別部会」は，3年余の議論を経て，「新たな刑事司法制度の構築についての調査審議の結果【案】」を示した[10]。そして，「調査審議の結果」を基本軸とした2016年刑訴法改正へと結実した[11]。

　2016年刑訴法改正のうち，本書と深く関連するものは，取調べ録音・録画の導入である（301条の2）[12]。2000年代以降の取調べ適正化論は，取調べ録音・録画を中心に展開されてきた[13]。そのため，一定事件において，

5）足利事件再審無罪判決（宇都宮地判平成22年3月26日判時2084号157頁）や布川事件再審無罪判決（水戸地裁土浦支判平成23年5月24日裁判所ウェブサイト〔LEX/DB：25471410〕）等も強く影響している。
6）これらの詳細は，白取祐司「法制審特別部会は課題に答えたか？」法時86巻10号（2014年）4～5頁を参照。
7）大阪地判平成22年9月10日判タ1397号309頁。
8）なお，大阪地判平成23年4月12日判タ1398号374頁，大阪地判平成24年3月30日裁判所ウェブサイト〔LEX/DB：25481020〕及び大阪高判平成25年9月25日高刑集66巻3号17頁を参照。
9）検察の在り方検討会議「検察の再生に向けて―検察の在り方検討会議提言―」（平成23年3月31日）24頁。
10）法制議会―新時代の刑事司法制度特別部会「新たな刑事司法制度の構築についての調査審議の結果【案】」（平成26年7月9日）。議論の経緯は，吉川崇「法制審議会における審議の経過と概要」論ジュリ12号（2015年）47～54頁を参照。
11）改正法の概要は，後藤昭「刑訴法等改正案の全体像」法時88巻1号（2016年）4頁，吉川崇「『刑事訴訟法等の一部を改正する法律』の概要」刑ジャ49号（2016年）72頁，辻裕教「刑事訴訟法等の一部を改正する法律の制定経緯等について」警論69巻8号（2016年）3～4頁，酒巻匡「刑事訴訟法等の改正―新時代の刑事司法制度―（その1）」法教433号（2016年）41頁，井上正仁「刑事司法改革の展望」ひろば69巻9号（2016年）4～7頁などを参照。
12）取調べ録音・録画の概要は，後藤昭「刑訴法改正と取調べの録音・録画」法時88巻1号（2016年）12頁以下を参照。

その全過程を録音・録画する旨が明文化されたことには，大きな意義がある。しかし，主に（1）対象事件の少なさと，（2）例外事由については批判が向けられている。（1）対象事件は，裁判員裁判対象事件及び検察官独自捜査事件である。これらは，年間でおよそ1,600件程度であり[14]，全事件の約2～3％程度であると指摘されている[15]。録音・録画の対象を，被疑者が逮捕・勾留されている場合に限定している点にも批判が向けられている[16]。また，（2）例外事由についても，例外事由の判断に捜査官の裁量が介入するおそれが指摘されたり，「十分な供述」が得られなくなることを理由とする除外等に対して批判が向けられている[17]。

　本書との関係で最も重要な問題点は，改正法が，被疑者の諸権利の実質的保障という観点を等閑視していることである。これは，法制審特別部会における議論や，「調査審議の結果」から一貫してみられる問題点である。本来，取調べへの過度の依存から脱却し，誤判を防止するためには，「被疑者の防御主体性を強化し，黙秘権をはじめとする各種防御権を実質的・実効的に保障することが重要」である[18]。しかし，法制審特別部会で，取調べ受忍義務論や代用監獄，黙秘権・弁護人依頼権等の実質的・実効的な保障に関する議論が充分に展開された形跡はみられない。たとえば，取調べ受忍義務論は，「神々の争いとも言うべき議論」として位置づけられた上で，「そういうところにまで踏み込んで議論するつもりですか」と主

---

13) いわゆる「可視化論」の展開については，安部祥太「被疑者取調べの録音・録画と記録媒体の証拠法的取扱い」青山ローフォーラム3巻1号（2014年）140～142頁。
14) 白取・前掲注6) 5～6頁。
15) 小坂井久「スチームローラーが動きはじめる―可視化制度化の意義と実践的展望―」自正65巻11号（2014年）16頁，関口和徳「取調べの録音・録画制度」刑弁82号（2015年）71頁。
16) 白取・前掲注6) 6頁は，被疑者が任意出頭中に取調べを受けた志布志事件のような場合には，録音・録画の対象にならない点を指摘する。
17) 葛野尋之「取調べの録音・録画制度」法時86巻10号（2014年）18～21頁，関口・前掲注15) 71～72頁，後藤・前掲注12) 14頁等。
18) 白取・前掲注6) 8頁。併せて，川崎英明「『新時代の刑事司法制度』を問う」法時85巻11号（2014年）51頁，田淵浩二「捜査法改革の筋道」論ジュリ12号（2015年）111頁，豊崎七絵「刑事司法『改革』のゆくえ―法制審答申・法律案の問題点―」刑弁82号（2015年）69頁等を参照。

張され[19]，議論の対象にならなかった。弁護人立会権も，「かつてどこかで読んだ教科書の理想型」であるとされ，「もっと現実に必要でインパクトのあるところに絞って議論した方が良い」として退けられた[20]。「基本構想」も，取調べへの弁護人立会いについて，「当部会において結論を得ることは困難であり，その要否及び当否も含めて別途検討されるべきである」と述べ，議論を回避している[21]。これらは，取調べ中心主義の問題点に正面から向き合っていないことを端的に示している[22]。その意味で，法制審特別部会は，「誤判の構造的要因である糺問的捜査依存の調書裁判という刑事司法の抜本的改革」を果たしていない[23]。2016年改正を経た現在も，取調べ中心主義の問題点は未解決のままである。

3．被疑者取調べを憲法に基づいて規制する必要性

日本の刑事手続は，取調べ中心主義である。その特徴は，身体拘束を利用した熱心かつ長時間の取調べと，被疑者の諸権利の実質的保障に対する意識の希薄さに集約される。この2点は，別個独立のものではなく，相互に連関するものである。法制審特別部会も，日本の刑事手続が取調べ中心主義であることを認識し，それを改めるための議論を展開してきたはずで

---

19) 法制審議会—新時代の刑事司法制度特別部会第14回会議（平成24年10月30日開催）議事録38頁〔井上正仁発言〕。
20) 法制審議会—新時代の刑事司法制度特別部会第10回会議（平成24年5月24日開催）議事録20～21頁〔井上正仁発言〕。
21) 法制審議会—新時代の刑事司法制度特別部会「時代に即した新たな刑事司法制度の基本構想」（平成25年1月）21頁。
22) 同様の問題意識に基づくものとして，京都弁護士会「法制審議会新時代の刑事司法制度特別部会に対し，冤罪事件の根絶のための審議を求める意見書」（平成25年9月26日），仙台弁護士会「法制審議会新時代の刑事司法制度特別部会に対する意見書」（平成25年11月14日），青年法律家協会弁護士学者合同部会「『基本構想』に基づく『新時代の刑事司法制度』の立法化に反対する意見書」（平成26年2月15日）等がある。
23) 川崎英明「刑事司法改革の原点と『新時代の刑事司法制度』」川崎英明・三島聡編『刑事司法改革とは何か—法制審議会特別部会『要綱』の批判的検討—』（現代人文社，2014年）10～13頁。

ある[24]。そのためには，被疑者の権利を実質的・実効的に保障するという観点を欠くことはできない。そして，その際には，国際的にも極めて詳細である現行憲法の刑事人権規定に基づいて，刑事手続を規律する必要がある。

　本書では，このような問題意識に基づいて，「憲法はどの程度実効的な権利保障を要求しているか」という観点から，被疑者取調べの適正化を検討する。本来は，憲法と刑事訴訟法が「交錯」しない刑事訴訟法解釈論はあり得ない[25]。その意味で，「被疑者取調べの憲法的規制」という題号は，失当である。しかし，ここまで指摘したように，日本の被疑者取調べは，必ずしも憲法に基づいて規制されていない。法制審特別部会における議論も，被疑者の権利保障という観点を強調しなかった。その間にも，大阪東署脅迫事件[26]や，誤認逮捕した被疑者を85日間身体拘束し，「汚れた手で子どもをなでられるのか」と自白を迫った事案に対する国家賠償請求を容認する判決[27]，取調室に2日間泊まらせて，監禁に近い状態で自白を得た事案に対する国家賠償請求を容認する判決が示される等[28]，取調べの適正化が改めて強く認識されている。

　これまでも，「憲法的刑事訴訟観」に基づいた議論が展開されてきた。その多くは，アメリカにおけるデュー・プロセス論に依るものである。被疑者取調べとの関係では，アメリカのMiranda法理を紹介し，その「導入」を提案するものが多い。しかし，アメリカと日本では，法体系や諸制度が大きく異なる。また，Miranda法理が採用した一律基準があまりに画期的で有名になったため，Miranda判決全体の論理—特に，修正6条ではなく修正5条に基づいたことの意味—は，必ずしも充分に理解されてこなかった[29]。そのため，捜査段階においても弁護人依頼権を保障して

---

24) 法制審・前掲注21) 2頁。
25) 横山晃一郎『憲法と刑事訴訟法の交錯』（日本評論社，1977年）はしがき1頁。
26) 大阪地判平成23年4月28日裁判所ウェブサイト〔LEX/DB：25443422〕。
27) 朝日新聞2015年6月16日朝刊1面「『幸せな人生，変えられた』誤認逮捕の男性，苦悩の2年　地裁賠償命令」。
28) 神戸地判平成27年10月29日公刊物未登載〔LEX/DB：25541720〕，読売新聞2015年10月30日朝刊3面「取り調べ『監禁に近い』，違法捜査で賠償命令」。

いる日本国憲法34条を前提とすると，Miranda法理の論理を充分に理解することができない。このような理由により，日本においては，Miranda法理がある種の「スローガン」に留まり，日本におけるMiranda法理の具体的展開を描写し切れずにいたように思われる。

　そこで，本書では，アメリカにおける被疑者取調べの憲法的規制について，先行研究を踏まえて再整理する。次いで，日本と法体系が類似した韓国におけるMiranda法理の継受と変容を明らかにし，韓国における憲法的刑事訴訟観を描写する。そして，日米韓3ヶ国の取調べ規制の差異の背景を探る。その上で，両国から示唆を得て，憲法は何を要求しているかという視座から，日本における被疑者取調べの憲法的規制を具体的に展望し，提案することを試みる。

---

29) 遠藤比呂通「刑事手続における沈黙の自由（2）」法学53巻5号（1989年）19頁，三和結佳「弁護人依頼権―アメリカ合衆国憲法修正5条の弁護人依頼権と修正6条の弁護人依頼権を中心に―」名城大学大学院法学研究科研究年報32集（2004年）47～75頁．

第2部
アメリカにおける被疑者取調べの憲法的規制

Miranda 判決[1]以前のアメリカにおける被疑者取調べでは，Third Degree が横行していた[2]。そのため，アメリカ合衆国連邦最高裁判所（以下，「合衆国最高裁」と称する。）は，様々な論理を展開し，連邦事件及び州事件における取調べを改めようと尽力した。このような中で，取調べを規制する原理として採用されたのは，いわゆる自白法則であった。その後，McNabb-Mallory ルール等を経て，1966年に Miranda 判決が示されるに至った。これにより，事後規制のみならず，事前規制の重要性が認識されるようになった。他方で，その後のアメリカにおいては，1968年に制定された包括的犯罪規制及び市街地安全法をきっかけに，Miranda 判決の影響を弱体化させるような動きもみられた。2000年 Dickerson 判決は，Miranda 法理が憲法上の原則であることを明らかにしたものの，現在もなお，その評価は一様ではない。

　第2部では，日韓両国における Miranda 法理の継受と変容を検討する前提として，アメリカにおける被疑者取調べの憲法的規制原理を確認する。ここでは，Miranda 判決以前の取調べ規制原理，Miranda 判決，Miranda 法理の発展とその後の動向について概観する。また，Miranda 法理の現代的意義を確認する。これらを通じて，アメリカの被疑者取調べに関する憲法的刑事訴訟観を描写する。

---

1) Miranda v. Arizona, 384 U.S. 436 (1966).
2) Report on Lawlessness in Law Enforcement: National Commission on Law Observance and Enforcement, No.11 (1931).

第1章
Miranda 判決以前の被疑者取調べ規制と Miranda への道

1．自白法則の変化

(1) 伝統的なコモン・ロー上の自白法則の受容

　Miranda 判決以前のアメリカでは，被疑者取調べを規制する原理として，自白法則がその役割を果たしてきた。当初，合衆国最高裁は，自白の信用性（reliability）に重きを置き，虚偽であることが疑われる自白を排除する方針を採っていた。1884年 Hopt 判決は，最も信用し得る自白として，「自由かつ任意」になされた自白を挙げた上で[1]，被告人の恐怖や希望に働きかけるような脅迫又は約束等によってなされた自白は，「無実の者は虚偽自白をすることによって自己の安全を危険にさらしたり，自己の利益を害することはないであろうという推定」を覆すと指摘した[2]。これは，1783年にイングランドで示された Warickshall 判決[3]に由来する，コモン・ロー上の自白法則である[4]。ここでいう自白法則は，自白獲得過程を問題とするものではなく，虚偽であることが疑われる自白の証拠使用を問題とするものである。その後も，合衆国最高裁は，このようなコモン・ロー

---

1) Hopt v. Utah, 110 U.S. 574, 584 (1884).
2) Id. at 585.
3) The King v. Warickshall, 168 Eng. Rep. 234 (K.B. 1783).
4) なお，戒能通孝『自白と裁判』（日本評論社，1951年）31〜58頁，岡部泰昌「英国における自白法則―1984年の警察・刑事証拠法における自白規定の検討を中心にして―」名城37巻別冊（1988年）309〜338頁，多田辰也『被疑者取調べとその適正化』（成文堂，1999年）314〜329頁，稲田隆司『イギリスの自白排除法則』（成文堂，2011年）1〜62頁等を参照。

一上の自白法則を根拠として不任意自白を排除する立場を採った[5]。

(2) 自己負罪拒否特権に基づく自白排除

　他方で，連邦法域に関して，1897年 Bram 判決は，「不任意を理由として自白の証拠能力が問われた場合には，何人も『刑事事件において，自己に不利な証人になることを強制されない』と規定する合衆国憲法修正5条の当該部分によって規制される[6]」と判示し，自己負罪拒否特権に基づく自白排除を行った。Bram 判決は，自白が「『任意になされたもの』であることとは，『不当な干渉がなければ黙秘し続けたであろうと予想される場合に，被告人がその意思に反して供述することを強いられなかった』ことを意味する[7]」としていることから，任意性は「意思の自由」の問題として位置づけられていることが窺える。確かに，一定の威迫又は約束による自白を排除する伝統的なコモン・ロー上の自白法則にも，「供述の自由の保護」に資する側面を認めることができる。しかし，これは「信用性のない自白を排除することの副次的効果」に過ぎなかった。また，歴史的にも，自己負罪拒否特権が「信用性のない証拠」に対する防禦手段として発展してきた事実は認められない。これに対して，Bram 判決は，沿革的には自白法則と交錯することのない「自己負罪拒否特権の保障」という視点を取り入れ，自白の「任意性」の概念に人権保障の観点を盛り込もうと試みた。ここに，Bram 判決の意義がある[8]。しかし，Bram 判決が採った自白排除の枠組みは，Miranda 判決の登場までは「忘れられた存在」となっていた[9]。1964年に Malloy 判決[10]が示されるまで，修正5条は合衆

---

5) *See e.g.*, Pierce v. United States, 160 U.S. 355（1896）; Wilson v. United States, 162 U.S. 613（1896）.
6) Bram v. United States, 168 U.S. 532, 542（1897）.
7) *Id.* at 549.
8) 鈴木茂嗣「被疑者の取調と自白法則―アメリカにおける自白法則の発展を中心に―」刑法15巻3＝4号（1968年）343～344頁。
9) YALE KAMISAR ET AL., MODERN CRIMINAL PROCEDURE: CASES, COMMENTS & QUESTIONS 565（13th. 2012）. *See also*, Laurence A. Benner, *Requiem for Miranda: The Rehnquist Court's Voluntariness Doctrine in Historical Perspective*, 67 WASH. U. L. Q. 59, 107-113（1989）.

国政府のみを規制する原理であり，州政府を規制する原理ではないと考えられていたためである[11]。また，沿革が異なる自白排除法則と自己負罪拒否特権を結びつけたことに対する批判も，影響しているかもしれない[12]。

(3) デュー・プロセスに基づく自白排除
 (a) 組入理論
 ここで，デュー・プロセスに基づく自白排除に関する判例の変遷を辿る前に，「組入理論 (incorporation theory)[13]」について簡単に確認しておく。デュー・プロセスに基づく自白排除の理論的枠組みは，組入理論が前提となるためである。組入理論とは，合衆国憲法修正条項を州へ適用する際の理論である。アメリカは連邦制度を採用しており，合衆国憲法は州への介入を極力控えるという理念の下に制定された[14]。そのため，修正条項は合衆国のみを規制するものであると考えられていた[15]。しかし，1868年に採択された修正14条の保障範囲を巡って，修正条項の人権規定が州にも適用されるか否かが関心事となった。
 州の刑事手続への介入についてみると，当初は立法に基づくものが多か

---

10) Malloy v. Hogan, 378 U.S. 1 (1964).
11) PHILLIP E. JOHNSON, CASES AND MATERIALS ON CRIMINAL PROCEDURE 451 (3d ed. 2000); Charles D. Weisselberg, *Mourning Miranda*, 96 CALIF. L. REV. 1519, 1525, Fn. 17 (2008).
12) *See e.g.*, Charles T. McCormick, *The Scope of Privilege in the Law of Evidence*, 16 TEX. L. REV. 447, 453 (1938).
13) *See e.g.*, Bryan H. Wildenthal, *The Road to Twining: Reassessing the Disincorporation of the Bill of Rights*, 61 OHIO ST. L. J. 1457 (2000); George C. Thomas Ⅲ, *When Constitutional Worlds Collide: Resurrecting the Framers' Bill of Rights and Criminal Procedure*, 100 MICH. L. REV. 145 (2001); Jerold H. Israel, *Free-Standing Due Process and Criminal Procedure: The Supreme Court's Search for Interpretive Guidelines*, 45 ST. LOUIS U. L. J. 303 (2001).
14) 合衆国憲法や権利章典の制定過程については，田中英夫『アメリカ法の歴史（上）』（東京大学出版会，1968年）51〜136頁，阿部竹松『アメリカ憲法〔第3版〕』（成文堂，2013年）18〜45頁等を参照。
15) *See* Barron v. Mayor and City Council of Baltimore, 32 U.S. 243 (1833); Slaughter House Cases, 83 U.S. 36 (1873).

った[16]。その後，1930年代頃より，司法による介入がみられるようになった。この嚆矢とされているのが，弁護人依頼権と関連して後述する1932年 Powell 判決である。Powell 判決は，「告知と聴聞」を「憲法上のデュー・プロセスの要求の基本的な要素を構成する」ものと位置づけ[17]，「弁護人の援助を受ける権利は，権利を主張する当事者によって要求され，提供されたときには，聴聞に含まれる」と判示した[18]。これにより，修正6条の弁護人依頼権が，修正14条を介して州にも適用されることが明らかになった。

合衆国憲法が州へ介入するアプローチとしては，2つの考え方が主張されてきた。「全面的組入理論」と「選択的組入理論」である。「全面的組入理論」は，修正1条から修正8条までがすべてそのまま州に適用されるとする考え方である[19]。これに対して，「選択的組入理論」は，基本的な権利のみが選択的に州に適用されるとする考え方である[20,21]。合衆国最高裁は，自己負罪拒否特権と関連して後述する1937年 Palko 判決によって，「選択的組入理論」を採用することを明らかにした。また，修正条項を州に適用する際には，当該権利が「秩序ある自由体系の本質的な構成要素 (the very essence of a scheme of ordered liberty)」であるか否かという基準によって判断するとした[22]。

このように，当時の合衆国最高裁は，選択的組入理論を採用し，修正条項に規定された各権利が「基本的公正 (fundamental fairness)」にとって不

---

16) *See* 18 U.S.C. §2421; 18 U.S.C. §§2312-2313.
17) Powell v. Alabama, 287 U.S. 45, 68 (1932).
18) *Ibid.*
19) 当時の合衆国最高裁では，Hugo Black 判事が中心となって主張していた見解である (*See* Adamson v. California, 332 U.S. 46, 71-72 (1947) (Black, J., dissenting))。
20) 当時の合衆国最高裁では，Benjamin Cardozo 判事及び Felix Frankfurter 判事が中心となって主張していた見解である (*See* Adamson v. California, 332 U.S. 46, 66 (1947) (Frankfurter, J., concurring))。
21) *See* Jerold H. Israel & Wayne R. LaFave, Criminal Procedure: Constitutional Limitations 10-26 (7th ed. 2006).
22) Palko v. Connecticut, 302 U.S. 319, 325 (1937).

可欠であるか否かという基準で，州への適用可否を判断した。そして，1960年代のWarren判事による一連の刑事司法革命を経て，今ではほとんどの権利が州へ適用されることになった。そのため，組入理論は事実上決着した議論である。しかし，以下で述べるデュー・プロセスに基づく自白排除が行われていた頃は，未だ州への適用が宣言されていない権利も少なくなかった。このような状況下で，合衆国最高裁が州事件における不任意自白を排除するためには，修正14条のデュー・プロセス条項に根拠を求めるほかなかった。

(b) デュー・プロセスに基づく自白排除の試み

合衆国最高裁は，州裁判所の判決が合衆国憲法に違反していなければ，州裁判所の判断に介入することができない。そのため，当初の合衆国最高裁は，州事件における不任意自白を排除するにあたり，合衆国憲法修正14条のデュー・プロセスにその根拠を求めた。その嚆矢とされているのが，1936年Brown判決である。この事件では，白人保安官が，殺人被疑事件の黒人被疑者を木に縛り付けたり全裸にし，鞭で打ちつけて獲得した自白の許容性が争われた。合衆国最高裁は，「本件の争点は，州捜査官の蛮行と暴力によって獲得されたことが明らかな自白のみに依拠した有罪判決が，合衆国憲法修正14条によって要求されるデュー・プロセスと合致するか否かである」と問題を整理した[23]。その上で，「(本件で) 用いられた方法よりも，より正義感に反する方法を想定することは困難であり，このようにして獲得された自白を有罪及び量刑の基礎として使用することは，デュー・プロセスに対する明白な違背である[24]」として，自白の証拠能力を否定した。また，1940年Chambers判決も，白人が殺害された強盗殺人被疑事件の捜査で，周辺に住む数十人の黒人を無令状で連行し，5日以上取調べを行って獲得した自白について，被告人等は「最も強靭な気力と最も頑強な抵抗力さえも打ちのめすように計算された状況下に置かれていた[25]」とし，このような自白によって被告人等に死刑を科すのであれば，

---

23) Brown v. Mississippi, 297 U.S. 278, 279 (1936).
24) *Id.* at 286.
25) Chambers v. Florida, 309 U.S. 227, 238-239 (1940).

「憲法上のデュー・プロセスの要請は，無意味なシンボルとなってしまう[26]」として，自白の証拠能力を否定した。

デュー・プロセスに基づく自白排除は，具体的には，「基本的公正さ」を欠く方法で獲得された自白を排除するという趣旨である[27]。ところで，Brown 判決及び Chambers 判決は，当該自白の任意性には言及していない。また，Brown 判決は，「拷問機具や拷問部屋は，証言台の代わりにはなり得ない…州当局が，暴力によって獲得した自白のみに基づいて（resting solely upon confessions obtained by violence）有罪判決を得ようと目論むならば，裁判は単なるみせかけのものとなってしまう《省略・傍点筆者》[28]」としている。これらのことから，合衆国最高裁は，デュー・プロセスに基づく自白排除の対象を，拷問又はそれに類する程度の物理的暴力に限定していたようにも思われる。これに対しては，当初から本件自白は虚偽であると疑われていたため，実質的にはコモン・ロー上の自白法則によって排除したに過ぎないという指摘もなされている[29]。いずれにしても，少なくともこの時点では，供述の虚偽性ゆえに当該自白を排除するコモン・ロー上の自白法則と，自白の獲得過程におけるデュー・プロセス違反は，未だ明確に関連づけられていなかったことが窺える[30]。

以上のように，この時期の合衆国最高裁が自白を排除する根拠については，不明確な部分も少なくなかった。このような中で示された1941年 Lisenba 判決は，「デュー・プロセスを要求する目的は，虚偽であることが疑われる証拠を排除することではなく，その真偽を問わず，証拠の使用における基本的不公正を防止することである[31]」として，デュー・プロ

---

26) *Id.* at 240.
27) Lisenba v. California, 314 U.S. 219, 236（1941）. *See also*, ISRAEL & LAFAVE, *supra* note 21, at 10-11.
28) Brown v. Mississippi, 297 U.S. 278, 285-286（1936）.
29) JOSEPH D. GRANO, CONFESSION, TRUTH, AND THE LAW 92（1993）; WELSH S. WHITE & JAMES J. TOMKOVICZ, CRIMINAL PROCEDURE: CONSTITUTIONAL CONSTRAINTS UPON INVESTIGATION AND PROOF 489（4th ed. 2001）; 2 WAYNE R. LAFAVE ET AL., CRIMINAL PROCEDURE §6.2（a）, at 612（3d ed. 2007）.
30) 堀田周吾「ミランダ・ルールと任意性テスト（1）」首法54巻1号（2013年）431頁。

セスに基づく自白排除の趣旨を明らかにした。その上で,「認めるか,否認するか,あるいは返答を拒否するかという自由な選択が奪われたか否か[32]」を基準に,自白の許容性を判断した。また,1944年 Ashcraft 判決は,36時間に亘って連続的に取調べが行われたことについて,このような状況下で被告人が自白をしても,それは「任意ではなく強制によるもの[33]」であり,このような状況それ自体が「最大限に強制的な圧力と対峙している孤立した被疑者が意思の自由を持つことと相容れないほどに,内在的に強制的 (inherently coercive) である[34]」と指摘し,自白の証拠能力を否定した。

　合衆国最高裁は,その後もデュー・プロセスに基づく自白法則を採用し,自白の証拠能力を判断することになる。1945年 Malinski 判決では,殺人の嫌疑がかけられた被疑者をホテルで全裸にして3時間拘禁し,その7時間後になされた自白の許容性が争われた。合衆国最高裁は,取調べの手段・態様に着目して,「本件自白は強制によるものであり,任意性は認められない[35]」と判示し,当該自白を排除した。また,1948年 Haley 判決では,被疑者の年齢,取調べ時刻,取調べ時間,弁護人の助言の不存在,少年被疑者の権利を尊重しなかった担当警察官の態度等を総合し,「憲法上要求されているデュー・プロセスを蔑ろにするような方法で有罪にされるべきではない[36]」と判示した。1949年 Watts 判決も,別件で勾留中の被疑者を留置場へ押送し,6日間に亘って夕方から明け方まで取り調べた事案について,自白の任意性判断基準として「それが自由な選択に基づいてなされたものであるか否か[37]」を挙げた上で,「供述が,警察の継続的な圧力によって獲得されたものであるとすれば,それは自由な選択に基づいてなされたものであるとはいえない。被疑者が威圧されたために供述し

---

31) Lisenba v. California, 314 U.S. 219, 236 (1941).
32) *Id*. at 241.
33) Ashcraft v. Tennessee, 322 U.S. 143, 153 (1944).
34) *Id*. at 154.
35) Malinski v. New York, 324 U.S. 401, 409 (1945).
36) Haley v. Ohio, 332 U.S. 596, 600-601 (1948).
37) Watts v. Indiana, 338 U.S. 49, 53 (1949).

た場合には，肉体的あるいは精神的な拷問を受けたか否かは問題ではない[38]」として，当該自白を排除している。その後も，逮捕後5日間留置し，弁護人との接見を認めず，毎日5時間程度の取調べを行った事案について自白の証拠能力を否定したTurner判決[39]や，不任意自白は信用性に関わらずデュー・プロセスに反すると判示したRochin判決[40]，精神科医の誘導による自白は，「自白するか犯行への関与を否定するかという上訴人の内心的な自由とは相容れない」とするLeyra判決[41]等，デュー・プロセスに基づく自白排除が一般化していく。

(c)　事情の総合説による自白排除の確立

合衆国最高裁は，自白の任意性を判断する上で，デュー・プロセスに基づいて様々な事情を考慮してきた。そして，1957年Fikes判決において，これまでの判断枠組みを明示的に確認した。すなわち，精神遅滞のある被疑者を1週間留置し，弁護士等との接見を禁止して取調べを繰り返したことについて，「事情の総合性（totality of the circumstances）は，許容される限度を超えるものである[42]」と判示したのである。もっとも，事案毎の個別具体的な諸事情を総合的に勘案して自白の証拠能力を判断する「事情の総合説」は，これまでの合衆国最高裁の態度を整理・明示したに過ぎず，新たな判断基準を示したものではない[43]。

その後も合衆国最高裁は，事情の総合説に基づいて自白の任意性判断を行っている。1958年Crooker判決では，弁護人接見の拒否を理由に自白排除を求めた被告人に対し，被告人がロースクールで法律を学んだ経験があることや，充分な食事・休憩が与えられていたこと等を挙げ，自白が強制されたとは認められない旨を判示した[44]。Crooker判決と同日に示され

---

38) *Ibid.*
39) Turner v. Pennsylvania, 338 U.S. 62 (1949).
40) Rochin v. California, 342 U.S. 401 (1952).
41) Leyra v. Denno, 347 U.S. 556, 561 (1954).
42) Fikes v. Alabama, 352 U.S. 191, 197 (1957).
43) Leslie A. Lunney, *The Erosion of Miranda: Stare Decisis Consequences,* 48 Cath. U. L. Rev. 727, 732-733, Fn.16 (1999).
44) Crooker v. California, 357 U.S. 433, 438 (1958).

たCicenia判決では，被告人が警察署へ出頭してから約12時間連続して取調べを受け，その間弁護人との接見を拒まれた事実について，「強い違和感[45]」を示しつつも，「州は，自らの刑事司法制度に広範な裁量を有するべきである[46]」として，当該自白の排除を見送った。さらに，同じくAshdown判決は，夫を毒殺した疑いで，その妻を葬儀場から直接に連行し，数時間の取調べを行って獲得した自白の許容性と関連して，「捜査官が上告人の立場につけ込もうとしていたとはいえず，上告人の意思を抑圧するほどの影響は認められない[47]」と判示し，当該自白を許容した。ここでは，取調べ中の強制は認められず，被疑者が「良心の呵責（remorse）」に苛まれて自白に至ったと認定されている[48]。加えて，1959年Spano判決では，弁護人の助言により黙秘する被告人に対し，被告人の幼馴染みである警察官が，その上司の指示の下，被告人が自白しなければ自身が免職され妻子が苦しむ旨の虚偽を被告人に伝えて自白を獲得したという事実について，（1）被告人に前科がなく，取調べを経験していないこと[49]，（2）8時間連続して取調べが行われたこと[50]，（3）捜査官が弁護人への連絡を拒んだこと[51]を指摘した上で，幼馴染みの警察官による説得は「状況の総合性（totality of situation）において言及されるべき」事情であり，「上告人の意思は，捜査官の圧力，疲労，誤って引き起こされた同情によって押しつぶされた」として[52]，自白の任意性を否定した。

　合衆国最高裁は，1960年代に入ってからも，「事情の総合説」に基づいた自白の排除を行っている。1961年Rogers判決は，修正14条に基づく自白の許容性の問題について，「州捜査官の行動が被告人の意思を打ち砕き，自由な自己決定によらない自白をもたらしたか否かの問題であり，被告人

---

45) Cicenia v. LaGay, 357 U.S. 504, 508（1958）.
46) *Id*. at 510.
47) Ashdown v. Utah, 357 U.S. 426, 431（1958）.
48) *Ibid*.
49) Spano v. New York, 360 U.S. 315, 321（1959）.
50) *Id*. at 322.
51) *Id*. at 322-323.
52) *Id*. at 323.

が真実の供述をしたか否かは完全に無視して考慮すべきである[53]」と判示し，当該自白を排除している。1962年 Gallegos 判決は，強盗及び傷害の被疑事実で逮捕された14歳の少年から自白を獲得した後，5日間身体拘束を行い，被害者の死亡後に改めて殺人について取り調べ，これにより獲得した自白について，「14歳の少年被疑者に対する取調べに，手続上の不備は無かった[54]」としつつも，自白することの帰結を少年が充分に理解していなかったとして，当該自白を排除している[55]。1963年 Townsend 判決では，身体の不調を訴えた被告人に処方された薬が，結果的に「自白剤（truth serum）」の役割を果たした点について，捜査機関に不適切な目的がなかったとしても，自由な知性に基づかない自白が生み出され得る状況下で警察官が質問をした場合は，当該自白は排除されると判示した[56]。ここでは，自白の任意性判断に際して，当該自白が「自由な知性（free intellect）[57]」あるいは「自由な意思（free will）[58]」によるものであるか否かという基準が挙げられており，捜査官の意図は問わないとされている。加えて，1963年 Haynes 判決は，被告人が捜査段階で何度も自白し，調書に署名していた事案について，（1）被告人が妻や弁護人との電話を禁止されたこと，（2）調書に署名する前に，弁護人に関する権利を告知されなかったことを認定し，自白の任意性の判断基準として「身体的・心理的強制が，被疑者の自白時点で，その意思を抑圧する程度のものであったか否か[59]」という点を挙げた上で，「本件自白が，州当局者等による発言と行動によって作成された，極めて強制的かつ誘導的な雰囲気の中で獲得されたものであることに疑いはない[60]」として，当該自白を排除した。

---

[53] Rogers v. Richmond, 365 U.S. 534, 544 (1961).
[54] Gallegos v. Colorado, 370 U.S. 49, 54 (1962).
[55] Id. at 54-55.
[56] Townsend v. Sain, 372 U.S. 293, 308-309 (1963).
[57] Id. at 308.
[58] Id. at 321.
[59] Haynes v. Washington, 373 U.S. 503, 513 (1963).
[60] Id. at 513-514.

(d) 事情の総合説の特徴と問題点

　伝統的なコモン・ローに基づく自白排除は,「被疑者が真実を述べたか否か」をその関心としていた。これに対して,「事情の総合説」を含むデュー・プロセスに基づく自白排除は,「専ら被疑者が自由に供述することを選んだか否か」を検討の対象としてきた[61]。1936年 Brown 判決等にみられるように,当初の合衆国最高裁判例は,拷問又はそれに類する程度の物理的な暴行を伴う取調べによって獲得された自白を排除する趣旨で,デュー・プロセス条項を適用していたように思われる。しかし,1941年 Lisenba 判決は,デュー・プロセスに基づく自白排除の根拠として「基本的公正性」を挙げ,「脅迫や約束」による自白も排除されるとした。さらに,1944年 Ashcraft 判決では,当該自白が「任意になされたものであるか」を基準にしつつ,それと相反する強制的な取調べ状況(長時間に亘る取調べ)の存在を考慮し,自白の証拠能力を判断した。これらの判決は,主に捜査段階における自白の獲得過程を総合的に考慮しており,その対象は,拷問又はそれに類する程度の物理的な暴行から,取調べ時間の長さ等へと徐々に拡大されていった。

　この傾向はその後も続き,1945年 Malinski 判決は,被疑者をホテルの一室で全裸にして3時間拘禁したこと等,取調べの手段や態様等に着目して自白を排除した。1948年 Haley 判決は,取調べ手段・態様に加えて,被疑者の年齢や弁護人の助言の不存在,被疑者の権利を尊重しない捜査官の態度等,取調べ手段・態様以外の外形的事情も含めた総合的判断を行った。このことから,いわゆる「事情の総合説」の萌芽は,Haley 判決において既にみられるように思われる。

　その後,事情を総合的に考慮するにあたって,捜査官側の事情に重きを置く傾向が強くなった。1958年 Ashdown 判決や1959年 Spano 判決は,捜査官の意図に注目して当該自白を排除した。この傾向は,後述する Weeks 判決[62]に端を発した違法収集証拠排除法則や,Ashcraft 判決の前

---

61) Note, *Developments in the Law—Confessions*, 79 HARV. L. REV. 935, 981 (1966).
62) Weeks v. United States, 232 U.S. 383 (1914).

年に示された McNabb 判決[63]を嚆矢とする McNabb-Mallory ルールと通底するように思われる[64]。

他方で,合衆国最高裁は,1949年 Watts 判決において,被疑者の「自由な選択(free choice)」を重視し,被疑者の内心に重点を置いて自白の「任意性」を判断する枠組みを同時に設けていた[65,66]。

ところが,合衆国最高裁は,1953年 Stein 判決において,デュー・プロセスによる自白排除について,「本来は信用できない証拠に基づく有罪認定を回避する保障[67]」であり,「暴行によって獲得された自白によって有罪を認定することは,虚偽に基づくことになる[68]」と判示した。Stein 判決は,自白排除根拠としてデュー・プロセスを挙げているものの,自白の信用性(虚偽性)に重きを置き,虚偽排除説を採っていると解する余地も少なくない[69]。

合衆国最高裁は,1941年 Lisenba 判決によって,伝統的なコモン・ロー上の自白法則(虚偽排除説)から訣別し[70],デュー・プロセスに基づく自白法則の採用へ移行しつつあったように思われた[71]。そして,既に述べ

---

63) McNabb v. United States, 318 U.S. 332 (1943).
64) 鈴木・前掲注8) 45頁。
65) Watts 判決において補足意見を書いた Douglas 判事は,Malinski 判決や Haley 判決を挙げた上で,本件においても,当該自白が不法な拘束下で獲得されたことを理由に自白を排除する余地があることを示唆しており,このような自白を強制する手続は「悪の根源」であると指摘している(See Watts v. Indiana, 338 U.S. 49, 56-57 (1949) (Douglas, J., concurring))。
66) See also, Turner v. Pennsylvania, 338 U.S. 62 (1949); Harris v. South Carolina, 338 U.S. 68 (1949); Townsend v. Sain, 372 U.S. 293 (1963).
67) Stein v. New York, 346 U.S. 156, 192 (1953).
68) Ibid.
69) Steven Penney, Theories of Confession Admissibility: A Historical View, 25 AM. J. CRIM. L. 309, 347-348 (1998). なお,Penney は,Stein 判決がコモン・ロー上の自白法則に立ち戻ったような論理を採った理由として,合衆国最高裁判事の構成変更を指摘している。Lisenba 判決や Watts 判決等の多数意見に与することが多かった Murphy 判事と Rutledge 判事が死亡し,新たに Clark 判事と Minton 判事が任命されたところ,これまで事情の総合性判断の際に反対意見を示してきた Jackson 判事の見解に,新任判事である Clark 判事と Minton 判事が同意したことによって,Stein 判決の多数意見が形成されたという (Id. at 346-347.)。
70) 田宮裕『捜査の構造』(有斐閣,1971年) 287頁。

たように，1961年 Rogers 判決において，「被告人が真実の供述をしたか否かは完全に無視して考慮すべきである[72]」として，いわゆる虚偽排除的な観点に基づく自白法則を明示的に否定した。しかし，遡ってみれば，Lisenba 判決の時点で，合衆国最高裁内で意見が対立していたことが窺える。Lisenba 判決に付された Black 判事と Douglas 判事による反対意見は，Chambers 判決に基づいて，本件で行われた42時間に亘る連続的な取調べ等によって獲得された自白は「自由かつ任意に」なされたものではないと指摘した上で，原判決を破棄すべきであるとしていたのである[73]。Lisenba 判決の多数意見が被疑者の「自由な選択」を重視し，取調べ方法や態様に加えて，被疑者の主観面を併せて考慮する「事情の総合説」を採ったのに対し，Black 判事と Douglas 判事による反対意見は，捜査官による違法行為の存在それ自体を問題とする「客観説」を採っていたのである[74,75]。当時の合衆国最高裁は，主としてデュー・プロセスに基づいて自白を排除する一方で，虚偽排除説と解し得る見解を採用する等，意見の対立を抱えていた。そして，自白の許容性に関する判断基準は，「価値の複合（complex of values）[76]」と称されるほどに複雑化していた。

事情の総合説は，「犯罪の規制」と「個々人の自律性」を調整する機能として作用してきた[77]。他方で，事件毎に異なる個別具体的な事情によって自白の許容性を判断せざるを得ないため，捜査官や下級審裁判所判事

---

71) 関口和徳「自白排除法則の研究（２）」北法59巻３号（2008年）204頁。関口も，「虚偽排除説からの離脱を直ちに意味するものではなかった」と指摘している（229頁注（28））。

72) Rogers v. Richmond, 365 U.S. 534, 544 (1961).

73) Lisenba v. California, 314 U.S. 219, 241-242 (1941) (Black, J. & Douglas, J., dissenting).

74) *See* Monrad G. Paulsen, *The Fourteenth Amendment and the Third Degree*, 6 STAN. L. REV. 411 (1954).

75) 事情の総合説に代わる判断基準に関して，客観説を主張する見解として，Stephen J. Schulhofer, *Confessions and the Court*, 79 MICH. L. REV. 865, 873-874 (1981) がある。*See also*, Michael J. Zydney Mannheimer, *Coerced Confessions and the Fourth Amendment*, 30 HASTINGS CONST. L. Q. 57, 114 (2002).

76) Blackburn v. Alabama, 361 U.S. 199, 207 (1960).

77) Penney, *supra* note 69, at 355.

に対して，許容される取調べの限界を予め具体的に明示する機能を有さず，取調べ実務を有効に規制することは困難であった[78]。また，被告人側が自白の任意性を争う場合に，取調べを巡る様々な事情を示す必要があるため，被告人側に重い挙証責任を課すことになった[79]。さらに，取調べ手続に違法行為が認められた場合であっても，それ自体を理由として自白が排除されることはなく，当該違法行為の存在は総合判断の際の一事情に留まることになる[80]。弁護人依頼権が侵害されていたにも関わらず，被告人がロースクールに在籍していた経験等を考慮し，自白を証拠採用したCrooker判決は，その典型であろう。

合衆国最高裁は，1936年から1960年代半ばまで，このような特徴を有する「事情の総合説」の確立を目指してきた。他方で，これと並行して，事情の総合説とは異なる基準による自白の証拠能力判断も試みてきた。それが，以下で述べるMcNabb-Malloryルールである。

2．McNabb-Malloryルール

(1) McNabb-Malloryルールの確立

McNabb-Malloryルールとは，McNabb判決[81]を嚆矢として確立された，連邦法ないし連邦規則に違反して獲得された自白を，当該違法を理由として排除するルールである。当時の連邦法には，被逮捕者を遅滞なく裁判官の面前に引致しなければならないという規定が設けられていた[82]。そこで，この規定に反して獲得された自白の許容性が問題となった。

---

78) Schulhofer, *supra* note 75, at 869-872. なお，渡辺修『被疑者取調べの法的規制』（三省堂，1992年）36頁，関口・前掲注71）207～208頁，堀田・前掲注30）442頁等を参照。

79) Note, *Reaffirmation of Confessions Inadmissible under McNabb-Mallory*, 72 YALE L. J. 1434, 1438（1963）.

80) WELSH S. WHITE, MIRANDA'S WANING PROTECTIONS: POLICE INTERROGATION PRACTICES AFTER DICKERSON 47（2001）.

81) McNabb v. United States, 318 U.S. 332（1943）.

82) *E.g.*, 18 U.S.C. §595. *See also, id.* at 342.

1943年 McNabb 判決では，連邦税務局酒税官 1 名を殺害し，1 名を負傷させた嫌疑で逮捕した被疑者を，裁判官の面前に引致することなく，椅子やベッドのない部屋に拘束し，約14時間取り調べて獲得した自白の許容性が争われた。このとき，被疑者は親族との接見を禁止されており，弁護人も選任されていなかった[83]。合衆国最高裁は，「州裁判所による有罪判決を当裁判所が取り消す権限は，修正14条で保障されている『自由と正義にかかる基本原理』（Hebert v. Louisiana, 272 U.S. 312）を遂行する場合に限られる。他方で，合衆国裁判所から当裁判所に持ち込まれた有罪判決を審査する権限は，合憲性の確認に制限されない。合衆国裁判所における刑事手続の運営に対する司法上の監督権は，手続及び証拠に関する文明化した水準を形成し，これを維持する義務を含むものである[84]」と判示し，「司法上の監督権（supervisory power）[85]」の行使によって連邦事件に関する判断を行い得ることを明らかにした。その上で，「議会が命じた手続を無視して獲得した証拠に基づいた有罪判決は，裁判所が自らを故意による法違反の共犯にしなければ（without making the courts themselves accomplices in wilful disobedience of law），これを維持することは許されない。議会は，そのようにして獲得された証拠を使うことを明示的には禁止していない。しかし，合衆国裁判所において，そのような証拠が有罪判決の根拠となることを許容することは，議会が立法化した政策を無意味にするであろう[86]」として，本件で問題となった自白を排除した。

　事情の総合説に基づけば，裁判官の面前への引致の遅滞は，自白の任意性を判断する一要素に過ぎない。そのため，引致の遅滞を含む様々な事情を総合的に考慮することにより，自白を排除するか否かが決せられる。しかし，McNabb 判決は，自白が任意になされたものであるか否かを問うことなく，裁判官の面前への引致が遅滞したことを理由に，当該自白を排

---

83) McNabb v. United States, 318 U.S. 332, 335 (1943).
84) Id. at 340.
85) 司法上の監督権については，堀田周吾「取調べの録音・録画と合衆国裁判所の監督権」首法53巻1号（2012年）231〜260頁を参照。
86) McNabb v. United States, 318 U.S. 332, 345 (1943).

除した。

　但し，McNabb 判決は，後述する McNabb-Mallory ルールの問題点とは異なる独自の問題点も少なくなかった。まず，重大な事実誤認が指摘されている。すなわち，差戻し審で，コミッショナーである J. H. Anderson の新証言により，実際には被疑者等は逮捕翌日にコミッショナーの面前へ引致されていたことが明らかになったのである[87]。また，McNabb 判決自体の不明確さも指摘されている。多数意見を執筆した Frankfurter 判事は，「本件の事情のもとでは（under such circumstances）」等の表現を多用していた。そのため，引致の遅滞のみを理由として自白を排除しているのか，引致の遅滞を含む「事情の総合性」を基準として自白を排除しているのかが，必ずしも明らかではなかった[88,89]。この不明確さは，下級審裁判所を混乱させた[90]。しかし，1944年12月26日に制定された連邦刑事訴訟規則5条（a）は，被疑者を逮捕した官吏は，不必要な遅滞なく被疑者を裁判官の面前に引致しなければならない旨を規定し，McNabb 判決の趣旨を明文化した。

　その後，1948年 Upshaw 判決は，被疑者を逮捕した後，裁判官の面前に引致することなく，約30時間の取調べを行って獲得した自白について，「自白が肉体的苦痛によるものであるか心理的苦痛によるものであるかを問わず，被疑者を治安判事の面前に引致せず，そのような違法拘禁中に自白を得たとすれば，その自白は許容されない[91]」と判示し，自白の許容性を否定した。

　Upshaw 判決以後，McNabb 判決を踏襲するような判決は10年近くみら

---

87) McNabb v. United States, 142 F. 2d 904, 905-906（9th Cir. 1944）.
88) John B. Waite, *Evidence—Police Regulation by Rule of Evidence*, 42 MICH. L. REV. 679, 680（1944）.
89) 唯一反対意見を示した Reed 判事は，任意性テスト（voluntary test）に基づいて，引致の遅滞を一事情として考慮した上で自白を排除するべきである旨を述べている（McNabb v. United States, 318 U.S. 332, 349（1943）（Reed, J., dissenting））。
90) *See e.g.*, United States v. Hoffman, 137 F. 2d 416（2d Cir. 1943）; United States v. Klee, 50 F. Supp. 679（E.D. Wash. 1943）.
91) Upshaw v. United States, 335 U.S. 410, 413（1948）.

れなかった。ところが，1957年 Mallory 判決は，再び McNabb 判決に依拠した判断を下すことになる。この事件では，強姦の被疑事実で被疑者を逮捕した後，裁判官の面前に引致することなく 8～9 時間拘束し，この間に獲得した自白の許容性が問題となった。捜査官は，自白を獲得した直後，裁判官の自宅に電話をしていた。しかし，裁判官が不在であったため，翌朝に引致することになった[92]。合衆国最高裁は，このような引致の遅滞は連邦刑訴規則 5 条（a）に反するとして，当該自白を排除した。こうして，被疑者を逮捕した場合は，初回出頭（arraignment）[93]のために裁判官の面前に「不必要な遅滞なく」引致しなければ，その間に獲得された自白は排除されるという McNabb-Mallory ルールが確立された。

(2) 違法収集証拠排除法則の発展と McNabb-Mallory ルール
　(a) 違法収集証拠排除法則の発展
　McNabb-Mallory ルールは，被疑者の内心の自由や取調べ態様等に着目せず，手続の違法それ自体を理由として自白を排除する点で，「事情の総合説」と異なる客観的・画一的な基準を打ち立てた。これは，違法収集証拠排除法則の影響を大きく受けているように思われる[94]。

　コモン・ローにおいては，証拠収集過程における違法は当該証拠の許容性に影響を及ぼさないと解されていた[95]。当時の裁判所も，同様の判示をしていた[96]。ところが，輸入並びに関税法上の没収手続に関する民事事件である1886年 Boyd 判決は，当該没収手続の実質が「準刑事的な性格[97]」であるとした上で，問題となった没収手続は「不合理な捜索・

---

92) Mallory v. United States, 354 U.S. 449, 451 (1957).
93) ここでいう「arraignment」は，罪状認否手続や勾留質問手続ではなく，逮捕に引き続いて行われる First Appearance や Initial Appearance を指す語である。そのため，ここでは「初回出頭」と訳出した。
94) Fred E. Inbau, *The Confession Dilemma in the United States Supreme Court*, 43 Ill. L. Rev. 442, 445, Fn.10 (1948).
95) 8 John H. Wigmore, Evidence in Trials at Common Law §2183, at 7 (1961).
96) *See* State v. Flynn, 36 N.H. 64 (New Hampshire 1858); Stevison v. Earnest, 80 Ill. 513 (Illinois 1875); State v. Gorham, 65 Me. 270 (Maine 1876).
97) Boyd v. United States, 116 U.S. 616, 634 (1886).

押収に相当する[98]」として，修正4条を俎上に載せた。そして，輸入物品の送り状の強制的な提出は，不合理な捜索・押収を受けない権利を侵害するとして，その許容性を否定した。

　その後，1914年 Weeks 判決は，連邦捜査官によって違法に収集された証拠は，連邦の全刑事手続において排除されるべき旨を宣言した。Weeks 判決は，「もし信書や私的な文書が，そのように（本件のように不在時に無令状で）押収され，被告人として訴追されている市民にとって不利な証拠として使用されるならば，そのような捜索・押収を受けない権利を宣言した修正4条の保護は無意味なものとなり，憲法から削除されたも同然となる《挿入筆者》[99]」と判示し，連邦法域の物証に関する違法収集証拠排除法則の適用を全員一致で認めた[100]。

　ところで，従来，「不合理な捜索・押収」を受けないことを保障している合衆国憲法修正4条は，州の官憲による不合理な捜索・押収に対しては適用されないと解されていた[101]。他方で，1938年の時点で，すべての州憲法が修正4条に類似した明文規定を設けており，修正4条の州への不適用それ自体は大きな問題を引き起こさなかった。しかし，各規定に反した場合の効果は，各州によって大きく異なっていた[102]。そのため，違法収集証拠排除法則が州の刑事手続にも適用されるか否かが関心事となった。

　この点について，既に触れた Watts 判決と同日に示された Wolf 判決は，違法収集証拠排除法則を州へ適用することを否定した。合衆国最高裁は，「警察による恣意的な干渉に対する個人のプライバシーの保護は，自由な社会の基礎をなすものである。したがって，それは『秩序ある自由概念』に内在するものであり，デュー・プロセス条項を通じて州に対して執行され得る[103]」と判示しつつ，修正14条を通じて修正4条の保障を州に対し

---

98) *Id.* at 635.
99) Weeks v. United States, 232 U.S. 383, 393（1914）.
100) 以上，平野龍一『捜査と人権』（有斐閣，1981年）112〜144頁，井上正仁『刑事訴訟における証拠排除』（弘文堂，1985年）62〜65頁を併せて参照。
101) National Safety Deposit Co. v. Stead, 232 U.S. 58（1914）.
102) 井上・前掲注100）77頁。
103) Wolf v. Colorado, 338 U.S. 25, 27-28（1949）.

ても適用することと,このような基本的権利を遵守させる方法は別問題であるとしたのである[104]。

しかし,違法収集証拠排除法則が有する「違法捜査の抑止効」に対する期待[105]は,徐々に高まりをみせていた。たとえば,前述した1952年 Rochin 判決は,麻薬密売に関する情報を得た3名の副保安官が無令状で被告人の自宅に立ち入り,寝室のサイドテーブルに置いてあったカプセルの持ち主を被告人に尋ねたところ,被告人がこれを飲み込んだため,手錠をかけて病院へ連行し,医師をしてポンプで強制的にこれを排出させたこと[106]について,「良心に衝撃を与える[107]」と指摘した。その上で,このような行為は「非情な感覚の持ち主ですら気分を害するようなもの[108]」で,「拷問台や指締めに匹敵する[109]」ものであり,「正義感[110]」に反する方法によって有罪判決を下してはならないことを要求するデュー・プロセスに反するとした。また,1956年 Rea 判決は,連邦捜査官が違法に収集した証拠を州に引き渡すこと及び州の刑事手続における証言を認めることは,連邦上の政策を無効にすると判示した[111]。加えて,1960年 Elkins 判決は,Rea 判決を引用しつつ[112],連邦捜査官が違法に収集した証拠は州裁判所において許容されないにも関わらず,州捜査官が違法に収集した証拠は連邦裁判所において許容されると解すれば,「憲法に反して押収された証拠を,極めて恣意的な基準によって差別的に取り扱うことを連邦裁判所に要求するような,奇妙なほどにアンビバレントなルール(curiously ambivalent rule)になるであろう[113]」として,「このような政策は論理的に正当

---

104) *Id.* at 31.
105) Thomas E. Atkinson, *Admissibility of Evidence Obtained through Unreasonable Searches and Seizures,* 25 COLUM. L. REV. 11, 21-24 (1925).
106) Rochin v. California, 342 U.S. 165, 166 (1952).
107) *Id.* at 172.
108) *Ibid.*
109) *Ibid.*
110) *Id.* at 173.
111) Rea v. United States, 350 U.S. 214, 218 (1956).
112) Elkins v. United States, 364 U.S. 206, 220 (1960).
113) *Id.* at 215.

化し得ないように思われる[114]」と判示した。

　既に述べたように，この時期の合衆国最高裁は，「事情の総合説」に基づく自白排除の際にも捜査官側の事情や捜査官の意図等に重きを置いていた[115]。他方で，違法捜査の抑止効に対する期待と相まって，違法収集証拠排除法則が徐々に確立していった[116,117]。

　このような中で，1961年に Mapp 判決[118]が示された。法廷意見は，Boyd 判決以降の排除法則の変遷を確認しつつ，1949年 Wolf 判決を変更し，違法収集証拠排除法則を連邦のみならず州に対しても適用することを宣言した。

(b)　McNabb-Mallory ルールとの関係

　McNabb-Mallory ルールが，同時期に発展した違法収集証拠排除法則といかなる関係にあるかについては，Mallory 判決以後も不明確なままであった。すなわち，違法収集証拠排除法則が修正4条を主たる根拠として修正14条によって州法域にも適用されることになったのに対し，McNabb-Mallory ルールは，合衆国最高裁の「司法上の監督権」に基づくものであり，合衆国憲法上の規制たり得なかった[119]。そのため，その対象は連邦

---

114)　Ibid.
115)　See Haley v. Ohio, 332 U.S. 596（1948）; Ashdown v. Utah, 357 U.S. 426（1958）; Spano v. New York, 360 U.S. 315（1959）.
116)　井上・前掲注100）80頁。
117)　違法収集証拠排除法則における捜査官の主観面に着目したものとして，石川雅俊「排除法則における主観的事情の考慮について」首法51巻1号（2010年）243～287頁，石川雅俊「アメリカにおける証拠排除基準と主観的要素との関係」首法52巻1号（2011年）179～210頁等。
118)　Mapp v. Ohio, 367 U.S. 643（1961）. Mapp 判決については，早川武夫「不当な捜索押収」我妻栄編『英米判例百選―重要判例の集大成―』（有斐閣，1964年）80～81頁，田宮・前掲注70）192～195頁，井上正仁「捜索・押収と排除法則」伊藤正己・堀部政男・外間寛・高橋一修・田宮裕編『英米判例百選Ⅰ公法』（有斐閣，1978年）174～175頁，井上・前掲注100）80～82頁，酒巻匡「違法な捜索・押収と証拠排除法則」樋口範雄・柿嶋美子・浅香吉幹・岩田太編『アメリカ法判例百選』（有斐閣，2012年）114～115頁等を参照。
119)　道田信一郎「現代アメリカの法解釈における自然法的思惟と自白の排除」論叢63巻1号（1957年）44頁，小早川義則『ミランダと被疑者取調べ』（成文堂，1995年）29頁。

事件に限定されていた。州の刑事訴追においては，個人の権利に対する侵害がより顕著であったにも関わらず，McNabb-Mallory ルールの保護を受けることはなかったのである[120]。また，McNabb-Mallory ルールは州裁判所や議会等を拘束するものではなかったため[121]，連邦議会の立法によって修正を受ける余地を有していた[122]。このような状況下では，州法域において自白が違法に獲得された場合に，Mapp 判決で採られた違法収集証拠排除法則の考え方が適用されることはない。そのため，違法収集「自白」排除法則の展開が注視されていた。

　このような中で示されたのが，1963年 Wong sun 判決である。ヘロイン所持の疑いで逮捕された Hom Way は，Blackie Toy からヘロインを譲り受けた旨の供述をした。捜査官は，Toy が経営するクリーニング店を訪れた。Toy は，開店以降に再び訪問するよう繰り返し要求し，ドアを閉めようとした。そこで，捜査官 Wong は身分証を呈示し，「私は連邦麻薬捜査官である」と告げた。これを聞いた Toy は，直ちにドアを強く閉め，店舗の奥にある居住スペースへと駆け出した。そのため，Wong を含む捜査官は，ドアを破壊して Toy を追いかけ，妻子が眠る寝室に入った。Toy がサイドテーブルの引き出しに手をかけたため，Wong は拳銃を取り出し，Toy を逮捕した。しかし，引き出しの中にも建物の中にも，麻薬は存在しなかった。捜査官の一人が「Hom Way はあなたから麻薬を入手したと言っている」と伝えたところ，Toy は「私は麻薬を売ったことはないが，麻薬を持っている者は知っている」と答えた。捜査官が質すと，Toy は，11番街に住む Johnny Yee という人物が1オンス相当のヘロインを所持しており，昨晩一緒にヘロインを吸引したことを認めた。捜査官は直ちに11番街へ急行し，Johnny を発見した。協議の末，Johnny はタンスの引き出しから1オンスに満たないヘロインと吸引用チューブを差し出し

---

120) 岡部泰昌・小早川義則・渡辺修「アメリカにおける被疑者取調べ」井戸田侃編『総合研究＝被疑者取調べ』（日本評論社，1991年）184頁〔岡部泰昌執筆〕。
121) *See* Gallegos v. Nebraska, 342 U.S. 55, 63-64（1951）; Stein v. New York, 346 U.S. 156, 187-188（1953）.
122) 小早川・前掲注119) 29頁。

た[123]。

　Wong Sun 判決では，Toy が寝室で行った供述が，連邦麻薬捜査官の違法行為の「果実 (fruits)」として排除されるか否かが問われた[124]。この点について，合衆国最高裁は，「違法収集証拠排除法則の基礎をなす政策は，物的証拠と供述証拠の間にいかなる論理的な区別も生じさせない。連邦捜査官による違法行為を抑止するという観点からも，憲法に違反して獲得された証拠を連邦裁判所が使用する戸を閉ざすという観点からも，供述証拠の場合に違法収集証拠排除法則を弛緩させる危険性は極めて高いため，そのような区別を許容することはできない[125]」と判示した。違法収集証拠排除法則を自白に適用することで，違法収集「自白」排除法則は，憲法上の法則に高められることとなった[126]。

　McNabb-Mallory ルールは，違法収集証拠排除法則と同時期に発展した。これらは，外部的・客観的な違法の存在自体を重視し，個別具体的な事情に左右されない客観的・画一的なものであった。もっとも，McNabb-Mallory ルールが「司法上の監督権」に基づく連邦法域上の法則であったのに対し，違法収集証拠排除法則は修正4条を根拠とする憲法上の法則であった。また，McNabb-Mallory ルールが違法な身体拘束中に獲得された自白を排除する論理として展開されたのに対して，違法収集証拠排除法則は「不合理な捜索・押収」によって獲得された物的証拠を排除する論理として展開された。このような中で，Wong Sun 判決は，自白に対しても違法収集証拠排除法則が適用されることを明らかにした。これにより，違法に収集した自白は，憲法に基づいて排除され得ることになった。その結果，違法な手続によって獲得した自白を一律基準によって排除する土壌が徐々に形成されていった。このような一律基準による取調べ規制は，弁護人依頼権を侵害して得た自白の排除へと繋がっていった。それが，Massiah 判決と Escobedo 判決である。

---

123) Wong Sun v. United States, 371 U.S. 471, 473-475 (1963).
124) Id. at 484.
125) Id. at 486.
126) 関口・前掲注71) 214頁。

3．弁護人依頼権侵害と自白排除

(1) Massiah 判決

1964年 Massiah 判決は，連邦事件において，修正6条の弁護人依頼権を侵害して得た自白を違法収集自白であるとして排除した初めての合衆国最高裁判例である。この事案の概要は，以下の通りである。コカイン密輸の嫌疑で起訴され，後に保釈されていた被告人は，共犯者と車の中で会話し，その中で自己負罪供述を行った。このとき，共犯者は，被告人が知らないところで捜査協力者となっており，同車内には捜査機関の依頼によって無線機が設置されていた。被告人の自己負罪供述を無線で傍受した連邦捜査官は，これを法廷で証言した。被告人は，この捜査官証言に基づいて有罪判決を受け，控訴裁でも有罪判決が維持された。そこで，被告人側は，無線機による本件傍受行為について，不合理な捜索・押収に対する保障を規定する修正4条に違反すると主張した。また，弁護人が居ない状況でなされた自己負罪供述は，修正5条及び修正6条に違反して獲得されたものであると主張した[127]。これに対して，合衆国最高裁は，修正4条違反の主張を退けた後[128]，「起訴後に弁護人が居ない状況で，捜査官によって意図的に引き出された自己負罪供述が，公判で被告人に不利に用いられた場合，修正6条の保障への基本的保護を否定されたことになる[129]」と判示して，自白の証拠能力を否定した[130]。

Massiah 判決は，起訴後の公判廷外において，弁護人依頼権が侵害された状態で獲得された自白について，その許容性を否定した。この考え方は，1959年 Spano 判決に付された Douglas 補足意見が既に示唆していた。同補足意見は，起訴後の取調べにおいても，修正6条の弁護人依頼権が保障されなければならないと述べていたのである[131]。Massiah 判決は，この

---

127) Massiah v. United States, 377 U.S. 201, 202-204（1964）.
128) Id. at 204.
129) Id. at 206.
130) Id. at 207.

補足意見を踏まえたものであろう[132]。他方で，Massiah 判決では起訴後の自白と弁護人依頼権侵害が問題となったため，捜査段階において弁護人依頼権を侵害して獲得された自白が排除されるか否かは明らかではなかった。さらに遡ると，1958年 Crooker 判決時点で，捜査段階における弁護人依頼権侵害が問題とされていたものの，法廷意見は「事情の総合説」に基づいた許容性判断を行ったため，弁護人依頼権の侵害は「一事情」に留まっていた[133]。このような中，捜査段階における弁護人依頼権侵害と自白の許容性について判示したのが，Escobedo 判決である。

(2) Escobedo 判決

1964年 Escobedo 判決は，合衆国最高裁が，捜査段階において弁護人依頼権を侵害して獲得した自白の証拠能力を否定した判例である。被告人 Escobedo は，義弟を殺害した嫌疑で逮捕され，共犯者 DiGerlando が実行犯として Escobedo の名前を挙げている旨を告げられた。Escobedo は，弁護人から助言を請いたい旨を申し出て，Escobedo が警察署に着いて間もなく弁護人も警察署を訪れた。しかし，弁護人は署内をたらい回しにされ，最終的に接見を拒否された。弁護人は，翌日も警察署を訪れたものの，前日と同様に接見を拒まれた。Escobedo も，取調べ中に弁護人との接見を繰り返し求めていた。しかし，捜査官から「弁護人は会いたくないと言っている」と伝えられた[134]。取調べを受けた経験がない22歳の Escobedo は，手錠をかけられ，立ったまま取調べを受け，睡眠不足の影響もあり目の周りに隈を作る等，「過度に緊張した状態[135]」であった。このような中

---

131) Spano v. New York, 360 U.S 315, 325（1959）(Douglas, J., Black, J. & Brennan, J., concurring).
132) *See* Massiah v. United States, 377 U.S. 201, 206（1964）.
133) もっとも，Crooker 判決に付された反対意見は，「デュー・プロセス条項に示される我々の文明的基準は，弁護人を欲する被疑者に，その逮捕の瞬間から（at any time after the moment of arrest）弁護人を付すことを要求する」として，弁護人依頼権の侵害を理由とした自白排除を展開していた（Crooker v. California, 357 U.S. 433, 448（1958）(Douglas, J., Black, J. & Brennan, J., dissenting)).
134) Escobedo v. Illinois, 378 U.S. 478, 479-481（1964）.
135) *Id.* at 482.

で共犯者 DiGerlando と対面した Escobedo は，DiGerlando が嘘をついていると指摘し，「私は Manuel を撃っていない。撃ったのは君だろう」と供述した。この供述によって，Escobedo が少なくとも当該事件について知っていることが明らかになった。その後，Escobedo は州検事補による取調べで自白した。このとき，Escobedo は憲法上の諸権利を告知されておらず，取調べ過程で弁護人の助言を受けることもなかった[136]。Illinois 州最高裁は，当初は自白を排除した。しかし，州の異議申立てによる再審理の結果，当該自白は任意であるとして，証拠能力が認められた[137]。そこで，この判断を不服とした Escobedo が上告した[138]。

合衆国最高裁は，本件の捜査について，Escobedo を訴追対象とし，憲法上の権利に反して「自己の犯罪について自白させる」ことを目的として行われたものであり，もはや「『未解決犯罪』に係る一般的捜査ではなくなっていた[139]」と評価した。その上で，「本件告発に直面する中で，黙秘できる絶対的な権利を告知することなく，警察は自白を促した[140]」として，1897年 Bram 判決を引用し，黙秘権の重要性を強調した。

次に，合衆国最高裁は，Escobedo が自白した状況について，「Illinois 州法下で，殺人計画への『単なる』関与の承認が，致命的な発砲を行ったことの承認として法的に不利になることを，法律の素養がない Escobedo が知らなかったことは明らかである[141]」とした。その上で，「細心の注意を要する状況下で，その権利について助言するためには，『弁護人による先導の手』が不可欠[142]」であるとした Powell 判決[143]等を引用し，弁護人依頼権の重要性を確認した。そして，「本件のように，捜査がもはや未解決の犯罪に関する一般的な捜査ではなく，特定の被疑者に焦点を絞り始

---

136) *Id.* at 482-483.
137) People v. Escobedo, 190 N.E.2d 825, 827（Illinois 1963）.
138) Escobedo v. Illinois, 378 U.S. 478, 484（1964）.
139) *Id.* at 485.
140) *Ibid.*
141) *Id.* at 486.
142) *Ibid.*
143) Powell v. Alabama, 287 U.S. 45, 69（1932）. Powell 判決については，後述する。

めており，当該被疑者が身体拘束下にあり，警察が負罪的な供述の獲得を目的とした取調べ手続を実行し，被疑者が弁護人と相談することを要求したにも関わらず，これが拒否され，警察が黙秘権という憲法上の絶対的な権利を効果的に告知しなかった場合には，被疑者は修正14条を介して州の刑事手続をも拘束することになった修正6条を侵害され，『弁護人の援助』を否定されたことになる。このような取調べ中に警察によって獲得された供述は，刑事裁判において彼に不利益な証拠として使用することはできない[144]」と判示した。

　Escobedo 判決は，修正6条の弁護人依頼権が侵害されたことを理由に，当該取調べ中に獲得された自白を排除した。この判決の根底には，弁護人依頼権の保障は黙秘権の実質的保障を志向する上で不可欠であるという意識が存在していたように思われる。Escobedo 判決は，弁護人依頼権を問題にしつつ，「自己の弁護人により自己負罪拒否特権を告知される権利（the right of the accused to be advised by his lawyer of his privilege against self-incrimination）」という文言を用いている[145]。また，憲法上の諸権利に関する市民の不知に基づく権利放棄に依拠することによって刑事司法制度が実現されているのであれば，それは存続すべきではないとした上で，「もし被疑者が弁護人と相談することを許されるならば，被疑者はこれらの権利を認識し，それを行使するかもしれないと恐れを抱くような制度には，存在する価値がない[146]」としている。ここでいう「これらの権利」は，主として黙秘権を想定しているものであろう。Escobedo 判決は，重要な部分で修正5条の自己負罪拒否特権に依存している。

　また，Escobedo 判決は，弁護人依頼権を捜査構造論の観点からも位置づけている。すなわち，合衆国最高裁が，「手続が調査的なもの（investigatory）から訴追的なもの（accusatory）へ重点を移したとき—すなわち，当該被疑者に焦点が絞られ，その手続の目的が自白の獲得となったとき—，我々の当事者主義制度（adversary system）が機能し始め，このような状

---

144) Escobedo v. Illinois, 378 U.S. 478, 490-491 (1964).
145) *Id.* at 488.
146) *Id.* at 490.

況下では,被疑者は弁護人と相談することを許されなければならない[147]」と判示している。ここでは,当事者主義的な捜査構造の前提として,弁護人依頼権の保障が明示的に挙げられており,当事者の対等性の確保が意識されているといえよう[148]。

(3) 弁護人依頼権保障の発展との関係

(a) 弁護人依頼権保障の発展

修正6条は,「すべての刑事訴追において,被告人は…自己の防禦のために弁護人の援助を受ける権利を有する《省略筆者》」と規定し,弁護人依頼権を保障している。この規定は,1791年に制定された。ところが,市民が権利を要求しなかったため,弁護人依頼権は声高に主張されなかった。その結果,1868年に修正14条が制定されてからも,合衆国最高裁が弁護人依頼権を取り上げることは長らくなかった[149]。

その後,弁護人依頼権は,公選弁護人の援助を受ける権利を中心として発展した。私選弁護人の援助を受ける権利は,連邦・州のいずれの法域でも,既に認められていたためである[150]。連邦法域においては,修正6条を根拠とするものであり[151],州法域においては,修正14条[152]及び各州における修正6条類似規定を根拠とするものである[153]。

---

147) Id. at 492.
148) Escobedo判決は,手続が「訴追的なもの」へと移行したときには,修正6条の弁護人依頼権が保障されなければならない旨を判示している。しかし,この部分はKirby判決 (Kirby v. Illinois, 406 U.S. 682 (1972)) において大きく後退することになる。この点については,Miranda判決の意義と関連して後述する。
149) LISA J. MCINTYRE, THE PUBLIC DEFENDER: THE PRACTICE OF LAW IN SHADOWS OF REPUTE 17 (1987).
150) 田宮・前掲注70) 357頁。なお,私選弁護人の選任が妨げられた場合には,連邦・州を問わず,Habeas Corpusによって救済され得たという。
151) E.g., Walker v. Johnston, 312 U.S. 275 (1941); Glasser v. United States, 315 U.S. 10 (1942).
152) E.g., Uveges v. Pennsylvania, 335 U.S. 437 (1948); Moore v. Michigan, 355 U.S. 155 (1957); Cash v. Culver, 358 U.S. 633 (1959); Avery v. Alabama, 308 U.S. 444 (1960).
153) See David Fellman, The Right to Counsel under State Law, 1955 WIS. L. REV. 281 (1955).

合衆国最高裁が初めて公選弁護人依頼権と真正面から対峙したのが，1932年 Powell 判決[154]である[155]。この事案は，被告人 Powell を含む9名の黒人少年グループが，列車内で，喧嘩相手と一緒に居た白人少女2名を強姦したというものである[156]。Powell 達は，3つのグループに分離されて審理を受けた。いずれのグループも，罪状認否手続において無罪答弁を行った。裁判所は，管轄弁護士会に所属する全弁護士を順次公選弁護人に選任した。しかし，実際には，具体的な選任手続が行われず，特定の弁護士が指名されることもなかった。そのため，弁護人が選任されない状態が公判期日の朝まで続いた。公判審理はいずれも1日で結審し，1名を除く被告人8名に死刑判決が言い渡された。

　合衆国最高裁は，本件被告人がいかなる意味でも弁護人の援助を受けなかったことを認めた[157]。また，「告知と聴聞」が「憲法上のデュー・プロセスの要求の基本的な要素を構成する」ものであり，「弁護人の援助を受ける権利は，権利を主張する当事者によって要求され，提供されたときには，聴聞に含まれる」ことを確認した[158]。その上で，「無知や無学，若者であること，民衆の敵対的状況，州兵による拘禁と厳重な監視，知人や家族が他の州に居るためにコミュニケーションを取ることが当然に困難であり，被告人が生命に関わる危険にさらされていたという事実」に照らせば，「事実審裁判所が，被告人に対して弁護人を確保するための合理的な時間と機会を与えなかったことは，デュー・プロセスの明白な否定である」と判示した[159]。加えて，「仮に弁護人に依頼する機会が被告人に与えられて

---

154) Powell v. Alabama, 287 U.S. 45（1932）.

155) Powell 判決に至った背景として，第1次世界大戦後のナショナリズムの隆盛による人種差別や，1929年に始まった世界大恐慌による深刻な貧困問題の存在が指摘されている（椎橋隆幸「捜査段階における弁護人依頼権（序論）」鹿法8巻1号（1972年）162頁注（3））。

156) Powell v. Alabama, 287 U.S. 45, 50-51（1932）. なお，同事件は，Scottsboro として著名な2つの事件のうちの1つである（もう1つの事件は，Norris v. Alabama, 294 U.S. 587（1935）である。）。

157) Id. at 57.

158) Id. at 68.

159) Id. at 71.

いたとしても，弁護人を雇う経済的余裕がなかったことを踏まえれば，本件の状況下では，弁護人の必要性は極めて重要かつ不可欠であった。そのため，事実審裁判所が効果的な弁護人の選任を行わなかったことは，同様に修正14条の意味におけるデュー・プロセスの否定である[160]」とした。Powell 判決は，修正14条が，公判前の弁護人依頼権を含むものであることを示した初めての判例である。但し，Powell 判決は，その射程を死刑事件に限定していた[161]。

その後，1938年 Johnson 判決は，連邦法域における重罪事件について，被告人の公選弁護権が修正6条によって保障されている旨を判示した。この事案は，偽造通貨の所持及び行使に関する連邦事件で有罪判決を受けた貧困な被告人が，死刑適用事件ではないという理由で，弁護人不在のまま公判審理を受けたとして，人身保護令状（habeas corpus）による救済を求めたものである[162]。合衆国最高裁は，修正6条の弁護人依頼権の保護が，生命や人身の自由という基本的人権を保障するために不可欠であることを確認した[163]。その上で，「被疑者・被告人が既に弁護人の援助を受けているか，弁護人の援助を受ける権利を放棄しない限り，修正6条は，被疑者・被告人から生命や自由を奪う権限を，すべての刑事訴追において（in all criminal proceedings），連邦裁判所に与えていない[164]」と判示した。また，弁護人依頼権に無知であるために弁護人の援助を受けることができなかったとすれば，そのような事実は「正義の基本的な要求[165]」に反するとした。

Powell 判決及び Johnson 判決によって，死刑事件及び連邦法域における重罪事件については，被告人に公選弁護人の援助を受ける権利が保障されることが明らかとなった。しかし，州法域において，死刑事件以外の事

---

160) *Ibid.*
161) *Ibid.*
162) Johnson v. Zerbst, 304 U.S. 458, 459 (1938). 同判決の詳細は，渥美東洋「国選弁護権の告知と請求と放棄」比雑6巻1＝2号（1968年）80〜84頁を参照。
163) *Id.* at 462.
164) *Id.* at 463.
165) *Id.* at 467.

件でも公選弁護人の援助を受ける権利が保障されるか否かについては、この時点では明らかでなかった。この点について判示したのが、1942年Betts判決である。

　Betts判決の事案の概要は、次の通りである。強盗罪で起訴された被告人は、貧困のために弁護人を雇うことができなかった。そこで、被告人は、罪状認否手続において、その旨を裁判官に伝えて弁護人選任を要求した。しかし、Maryland州では、公選弁護人選任の対象が殺人事件及び強姦事件に限定されていた。そのため、被告人は、弁護人依頼権を放棄しないまま無罪答弁を行い、陪審ではなく裁判官のみによる審理を受けることを選択した。被告人は、証人に対して自ら反対尋問を行い、防禦活動をした。しかし、有罪であると認定され、8年の自由刑を言い渡された[166]。

　合衆国最高裁は、「修正6条は、連邦裁判所における審理に対してのみ適用される[167]」とした上で、修正14条のデュー・プロセスについて、以下のように判示した。すなわち、「デュー・プロセスという文言は、権利章典に規定された他の明確かつ特定の条項の中で描かれている概念よりも厳格ではなく、より流動的なものである。これが否定されたか否かは、当該事案における事実の総合評価によって検討されるべきである。…このような概念を適用するにあたっては、その保障を硬直した規範として公式化する運用を招来する危険が常に存在し、当該事案の中で明らかにされた個別的な要素を無視することになり得る《省略筆者》[168]」と。そして、1932年Powell判決が「本件の状況下では」と強調していたこと、本件被告人に刑事裁判を受けた経験があること等を挙げ、それぞれの事案の違いを明示した。その上で、弁護人依頼権は基本的権利ではなく、「修正14条に編入されるデュー・プロセスの概念が、各州に対して、すべての刑事事件において弁護人選任を義務づけていると判示することはできない」とした[169]。

---

166) Betts v. Brady, 316 U.S. 455, 456-457 (1942).
167) *Id.* at 461.
168) *Id.* at 462.
169) *Id.* at 471.

Betts判決は，Johnson判決の射程を州事件に拡大することを阻んだ。このように，デュー・プロセス条項が有する流動性・弾力性を強調し，各事件固有の事情に基づいた判断を要求したBetts判決は，「特別事情法理[170]」と称されている（以下，「Betts法理」という。）。合衆国最高裁がBetts法理を採用したことによって，連邦法域と州法域でダブルスタンダードが用いられるようになった。連邦裁判所は，重罪事件で訴追された被告人が有効に弁護権を放棄しない限り，公選弁護人を選任しなければならない。これに対して，州裁判所は，死刑適用事件を除き，「特別な事情」がない限り，被告人に公選弁護人を付さなくても良いことになった[171]。

　このような中で，事情の総合説と関連して述べたCrooker判決及びSpano判決が示された。1958年Crooker判決は，弁護人依頼権の侵害を「一事情」と捉えている。しかし，Douglas判事等による反対意見は，「デュー・プロセス条項に示される我々の文明的基準は，弁護人を欲する被疑者に，逮捕の瞬間から弁護人を付すことを要求する」として，弁護人依頼権侵害を理由とした自白排除を展開していた[172]。1959年Spano判決も，弁護人依頼権侵害を重視しつつ，取調べ時間や捜査官の圧力等を総合して当該自白の排除を検討していた。これに対して，Douglas判事等による補足意見は，起訴後の取調べに際しても修正6条の弁護人依頼権が保障されなければならないとしていた[173]。このような考え方は，Powell判決を嚆矢とした修正6条に関する上記諸判例によって，弁護人依頼権保障の重要性が高まっていたことと無関係ではない。

---

170) *E.g.,* Bruce R. Jacob, *Remembering Gideon's Lawyers,* JUNE 2012, CHAMPION (NACDL) 16, 19 (2012). *See also,* Note, *Effective Assistance of Counsel for the Indigent Defendant,* 78 HARV. L. REV. 1434, 1436-1437 (1965).
171) Betts判決に付されたBlack判事反対意見は，基本的にはPowell判決の考え方を踏襲し，「貧困者に対して弁護人を付さない実務は，法の下に平等な正義を提供するという民主主義社会の約束に反する」と結んでいる（Betts v. Brady, 316 U.S. 455, 477 (1942) (Black, J., Douglas, J. & Murphy, J., dissenting)）。
172) Crooker v. California, 357 U.S. 433, 448 (1958) (Douglas, J., Black, J. & Brennan, J., dissenting).
173) Spano v. New York, 360 U.S 315, 325 (1959) (Douglas, J., Black, J. & Brennan, J., concurring).

加えて，1961年には，Hamilton 判決が示された。強姦の意図で住居に侵入した罪等で死刑判決を受けた被告人が，アレインメント段階で弁護人の援助を受ける権利を否定されたとして，合衆国最高裁に上告を申し立てたものである[174]。上告申立てを受理した合衆国最高裁は，「Alabama 州では，アレインメントは刑事手続において『危機的な段階』である[175]」と判示し，アレインメント段階においても弁護人依頼権が保障されることを明らかにした。Alabama 州法は，被告人が心神喪失であることを主張する機会をアレインメントに限定していた[176]。そのため，Alabama 州では，この機会を失すると心神喪失を主張できなくなり[177]，その後は公判裁判官が裁量で取り上げない限り，心神喪失の抗弁をすることができない。また，この抗弁の受理が拒否されたとしても，控訴審で訂正されることはない[178]。加えて，Alabama 州法下では，訴訟却下答弁（Pleas in abatement）も，アレインメントの段階で行わなければならなかった[179]。合衆国最高裁は，このような事情を踏まえ，「他の管轄地におけるアレインメントの機能や重要性がいかなるものであれ，Alabama 州では，アレインメントは刑事手続において『危機的な段階』であることを，当裁判所は充分に示した。アレインメントの段階で起こることは，公判手続全体に影響を及ぼすであろう[180]」と判示したのである。また，「弁護人立会いのみが，考えられ得るすべての防禦を被告人に知らしめ，理性的な答弁を可能ならしめる[181]」として，弁護人依頼権保障の重要性について述べている。

このような中で，1963年に Gideon 判決が示された。被告人 Gideon は，軽罪を犯す目的でビリヤード場へ侵入した罪で起訴された。Florida 州法

---

174) Hamilton v. Alabama, 368 U.S. 52, 52 (1961).
175) *Id.* at 54. 合衆国最高裁判例における「危機的な段階（critical stage）」の変遷については，山本正樹「捜査と弁護人の機能――合衆国最高裁判例における『決定的な段階』概念の発展を中心に――」論叢101巻4号（1977年）30～60頁を参照。
176) 15 Ala. Code §423.
177) Morrell v. State, 34 So. 208 (Alabama 1903).
178) Rohn v. State, 65 So. 42, 43 (Alabama 1914).
179) 15 Ala. Code §279.
180) Hamilton v. Alabama, 368 U.S. 52, 54 (1961).
181) *Id.* at 55.

下では，同罪は重罪であった。資力のない Gideon は，弁護人不在のまま出廷し，裁判所に対して弁護人選任を要求した。しかし，Florida 州法は，公選弁護人選任を死刑事件に限定していた。そのため，裁判所は，公選弁護人を付さずに公判審理を行った。Gideon は，防禦活動を自ら行ったものの，有罪判決を受けた。そこで，Gideon は，合衆国憲法が保障する権利を侵害されたとして，Florida 州最高裁に対して人身保護令状（habeas corpus）による救済を求めた。しかし，Florida 州最高裁は，意見を付すことなく，これを却下した[182]。

　Betts 判決で反対意見を示していた Black 判事による法廷意見は，本件が Betts 判決における事案と酷似していることを確認し，「Betts 判決を維持するのであれば，合衆国憲法は弁護人の援助を保障しているという Gideon の主張を否定せざるを得ない。当裁判所は，充分に再考した上で，Betts 判決は破棄されるべきであるという結論に達した[183]」と述べた。これまで，合衆国最高裁は，権利章典の各保障が修正14条を介して州に適用されるか否かを判断する際に，その保障が「基本的性格[184]」を有するか否かを基準にしてきた。Betts 判決は，弁護人の援助を受ける権利は「公正な裁判にとって基本的かつ不可欠」なものではないと判断していた[185]。しかし，合衆国最高裁は，「この結論は誤っていた[186]」と判示した。その上で，Powell 判決が「弁護人の援助を受ける権利は，基本的性格を有する」と宣言していたこと，「基本的性格」に関するこのような結論は明白であり，Johnson 判決が繰り返し力説していたことを挙げた[187]。

---

182) Gideon v. Wainwright, 372 U.S. 335, 336-338 (1963). なお，Gideon 判決に関する邦語文献として，山中俊夫「アメリカ刑事法判例訳選 4 『ギデオン対ウェンライト』事件―貧困者に対する弁護人の保障―」同法22巻1号（1970年）41〜64頁，指宿信「弁護人の援助を受ける権利」樋口範雄・柿嶋美子・浅香吉幹・岩田太編『アメリカ法判例百選』（有斐閣，2012年）110〜111頁，小早川義則『デュー・プロセスと合衆国最高裁Ⅲ―弁護人依頼権，スーパー・デュー・プロセス―』（成文堂，2013年）41〜64頁等がある。
183) *Id.* at 339.
184) *Id.* at 341.
185) *Id.* at 342.
186) *Ibid.*

これらを踏まえ，合衆国最高裁は，次のように判示した。「当事者主義的刑事司法制度の下では，法廷に連れ出されたいかなる者であっても，貧困のために弁護人を雇うことができないのであれば，弁護人の提供を受けない限り，公正な裁判を保障され得ない。このことは，自明の真理であるように思われる。…政府が訴追のために法律家を雇い，資力のある被告人が自己の防禦のために法律家を雇うことは，刑事裁判において弁護人が贅沢品ではなく必要品であるという広汎な信念を強く示している。…建国当初から，わが国の各州及び連邦の憲法及び法律は，すべての被告人に対して，法の平等の下に公正な裁判所による裁判を保障するために，手続的・実体的保護を強調してきた。この崇高な理念は，訴追された貧困な者が，弁護人の援助なしに訴追者と対峙せざるを得ないのであれば，実現され得ない《省略筆者》[188]」と。

(b) 弁護人依頼権保障の発展との関係

Gideon 判決は，弁護人依頼権が公正な裁判の実現にとって基本的かつ不可欠な権利であることを挙げ，州の重罪事件において貧困者に公選弁護人を選任する義務を認めた。Gideon 判決の翌月には，予備審問手続（preliminary hearing）における弁護人依頼権を保障した White 判決が示された。White 判決は，その理由を示すことはなかったものの，予備審問が「危機的な段階」に該当する旨を判示している[189]。既に述べた1964年の Massiah 判決や Escobedo 判決は，このような流れの中で示されたものであった。

弁護人依頼権保障の発展過程は，公判廷と同様かそれ以上に，公判廷外における弁護人依頼権保障の重要性を確認する過程であった。これは，主に，（1）修正6条の弁護人依頼権は，修正14条を介して州事件に対しても適用されるか，（2）いかなる事件の公判において弁護人依頼権を保障する必要があるか，（3）公判廷外のいかなる段階で弁護人依頼権を保障する必要があるか，という論点を軸に展開されてきた。（1）州事件への

---

187) *Id.* at 342-343.
188) *Id.* at 344.
189) White v. Maryland, 373 U.S. 59, 60 (1963).

適用の可否及び（2）事案の軽重如何について，1932年 Powell 判決は，州の死刑事件における弁護人選任を義務づけた。また，「被告人は，自己に不利益な手続のあらゆる段階で，弁護人の援助の手を必要とする[190]」のであって，「『事件の準備及び公判における効果的な援助』を行うことが不可能な時間や状況下での弁護人選任では，裁判所の義務が果たされたことにならない[191]」とした。1938年 Johnson 判決は，連邦の重罪事件における弁護人選任を要求した。弁護人依頼権保障は，1942年 Betts 判決の「特別事情法理」により，一度は途絶えかけた。しかし，（3）公判廷外における弁護人依頼権保障について，1958年 Crooker 判決反対意見や，Spano 判決補足意見は，それぞれ「逮捕の瞬間」，「公訴提起後，公判の開始前」における弁護人依頼権の重要性を指摘した。さらに，1961年 Hamilton 判決は，アレインメントを「危機的な段階」であると認める等，その範囲は徐々に拡大され，公判廷外における弁護人依頼権の保障が重要視されていた。このような中で示されたのが，1963年 Gideon 判決である。同判決は，上記論点（1）（2）について，Betts 法理を破棄し，当事者主義と公正な裁判を受ける権利を根拠に，州の重罪事件において貧困者に公選弁護人を選任する義務を認めた。

　1964年の Massiah 判決と Escobedo 判決は，（1）州事件への適用の可否及び（2）事案の軽重如何という論点によって強く認識されてきた弁護人依頼権の重要性と，（3）その保障を公判廷外に拡大する流れの中で示された。Massiah 判決は，Spano 判決補足意見を引用し，起訴後保釈中である被告人から計画的に獲得した供述を被告人に不利益な証拠として使用することは，修正6条の弁護人依頼権を侵害する旨を判示した。Escobedo 判決は，身体拘束された特定の被疑者に捜査の焦点が絞られた場合にも Massiah 法理が適用される旨を判示し，修正14条を介して州に対しても適用される修正6条の弁護人依頼権が侵害されたことを理由に，当該自白を排除した。

---

190) Powell v. Alabama, 287 U.S. 45, 69 (1932).
191) *Id.* at 71.

もっとも，Massiah 判決は「修正4条の問題には触れない[192]」と明言しているため，修正4条に基づく違法収集証拠排除法則との連続を否定しているものと思われる。また，Escobedo 判決は，修正5条の黙秘権の重要性を強調しているほか[193]，当該事案にのみ有効な個別判断を行ったに過ぎないと読むこともできる[194]。したがって，両判決は，当該自白の任意性を問うことなく，専ら弁護人依頼権の侵害を重視するものの，弁護人依頼権侵害を理由とする「違法収集自白排除法則」を確立させたと解することは困難である。しかし，弁護人依頼権保障の重要性を強く意識したものであることは間違いない。そして，弁護人依頼権の重要性と関連して示された両判決は，Miranda 判決への布石の1つとなった。

4．自己負罪拒否特権の発展

　合衆国憲法修正5条は，「何人も…いかなる刑事事件においても，自己に不利益な証人となることを強要されない《省略筆者》」と規定している。この規定の内容は，一般的に「自己負罪拒否特権」と称されている。自己負罪拒否特権は，証人の証言拒絶との関係で発展してきた。他方で，現在では，捜査段階において，被疑者が自己負罪拒否特権を有することに疑いはない。

　1897年 Bram 判決[195]以後，1966年 Miranda 判決までの間に，自己負罪拒否特権を侵害したとして自白が排除された例はみられない。しかし，Miranda 判決以前の自己負罪拒否特権に関する判例の論理を辿り，その発展過程を概観することは，自己負罪拒否特権保障を基軸としている

---

192) Massiah v. United States, 377 U.S. 201, 204（1964）.
193) Escobedo 判決は，後述する Malloy 判決（Malloy v. Hogan, 378 U.S. 1（1964））の1週間後に示されているため，自己負罪拒否特権が強く意識されたとも考えられる（Massiah 判決は1964年5月18日に，後述する Malloy 判決は同年6月15日に，Escobedo 判決は同年6月22日に，それぞれ判示された。）。
194) Escobedo 判決は，「本件のような状況下では」等の語句を多用していた（See Escobedo v. Illinois, 378 U.S. 478, 492（1964））。
195) Bram v. United States, 168 U.S. 532（1897）.

Miranda 判決をより正確に理解する上で不可欠である。そこで，以下では，アメリカにおける自己負罪拒否特権の発展過程について，簡単に確認する。

(1) 自己負罪拒否特権の発展過程[196]

(a) イギリスにおける自己負罪拒否特権の成立

アメリカにおける自己負罪拒否特権の淵源を遡ると，イギリスにおける自己負罪拒否特権の成立に辿り着く。イギリスにおいて，どの段階で，どのような理論的背景によって自己負罪拒否特権が成立したかについては，必ずしも理解が統一されていない。

たとえば，Wigmore は，自己負罪拒否特権の成立は，12世紀のイギリス国王と教会の間の権力闘争が契機であると主張する[197]。一方，Levy は，その契機として，16～17世紀の星室裁判所や高等宗務官裁判所が採っていた糾問手続（とりわけ，職権宣誓（oath *ex officio*）の上での真実供述義務）に対するピューリタンの抵抗を挙げる[198]。このような歴史認識に対して，Langbein は，かつての「被告人供述型 (the accused speaks)」公判が，弁護人依頼権の発展に伴い，当事者主義的刑事手続に基づく「訴追テスト型 (testing the prosecution)」公判に変化した点を重視する。Langbein の説明によれば，被告人はこのような訴訟構造の変化の中で初めて黙することが可能になり，これが *Nemo tenetur* 原則と結びついたということになる[199]。イギリスにおける自己負罪拒否特権の発展過程に関する詳細な検討はさて措き[200]，少なくとも1637年 John Lilburn 裁判[201]の頃には，既に自己負罪

---

196) 自己負罪拒否特権の発展過程については，引用文献の他に，安倍治夫「英米における自己負罪拒否特権の形成」ひろば10巻6号（1957年）33～37頁，多田辰也「捜査の構造再考序説―黙秘権の歴史的考察を手掛りとして―」立教院3号（1982年）1～77頁等を参照した。

197) WIGMORE, *supra* note 95 §2251, at 317.

198) LEONARD W. LEVY, THE ORIGINS OF THE FIFTH AMENDMENT 42 (1968).

199) John H. Langbein, *The Privilege and Common Law Criminal Procedure: The Sixteenth to the Eighteenth Centuries*, R.H. HELMHOLZ ET AL., THE PRIVILEGE AGAINST SELF-INCRIMINATION: ITS ORIGINS AND DEVELOPMENT 97-100 (1997).

拒否特権という概念が「コモン・ロー手続における弾劾的な性格を象徴するもの[202]」になっていたといえそうである。

(b) アメリカにおける自己負罪拒否特権の継受

植民地期のアメリカでは，イギリスの刑事手続が採用されていた[203]。そこでは，当時のイギリスでみられた「被告人供述型」公判が採られ，弁護権は大幅に制限されていた[204]。また，公判は「終局的段階」であるとされ，公判前手続が重要視されていた[205]。このような状況下では，自己負罪拒否特権は，ほとんど意識されなかった[206]。

1776年にアメリカが独立したとき，13の植民地はそれぞれイギリスから独立し，邦（state）となった。独立に前後して，当時のRhode Island 邦及びConnecticut 邦を除く11邦は，それぞれ憲法を制定した[207]。このうち，Virginia 邦やPennsylvania 邦，Massachusetts 邦等は，統治機構に関する規定に加えて権利章典を設けており[208]，自己負罪拒否特権に関する条項も規定していた[209]。たとえば，独立した邦の憲法として最初に成

---

200) イギリスのコモン・ロー上の自己負罪拒否特権をさらに遡れば，ローマ法（特に，カノン法）の「*ius commune*」（普遍法）に由来する，「*nemo tenetur prodere seipsum*（何人も，自己を告発する義務を負わない）」という法諺に行き着く。詳細は，小川佳樹「自己負罪拒否特権の形成過程」早法77巻1号（2001年）123～135頁，伊藤博路「自己負罪拒否特権の確立期についての一考察―イギリス法を中心に―」帝塚山5号（2001年）135～154頁，中島洋樹「被疑者・被告人の供述主体性（1）―イギリスにおける黙秘権保障の歴史的展開を手掛かりに―」法雑51巻1号（2004年）69～86頁，松倉治代「刑事手続における Nemo tenetur 原則（1）―ドイツにおける展開を中心として―」立命335号（2011年）144～153頁等を参照。

201) The Trial of John Lilburn and John Wharton, 3 How. St. Tr. 1315 (1637). 同判決原文に触れることはできなかった。詳細は，澤登文治「自己負罪拒否権の歴史的展開（2・完）―合衆国憲法修正5条の意義―」新潟25巻1号（1992年）160～180頁を参照。

202) Thomas Y. Davies, *Farther and Farther from the Original Fifth Amendment: The Recharacterization of the Right against Self-Incriminations as a "Trial Right" in Chavez v. Martinez*, 70 TENN. L. REV. 987, 1001 (2003). Miranda 判決も，自己負罪拒否特権の淵源として John Lilburn 事件を挙げている（Miranda v. Arizona, 384 U. S. 436, 459 (1966)）。

203) Eben Moglen, *Taking the Fifth: Reconsidering the Origins of the Constitutional Privilege against Self-Incrimination*, 92 MICH. L. REV. 1086, 1091 (1994).

204) *Id.* at 1089-1094.

立したVirginia権利章典8条は,「…何人も,自己に不利益な証拠の提出を強制されることはない」と規定していた[210]。Virginia権利章典の規定は,他の複数の邦の権利章典にほとんど引き写されるほど大きな影響を与えた[211]。各邦において権利章典が制定された段階では,自己負罪拒否特権は,「証拠の提出(to give evidence)」を強要されないことを保障するものであった[212]。

その後,1787年に制定された合衆国憲法に付け加える形で,権利章典が設けられた。ここで中心的役割を果たしたのは,Virginia権利章典を制定し,合衆国憲法制定のきっかけを作ったJames Madisonであった。自由主義者であったMadisonは,その草案に「…何人も,自己に不利益な証人となることを強要されない[213]」という一節を盛り込み,権利章典に自己負罪拒否特権を取り入れた[214]。Madison草案の自己負罪拒否特権は,Virginia権利章典等とは異なり,「証人となること(to be a witness)」を強要されないことを保障するものであった[215]。その後,この部分に関する変更はみられない。自己負罪拒否特権に関する規定は,1789年第1回連邦議会において,New York邦代表John Laurenceによって,その射程を刑

---

205) *Id.* at 1094-1095.
206) *Id.* at 1098-1099.
207) 田中英夫『英米法総論(上)』(東京大学出版会,1980年)209〜213頁,有賀貞「アメリカ革命期憲法の政治思想」一研13巻(1983年)11〜21頁を参照。
208) *See* Twining v. New Jersey, 211 U.S. 78, 91-92 (1908).
209) 各邦憲法の権利章典の内容は,田中・前掲注14) 94〜95頁,武則忠見『アメリカ革命の価値体系の研究』(亜紀書房,1972年)30〜31頁折込み資料「1表:革命期アメリカ諸邦権利章典内容一覧表」を参照。
210) 斎藤眞・五十嵐武士訳『アメリカ革命』(研究社,1978年)131頁〔五十嵐武士訳〕を参照。
211) R. Carter Pittman, *The Colonial and Constitutional History of the Privilege against Self-Incrimination*, 21 VA. L. REV. 763, 788 (1935).
212) なお,Massachusetts邦は,「自己を告発し,自己に不利益な証拠を引き渡すこと」と規定しており,New Hampshire邦もこれをそのまま用いたという(*Ibid*)。
213) Michael Edmund O'Neill, *The Fifth Amendment in Congress: Revisiting the Privilege against Compelled Self-Incrimination*, 90 GEO. L. J. 2445, 2480 (2002).
214) William Michael Treanor, *The Origins and Original Significance of the Just Compensation Clause of the Fifth Amendment*, 94 YALE L.J. 694, 708 (1985).

事手続に限定すべきである旨が主張され，これが全員一致で採用されたに留まる[216]。その他，自己負罪拒否特権が修正5条に規定された経緯や，その文言の決定過程，想定されていた内容は，必ずしも明らかではない。これは，当時の資料が残されておらず，自己負罪拒否特権に関する議論もほとんどなされなかったためである[217]。

ところで，各邦憲法や合衆国憲法修正5条が自己負罪拒否特権を規定したことによって，当時の裁判実務が大きく変容した事実は無いとされている[218]。このような指摘を踏まえれば，自己負罪拒否特権の明文化は，これまでのコモン・ロー上の原則を確認する程度のものであったと思われる[219]。アメリカにおける刑事手続の変革は，イギリスと同様に，弁護人の存在の変化―すなわち，「訴訟構造の変化」―によるものであったと指摘されている[220]。したがって，以下で述べるように，合衆国最高裁が自己負罪拒否特権を取り上げるまでには，制定から長い時間を要した。

(2) 自己負罪拒否特権に関する判例の動向

合衆国最高裁が修正5条の自己負罪拒否特権を初めて取り扱うのは，制定から100年以上が経過してからであった。Miranda判決が示される1966年までの間に，合衆国最高裁が自己負罪拒否特権を取り扱った判例は，証言拒否及び不利益推認に関するものや，被告人の証人適格に関するものが多数を占める。これは，修正5条が，既に概観したような歴史的沿革を経ているためである。他方で，これらの中には，Miranda判決の争点である身体拘束中の取調べと関連するものも存在する。そこで，以下では，判

---

215) もっとも，「witness」は「証拠を提出する者」を意味していたため，邦が採用した権利章典と実質的な意味は同じであるという指摘もなされている（Richard A. Nagareda, *Compulsion "to be a Witness" and the Resurrection of Boyd*, 74 N.Y.U. L. REV. 1575, 1605-1606（1999））。

216) UNITED STATES CONGRESS, DEBATES AND PROCEEDINGS IN THE CONGRESS OF THE UNITED STATES 753（1834）.

217) Moglen, *supra* note 203, at 1123.

218) LEVY, *supra* note 198, at 409; Moglen, *supra* note 203, at 1124-1125.

219) 小川・前掲注200）140頁。

220) Moglen, *supra* note 203, at 1128-1129.

例法上いかにして自己負罪拒否特権が発展し，Miranda 判決へと至ったかを理解するために必要な限度で，自己負罪拒否特権に関する合衆国最高裁判例の動向を辿ってみたい[221]。

合衆国最高裁が初めて自己負罪拒否特権に関して判示したのは，違法収集証拠排除法則の発展と関連して取り上げた1886年 Boyd 判決であった。Boyd 判決は，輸入物品の送り状を強制的に提出させたことについて，「修正5条のいう，自己に不利益な証人となることを強要するものである[222]」と判示した。ここでは，「証拠の提出」と「証人となること」は同義として用いられていたように思われる[223]。その後，1892年に，選択的組入れ理論と関連して触れられることの多い Counselman 判決が出された[224]。

修正5条の自己負罪拒否特権が州の手続に対しても適用されるかについて，合衆国最高裁が初めて判断を下したのが，1908年 Twining 判決である。この事案の概要は，以下の通りである。銀行の幹部職員であった被告人 Twining は，New Jersey 州の銀行監査官に対して，銀行の経営状態に関する虚偽の書類を提出したとして訴追された。New Jersey 州事実審裁判所の審理において，被告人は，可能であるにも関わらず，証人を呼ばず，自ら証言することもなかった[225]。審理を担当した裁判官は，陪審員への

---

[221] 自己負罪拒否特権全般に関する判例の動向については，小早川義則『デュー・プロセスと合衆国最高裁Ⅳ―自己負罪拒否特権，（付）セントラルパーク暴行事件―』（成文堂，2014年）27〜220頁を参照。
[222] Boyd v. United States, 116 U.S. 616, 634-635（1886）.
[223] なお，1976年 Fisher 判決は，文書にも修正5条の保障が及ぶとする Boyd 判決の考え方を否定している（*See* Fisher v. United States, 425 U.S. 391（1976））.
[224] Counselman v. Hitchcock, 142 U.S. 547（1892）. Counselman 判決は，自己負罪拒否特権それ自体を取り扱った事案ではない。被告人 Counselman は，州際通商委員会規則に違反して鉄道運賃を設定した疑いで複数回にわたって喚問された際，証言を拒否したため，法廷侮辱に該当するとして身体拘束された。被告人には，州際通商法に基づき，いわゆる使用免責が付与されていた。合衆国最高裁は，本件の大陪審手続も刑事手続に該当するとした上で，州際通商法の免責規定は，自己負罪拒否特権の保障に代替するには不充分であるとして，被告人の証言拒否を正当であると判断した。
[225] Twining v. New Jersey, 211 U.S. 78, 80（1908）.

説示の中で，被告人が証言台に立って弁解しようとしなかった事実を考慮することができると述べた[226]。陪審員は，この説示を踏まえ，有罪の評決を行った。その後，New Jersey 州最高裁で有罪判決が確定した。被告人は，州事実審裁判所の審理において，被告人が証言台に立たなかったことを被告人に不利に考慮し得ると説示したことは，事実上証言を強制することであり，自己負罪の強制であるとして上告した。合衆国最高裁は，この問題について，「New Jersey 州において，裁判所の説示を肯定するような法律が，合衆国市民の特権又は免責を弱体化させ，あるいはデュー・プロセスによらずして人々の生命，自由，財産を剥奪するとして，修正14条を侵害するか否かである[227]」と整理した。そして，自己負罪拒否特権について，その歴史的沿革等を確認し，「デュー・プロセスの本質的な部分として存在するようになったのではなく，司法判断の過程において発展した，賢明かつ有益な証拠に関する原則である[228]」と判示した。その上で，「自己負罪の強制からの免除は，州による諸特権の弱体化に対して修正14条が保障する合衆国市民の特権及び免除ではない[229]」と述べた。したがって，自己負罪拒否特権が州の手続に対しても適用されるかという問題については，「州裁判所における自己負罪の強制からの免除は，合衆国憲法のいかなる部分によっても保障されていない[230]」と結論づけた。Twining 判決の根底には，州に対する過度な介入を避け，連邦制を維持するという意図があった[231]。しかし，自己負罪拒否特権の州への適用を阻むものとして，その後も大きな影響を与え続ける。

　それから約30年後，選択的組入理論を明示的に採用したことで著名な Palko 判決は，修正5条について，「秩序ある自由体系の本質的な構成要素[232]」ではないと判示した。Palko 判決は，修正5条のうち，「二重の危

---

226) *Id.* at 82-83.
227) *Id.* at 91.
228) *Id.* at 106.
229) *Id.* at 99.
230) *Id.* at 113.
231) *Id.* at 92.

険の禁止」が州に対しても適用されるか否かが争われた事案である。ここで，合衆国最高裁は，修正1条から修正8条までの権利章典の内容が，直ちに州に対して適用される訳ではないこと——すなわち，全面的組入理論を採らないこと——を宣言した[233]。その上で，修正5条について，これを廃止しても「アメリカ国民の伝統と良心に根本的なものとして根付いている正義の原理[234]」に反することにはならないとした。また，「Twining 判決が示しているように，自己負罪の強制からの免除についても，真実である[235]」として，自己負罪拒否特権についても同様であるとした。このことは，「正義は，被疑者が規律正しい取調べに応じる義務を負わされた場合であっても，滅びはしない[236]」という言葉に端的に表されている。

　自己負罪拒否特権は「秩序ある自由体系の本質的な構成要素」ではないため，州に対しては適用されない。この考え方は，1947年 Adamson 判決でも踏襲される。California 州で発生した殺人事件と関連して訴追された被告人 Adamson は，法廷で証言することを拒否した。検察官は，California 州法下では，証言の拒否は殺人を自白したものと見做されるとして，陪審員に対し，有罪判決を下すよう発言した。死刑判決を受けた Adamson は，検察官が証言拒否に言及したことは修正14条違反であると申し立てた。これに対して，合衆国最高裁は，「自己に不利益な証人となることの強制から個人を保護する修正5条が，証言の強制からの自由は国民の権利であるという理由や，あるいは権利章典に列挙されている人権の一つであって合衆国憲法によって保障された個人の特権ないしは免責であるという理由で，修正14条によって州の行為からの保護としても効力を有する，とされていない。このことは，確立された法である[237]」と述べた。また，

---

[232] Palko v. Connecticut, 302 U.S. 319, 325 (1937). なお，野坂泰司「人権規定の編入理論」樋口範雄・柿嶋美子・浅香吉幹・岩田太編『アメリカ法判例百選』（有斐閣，2012年）48～49頁を参照。

[233] *Id.* at 323.

[234] *Id.* at 325.

[235] *Ibid.*

[236] *Id.* at 326.

[237] Adamson v. California, 332 U.S. 46, 50-51 (1947).

「州の審理において被告人を自己負罪から解放する権限は，修正14条の特権又は免責条項の射程を明確に逸脱するものである。このことは，Twining 判決によって決定された[238)]」として，Twining 判決を支持した。このように，合衆国最高裁は，自己負罪拒否特権は州に対して適用されないとして，5対4の僅差で被告人 Adamson の主張を退けた。Adamson 判決には，Black 判事の反対意見が付されている。しかし，Black 判事の反対意見は，Twining 判決を否定し，全面的組入理論を採るものであった[239)]。そのため，自己負罪拒否特権それ自体の重要性や内容等に照らして，州への適用を主張するものではなかった。

このような中で，修正14条を介して，州法域に対しても修正5条の自己負罪拒否特権を押し拡げた1964年 Malloy 判決が示された[240)]。賭博罪で有罪答弁を行い保護観察中であった被告人 Malloy は，州裁判所において証人となった。しかし，Malloy は，修正5条の自己負罪拒否特権を理由に証言を拒否した。そのため，法廷侮辱罪で身体拘束されることになった。これに対して，Malloy は人身保護令状を請求した。しかし，Connecticut 州最高裁はこれを却下した。そこで，合衆国最高裁が裁量上訴を容れ，審理を行った。Brennan 判事が執筆した法廷意見は，その冒頭で，「当裁判所は，自己負罪拒否特権が修正14条を介して州の行動に対する防禦装置になるとはいえないとする従前の決定の再考を求められている[241)]」と述べた。同法廷意見は，まず，修正1条から修正8条までの各権利が修正14条を介して州に適用されていることについて，各条項に関するこれまでの判例を確認した[242)]。そして，「当裁判所は，修正5条の自己負罪拒否特権に

---

238) *Id.* at 52.
239) *See id.* at 70-72（Black, J., dissenting）.
240) 1947年 Adamson 判決から1964年 Malloy 判決までの間に，修正5条の自己負罪拒否特権に触れた判例として，1956年 Ullmann 判決（Ullmann v. United States, 350 U.S. 422（1956））がある。Ullmann 判決も，Counselman 判決と同様に，自己負罪拒否特権それ自体を取り扱った事案ではない。Ullmann 判決については，安倍治夫「自己負罪拒否特権—とくに Immunity Statute との関係—」我妻栄編『英米判例百選—重要判例の集大成—』（有斐閣，1964年）78〜79頁を参照。
241) Malloy v. Hogan, 378 U.S. 1, 2（1964）.
242) *Id.* at 4-6.

ついても，修正14条を介して州による侵害から保護されると判示する[243]」と述べ，1897年Bram判決に触れつつ，州の刑事訴追において強制自白の使用を禁じた判例の検討を以下のように行った。

「州の刑事訴追における自白の許容性は，連邦事件の刑事訴追において適用されたBram基準（刑事裁判で，不任意を理由として自白の証拠能力が問われた場合には，何人も"刑事事件において，自己に不利な証人になることを強制されない"と規定する合衆国憲法修正5条の当該部分よって規制される）と同じ基準によって判断される。この基準の下での憲法的な問いは，自白を獲得した際の州捜査官の行為がショッキングなものであるか否かではなく，当該自白が『自由かつ任意に』なされたか否かである。すなわち，何らかの脅迫や暴力によって引き出されたものでも，あるいは直接的又は暗示的な約束によって獲得されたものでもなかったとしても，いかに僅かなものであれ何らかの不当な影響の行使によって引き出されたものであってはならない。換言すれば，自己負罪を強制されてはならない[244]」。

「州事件における連邦基準への明確な移行は，『認めるか，否認するか，あるいは返答を拒否するかという自由な選択』に言及したLisenba判決によって始まった。この移行は，アメリカ刑事訴追制度が糺問的なものではなく弾劾的なものであり，修正5条の特権が弾劾的刑事訴追制度にとって不可欠な支柱であるという認識を反映している。したがって，州であれ連邦であれ，訴追側には，独立し自由に獲得された証拠によって有罪を立証することが憲法上要求されており，その訴追内容を被疑者自身の口から立証することはできない[245]」。

また，Malloy判決と同日に示されたMurphy判決も，次の通り判示している。「自己負罪に関する憲法上の特権は，州の手続における証人を，州法のみならず連邦法の下での負罪からも保護し，連邦の手続における証人を，連邦法のみならず州法の下での負罪からも保護するものである[246]」

---

[243] *Id.* at 6.
[244] *Id.* at 6-7.
[245] *Id.* at 7-8.
[246] Murphy v. Waterfront Commission, 378 U.S. 52, 77-78 (1964).

と。

　これまで，取調べ規制の中心は，事後的に当該自白の任意性を判断する「事情の総合説」であった。他方で，McNabb-Mallory ルールや弁護人依頼権侵害を理由に自白排除した Massiah 判決を通じて，取調べの事前規制が徐々にみられるようになっていた。このような中で示された Malloy 判決は，1897年 Bram 判決に着目し，供述の自由を保障する必要性を強調した。また，Malloy 判決から1週間後に示された Escobedo 判決が，弁護人依頼権を保障する理由の一つとして，自己負罪拒否特権の実質的保障を念頭に置いていたことは，既に述べた通りである。もっとも，Malloy 判決は，公判廷における証言拒否との関係で黙秘権を問題としているものであり，捜査段階においても黙秘権の保障が州に適用されるかについては明らかでなかった。しかし，このような判例の流れは，確実に Miranda 判決の下地を作ることになった[247]。

---

247) *See* Kenneth W. Graham, Jr., *What is "Custodial Interrogation?": California's Anticipatory Application of Miranda v. Arizona*, 14 UCLA L. REV. 59, 71-73 (1966).

第2章
Miranda 判決

　Miranda 判決以前の取調べ規制原理は，主に「事情の総合説」による事後的規制であった。他方，連邦法域では，McNabb-Mallory ルールが示すように，違法な身体拘束下で獲得された自白を排除する論理が形成され，これが違法収集証拠排除法則と共に発展してきた。加えて，同時期に，弁護人依頼権が保障される範囲が徐々に拡大され，これに伴って，弁護人依頼権を侵害して獲得された自白を排除する論理が形成されてきた。

　この時期に，取調べとの関係で自己負罪拒否特権が強調されることはなかった。1897年 Bram 判決以後，自己負罪拒否特権の侵害を理由とする自白排除が行われなかったためである。但し，自己負罪拒否特権が忘れ去られていた訳ではない。すなわち，連邦法域では，司法上の監督権に基づく McNabb-Mallory ルールにより，憲法違反を持ち出さなくても自白の許容性判断が可能な状況にあり，州法域では，Twining 判決によって，修正5条が州へ適用されないものとされていたに過ぎない[1]。

　このような中で，Malloy 判決や Escobedo 判決にみられるように，供述の自由が危険にさらされることを事前に防ぐ必要性が認識されるようになった。そして，いわゆる Warren Court による刑事司法改革期に示された Miranda 判決[2]によって，アメリカの取調べ規制は大きく変わることになった。Miranda 判決は，現在でもアメリカの取調べを規制する法理として受け継がれている。以下では，Miranda 判決の論理とその意義を確認し，Miranda 判決以後の取調べ規制を検討する際の足がかりとする[3]。

---

1) Kenneth W. Graham, Jr., *What is "Custodial Interrogation?": California's Anticipatory Application of Miranda v. Arizona,* 14 UCLA L. Rev. 59, 71 (1966).
2) Miranda v. Arizona, 384 U.S. 436 (1966).

1．Miranda 判決の概要

(1) 事案の概要

　被告人 Ernesto Miranda は，強姦事件の被疑者として逮捕され，警察署へと連行された。Miranda は，警察署内で，被害者によって犯人であると確認された。その後，Miranda は，2人の捜査官による取調べを受けた。取調べ開始から2時間後，Miranda は自白し，その供述は調書に録取された。当該調書の冒頭には，自白が脅迫や免責の約束によるものではない任意のものであり，法的権利について充分に認識し，いかなる供述も自己に不利に使用され得ることを理解した上で供述した旨が印字されていた[4]。捜査官は，取調べに先立って当該部分を朗読して読み聞かせた。しかし，Miranda は権利を行使せずに供述した[5]。

　誘拐及び強姦の罪で有罪判決を受けた Miranda は，当該調書の許容性を争って Arizona 州最高裁に上告した[6]。これに対して，Arizona 州最高裁は，「もし自白が任意になされており，被疑者の憲法上の諸権利を侵害していない場合には，弁護人不在の中でなされた自白であったとしても，これを証拠として許容することができる。各事案は，当該事案毎の事実に基づかなければならず，裁判所は，当該自白が任意であるか否か，被疑者の憲法上の諸権利が侵害されているか否かを判断する上で，自白が獲得された際のあらゆる状況を検討しなければならない[7]」として，「事情の総

---

3) ミランダ判決に関する主な邦語文献として，芝原邦爾「捜査段階における自白の許容性—ミランダ事件判決の意味するもの—」ジュリ356号（1966年）106～115頁，石川才顕「被疑者の取調べと弁護人の立会権」伊藤正己・堀部政男・外間寛・高橋一修・田宮裕編『英米判例百選Ｉ公法』（有斐閣，1978年）172～173頁，小早川義則『ミランダと被疑者取調べ』（成文堂，1995年）55～103頁，関口和徳「自白排除法則の研究（3）」北法59巻5号（2009年）61～84頁，笹倉宏紀「被疑者の取調べと弁護人立会権」樋口範雄・柿嶋美子・浅香吉幹・岩田太編『アメリカ法判例百選』（有斐閣，2012年）112～113頁等を参照。

4) Miranda v. Arizona, 384 U.S. 436, 492 (1966).

5) *Ibid*., Fn.67.

6) State v. Miranda, 401 P.2d 721, 725-726 (Arizona 1965).

合説」を採って判断することを明らかにした。その上で,「本件自白は任意であり,被疑者自身の意思に基づいてなされたものであり,脅迫や有形力の行使,強制,免責の約束は存在しない。被疑者は,自己の権利及び当該自白が自己に不利に用いられ得ることを理解していた。このような状況下では,被疑者が自白した際に弁護人の援助を受けておらず,捜査が当該被疑者に焦点を絞って行われていたとしても,被疑者の憲法上の諸権利が侵害されたとはいえず,当該自白を証拠として許容することは適当である[8]」と判示した。

Miranda及び弁護人は,この判断を不服として,合衆国最高裁に対して上告受理を申し立てた。合衆国最高裁は,同種3事件とともに,同上告を受理した。

(2) 要旨

Warren判事が執筆した法廷意見は,1964年Escobedo判決に対する解釈のばらつきを解決し,法執行機関及び裁判所が従うべき「具体的な憲法上の指針[9]」を示すとした上で,以下のように判示した[10]。

「検察官は,免責的であるか負罪的であるかに関わらず,自己負罪拒否特権を保護するために効果的な手続的保護手段を用いたことを証明した場合を除き,身体拘束下の被疑者取調べによって獲得された供述を使用することはできない。身体拘束下の取調べとは,当該被疑者が拘束されるか,他の様々な方法によって行動の自由を剥奪された後に,法執行官によって開始された質問を意味する。採られるべき手続に関しては,被疑者に対して黙秘権を告知し,それを行使する継続的な機会を保障するために,その

---

7) *Id.* at 733.
8) *Ibid.*
9) Miranda v. Arizona, 384 U.S. 436, 442 (1966).
10) 紙幅の関係により,Miranda判決本文中の要旨のみを訳出した。反対意見を含むMiranda判決の詳細な邦訳は,安部祥太「被疑者取調べの憲法的規制―日韓両国におけるMiranda法理の継受と変容―」青山学院大学審査学位論文(2016年)103頁以下,小早川義則『ミランダと自己負罪拒否特権』(成文堂,2017年)239頁以下を参照。

他の充分に効果的な手段が工夫されない限りは，以下の方法が要求される。すなわち，いかなる質問にも先立って，被疑者は，黙秘する権利があること，いかなる供述も自己に不利な証拠として使用され得ること，私選又は公選の弁護人を立ち会わせることができることを告知されなければならない。被疑者は，任意に，充分に理解し，かつ理性的に放棄する場合には，それらの権利を効果的に放棄することができる。しかし，もし供述する前に弁護人と相談したい旨を示した場合には，それがいかなる方法であっても，また当該取調べのいかなる段階であっても，それ以上質問することはできない。同様に，被疑者が一人ではいかなる方法であっても取調べを受けたくない旨を示した場合には，警察はそれ以上質問することができない。被疑者が何らかの質問に回答し，又は任意に何らかの供述を行ったという事実は，被疑者が弁護人と相談し，その上で質問を受けることに同意しない限り，さらなる質問に回答することを拒否する権利を剥奪するものではない[11]」。

2．Miranda 判決の意義

　Miranda 判決は，自己負罪拒否特権を規定した修正5条の保障が警察段階の取調べにも及ぶことを明らかにした上で，「本件被疑者の自白は，伝統的な意味で，不任意であるとはいえない[12]」と認めつつ，取調べに内在する強制的な雰囲気（the inherent compulsiveness of interrogation）から被疑者を保護する手段が講じられない限り，当該取調べで獲得された供述は強制されたものと解するものである。ここでいう被疑者を保護する手段とは，（1）黙秘権を有すること，（2）供述は法廷で自己に不利益に用いられ得ること，（3）弁護人の立会いを求める権利を有すること，（4）弁護人を選任する資力がなければ，あらゆる質問に先立って公費で弁護人が選任されることの告知である。そして，これらの事項を告知した後，被

---

11) Miranda v. Arizona, 384 U.S. 436, 444-445 (1966).
12) Id. at 457.

疑者が黙秘する意思を示したり，弁護人の同席を求めたにも関わらず，継続して取り調べることは，供述の強制にあたるとする[13]。また，告知を欠く取調べで獲得した供述は，証拠排除されるとする。

　もっとも，Miranda 判決は，身体拘束下の取調べを一切禁止している訳ではない。「…当裁判所はすべての自白を不許容であるとするつもりはない。自白は，依然として法の執行における正当な構成要素である。…任意になされた供述は，いかなるものであれ，修正 5 条の制約を受けず，その許容性は，当判決の影響を受けるものではない《省略筆者》[14]」としていることから，刑事手続における自白の重要性に一定の理解を示している。そのため，法廷意見は，被疑者が諸権利を放棄する余地を設けている。すなわち，これらの事項が適切に告知され，被疑者が「任意に，充分に理解し，かつ理性的に」権利放棄したことを訴追側が立証すれば，当該供述は許容されるという。

　Miranda 判決は，捜査官向けの取調べマニュアルなどを参照し[15]，実際の取調べの密室性や問題点を指摘している。そこでは，「被疑者が有罪であると確信している雰囲気は，被疑者が抵抗する意思を削ぐ。被疑者は単に，警察が供述させようとして作成した先入観に基づく物語を確認するのみである。…暴力や拷問，もしくはこれらの具体的な戦略が採られなかったとしても，身体拘束下の取調べそれ自体が，個人の自由を著しく害し，個人の弱みにつけこむ《省略筆者》[16]」と評価している。取調べ実務に対するこのような理解を踏まえた Miranda 判決の中核は，（1）身体拘束中の取調べに内在する供述を強制する圧力が，修正 5 条の「強制（compul-

---

[13] この点について，後述する1981年 Edwards 判決は，「弁護人を介してのみ警察に対応したい旨を希望した被疑者は，弁護人が与えられるまで，被疑者が自ら警察との更なる意思疎通，交流，会話を開始した場合を除いて，捜査当局によるそれ以上の取調べにさらされることはない」と判示している（Edwards v. Arizona, 451 U.S. 477, 484（1981））。

[14] Miranda v. Arizona, 384 U.S. 436, 478（1966）.

[15] Id. at 448-449. ここで取り上げられている取調べマニュアルとは，Fred E. Inbau & John E. Reid, Criminal Interrogation and Confessions（1962）である。

[16] Id. at 455.

sion)」に該当すると判断し，修正5条を俎上に載せたことと，（2）このような圧力は，取調べの長さを問わず，身体拘束下にある被疑者に対する取調べすべてに存在すると解したことである[17]。1897年 Bram 判決は，「アメリカ合衆国内の裁判所における刑事裁判で，不任意を理由として自白の証拠能力が問われた場合には…合衆国憲法修正5条の当該部分によって規制される《省略筆者》[18]」とし，修正5条の保障が身体拘束下の取調べにも適用されることを認めていた。しかし，既に述べたように，Bram 判決を継承する判例が示されることはなかった[19]。その後，Miranda 判決の2年前に示された Malloy 判決[20]は，修正5条が州法域においても保障される旨を判示した。Miranda 判決は，身体拘束下の取調べにおける黙秘権の重要性に鑑み，Bram 判決を引用しつつ，「特権が身体拘束下の取調べ期間にも完全に適用され得るか否かについては…およそ70年前の Bram 判決において決着がついている《省略筆者》[21]」とした。

　このことは，同時に，修正5条が保障する自己負罪拒否特権の保障範囲を明確にしたことを意味する。Miranda 判決以前は，Bram 判決が重要視されていなかった。また，Malloy 判決も公判廷における証言拒否との関係で黙秘権を取り扱ったものであったため，自己負罪拒否特権の保障が捜査段階にも及ぶかについて，不明確なままであった。この点，Miranda 判決は，捜査段階においても自己負罪拒否特権が保障されることを明確にした。

　また，4項目の告知を要求する Miranda 判決は，捜査官や裁判所に対して，許容される取調べの限界を予め具体的に明示する画一的な基準をもたらした[22]。これにより，事情の総合説が抱えていた大きな問題点を解決することになった[23]。

---

17) Stephen J. Schulhofer, *Reconsidering Miranda*, 54 U. CHI. L. REV. 435, 436（1987）; Yale Kamisar, *How Earl Warren's Twenty-Two Years in Law Enforcement Affected His Works as Chief Justice*, 3 OHIO ST. J. CRIM. L. 11, 26（2005）.
18) Bram v. United States, 168 U.S. 532, 542（1897）.
19) David Jr. Robinson, *Massiah, Escobedo, and Rationales for the Exclusion of Confessions*, 56 J. CRIM. L. CRIMINOLOGY & POLICE SCI. 412, 416（1965）.
20) Malloy v. Hogan, 378 U.S. 1（1964）.
21) Miranda v. Arizona, 384 U.S. 436, 461（1966）.

加えて，法廷意見が冒頭で述べているように，弁護人依頼権と関連して，Escobedo判決で不明確であった点を明らかにした。Escobedo判決は，修正6条の弁護人依頼権が侵害されたことを理由に，当該取調べ中に獲得された自白を排除した。しかし，Escobedo判決後も，(1) 被疑者が弁護人を未だ選任していない段階であっても，Escobedo判決が想定する弁護人依頼権侵害はあり得るか，(2) 修正6条の弁護人依頼権には，取調べへの弁護人立会権が含まれるか，(3) 被疑者の弁護権は，公費により弁護人を選任される権利を含むかについて，不明確なままであった。これらの点について，Miranda判決は，次のように述べている。まず，(1) について，「被疑者は取調べ前に弁護人を要求する必要はない。そのような要求は，被疑者の弁護人依頼権を積極的に保障することになる。しかし，弁護人を要求しなかったことが放棄を意味することにはならない[24]」としている[25]。また，(2) について，「身体拘束下における取調べを取り巻く状況は，取調官によって自らの特権を知らされたに過ぎない被疑者の意思を直ちに圧倒するように作用し得る。したがって，取調べに弁護人を立ち会わせる権利は…修正5条の特権を保護するために不可欠なものである《省略筆者》[26]」としている。最後に，(3) について，「被疑者の資力は，ここでいう諸権利の範囲とは関係ない[27]」としている。

　他方で，Miranda判決は，Escobedo判決の一部を後退させる一因になったともいえる。Escobedo判決は，手続が「訴追的なもの (accusatory)」へと移行したときには，修正6条の弁護人依頼権が保障されなければならない旨を判示していた[28]。しかし，Miranda判決は，「取調べへの弁護人

---

22) Seth Goldberg, *Missouri v. Seibert: The Multifactor Test should be Replaced with a Bright-Line Warning Rule to Strengthen Miranda's Clarity,* 79 St. John's L. Rev. 1287, 1300 (2005).
23) Stephen J. Schulhofer, *Confessions and the Court,* 79 Mich. L. Rev. 865, 879 (1981).
24) Miranda v. Arizona, 384 U.S. 436, 470 (1966).
25) この点は，後述する1994年Davis判決 (Davis v. United States, 512 U.S. 452 (1994)) によって後退させられることになる。
26) Miranda v. Arizona, 384 U.S. 436, 469 (1966).
27) *Id.* at 472.

立会権は…修正5条の特権を保護するために不可欠なもの《省略筆者》[29]」であるとしているのである。すなわち，Miranda判決が前提としている弁護人依頼権は，修正6条ではなく，修正5条から導き出した「黙秘権を保障するための弁護人依頼権」なのである[30]。ちなみに，修正6条の弁護人依頼権は，1972年のKirby判決によって大きく後退することになる。Kirby判決が，修正6条が保障される「すべての刑事上の訴追（all criminal prosecutions)」の解釈として，「公式な告発，予備審問，大陪審による起訴状又はアレインメントのいずれによろうとも，当事者対立的刑事司法手続（judicial criminal proceeding）が開始されたとき[31]」と判示したためである。したがって，逮捕直後や被疑者取調べ，起訴前の面通し等では，修正6条の弁護人依頼権は保障されない[32]。

　加えて，Miranda判決には不明確な点もみられる。一つは，供述が排除される根拠である[33]。Miranda判決は，身体拘束下の取調べに内在する強制的な雰囲気を指摘し，「身体拘束下の取調べそれ自体が，個人の自由を著しく害し，個人の弱みにつけこむものである[34]」と説明するにとどまっており，供述が排除される根拠を具体的に示していない。もう一つは，「身体拘束下の取調べ」の定義である。法廷意見は，身体拘束下の取調べについて，「当該被疑者が拘束されるか，他の様々な方法によって行動の自由を剥奪された後に，法執行官によって開始された質問[35]」と定義していた。このうち，「他の様々な方法」による行動の自由の剥奪は，解釈の余地を残すものである。そして，その後の判例は，Miranda判決の射程を縮小する傾向をみせる。

---

28) Escobedo v. Illinois, 378 U.S. 478, 492 (1964).
29) Miranda v. Arizona, 384 U.S. 436, 469 (1966).
30) See id. at 537 (White, J., Harlan, J. & Stewart, J., dissenting).
31) Kirby v. Illinois, 406 U.S. 682, 688 (1972).
32) 日本弁護士連合会刑事弁護センター編『アメリカの刑事弁護制度』（現代人文社，1998年）37頁〔後藤昭執筆〕。この点は，第2部第4章注9)で改めて触れる。
33) WELSH S. WHITE, MIRANDA'S WANING PROTECTIONS: POLICE INTERROGATION PRACTICES AFTER DICKERSON 55-56 (2001).
34) Miranda v. Arizona, 384 U.S. 436, 455 (1966).
35) Id. at 444.

第3章

Miranda 判決以降の被疑者取調べ規制

　Miranda 判決は，自己負罪拒否特権を基軸として，身体拘束下の取調べを画一的に規制する法則を打ち出した。しかし，Miranda 判決は，その例外を認める余地や，文言の解釈の余地を残していた。実際に，合衆国最高裁は，Miranda 法理の例外を認めるようになる。その背景として，合衆国最高裁長官の交代が指摘されている。すなわち，1969年に Richard Nixon が大統領に就任し，合衆国最高裁長官が Warren 判事から Burger 判事へと交代したことが契機であった[1]。Warren 判事は，捜査実務経験が豊富であり，取調べに内在する強制的な雰囲気を経験的に知り尽くしていた[2]。これに対して，Burger 判事は，保守派として有名であった。そのため，リベラルな判断を次々に示した Warren Court に比べ，Burger Court では保守的な判断が目立つようになる[3]。

　確かに，Miranda 判決後の諸判例を概観すると，Miranda 判決が「縮小」されたと解し得る部分も見受けられる。しかし，それでもなお，Miranda 判決の精神は生き続け，アメリカにおける被疑者取調べの規制

---

1 ）Geoffrey R. Stone, *The Miranda Doctrine in the Burger Court*, 1977 Sup. Ct. Rev. 99, 168（1977）.
2 ）Yale Kamisar, *How Earl Warren's Twenty-Two Years in Law Enforcement Affected His Works as Chief Justice*, 3 Ohio St. J. Crim. L. 11, 24（2005）.
3 ）Jerold H. Israel, *Criminal Procedure, the Burger Court, and the Legacy of the Warren Court*, 75 Mich. L. Rev. 1319, 1321-1324（1977）; Stephen A. Saltzburg, *Foreword: The Flow and Ebb of Constitutional Criminal Procedure in the Warren and Burger Courts*, 69 Geo. L.J. 151, 152-154（1980）; Peter Arenella, *Rethinking the Functions of Criminal Procedure: The Warren and Burger Court's Competing Ideologies*, 72 Geo. L. J. 185, 186（1983）; Caroline Davidson, *State Constitutions and the Humane Treatment of Arrestees and Pretrial Detainees*, 19 Berkeley J. Crim. L. 1, 4（2014）.

原理として，その任を果たしている。そこで，以下では，Miranda法理の例外を認めた諸判例について整理した上で，紆余曲折を経ながらも，Miranda判決の精神が現在まで生き続けていることを確認する。

1．Miranda法理の縮小

(1) 包括的犯罪規制及び市街地安全法の制定

　Miranda判決から2年後，連邦議会は，1968年包括的犯罪規制及び市街地安全法を制定した。これにより，合衆国法典18巻3501条[4]が新設された。この条項は，自白の許容性に関するものであり，Miranda判決と大きく矛盾するものであった。

　合衆国法典18巻3501条(a)は，自白の任意性の有無は裁判官が陪審員を排して決定することと，裁判官が任意性を認めた場合に自白が証拠として許容されることを確認した。また，裁判官は，「任意性に関する証拠を陪審が調べることを許可」でき，「あらゆる事情を考慮して当該自白に相応しいと考える証拠価値を付与するよう陪審員に説示する」と規定した。

　続いて，合衆国法典18巻3501条(b)は，「事実審裁判官が任意性に関する争点を判断する場合は，自白がなされた場面を取り巻くすべての事情を考慮する」とした。また，その際には，(1)自白が逮捕から初回出頭の間に行われた場合，逮捕から自白までに要した時間，(2)被告人が自白をした際に，犯罪事実の内容を知っていたか否か，(3)被告人が，いかなる供述をする必要もなく，供述した場合には自己に不利益に用いられ得ることを告知されていたか否か，あるいは知っていたか否か，(4)被告人が，取調べに先立って，弁護人依頼権を告知されていたか否か，(5)被告人が，取調べを受け，自白をする際に，弁護人の援助を受けていたか否かを考慮すると規定した。これらの規定は，「事情の総合」による任意性判断へと回帰するものであり，Miranda法理の排斥を目的としていた[5]。

　4）18 U.S.C. §3501. 同条項の紹介として，河上和雄「Omnibus Crime Control and Safe Street Act（最近の立法）」米法1968年2号（1968年）288〜294頁。

　5）河上・前掲注4）290頁。

さらに，同条項は，McNabb-Mallory ルールを無効化する内容も含んでいた。合衆国法典18巻3501条（c）は，身体拘束下にある被疑者が行った自白について，事実審裁判官によって任意性が認められ，逮捕から6時間以内に獲得されたものであれば，治安判事又は勾留権限を有する他の官憲の面前への引致が単に遅滞したという一事情を根拠として任意性を否定してはならない旨を規定したのである。これは，被逮捕者を遅滞なく裁判官の面前に引致することを要求する McNabb-Mallory ルールと真っ向から対立するものであった[6]。

合衆国最高裁は，いずれの条項に対しても，既に判断を示している。「事情の総合説」への回帰を規定した合衆国法典18巻3501条（b）に対しては2000年 Dickerson 判決[7]が，McNabb-Mallory ルールの無効化とも解し得る合衆国法典18巻3501条（c）に対しては2009年 Corley 判決[8]が，それぞれ判断を下している。Dickerson 判決については，Miranda 判決の再評価と関連して後述するため，ここで言及することは避ける。いずれにしても，Dickerson 判決が述べているように，当時の議会が「Miranda 判決を立法によって無効化することを意図していた[9]」ことは明らかであった。Miranda 批判やその例外を認める動きは，Miranda 判決から2年後の段階で，既に見いだすことができる。

なお，既に確認したように，McNabb-Mallory ルールは「連邦裁判所における刑事手続の運営に対する司法上の監督権[10]」に基づいて連邦法域

---

6) Sara Sun Beale, *Reconsidering Supervisory Power in Criminal Cases: Constitutional and Statutory Limits on the Authority of the Federal Courts*, 84 COLUM. L. REV. 1433, 1454 (1984). 連邦議会は，McNabb-Mallory ルールが確立した後，これを無効化する立法案を度々提出していた。*See* OTIS H. STEPHENS, JR., THE SUPREME COURT AND CONFESSIONS OF GUILT 81-89 (1973).
7) Dickerson v. United States, 530 U.S. 428 (2000).
8) Corley v. United States, 556 U.S. 303 (2009). Corley 判決の紹介として，松田正照「引致原則とマクナブ・マロリー・ルール」早研134号（2010年）317〜337頁，田中利彦「マクナブ・マロリー・ルールの再確認─Corley v. United States, 129 S. Ct. 1558（2009）─」ひろば63巻12号（2010年）47〜54頁。
9) *See* Dickerson v. United States, 530 U.S. 428, 436 (2000).
10) McNabb v. United States, 318 U.S. 332, 340 (1943).

を規制するルールであり，Miranda 判決の一内容という位置づけではない。また，その発展の沿革も Miranda 法理とは異なる。それゆえ，合衆国法典18巻3501条（c）に関する Corley 判決は，Miranda 法理の変容の中に位置づけられるものではない。そこで，以下で簡単に確認しておく。

2009年 Corley 判決の事案は，次の通りである。Pennsylvania 州で起こった銀行強盗の被疑者 Corley が逮捕される予定であることを知った FBI 捜査官は，逮捕現場へ赴いた。この際，逃走を図った Corley が FBI 捜査官に暴行を加えたため，FBI によって9月17日8時に逮捕された。その後，FBI 捜査官が逮捕現場周辺の住民から事情聴取する間，Corley は警察署に留置された。11時45分頃，捜査官は，傷の手当てのために Corley を病院へ押送し，15時30分頃に FBI 事務所で取調べを開始した。なお，FBI 事務所には，治安判事の執務室が併設されていた。しかし，捜査官が Corley を治安判事の面前へ引致することはなかった。

取調べにおいて，捜査官は Corley に対して捜査に協力するメリットを説明し，Corley は権利放棄書へ署名した。そして，逮捕から約9時間半後の17時27分に自白を始めた。18時30分頃，捜査官が供述の書面化を求めたところ，Corley は休みたいと告げた。そのため，翌日18日10時30分に取調べを改めて行い，自白調書を作成した。Corley が治安判事の面前へ引致されたのは，逮捕から29時間半が経過した9月18日13時30分頃であった。

連邦地裁は，Corley が病院で手当を受けた時間は「遅滞」として計算すべきではないとした上で，逮捕当日17時半頃になされた自白は合衆国法典18巻3501条（c）が定める6時間以内になされたと解して，有罪判決を言い渡した。その後，第3巡回区連邦控訴裁も有罪判決を維持した。そのため，Corley は上告した。

合衆国最高裁は，合衆国法典18巻3501条の立法経緯等を確認した上で，「3501条は McNabb-Mallory ルールに代わるものではなく，これを修正するものである。3501条（c）によって修正された McNabb-Mallory ルールの下では，証拠排除の主張を受けた地裁は，被疑者が逮捕から6時間以内に自白したか否かについて判断しなければならない。もし自白が6時間以

内になされていた場合には，当該自白が任意になされ，証明力の評価が陪審員に委ねられるならば，他の証拠規則の規定を条件として，当該自白は許容される。他方で，もし当該自白が引致前かつ逮捕から6時間以上が経過した後になされたものであれば，地裁は McNabb-Mallory ルールに関する先例の下で，そのような遅滞が不合理あるいは不必要なものであったか否かを判断しなければならない[11]」と判示した。

　McNabb-Mallory ルールは，連邦法域のみに適用される法理である。また，Miranda 法理が「身体拘束下」の被疑者に適用されるのに対して，McNabb-Mallory ルールは「被逮捕者」に適用されるに留まる。そのため，Miranda 判決以後は，McNabb-Mallory ルールの意義が薄れていた。しかし，合衆国最高裁は，Corley 判決によって迅速な引致の必要性を改めて確認した。この背景には，Miranda 判決と同様に，身体拘束下の取調べに内在する強制的な雰囲気への危惧がある。Corley 判決の法廷意見は，次のように指摘しているのである。「引致は，裁判官が訴追側の行き過ぎを排除する重要なステップである。すなわち，被疑事実や黙秘権，弁護人依頼権，保釈の利用可能性，予備審問を受ける権利を知らせ，被告人に弁護人と相談する機会を与え，身体拘束するか釈放するか判断するのである。McNabb-Mallory ルールがなければ，連邦捜査官は被疑者を外へ連れ出す前に，長時間に亘って取調べを行い得る。我々は，身体拘束の秘密性が何をもたらすかを常に把握してきた。警察による身体拘束下の取調べは，まさしくその性質により，個人を孤立させ，圧力を加える。これらの圧力は，やってもいない犯罪に関する自白を高い確率で生み出すという多くの実証的証拠[12]が存在する。McNabb 判決において，Frankfurter 判事は，『自由の歴史は，その多くが手続的保護措置の遵守の歴史である』と指摘した。このことは，現在でも色褪せていない[13]」と。したがって，McNabb-Mallory ルールは，その適用が連邦法域に限定されるとはいえ，「身体拘

---

11) Corley v. United States, 556 U.S. 303, 322（2009）.
12) *See* Steven A. Drizin & Richard A. Leo, *The Problem of False Confessions in the Post-DNA World*, 82 N. C. L. Rev. 891, 906-907（2004）.
13) Corley v. United States, 556 U.S. 303, 320-321（2009）.

束下の取調べ」に対して時間的制約という観点からアプローチするものであり，取調べ規制として Miranda 法理と両輪をなすものである。

(2) 弾劾例外

　Miranda 法理に違反して獲得された供述であっても，排除されない例外がある。1971年 Harris 判決は，弁護人依頼権の告知をせずに獲得した供述を，弾劾証拠として使用することを許容した。ヘロインの譲渡で公訴提起された被告人 Harris は，公判廷で証言台に立った。Harris は，おとり捜査官に対する譲渡行為を認めた。他方で，Harris は，おとり捜査官を騙すためにベーキングパウダーを譲渡したと証言した。そこで，訴追側は，逮捕直後に Miranda 法理に反して獲得した，上記証言と矛盾する内容の供述を，当該証言に対する弾劾証拠として提出した。これに基づいて，被告人の証言は弾劾され，被告人は有罪判決を受けた[14]。合衆国最高裁は，1956年 Walder 判決[15]を引用して，主尋問において許容されない物的証拠であっても，弾劾目的のためには使用し得ることを確認した[16]。次に，弾劾手続の意義を確認し，「陪審にとって，被告人の信用性を評価する上で有力な援助となる。そして，弾劾手続の利益は，違法な警察活動が助長されるという想像上の可能性によって失われてはならない。確かに，排除法則は，警察の違法捜査に対する抑止効を有する。しかし，それは，主尋問における訴追側の使用を禁じれば充分である[17]」とした。その上で，「すべて刑事被告人は，自己の防禦のために証言し，あるいは証言を拒否する特権を有する。しかし，この特権は，偽証を犯す権利を含むと解することはできない。…Miranda 判決によって与えられた盾は，以前の相反する供述と対決する危険を冒さずに，防禦方法として偽証を用いる許

---

14) Harris v. New York, 401 U.S. 222, 222-223（1971）. Harris 判決の紹介として，小早川義則『ミランダと被疑者取調べ』（成文堂，1995年）108～110頁。
15) Walder v. United States, 347 U.S. 62（1954）. Walder 判決の紹介として，小早川・前掲注14）110～111頁。
16) Harris v. New York, 401 U.S. 222, 224（1971）.
17) *Id.* at 225.

可状であると曲解することはできない《省略筆者》[18]」と判示した。なお，Harris判決には，Brennan判事による反対意見が付されている。ここでは，まず，Miranda判決が，「被告人が単に免責を意図して行った供述」について「実質において負罪的であり，いかなる供述に対しても要求されるような充分な権利告知と効果的な放棄なくして，使用されてはならない[19]」と判示したことを引用している[20]。そして，この判示が直接尋問と反対尋問を区別していないとして，弾劾例外を認めることを否定している[21]。

　1975年Hass判決も，Harris判決を維持し，弾劾例外を認めている。被告人Hassは，自転車窃盗の罪で起訴された。Hassは，証言台において，自転車を盗んだのはWalkerとLeeであり，自分は盗んでいない旨を述べた。そこで，検察官は，Hassを取り調べた捜査官Osterholmeを証人として喚問した。Osterholmeは，Hassが被害者宅と自転車の放置場所を述べ，これに基づいて自転車が発見された旨を証言した。また，この間，完全な形でMiranda告知を行ったことと，弁護人と電話で話したいという要求に対して，警察署で電話させると告げたまま放置したことを証言した。同証言は，Hassの法廷供述を弾劾する証拠として採用され，Hassは有罪判決を受けた[22]。合衆国最高裁は，「Harris判決と本件の事実上の差異は，本件ではMiranda告知が適切に行われ，その一方でHarris判決では不完全であったことのみである。…Harris判決と本件における不許容性の効果は同じである。すなわち，弾劾証拠としての許容性を否定することは，憲法上の権利を，被告人自身の口から発せられた弾劾証拠に困惑することなく，虚偽を述べる権利であると歪曲することになろう。…この点につい

---

18) *Id.* at 225-226.
19) Miranda v. Arizona, 384 U.S. 436, 476-477 (1966).
20) Harris v. New York, 401 U.S. 222, 230-231 (1971) (Brennan, J., Douglas, J. & Marshall, J., dissenting).
21) *Id.* at 231.
22) Oregon v. Hass, 420 U.S. 714, 715-717 (1975). Hass判決の紹介として，鈴木義男編『アメリカ刑事判例研究第1巻』（成文堂，1982年）135〜141頁〔神坂尚執筆〕，小早川・前掲注14）110〜111頁。

てはHarris判決で既に表明したのであって，当裁判所はこれを変更するつもりはない《省略筆者》[23])」とした。一方で，Hass判決にもBrennan判事による反対意見が付されている。反対意見は，「本決定は，Harris判決以上にMiranda判決の土台を削り取るものである。…今日の決定によれば，被疑者が弁護人を求める旨の供述をした場合には，弁護人の到着前に自白を獲得するために，警察の取調べが激しく高圧的になることは疑いようがない《省略筆者》[24])」として，弾劾例外を認めることを強く批判している。

　合衆国最高裁は，Miranda告知が不完全であるか否かを問わず，自己負罪拒否特権は偽証を許容するものではないとして，当該供述を弾劾証拠として使用することを認めた。ここで，強制された自白であっても，弾劾証拠として使用することができるか否かが問題となる。この点について判示したのが，1979年Portash判決である。被告人Portashは，Manchester郡区の市長等の要職に就いていた。その職務と関連して，職権濫用や恐喝を行った疑いが浮上した。そこで，大陪審は，被告人を召喚して証言を求めた。これに対して，Portashは，自己負罪拒否特権を行使した。その後，検察官と被告人の弁護人は，もし被告人が大陪審の面前で証言したとしても，当該供述やその派生証拠は，New Jersey州法に基づき，偽証や虚偽の宣誓のための訴追を除き，その後の刑事手続において使用しないことに合意した。そこで，Portashは証言し，両当事者は被告人の刑事訴追を避ける方向で協議を行った。しかし，最終的な合意には至らず，Portashは職権濫用等の罪で起訴された。ここでは，大陪審の面前で強制された証言を弾劾証拠として使用し得るかが問題となった[25)]。合衆国最高裁は，次のように述べて，大陪審で強制された証言を弾劾証拠として用いることを禁じた。「立法免責の付与に応じて与えられた証言は，強制された証言の本質である。そのような場合において，身体的あるいは精神的圧力が，被疑者の意思を打ち負かしたか否かは問題にならない。証人は，証

---

23) *Id.* at 723.
24) *Id.* at 726 (Brennan, J. & Marshall, J., dissenting).
25) New Jersey v. Portash, 440 U.S. 450, 451-452 (1979).

言するか，訴追側の強制的な制裁——特に法廷侮辱に対する有罪判決と対峙するかの選択を迫られる。免責の付与に応じて与えられた情報は，無力な被告人から引き出された情報よりも信頼できるであろう。しかし，それは言うまでもなく強制である。修正5条及び修正14条は，自己負罪を強制されない特権を提供する。これは，単に信用性のない自己負罪に対してのみ与えられるものではない。Harris判決及びHass判決では，不当な警察の行為が偽証を防ぐ必要性と衝突したときに，利益衡量が必要であると考えられていた。対照的に，当裁判所は，最も本来的な形式で自己負罪を強制されない憲法上の特権を取り扱っている。したがって，利益衡量は全く必要ない。許容することができないためである[26]｡｣。

　Portash判決は，修正5条に違反して獲得された供述は，いかなる目的であっても使用することができない旨を判示した。そのため，弾劾例外を認めたHarris判決及びHass判決は，Miranda法理に違反して獲得された供述を，修正5条に違反して獲得された供述ではないと理解しているとも解し得る。その場合には，Harris判決は，Miranda法理に違反して獲得された供述を有罪立証のために使用することを禁じるMiranda判決の根拠について，違法捜査の抑止を想定していたと思われる[27]。

⑶　予防法則への格下げ

　Miranda判決は，Miranda告知を欠いた取調べで獲得した供述を「強制されたもの」と解した。しかし，これを「格下げ」する判例が現れる。1974年Tucker判決である。被告人は，強姦事件に関する取調べで，公選弁護人に関する告知を欠いた不完全なMiranda告知を受けた。その後の取調べで，被告人は，当該事件が発生した日の夜，夜遅くまで知人と一緒に居た旨を供述した。警察官が知人に真偽を確認したところ，知人は被告人と一緒に居たことは認めたものの，被告人が早々に帰宅した旨を述べた。知人は，公判廷でも同じ証言を行った。被告人は，同証言やその他の証拠

---

[26]　Id. at 459.
[27]　洲見光男「ミランダ判決の四五年」『三井誠先生古稀祝賀論文集』（有斐閣，2012年）756頁。

に基づいて有罪判決を受けた。

　合衆国最高裁は，本件の争点を次の２点であると整理した。すなわち，(１) 公選弁護人選任権を告知しなかったことが，自己負罪拒否特権を「直接侵害したのか，それとも同特権を保障するための予防法則を侵害したに過ぎないのか」という点と，(２) 当該取調べの結果として獲得された知人の証言を排除しなければならないか（知人の証言が，いわゆる「毒樹の果実」に該当するか）という点である[28]。

　その上で，(１) について，Miranda 判決自体が，Miranda 告知について「憲法によって保護される権利ではなく，自己負罪拒否特権の保障を確保するための手段であることを認識していた[29]」と判示した。換言すれば，Miranda 判決自体が述べていたように[30]，Miranda 告知は「憲法上の拘束具」ではなく，「実務的な補強物」であるということになる[31]。したがって，公選弁護人に関する告知の欠如は，「自己負罪拒否特権を侵害するものではなく，これを保護するために Miranda 判決が示した予防基準を逸脱したに過ぎない[32]」。

　(２) についても，(a) 知人の証言は排除されていないものの，被告人の捜査段階供述は排除されていること，(b) 被告人は捜査段階で弁護人立会いを不要としており，任意に供述していると認められること，(c) 当該取調べは Miranda 判決以前に行われているため，知人の証言を排除しても，捜査官の違法行為に対する抑止効を高めることにはならないこと，(d) 弾劾例外を認めた Harris 判決が指摘するように，Miranda 判決は Miranda 告知を欠いた供述をいかなる場合にも一切排除する趣旨ではないことを挙げ[33]，知人の証言を許容した。

　Tucker 判決によって，Miranda 判決は予防法則へ「格下げ」されるこ

---

28) Michigan v. Tucker, 417 U.S. 433, 439 (1974). Tucker 判決の紹介として，小早川・前掲注14) 127〜131頁。
29) Id. at 444.
30) Miranda v. Arizona, 384 U.S. 436, 467 (1966).
31) Michigan v. Tucker, 417 U.S. 433, 444 (1974).
32) Id. at 445-446.
33) Id. at 448-452.

とになった。そして，このような考え方は，Miranda 判決を縮小する諸判例に大きな影響を与えた。もっとも，Miranda 判決自体も，「当裁判所の決定は，改革への健全な努力を妨げる憲法上の拘束具を創設するものではないし，このような効果を意図するものでもない[34]」とか，「訴追された者に対して黙秘権を告知し，それを行使する機会を常に確保する上で，少なくともこれと同程度に効果的な他の手続が示されない限り，以下の保護手段が遵守されなければならない[35]」とか，「本判決によって要求される告知及び必要な権利放棄は，充分に効果的な代替物がない場合には，被告人によって行われたあらゆる供述の許容性に関する前提条件である[36]」等と述べていた。そのため，Miranda 判決自体が，Miranda 告知は厳格な意味での憲法原理ではないと考えていたとも解し得る。また，後述する1993年 Withrow 判決[37]等は，予防法則を採用しつつも，Miranda 判決の意義を強調している。したがって，予防法則への「格下げ」が，Miranda 法理の軽視であると即断することはできない（この点と関連し，後述する2000年 Dickerson 判決は，Miranda 法理の憲法上の地位を再確認している[38]。）。

(4)　「公共の安全」例外

　弾劾例外の他に，Miranda 法理の例外を認めた判決として，1984年 Quarles 判決がある。Quarles 判決は，公共の安全に対する危険が生じた状況では，警察官の質問に答える必要性が，自己負罪拒否特権を保護するための予防法則に優位すると判示した。

　New York 州で警ら中であった2人組の警察官は，拳銃を持った者に強姦された旨を申告する女性に遭遇した。その女性は，拳銃を持った者がスーパーマーケットへ入っていったと述べた。警察官の1人が無線連絡している間，もう1人の警察官 Kraft はスーパーマーケットへ入り，女性が供

---

[34] Miranda v. Arizona, 384 U.S. 436, 467 (1966).
[35] *Ibid.*
[36] *Id.* at 476.
[37] Withrow v. Williams, 507 U.S. 680 (1993).
[38] Dickerson v. United States, 530 U.S. 428 (2000).

述した者によく似た被告人を発見した。Kraft が追いかけて身体を捜索したところ，被告人は拳銃が入っていないホルスターを所持していたため，Kraft は被告人に手錠をかけ，拳銃の所在について質問した。被告人は，空き箱を示して「拳銃はそこにある」と述べ，その通りに拳銃が発見された。そのため，Kraft は，被告人を正式に逮捕した。逮捕の後，Kraft は Miranda 告知を行い，Florida 州で拳銃を購入した旨の供述を獲得した。New York 州地方裁判所は，「拳銃はそこにある」という被告人の供述について，Miranda 法理に違反して獲得された供述であるとして，証拠から排除した。この判断は，New York 州最高裁においても維持された[39]。しかし，合衆国最高裁は，次のように述べて，当該供述を許容した。

　まず，合衆国最高裁は，Miranda 法理の「予防法則」としての性格を強調した[40]。その上で，本件の争点について，「Miranda 判決以降，自己負罪拒否特権と関連づけて考えられてきた手続的保護手段を被告人に利用させなかったことについて，警察官 Kraft を正当化できるか否か[41]」であると整理した。そして，Miranda 法理の例外として，「公共の安全」が挙げられると述べた[42]。また，「公共の安全」例外の適用に，被疑者を逮捕する警察官の「主観的な動機」如何は影響しないとした[43]。合衆国最高裁は，「公共の安全」例外が認められる理由について，「公共の安全に脅威が生じた場合に，捜査官の質問に対して被疑者が応答する必要性は，修正 5 条の自己負罪拒否特権を保護するための予防法則の必要性に優越する[44]」ためであると説明している。

　Quarles 判決が採用した「公共の安全」例外は，Miranda 違反を緊急性

---

39) New York v. Quarles, 467 U.S. 649, 651-653（1984）. Quarles 判決の紹介として，川端和治「ミランダ・ルールの例外―公衆の安全―」ジュリ 856 号（1986 年）120～123 頁，渥美東洋編『米国刑事判例の動向 I』（中央大学出版部，1989 年）87～98 頁〔香川喜八朗執筆〕，鈴木義男編『アメリカ刑事判例研究第 3 巻』（成文堂，1989 年）84～89 頁〔平澤修執筆〕，小早川・前掲注14）138～143 頁等。
40) Id. at 654.
41) Id. at 654-655.
42) Id. at 655.
43) Id. at 656.
44) Id. at 657.

によって正当化するものであり，現場の警察官の判断に依拠しなければならない。この点について，合衆国最高裁は，現場の警察官が，自己の安全や公共の安全のために必要な質問と，単に被疑者から供述証拠を引き出すことを目的とした質問を区別できることを前提としている[45]。この点は，取調べの意義と関連して後述する Innis 判決の Burger 判事補足意見が指摘したように[46]，Miranda 法理に「新たな不確実要素」を導入したと評価することもできる。実際に，Quarles 判決に付された O'Connor 判事による一部反対・一部同調意見も，「公共の安全」例外は Miranda 法理を「不必要に曖昧にする」と批判している[47]。もっとも，Quarles 判決の事案においても，Miranda 告知を欠いた状態で行われた質問は，「公共の安全」に関するもの（拳銃の隠し場所に関する質問）に限定されていた。購入場所等に関する供述は，逮捕後，Miranda 告知を行った後に獲得したものである。その意味では，Miranda 法理を大きく後退させるものではないともいえそうである[48]。しかし，「公共の安全」例外は，個別判断を要する。そうであれば，「公共の安全」例外の許容は，捜査官や裁判官に明確な基準を提供した Miranda 法理の明確性基準を後退させるものである[49]。

2．Miranda 判決の解釈を巡る諸判例

(1) 身体拘束の意義

　Miranda 判決は，身体拘束下の取調べ（custodial interrogation）の危険性に着目したものである。そこで，「身体拘束」の意義が問題になる。Miranda 判決は，身体拘束下の取調べについて，「当該被疑者が拘束され

---

[45] Id. at 658-659.
[46] Rhode Island v. Innis, 446 U.S. 291, 304 (1980) (Burger, J., concurring).
[47] New York v. Quarles, 467 U.S. 649, 663 (1984) (O'Connor, J., concurring in the judgment in part and dissenting in part).
[48] なお，小早川・前掲注14) 142～143頁，関口・前掲注3) 91頁等を参照。
[49] Steven A. Drizin, *Fifth Amendment—Will the Public Safety Exception Swallow the Miranda Exclusionary Rule?*, 75 J. Crim. L. & Criminology 692, 714 (1984).

るか，他の様々な方法によって行動の自由を剥奪された後に，法執行官によって開始された質問[50]」と定義していた。しかし，この定義は曖昧さを残すものであり，判例の蓄積が待たれた。

身体拘束下の取調べについて，Miranda 判決後に初めて言及したのは，1968年 Mathis 判決である。Mathis 判決は，国税調査官が，別件で州刑務所に服役中であった被告人に対して，Miranda 告知をしないまま課税調査をしたところ，被告人が税還付に関する虚偽申告をした旨を供述したため，この供述を証拠として有罪判決を言い渡した事案に関するものである。合衆国最高裁は，「訴追側は，現に捜査中の事件に関して『身体拘束下』である者の取調べにのみ Miranda 判決が適用されると解することで，Miranda の射程を狭めようとしている。しかし，そのような区別に実体はなく，修正5条の権利に対する意義深い保護を与えることを目的とした Miranda 判決の趣旨に反する。当裁判所は，当該人物が身体拘束されている理由次第で Miranda 告知を縮小するという要求を，Miranda 判決から読み取ることはできない[51]」と述べ，身体拘束の理由となった事実と取調べ対象である事実の間に関連がなくても，Miranda 法理が適用される旨を判示した。なお，Mathis 判決には，White 判事による反対意見が付されている（Harlan 判事及び Stewart 判事同調）。同反対意見は，Miranda 判決が警察署における取調べに内在する強制的な圧力に着目したことを強調した[52]。そして，本件のように，警察署でない場所での取調べには「敵対的で険しい雰囲気」が存在せず，Miranda 判決の射程外であると指摘する[53]。

1969年 Orozco 判決は，「身体拘束下」であるか否かは，客観的な強制の状況の存否ではなく，身体拘束に関する捜査官の認識に基づいて判断する旨を明らかにした。この事案では，捜査官が明け方に被疑者の自宅で取

---

50) Miranda v. Arizona, 384 U.S. 436, 444 (1966).
51) Mathis v. United States, 391 U.S. 1, 4-5 (1968). Mathis 判決の紹介として，小早川・前掲注14）146〜147頁。
52) *Id.* at 7 (White, J., Harlan, J. & Stewart, J., dissenting).
53) *Id.* at 8 (White, J., Harlan, J. & Stewart, J., dissenting).

調べを行った。この取調べに先立って，Miranda 告知が行われることはなかった。この取調べ状況について，捜査官は，「被疑者は逮捕下にあり，自由に退去できなかった」旨を証言していた[54]。合衆国最高裁は，Miranda 判決が「被疑者が拘束されるか，他の様々な方法によって行動の自由を剥奪された」場合に Miranda 告知を要求していたことを挙げ，「Miranda 判決で充分に検討された内容を支持する[55]」として，本件取調べ状況を「身体拘束下の取調べ」であると認めた。なお，Orozco 判決にも，White 判事による反対意見が付されている（Stewart 判事同調）。同反対意見は，Mathis 判決において反対意見を述べた時と同様に，Miranda 判決の「顕著な特徴」として，「警察の支配する雰囲気の下で，外部から隔離された個人の取調べ[56]」を挙げている。そして，法廷意見について，Miranda 判決を拡大するものであると指摘する[57]。同反対意見は，法廷意見について，「街角や被疑者の自宅で取調べを行う場合にも，取調室における取調べと同様の危険が存在するか否か，あるいはその可能性があるか否かという点を完全に無視している[58]」と考えるのである。

　Orozco 判決は，「身体拘束下」であるか否かについて，客観的な事情よりも，捜査官の主観面を重視していた。しかし，このような判断基準は，1976年 Beckwith 判決[59]と1977年 Mathiason 判決[60]において事実上覆されることになる。Beckwith 判決は，Orozco 判決と同様に，被告人の自宅で Miranda 告知を欠いたまま取調べを行った事案である。被告人は，取調べ時点で犯罪捜査の対象となっていたため，このような場合には身体拘束されていない取調べであっても Miranda 法理が適用されると主張し

---

54) Orozco v. Texas, 394 U.S. 324, 325 (1969). Orozco 判決の紹介として，小早川・前掲注14) 147〜149頁。
55) *Id.* at 327.
56) *Id.* at 328 (White, J. & Stewart, J., dissenting).
57) *Id.* at 329 (White, J. & Stewart, J., dissenting).
58) *Ibid.*
59) Beckwith v. United States, 425 U.S. 341 (1976). Beckwith 判決の紹介として，小早川・前掲注14) 149〜150頁。
60) Oregon v. Mathiason, 429 U.S. 492 (1977). Mathiason 判決の紹介として，小早川・前掲注14) 151頁。

た[61]。これに対して、合衆国最高裁は、被告人の主張について、Miranda 法理の根拠を大きく逸脱するものであると指摘した[62]。そして、本件のような事案で Miranda 法理が適用されるためには、「対象者が身体を拘束されている[63]」必要があると判示した。ここでは、主観的な観点ではなく、客観的な観点から「身体拘束下」であるか否かを検討している。加えて、翌年の Mathiason 判決は、警察署内の取調室における取調べであっても、非逮捕状態では「身体拘束下」とは言えない旨を判示した。この事案の被告人は、別件で保釈中に警察の出頭要請に応じて警察署へ赴き、逮捕しない旨の告知を受けた上で窃盗について自白をした。その後、逮捕されることなく帰宅したものの、自白した窃盗の罪について有罪判決を受けることになった[64]。合衆国最高裁は、まず、被告人が自ら警察署に赴き、30分程度の取調べを受けた後、一切の妨害を受けることなく帰宅していることを指摘した。そして、このような事情は、被告人が身体を拘束されていたとは言えず、他の様々な方法によって行動の自由を剥奪されたとも言えないと判示した[65]。さらに、合衆国最高裁は、「警察官は、取調べを行うすべての者に対して Miranda 告知を行う必要はない。また、単に取調べが警察署で行われるとか、取調べを受ける者が警察に疑われているという理由のみで、告知が要求される訳ではない。Miranda 告知は、人々の自由に対して『身体拘束下』という制約が加えられた場合に限って要求される。Miranda 判決が適用されるのは、その文言によれば、ある種の強制的な環境に限定されている[66]」と述べた。

　Beckwith 判決と Mathiason 判決は、「身体拘束」の意義について、「被疑者が逮捕されているか否か」という客観的状況によって判断することを示した。そのため、仮に「強制的な環境」が認められても、被疑者が逮捕

---

61) Beckwith v. United States, 425 U.S. 341, 345 (1976).
62) *Ibid.*
63) *Id.* at 347.
64) なお、Oregon 州最高裁は、本件取調べが「強制的な環境」で行われたと判示していた (*See* State v. Mathiason, 549 P.2d 673, 675 (Oregon 1976))。
65) Oregon v. Mathiason, 429 U.S. 492, 494-495 (1977).
66) *Id.* at 495.

されていなければ「身体拘束下」ではないと解する余地を示していた[67]。
このような傾向は，1983年 Beheler 判決によって決定的なものとなる。被告人 Beheler は，仲間数人と共に，被害者から大麻を盗むことを企てた。しかし，被害者は大麻を手放すことを拒んだため，Beheler の仲間と異母兄弟によって殺害された。Beheler は直ちに警察を呼び，異母兄弟が被害者を殺害したことと，仲間が凶器の拳銃を Beheler の家の庭に隠したことを述べた。そして，Beheler は，庭の捜索に同意した。この捜索によって，Beheler の供述通りに拳銃が発見された。同日夜，警察は，Beheler に対し，逮捕されていない旨を告げて警察署への同行を求めた。これに自発的に応じた Beheler は，警察署において，被害者殺害に関して話をすることに同意した。この時，警察は，Beheler に対して Miranda 告知を行わなかった。取調べは30分と経たずに終わり，地方検事の許可を得て帰路についた。しかし，その 5 日後，Beheler は被害者殺害に関与したとして逮捕された。そして，完全な Miranda 告知を受けた後，任意同行時に供述した内容を改めて述べた。事実審裁判所は，任意同行した際の取調べで Beheler が Miranda 告知を受けなかった点を問題とせず，この時の供述と逮捕後の供述の両方を証拠採用し，Beheler に有罪判決を言い渡した。州控訴審裁判所は，任意同行後の取調べは「Miranda 告知が要求される身体拘束下の取調べであった」として，事実審裁判所の判断を覆した。本件を容れた合衆国最高裁は，「Beheler は身体拘束されていたと言えず，他の様々な方法によって行動の自由を剥奪されたとも言えない。実際に，Beheler の自由はいかなる方法によっても制限されていなかった[68]」と述べた。ここで重視された基準は，「単に『正式な逮捕あるいはそれに付随する程度の自由の制約』が存在するか否か[69]」であったためである。したがって，Beheler が警察署へ任意同行した際の取調べは「身体拘束下」には該当せず，Miranda 告知も必要ではないということになる。

---

[67] George M. Dery III, *The Supposed Strength of Hopelessness: The Supreme Court Further Undermines Miranda in Howes v. Fields*, 40 AM. J. CRIM. L. 69, 73 (2012).
[68] California v. Beheler, 463 U.S. 1121, 1123 (1983).
[69] *Id.* at 1125.

その後,「身体拘束下」であるか否かを判断する要素として,被疑者の主観面が考慮されたことがある。1984年 McCarty 判決である。McCarty 判決は,高速道路を蛇行運転する車両を発見した警察官が,同車両を停止させたところ,薬物とアルコール（もしくはそのいずれか）の使用が疑われたため,これらの使用の有無を尋ねた事案に関するものである[70]。合衆国最高裁は,「身体拘束下」であるか否かの判断基準と関連して,「被疑者の立場にあった合理的な人間が,自分が置かれた状況をどのように理解したか[71]」を挙げた。

　しかし,被疑者の主観面を考慮する McCarty 判決の「reasonable man」基準は,「身体拘束下」であるか否かの判断基準として確立することはなかった。1994年 Stansbury 判決は,以前と同様に,客観的基準を重要視したのである。この事案は,逮捕前の被疑者に対して Miranda 告知をしないまま取調べを行い,その取調べ過程で捜査官が有罪心証を固め,その後逮捕したというものである。ここで,合衆国最高裁は,「身体拘束に関する最初の判断は,取調べの客観的状況に依拠するのであって,捜査官や被疑者が抱いた主観的視点に依拠するのではない[72]」と判示した。また,「個人が身体拘束下であるか否かという問題に,取調べ中の個人が被疑者であるという捜査官の主観的な見方は関係しない[73]」として,かつて Orozco 判決が採った捜査官の主観に基づく判断も改めて否定した。

　もっとも,「身体拘束下」であるか否かの判断要素は,専ら取調べに関する客観的状況（とりわけ,逮捕の有無）に依る訳ではない。たとえば,1995年 Thompson 判決は,Beheler 基準（「正式な逮捕あるいはそれに付随する程度の自由の制約」が認められるか否か）の判断要素として,取調べを取り巻く状況に加え,「合理的な人間が,自ら取調べを打ち切り,退去する自由があると判断するか否か」を挙げている[74]。また,2011年 J.D.B. 判

---

70) Berkemer v. McCarty, 468 U.S. 420, 423-424 (1984).
71) *Id.* at 442.
72) Stansbury v. California, 511 U.S. 318, 323 (1994).
73) *Id.* at 324.
74) Thompson v. Keohane, 516 U.S. 99, 112 (1995).

決は，13歳の少年に対する取調べが「身体拘束下」であるか否かを判断する際に，「捜査官が少年の年齢を把握していた場合や，常識ある捜査官にとって客観的に明らかであった場合に，身体拘束の有無の判断において少年の年齢を考慮することは，基準の客観性と矛盾しない[75]」と判示している[76]。

いずれにしても，Miranda 告知が要求される「身体拘束下」であるか否かの判断は，Beheler 判決が示した「正式な逮捕あるいはそれに付随する程度の自由の制約」という客観的な事情に重きを置きつつ，被疑者の主観面（Thompson 判決）や，時には被疑者の年齢や取調べ経験（J.D.B. 判決）を併せて考慮して行うことになろう。この際に，捜査官がいかなる心証を抱いているか等は，一切考慮されない（Stansbury 判決）。

ところが，近時，「身体拘束下」であるか否かについて，「取調べを取り巻く状況すべて」を検討して判断する旨の判例が示された。それが，2012年 Fields 判決[77]である。本件上告人 Fields は，Michigan 州刑務所に服役中に，刑務所の収容棟から離れた会議室において，服役前に発生した12歳の少年に対する性的暴行について取調べを受けた。捜査官は，取調べに先立って，「戻りたければ，いつでも収容室へ戻って良い」と告げ，取調べ中も同様の内容を繰り返し告げた。しかし，Miranda 告知を行うことはなかった。Fields は，この取調べで，12歳の少年への性的暴行について自白した。州事実審裁判所は，当該自白を証拠採用して有罪判決を下した。この判断は，州控訴審裁判所及び州最高裁において支持された。そこで，

---

75) J.D.B. v. North Carolina, 131 S.Ct. 2394, 2406 (2011).
76) J.D.B. 判決は，2004年の Alvarado 判決を後退させたものであるという指摘もある（Dery III, *supra* note 67, at 78）。Alvarado 判決は，「逮捕されたり取調べを受けたことのない合理的な17歳の少年が，自ら取調べを打ち切って退去する自由を与えられていると判断するか否か」を考慮した原審を否定していた（Yarborough v. Alvarado, 541 U.S. 652, 669 (2004).）。J.D.B. 判決及び Alvarado 判決については，山口直也「脳科学・神経科学と適正手続保障―米国連邦最高裁 J.D.B. v. North Carolina 判決の検討を中心に―」犯科42号（2017年）50頁以下を参照。
77) Howes v. Fields, 132 S.Ct. 1181 (2012). Fields 判決の紹介として，英米刑事法研究会「英米刑事法研究（25）―アメリカ合衆国最高裁判所2011年10月開廷期刑事関連判例概観―」早比47巻1号（2013年）181〜183頁〔小川佳樹執筆〕。

Fields は，連邦地裁に対して人身保護令状による救済を求め，これが受理された。その後，第6巡回区連邦控訴裁は，「本件のように，刑務所の一般的な母集団から隔絶した会議室で，刑務所外の行為について質問を行うことは，『身体拘束下の取調べ』に該当する[78]」と判示して，Fields の主張を認めた。そこで，合衆国側が上告した。これを受理した合衆国最高裁は，次のように述べ，第6巡回区控訴裁の判断を破棄した。

　まず，合衆国最高裁は，以下の3点を指摘した。（1）既に服役中の者は，多くの場合に逮捕に付随するショックを受けることがなく，Miranda 判決が想定している状況——警察署において鋭く険悪な取調べを受けることに起因する強制的な圧力が存在する状況——とは異なること[79]，（2）既に刑期を告げられた受刑者は，迅速な釈放を期待して供述の誘惑に負けるとは考えにくいこと[80]，（3）有罪判決と量刑手続を経験した受刑者は，捜査官が量刑手続に関与する権限を持たないと知っていること[81]である。そして，これらを踏まえれば，「刑務所で服役すること自体は，Miranda 判決が前提とする身体拘束を構成しない[82]」とした。また，「身体拘束下」であるか否かを判断するためには，「取調べを取り巻く状況すべて[83]」を検討しなければならないと判示し，その要素として，取調べ場所，取調べ時間の長さ，当該取調べで獲得した供述内容，身体的抑制の有無，取調べ終了後の解放の有無を挙げた[84]。そして，本件について，取調べ時間が5時間～7時間に及んだことや，捜査官が武装していたこと，言葉遣いが乱暴であったこと等は，「身体拘束下」であることを認める事情足り得るとしつつ，捜査官が「いつでも収容室へ戻って良い」と告げたことや，身体的抑制がなかったこと等は，これらを相殺するとした[85]。

---

78) Fields v. Howes, 617 F.3d 813, 820 (6th Cir. 2010).
79) Howes v. Fields, 132 S.Ct. 1181, 1190 (2012).
80) *Id*. at 1191.
81) *Ibid*.
82) *Ibid*.
83) *Id*. at 1189.
84) *Ibid*.
85) *Id*. at 1193.

合衆国最高裁は，以上のように「取調べを取り巻く状況すべて」を検討し，本件取調べを Miranda 法理の適用外であると結論づけた。

合衆国最高裁は，「身体拘束」であるか否かの判断基準を，主観的基準から客観的基準へ，客観的基準から総合的基準へと転換してきた。この背景として，Miranda 判決を潜脱しようとする実務慣行を指摘することができるかもしれない。すなわち，Beheler 判決のように，「身体拘束下」であるか否かを客観的基準（端的に言えば，逮捕の有無）によって判断するならば，捜査官が被疑者に対して逮捕していない旨を告げておけば，その後の取調べで獲得した供述は，Miranda 告知を欠いていても許容されることになる。Weisselberg によれば，California 州警察では，このような「Beheler 告知」が勧奨されているという[86]。合衆国最高裁による判断基準の変遷は，Beheler 告知にみられる Miranda 法理の回避を察知し，これを抑制しようとしたものと理解することもできる。いずれにせよ，「身体拘束」の意義に関する基準の明白性は，後退する傾向にあるといえる[87]。

(2) 取調べの意義

Miranda 告知が要求される場面は，「身体拘束下の取調べ」である。したがって，「身体拘束」の意義のみならず，「取調べ」の意義も重要となる。Miranda 判決は，「取調べ」について，「法執行官によって開始された質問[88]」と定義していた。しかし，被疑者が供述するきっかけは，このような意味での「取調べ」に留まらない。そこで，「取調べ」の意義について参考になるのが，1980年 Innis 判決である。Innis 判決は，Miranda 判決がいう「取調べ」を詳細に定義づけたものである。この事案の概要は，次の通りである。被告人は，Rhode Island 州で強盗殺人等の犯人として

---

[86] Charles D. Weisselberg, *Mourning Miranda*, 96 CALIF. L. REV. 1519, 1541-1542 (2008). なお，堀田周吾「ミランダ・ルールと任意性テスト（2）」首法54巻2号（2014年）118〜119頁を参照。

[87] Dery III, *supra* note 67, at 89.

[88] Miranda v. Arizona, 384 U.S. 436, 444 (1966).

手配され,警ら中の巡査によって逮捕された。この時,被告人は,犯行に用いた拳銃を所持していなかった。巡査は,逮捕に際してMiranda告知を行い,応援の警察官が到着するまで被告人をパトカーの中に留め置いた。この間,被告人がタバコを要求し,これに応答する以外に,巡査と被告人の間に会話はなかった。その後,巡査部長が現場に到着し,被告人に対して2度目のMiranda告知が行われた。さらに,その直後,警部が現場に到着し,3度目のMiranda告知が行われた。自身の権利を理解した被告人は,弁護人と面会したい旨を述べた。そこで,警部は,被告人を押送車に乗せ,警察署に押送するよう指示を出した。また,警部は,同行する巡査に対し,質問や威嚇又はいかなる強制も行わないよう指示した。押送中の車内で,巡査等は,発見されていない拳銃について警察官同士で会話を交わした。会話の内容は,近所にある養護学校の児童が拳銃を発見し,負傷することを懸念するものであった。この会話を聞いた被告人は,警察官の会話を自ら遮り,拳銃の隠し場所を供述した。そのため,被告人を乗せた車両は,逮捕現場へ戻った。現場では,その場に残っていた警部によって4度目のMiranda告知が行われた。被告人は,自身の権利を理解しているとした上で,子供が負傷することは避けたいとして,拳銃の隠し場所を指し示した[89]。

　ここでの争点は,本件において,Miranda告知が要求される「取調べ」があったと認められるか否かである。合衆国最高裁は,「取調べ」の意義について,次のように詳述した。「Mirandaの保護手段は,身体拘束下にある者が明示的な質問あるいは機能的にこのような質問に相当するものにさらされた場合には,常に作用する。すなわち,Miranda判決がいう『取調べ』とは,明示的な質問のみならず,被疑者から自己負罪的な反応を合理的に引き出し得ることを警察官が知っているべき何らかの言動をいう（逮捕や身体拘束に一般に付随する言葉や行動を除く）。この定義の後半部分は,警察官の意図よりも,被疑者の受け取り方に関する捜査官の認識可

---

[89] Rhode Island v. Innis, 446 U.S. 291, 293-296 (1980). Innis判決の紹介として,小早川義則「Rhode Island v. Innis, 446 U.S. 291, 100 S.Ct. 1682 (1980)」米法1983年1号 (1983年) 174〜181頁,渥美・前掲注39) 18〜35頁〔香川喜八朗執筆〕。

能性に焦点を当てたものである。この焦点は，Mirandaの保護が，警察官の主観を客観的に立証することなく，身体拘束中の被疑者を強制的な警察実務から保護する手段を与えることを目的としていたという事実を反映している[90]」と。そして，本件において，（1）「明示的な質問」がないこと，（2）警察官の会話が，被疑者から自己負罪的な反応を引き出し得ることを知っていたとは言えないことを挙げ，被告人は「取り調べられていない」と結論づけた[91]。

Innis判決には，Burger判事による同調意見が付されている。ここでは，「Mirandaを覆したり，非難するつもりはない。しかし，拡張するつもりもない[92]」として，法廷意見がMiranda判決の射程内であって，矛盾するものではない旨を示した。一方で，法廷意見が「取調べ」の定義と関連して，被疑者から自己負罪的な反応を引き出し得ることを警察官が知っていたか否かという基準を設けたことについて，Miranda法理に「新たな不確実要素」を導入したと評した[93]。すなわち，法廷意見を前提とすれば，「警察官は，短時間のうちに，被疑者の被暗示性と感受性を評価しなければならない[94]」のである。

合衆国最高裁は，これまでも，「警察署における身体拘束状態での取調べ」以外にもMiranda法理を適用してきた。他方で，既に確認したように，これらは「身体拘束下」の意義と関連するものであった。これに対して，Innis判決は，「取調べ」の意義を示す文脈で，取調室以外の場所であってもMiranda法理が適用され得ることを示唆した。

(3) Miranda権利の行使と取調べ中止効
　(a) Miranda権利の行使による取調べ中止効
　Miranda判決は，被疑者が黙秘権の行使や弁護人立会いを求める意思

---

[90] *Id.* at 300-301.
[91] *Id.* at 302.
[92] *Id.* at 304（Burger, J., concurring）.
[93] *Ibid.*
[94] *Ibid.*

を示した場合に，取調べを中断しなければならないことを要求した。そこで，被疑者が黙秘権を行使する意思を示し，取調べが中止された後に，再び被疑者を取り調べることができるか否かが問題となる。この点について初めて判示したのが，1975年 Mosley 判決である。事案の概要は，次の通りである。

　被告人 Mosley は，強盗の被疑者として逮捕された。逮捕した警察官 Cowie は，Mosley に対して Miranda 告知を行った後，強盗事件について質問を開始した（以下，便宜上「第1取調べ」と称する。）。これに対して，Mosley は強盗に関する一切の供述をしたくない旨を述べたため，Cowie は第1取調べを直ちに中断した。その後，Mosley は，捜査官 Hill によって別のフロアへと移動させられ，本件強盗事件とは無関係の殺人事件について取調べを受けた（以下，便宜上「第2取調べ」と称する。）。第2取調べに先立ち，Hill は慎重に Miranda 告知を行った。Mosley は，当初は殺人事件への関与を否認していた。しかし，共犯者とされる Smith が Mosley の名前を挙げ，実行犯として名指ししていることを聞き，殺人に関与した旨を供述した。

　合衆国最高裁は，Miranda 判決が要求する取調べ中止効は解釈の余地があると指摘した。すなわち，Miranda 判決の文言は，（1）権利行使後の取調べを一切禁止する趣旨であるとも，（2）権利行使後に被疑者が任意に行った供述であっても「強制の産物」に該当するとして証拠から排除する趣旨であるとも，（3）「一時的な猶予」の後であれば取調べを再開することを許す趣旨であるとも解することができるという[95]。そして，合衆国最高裁は，「合理的で忠実な解釈」として，被疑者の「取調べを中断させる権利」が「誠実に尊重された」か否かという基準を挙げた[96]。なお，法廷意見は，黙秘権を行使することに伴う「取調べ中止効」と，弁護人を要求することに伴う「取調べ中止効」を区別している。したがって，本件のように，黙秘権行使に伴って取調べが中断された場合には，取調べ

---

95) Michigan v. Mosley, 423 U.S. 96, 102 (1975). Mosley 判決の紹介として，鈴木・前掲注22）123〜128頁〔高橋則夫執筆〕。
96) Id. at 103-104.

再開に際して弁護人立会いを必要とせず,「取調べを中断させる権利」が「誠実に尊重された」と認められれば,取調べ再開は許容されると理解している[97]。合衆国最高裁は,これらを踏まえて本件を検討し,本件では「取調べを中断させる権利」が「充分に尊重されていた」と判示した。また,この際の考慮要素として,(1)第1取調べにおいて,捜査官による説得の存在を窺い知ることができないこと,(2)第1取調べが中断してから第2取調べが開始されるまで2時間以上経過していること,(3)第1取調べと第2取調べは別の場所で行われ,別の事件に関するものであったこと,(4)第2取調べに先立って充分なMiranda告知が行われたこと等を挙げた[98]。そして,これらを理由に,本件は「身体拘束下にある被疑者の取調べ中止効に関する決定を警察官が尊重しなかった事案であるとは言えない[99]」と結論づけた。

　Mosley判決は,黙秘権行使による取調べ中断後に,取調べ再開が許容される要件を判示したものである。ここでは,第1取調べと第2取調べの時間的・場所的接着性や,取調べ内容の関連性,被疑者の「中断権」行使に対する捜査官の尊重等が考慮された。もっとも,このような判断枠組みは,被告人が弁護人立会いを要求しなかったために採られたものである。そのため,Mosley判決は,弁護人立会いの要求に伴う取調べ中断後,取調べを再開することの可否や要件について,何ら明示していなかった。この点について判示したのが,1981年Edwards判決である。

　Edwards判決の事案の概要は,次の通りである。強盗や殺人等の罪で逮捕された被告人Edwardsは,警察署でMiranda告知を受けた。Edwardsは,自己の権利を理解した旨を述べ,取調べに応じる意思を示した。取調べにおいて,Edwardsは,既に身体拘束下にある他の被疑者がEdwardsの関与を認めている旨を聞き,自己の関与を否定した。そして,「取引をしよう」と持ちかけた。これに対して,取調官は,「供述は欲しいが,自分には取引をする権限がない」旨を被疑者に告げた。そして,取調

---

97) *Id.* at 104, Fn.10.
98) *Id.* at 106.
99) *Id.* at 105-106.

官は，検察官の電話番号を Edwards に教えた。そこで，Edwards は検察官に電話をかけ，数秒後に電話を切り，「取引をする前に弁護士と会いたい」と述べた。これにより取調べは打ち切られ，Edwards は郡拘置所へと押送された。しかし，翌朝，別の同僚警察官 2 名が Edwards を取り調べるために郡拘置所を訪れた。留置担当官は，Edwards に対して，刑事が取調べに応じて欲しいと思っているであろう旨を告げた。しかし，Edwards は，誰とも喋りたくないと応答した。これに対して，捜査官と通じていた留置担当官は，「喋らなければならない」から捜査官に会わせると言い，Miranda 告知を行った。Edwards は，まず，共犯者供述を録音したテープを聴きたいと伝え，数分間テープを聴いた後に，録音しなければ供述しても良いと述べた。捜査官は，録音しなくても我々が法廷で証言することになるため，録音は大して重要ではないと告げた。これに対して，Edwards は，「あなたが知りたいことは何でも話そう。ただ，それを録音されたくない」と述べ，犯罪への関与を示した。

　本件の争点は，被疑者が取調べに際して弁護人を求めた後に，取調べを再開し得るか否かである。合衆国最高裁は，概要以下のように述べて，被疑者が取調べにおいて弁護人を求めた場合には，弁護人が「利用可能になるまで（available）」取調べを行ってはならない旨を明らかにした。

　まず，Miranda 判決が示した権利放棄の判断基準は，「任意になされたものでなければならないのみならず，告知された権利ないし特権を充分に理解し，これを理性的に放棄した[100]」といえるか否かであるとした。次に，「被疑者が身体拘束下で取調べを受ける際に弁護人立会権を行使した場合には，その後に警察が再開させた取調べに被疑者が応じたことを立証するのみでは，たとえ被疑者が諸権利の告知を受けていたとしても，弁護人立会権の有効な放棄が立証されたことにはならない[101]」とした。そのため，「弁護人を介してのみ警察と取引をしたい旨を示した Edwards の

---

100) Edwards, v. Arizona, 451 U.S. 477, 482 (1981). Edwards 判決の紹介として，鈴木義男編『アメリカ刑事判例研究第 2 巻』（成文堂，1986年）63〜68頁〔平澤修執筆〕，渥美・前掲注39）35〜45頁〔香川喜八朗執筆〕。
101) Id. at 484.

ような被疑者は，自ら警察とコミュニケーションややり取り，会話を開始しない限り，弁護人が被疑者にとって利用可能になるまで，当局による更なる取調べを受けることはない[102]」。また，法廷意見は，Mosley 判決が採った論理を再確認し，これに「実質」を与えるために，「身体拘束中の被疑者が弁護人依頼権を明確に主張した場合に，被疑者を再び取り調べることは，Miranda 判決及び関連判例と矛盾することを強調する[103]」とした。

　他方で，法廷意見は，「Edwards は自己の選択を撤回する権利を有しないとか，当局は Edwards が弁護人と接触する前に獲得したいかなる負罪的供述も使用できないと判示する訳ではない。Edwards が郡拘置所における面会を自ら開始したのであれば，Edwards が任意に行った供述を警察が単に聞き，当該供述を公判廷で不利益証拠として用いることは，修正5条及び修正14条が禁止するところではない[104]」とも述べている。したがって，身体拘束中の被疑者が，取調べに際して弁護人依頼権を行使した場合であっても，被疑者が自ら取調べに応じたり，供述をした場合には，「取調べ中断権」を侵害したことにはならない。

　Edwards 判決は，被疑者が弁護人依頼権を行使した場合，弁護人が「利用可能になるまで」取調べを行ってはならない旨を判示した。しかし，Edwards 判決は，いかなる状態を「利用可能」と評するか，具体的に示していない。この点について明確に判示したのが，1990年 Minnick 判決である。

　被告人 Minnick は，共犯者 Dyess と共に Mississippi 州の郡拘置所から脱走し，トレーラーへ侵入した。ここで武器を探していたところ，所有者 Thomas 等が帰宅したため，2人は Thomas 等を殺害した。その後，2人は，Thomas が所有するトラックで逃走した。しかし，道中で仲違いし，Minnick のみが California 州へと移動した。この事件の約4ヵ月後である1986年8月22日金曜日，Minnick は，Mississippi 州で発付された令状に

---

[102] *Id.* at 484-485.
[103] *Id.* at 485.
[104] *Id.* at 485-486.

基づき，California 州で逮捕された。逮捕翌日である8月23日土曜日，2人の FBI 捜査官が拘置所を訪れ，Minnick を取り調べた。この時，FBI 捜査官は，Miranda 告知を行った上で Minnick を取り調べた。なお，Minnick は，権利放棄書への書名を拒んだ。Minnick は，拘置所からの脱獄や逃走，共犯者 Dyess から受けた脅迫等については供述したものの，トレーラーの中で起こった出来事については「自分の命か彼らの命か，どちらかがかかっていたんだ」と泣きながら供述するのみであり，それ以外に供述することを躊躇した。そこで，捜査官は，弁護人が立ち会わなければ供述したくないのであれば，供述しなくても良い旨を改めて告げた。これを聞いた Minnick は，「弁護人がいる月曜日にもう一度来てくれ」と告げ，取調べは打ち切られた。その後，Minnick は，弁護人と2～3回話をしたとされている。但し，Minnick 自身が弁護人と対面して接見を行ったか否かは，記録上明らかではない。

　8月25日月曜日，Mississippi 州 Clarke 郡の副保安官 Denham が拘置所を訪れ，Minnick を取り調べた。Minnick は，看守から「Denham へ話さなければならない」し「拒否することはできない」と言われた旨を証言している。Denham は，Minnick に権利告知を行った。この時も，Minnick は権利放棄書への書名を拒んだ。この取調べで，Minnick は，トレーラーの中で起こった出来事について供述を始めた。Minnick によると，共犯者 Dyess が2人の被害者のうちの1人を射殺した後，Minnick に拳銃を突きつけながら別の拳銃を手渡し，もう1人を射殺するように命じたという。事実審裁判所は，郡副保安官 Denham に対する供述以外の供述を排除した上で，Minnick に死刑判決を言い渡した。これに対して，Minnick は，修正5条及び修正6条の弁護人依頼権侵害を主張して上訴した。Mississippi 州最高裁は，まず，Edwards 判決が示した「弁護人が利用可能であったか否か」という基準を用いて，本件においては弁護人が「利用可能」な状態であったとして，修正5条の弁護人依頼権侵害を否定した。また，Denham から受けた取調べにおいて，Minnick は修正6条の弁護人依頼権を放棄していたとして，修正6条の弁護人依頼権侵害も否定した[105]。

　裁量上訴を容れた合衆国最高裁は，本件の争点について，「被疑者が弁

護人とひとたび接見した場合に，Edwards 判決の保護が停止するか否か[106]」であると整理した。次に，争点を判断する前提として，Edwards 判決について，「既に行使した Miranda 権利を放棄するように，警察が被告人を説得することを防ぐことを目的とするもの[107]」であると確認した。また，Edwards 判決のメリットは，その命令の明確性と適用の確実性にあるとした[108]。加えて，Edwards 判決やその後の判例[109]が「取調べへの弁護人立会い」を強調していることを挙げ，これは Miranda 判決に由来するものであることを確認した[110]。そして，「Edwards 判決及びその後の判例を公正に読めば，これらの判例は，取調べの時点で弁護人が同席していない限り，警察が開始する取調べは禁止されると解してきた…。…弁護人の依頼があったときは取調べを中止しなければならず，被疑者が弁護人と相談したか否かに関わらず，捜査官は弁護人の立会いなくして取調べを再開することができない《省略筆者》[111]」と判示した。

Minnick 判決は，Edwards 判決の趣旨を確認しつつ，Miranda 判決が指摘した「身体拘束中の取調べが有する，供述を強要するような内在的に強制的な圧力[112]」を改めて危惧するものであった。合衆国最高裁は，次のように述べているのである。「弁護人と行った1度の相談によって，捜査官が被疑者に対して行う権利放棄に関する執拗な説得がなくなる訳では

---

105) Minnick v. Mississippi, 498 U.S. 146, 148-149 (1990). Minnick 判決の紹介として，堀田牧太郎「ミランダ法則再生の動向―『ミニック対ミシシッピ州事件』判決―」法時64巻1号（1992年）72～76頁。
106) *Id.* at 147.
107) *Ibid.*
108) *Id.* at 151.
109) *See* Fare v. Michael C., 442 U.S. 707, 719 (1979); Oregon v. Bradshaw, 462 U.S. 1039, 1043 (1983). Fare 判決は，「弁護人の立会いによって，訴追側が作出した雰囲気の中で行われた被疑者の供述が『強制の産物』ではないと保証されるであろう」と判示した。また，Bradshaw 判決は，「Edwards 判決に基づく弁護人立会いを欠いたまま獲得された自己負罪供述は，修正5条及び修正14条によって被告人に保障されている権利に違反する」と判示した。*See also*, Shea v. Louisiana, 470 U.S. 51, 52 (1985); Patterson v. Illinois, 487 U.S. 285, 291 (1988).
110) Minnick v. Mississippi, 498 U.S. 146, 152 (1990).
111) *Id.* at 153.
112) *See* Miranda v. Arizona, 384 U.S. 436, 467 (1966).

ない。また，身体拘束に付随し，身体拘束が長期化するにつれて増大し得る強制的圧力がなくなる訳でもない[113]」と。したがって，「被疑者が捜査当局との会話や話し合いを自ら始めた場合[114]」は格別，被疑者が弁護人の立会いを要求した後は，弁護人の立会い無くして取調べを再開することはできないということになる。

(b) 権利放棄に関する判断基準

Miranda 告知を受けた被疑者が，自己の権利を放棄したとされる場合，権利放棄の有無及び権利放棄の有効性をどのように判断するかが問題となる。この点について，1979年 Butler 判決は，権利放棄の「任意性」は「事情の総合」によって決する旨を判示した。誘拐や強盗で逮捕された被告人は，供述する意思を示しつつ，権利放棄書へ署名しない旨を述べ，自白した。なお，被告人は，弁護人依頼権については，行使する旨を一切明示しなかった。合衆国最高裁は，「黙秘権又は弁護人依頼権に関する明示的な書面又は口頭による放棄があれば，放棄の有効性に関する強力な証拠になるものの，権利放棄を立証する上で必ずしも必要ないし充分なものではない。問題は，形式的なことではなく，被告人が実際に Miranda 判決で描写された権利を充分に理解し，任意に放棄したか否かである。Miranda 判決で明確に指摘されたように，単なる沈黙では不十分である。しかし，このことは，権利への理解や権利放棄を示す一連の行為を被告人の沈黙と結びつけて，被告人が権利放棄を行ったとする結論を絶対に支持できないとするものではない[115]」とした。その上で，権利放棄の有効性について，「被疑者の経歴や経験，行動を含む，個別的事実や事件を取り巻く状況に基づいて判断されなければならない[116]」と判示した。後述するように，Butler 判決が「黙示の権利放棄」を認め，これを「事情の総合」によって判断し得ると判示したことは，その後の判例に大きな影響を及ぼすことになる。

---

113) Minnick v. Mississippi, 498 U.S. 146, 153 (1990).
114) *Id.* at 156.
115) North Carolina v. Butler, 441 U.S. 369, 373 (1979).
116) *Id.* at 374-375.

ところで，Miranda 判決を嚆矢とする一連の Miranda 法理の影響は大きなものではなく，「『自白の任意性』から『権利放棄の任意性』へと少し前の段階に問題が移っただけ」であると指摘されることがある[117]。すなわち，Miranda 判決は，自白が強制されたという主張や，任意性を欠くものであるという主張を自白から隔離する役目を果たしたと説明されたり[118]，被疑者が権利を放棄すると，自白の許容性判断の際に任意性が厳格に精査されなくなることを Miranda 法理が儀式的に認めてきたと説明されるのである[119]。これは，Miranda 判決自身が権利放棄を認めており，Butler 判決が「権利放棄の任意性」について「自白の任意性」の判断基準である「事情の総合説」を用いたためであろう。Miranda 判決の時点では，有効な権利放棄が問題となっていた[120]。しかし，その後，権利を行使したか否かが曖昧な場合が問題となった。このような場合，捜査機関の立場から言えば，被疑者が権利行使に関して曖昧な供述や不明確な供述をしたとき，そのまま取調べを継続することができるか否かが不明確である。また，被告人の立場から言えば，どの程度の意思表示を行えば，権利行使を行ったことになるかが不明確である。この点について明らかにしたのが，1994年 Davis 判決[121]である。Davis 判決の事案では，被告人が弁護人依頼権を行使したか否かが曖昧であった。そこで，身体拘束中の被疑者が取調べ中に弁護人依頼権を行使した場合に，実際に弁護人が立ち会う

---

117) *See e.g.*, Note, *The Supreme Court, 1965 Term—Privilege Applies to Custodial Interrogation*, 80 HARV. L. REV. 201, 205 (1966).

118) Louis Michael Seidman, *Brown and Miranda*, 80 CALIF. L. REV. 673, 744-745 (1992).

119) George C. Thomas Ⅲ, *The End of the Road for Miranda v. Arizona?: On the History and Future of Rules for Police Interrogation*, 37 AM. CRIM. L. REV. 1, 18 (2000). *See also*, Richard A. Leo, *From Coercion to Deception: The Changing Nature of Police Interrogation in America*, 18 CRIME, L. & SOC. CHANGE 35, 44 (1992); Alfredo Garcia, *Is Miranda Dead, Was It Overruled, or Is It Irrelevant?*, 10 ST. THOMAS L. REV. 461, 488 (1998).

120) *See* Miranda v. Arizona, 384 U.S. 436, 475-476 (1966).

121) Davis v. United States, 512 U.S. 452 (1994). Davis 判決の紹介として，加藤みちる「アメリカ刑事法の調査研究（62）—Davis v. United States, 62 U.S.L.W 4587 (U.S., June 24, 1994) —」比雑28巻3号（1994年）161～171頁。

まで取調べを再開できないと宣言した Edwards 法理が，このような場合にも適用されるか否かが問われたのである。

　本件で，アメリカ海軍の軍人であった被告人は，Charleston 海軍基地内のクラブで発生した殺人事件の被疑者として，海軍犯罪捜査局の取調べを受けた。被告人は，Miranda 告知を受けた後に権利放棄し，権利放棄書に署名をした上で取調べを受けた。しかし，取調べ開始から1時間半が経過した頃，「おそらく私は弁護人と相談すべきである（Maybe I should talk to a lawyer）」と述べた。そこで，捜査官が改めて尋ねたところ，被告人は弁護人について不要である旨を述べた。その後，小休憩を挟み，再び取調べを行っていたところ，取調べ再開から約1時間後，被告人が「これ以上話す前に弁護人と会いたい（I think I want a lawyer before I say anything else）」と述べた。この時点で，取調べは中止された。一般軍法会議は，被告人が取調べ中に弁護人に言及したことについて，弁護人を要求する趣旨の発言ではなかったとして，当該取調べで獲得された供述を許容し，有罪判決を言い渡した。この判断は，一般軍法会議の上訴審である連邦軍事上訴裁判所でも維持された。

　被疑者が弁護人依頼権を行使したか否かが曖昧である場合について，これまで合衆国最高裁が判断を下したことはなかった。そのため，裁量上訴を容れた合衆国最高裁は，次のように述べて，弁護人依頼権の行使に明確性を要求した。

　「弁護人依頼権に関する説明を受けた上で，充分に理解し任意に権利放棄した被疑者は，弁護人の援助なくして警察と対峙する意思を示したといえる。Edwards 判決は，被疑者が事後的に弁護人を要求した場合には，取調べは中止されなければならないという追加的保護を与えている。しかし，これは，被疑者によって確実に行使されなければならない。被疑者がどのように弁護人依頼権を行使しなければならないかを考える際には，当裁判所は Miranda 方程式の反対側を考慮しなければならない。すなわち，効果的な法執行の必要性である。裁判所は，排除法則を通じて Miranda 法理の遵守を確保する。他方で，実際に被疑者を取り調べることができるか否かを決定しなければならないのは捜査官である。被疑者が弁護人を求

めた場合に取調べを中断しなければならないというEdwards法理は，不当に情報収集を妨げることなく，現実に捜査や取調べを行う捜査官が適用し得る明白な基準を提供する。しかし，仮に当裁判所が，被疑者が弁護人を要求しているとも解し得る供述を行った場合にも取調べを中断するよう要求したとすれば，Edwards法理の明確性及び適用の容易性は失われる。この場合，警察官は，被疑者が弁護人を要求する旨の供述をしていないにも関わらず，実際には弁護人を欲しているかもしれないという点について，難しい判断を余儀なくされる。これは，仮に判断を誤った場合には，当該供述が排除されるという脅威を伴うものである。したがって，当裁判所は，以下のように判示する。すなわち，被疑者がMiranda権利を充分に理解し任意に放棄した場合は，被疑者が明確に弁護人を要求しない限り，法執行官は取調べを続けることができる。もちろん，被疑者が不明瞭な供述や両義的な供述を行った場合に，捜査官が被疑者に対して弁護人を求めるか否かを確認することは，望ましい警察実務であろう。これは，本件において海軍犯罪捜査局の捜査官が行った手続である。弁護人を要求するか否かに関する明確な質問は，被疑者が弁護人を欲している場合に，その実現を確実にするという意味で，被疑者の権利の保護に資する。また，弁護人に関する被疑者の供述の意味に関して，事後的な裁判所の後知恵によって当該自白が排除されるおそれを最小化するであろう。しかし，当裁判所は，捜査官に対して明確な質問を要求するルールを採用しない。被疑者の供述が明瞭あるいは明白な弁護人の要求ではない場合には，捜査官は取調べを中止する義務を負わない[122]」。

　Davis判決によれば，弁護人依頼権の行使に関して被疑者が不明瞭な発言をした場合には，捜査官は取調べを中止する必要はない。この意味で，Davis判決は，捜査官に対して「明白な基準」を示したとされている[123]。他方で，被疑者の弁護人依頼権保障という観点からみると，Davis判決は，Miranda判決やEdwards判決，Minnick判決の趣旨を弱体化させたと指

---

[122] Davis v. United States, 512 U.S. 452, 460-462 (1994).
[123] Wayne D. Holly, *Ambiguous Invocations of the Right to Remain Silent: A Post-Davis Analysis and Proposal*, 29 SETON HALL L. REV. 558, 572 (1998).

摘されている[124,125]。合衆国最高裁は，弁護人依頼権の行使に関して，Miranda 判決において「被疑者は取調べ前に弁護人を要求する必要はない。そのような要求は，被疑者の弁護人依頼権を積極的に保障することになる。しかし，弁護人を要求しなかったことが放棄を意味することにはならない[126]」と判示していたためである。しかし，合衆国最高裁は，近時，Davis 判決の趣旨を黙秘権行使にも適用する旨を判示した。それが，2010年 Thompkins 判決である。Thompkins 判決では，Miranda 告知後の権利行使の有無及び放棄の有無が争われた。事案の概要は，次の通りである。

被上告人 Thompkins は，Michigan 州で発生した殺人事件等の被疑者として，事件から1年後に Ohio 州で逮捕された。Michigan 州に押送された後，Thompkins は取調べを受けた。この取調べに先立って，捜査官 Helgert は，Miranda 告知の内容が記載された書面を提示した。そして，Thompkins の英語の理解力を確かめるために，一部を朗読させ，残りの部分を自ら読み上げた。その後，権利放棄書への署名を求めたところ，Thompkins はこれを拒否した。取調べの最中，Thompkins は，黙秘したい旨や，弁護人に会いたい旨を述べることはなかった。しかし，Thompkins はほぼ沈黙していた。取調べ開始から約2時間45分後，捜査官 Helgert が「あなたは神を信じますか？」と尋ねたところ，Thompkins は涙を浮かべて「はい」と答えた。続けて，Helgert が「神に祈りますか？（Do you pray to God?）」と尋ねたところ，Thompkins は「はい」と答えた。そこで，Helgert は，「被害者を撃ったことについて，神に許し

---

124) Yale Kamisar, *The Rise, Decline, and Fall（?）of Miranda*, 87 WASH. L. REV. 965, 996（2012）.

125) Kamisar による指摘の背景には，明確かつ断定的に自己の意思を表現できる者が少ないことに対する危惧が存在する。Kamisar が引用している Ainsworth によれば，女性や少数人種，少数民族の者は，断定的で強い表現方法を避ける傾向があるという（*See* Janet E. Ainsworth, *In a Different Register: The Pragmatics of Powerlessness in Police Interrogation*, 103 YALE L. J. 259（1993））。また，同じく Strauss によれば，5人の被疑者のうち1人しか弁護人の要求を明確に行っていないという（*See* Marcy Strauss, *Understanding Davis v. United States*, 40 LOY. L.A.L. REV. 1011, 1047, 1055（2007））。

126) Miranda v. Arizona, 384 U.S. 436, 470（1966）.

を請いますか？（Do you pray to God to forgive you for shooting that boy down?）」と尋ねた。Thompkins は「はい」と供述し，目を背けた。Thompkins は調書への署名を拒否し，それから15分後に取調べは終了した。

　その後，Thompkins は，第１級謀殺等の罪で起訴された。事実審において，Thompkins は，上記取調べにおいて黙秘権を行使しており，権利放棄していなかったこと，自己負罪的供述は排除されるべきであることを主張した。しかし，事実審裁判所はこの主張を退けた。その結果，Thompkins は陪審によって有罪とされ，仮釈放のない終身刑を言い渡された。Thompkins は上訴したものの，州控訴審も事実審裁判所の判断を維持した。これに対して，Thompkins は上告した。しかし，州最高裁は上告を受理しなかった。そこで，Thompkins は，連邦地裁に対して人身保護令状（habeas corpus）による救済を申し立てた。これを受けた連邦地裁は，州控訴審の判断を維持し，Thompkins の申立てを退けた。ところが，第６巡回区連邦控訴裁は，約３時間に亘ってほぼ黙秘したことは，権利放棄をする意思がないという明白かつ明瞭なメッセージであるとして，Thompkins の主張を容れた。本件は，連邦控訴裁の判断に対する州の上告を受けたものである。

　合衆国最高裁は，概要以下のように述べて，連邦控訴裁の判決を破棄し，事件を差し戻した。まず，黙秘権行使の有無を判断する基準について，「これまで，当裁判所は，黙秘権の行使が不明瞭であったり両義的であっても良いか否かについて言及していない。しかし，被疑者が Miranda 判決による黙秘権を行使したか否かを判断する場合と，被疑者が Davis 判決によって議論された弁護人依頼権を行使したか否かを判断する場合で，異なる基準を採用する理由はない。両者はいずれも，これらの権利が行使された時に取調べを中断することを要求することによって，自己負罪を強制されない特権を保護するものである[127]」とした。そして，黙秘権行使に明確性を要求する理由として，「困難な証明を回避し，曖昧さに直面した際に，どのように対処すれば良いかに関して捜査官に指針を与える[128]」ことを挙げた。すなわち，「仮に，曖昧な行為や供述，不作為があった場

合に取調べを終了するよう警察官に要求するとすれば，警察官は被疑者の不明確な意思について困難な決定を行うことを求められ，その判断を誤った場合には証拠排除される」ことになる。これは，「犯罪行為の訴追に関する社会的利益に大きな負担を与える」ものである。したがって，「身体拘束下の取調べに内在する強制を払拭するという Miranda の目的」は，「黙秘権の充分な理解と弁護人の要求」によって充分に果たされるとするのである[129]。次に，合衆国最高裁は，Butler 判決に触れ，権利放棄について言及した。すなわち，Miranda 判決が訴追側に課した権利放棄に関する「重い挙証責任」という文言について，Butler 判決は，あらゆる事情から暗黙の権利放棄を認め得ると解釈したと指摘した。また，Connelly 判決において，「重い挙証責任」は「証拠の優越」によって放棄を立証する以上のものではないと判示したことを取り上げた[130]。その上で，(1) 訴追側は，Miranda 権利の放棄が明示的になされたことを証明する必要はないこと，(2) 黙秘権の「暗黙の放棄」があれば，当該自白を証拠として許容する上で充分であること，(3) Butler 判決は，Miranda 権利の黙示的な放棄について，権利への理解や「権利放棄を示す一連の行為」を被告人の沈黙と結びつけて判断し得ると示したことを指摘した[131]。そして，これらを本件に当てはめ，(1) Thompkins が権利を理解していたこと，(2) 神への許しを請うかという質問に対する返答は，「権利放棄を示す一連の行為」であったこと，(3) 供述が強制されたと疑うに足りる証拠がないことを挙げ，Thompkins が黙秘権を放棄したと結論づけた[132]。

　Thompkins 判決は，Davis 判決の趣旨を押し拡げ，黙秘権行使にも明

---

127) Berghuis v. Thompkins, 560 U.S. 370, 381 (2010). Thompkins 判決の紹介として，英米刑事法研究会「英米刑事法研究 (19) ―アメリカ合衆国最高裁判所2009年10月開廷期刑事関係判例概観 (上) ―」早比45巻1号 (2011年) 162〜164頁〔小川佳樹執筆〕，松田正照「黙秘権の行使と権利放棄の推認―Berghuis v. Thompkins, 130 S. Ct. 2250 (2010) ―」早比45巻2号 (2011年) 242〜250頁等。
128) *Ibid.*
129) *Id.* at 382.
130) *Id.* at 383-384. *See* Colorado v. Connelly, 479 U.S. 157, 168 (1986).
131) *Id.* at 384.
132) *Id.* at 385-387.

瞭性を要求した。この点に関して，基準を単純化し，効果的な法執行に対する障害を回避するものであるとして，肯定的に評価する見解もある[133]。しかし，同判決に付されたSotomayor判事による反対意見（Stevens判事，Ginsburg判事，Breyer判事同調）が「およそ信じられない[134]」と指摘するように，法廷意見は大きな矛盾を抱えている。すなわち，黙秘権を行使する際に，その旨を明確に述べることを要求することは，黙秘権の性質上相当ではない[135]。そもそも，Davis判決は，被告人が捜査段階で「おそらく私は弁護人と相談すべきである」という曖昧な供述を行った事案を扱ったものである。それゆえ，合衆国最高裁は，弁護人依頼権行使を曖昧に行ってはならず，明確に行わなければならない旨を判示した。他方で，本件において，Thompkinsは黙秘権について曖昧な供述を行っていない。3時間近い取調べの間，ほとんど黙秘していた被告人が，神の許しを請うかという質問に対して「はい」と応答したのみである。したがって，Davis判決とThompkins判決は事案を異にするものであり，同一に扱ってはならないという批判も向けられている[136]。さらに，Miranda判決が直接に保障しているのは修正5条の黙秘権であり，弁護人依頼権はこれを保護する手段であるという理解から，黙秘権と弁護人依頼権を同等に扱うべきではないという指摘もある[137]。

　本来，被疑者が権利行使したか否かという問題と，その権利を放棄したか否かという問題は，それぞれ異なる。したがって，取調べを受けている

---

[133] Note, *The Supreme Court, 2009 Term—Leading Cases: Fifth Amendment*, 124 HARV. L. REV. 189, 195 (2010).

[134] Berghuis v. Thompkins, 560 U.S. 370, 392 (2010) (Sotomayor, J., Stevens, J., Ginsburg, J., & Breyer, J., dissenting).

[135] *Id.* at 409-410 (Sotomayor, J., Stevens, J., Ginsburg, J., & Breyer, J., dissenting). 興味深いのは，黙秘権の意義やMiranda判決が危惧した身体拘束下の取調べに内在する強制的雰囲気を挙げ，法廷意見に対して強い反対を示したSotomayorが，検察官経験者である点である。

[136] Kit Kinports, *The Supreme Court's Love: Hate Relationship with Miranda*, 101 J. CRIM. L. & CRIMINOLOGY 375, 418 (2011).

[137] Marcy Strauss, *The Sounds of Silence: Reconsidering the Invocation of the Right to Remain Silent under Miranda*, 17 WM. & MARY BILL RTS. J. 773, 816-819 (2009).

被疑者が，自己の権利を放棄せず，同時に行使もしていないという状態は，論理的には想定し得る。しかし，Butler 判決は，黙示の放棄を認める旨を判示した。また，放棄は事情の総合によって「推認」することができるとした。これにより，放棄も行使もしていない状態は観念され得ないものとなり，行使と放棄が表裏一体の関係になった。すなわち，権利行使に明確性を要求することを前提とすれば，明確な権利行使をせずに取調べに応じている被疑者は，当該権利を「放棄した」ことになる。そのため，このような場合には，取調べが継続されることになる[138]。Butler 判決以降，Davis 判決及び Thompkins 判決を通じて示された合衆国最高裁の態度は，権利を行使するか放棄するかに関する意思を表示しないという曖昧な状態を，被疑者に許さないものである。このことこそ，Thompkins 判決が Miranda 法理の「実質的修正[139]」であると称される所以であろう。

3. Miranda 法理の維持――Dickerson 判決を中心に

　Miranda 判決で最も重要なことは，「取調べに内在する強制的雰囲気」を直視したことである。この精神は，Edwards 判決や Minnick 判決等で度々確認されている。たとえば，Minnick 判決は，Edwards 判決について，「被告人が既に権利主張している Miranda 権利を放棄するよう，捜査官が被告人にしつこく求めることを防止することを目的とするものである[140]」と評価している。

　他方で，既に見たように，Miranda 判決は，その法理を否定する立法や例外を認める判例に直面してきた。また，Miranda 判決の文言を解釈によって縮小するような判例もみられた。そのため，Miranda 法理は過

---

138) Berghuis v. Thompkins, 560 U.S. 370, 388（2010）.
139) 浅香吉幹・川岸令和・笹倉宏紀・芹澤英明・松本哲治「座談会　合衆国最高裁判所2009-2010年開廷期重要判例概観」米法2011年2号（2011年）325頁〔笹倉宏紀発言〕。
140) Minnick v. Mississippi, 498 U.S. 146, 150-151（1990）. *See also*, Michigan v. Harvey, 494 U.S. 344, 350（1990）; Smith v. Illinois, 469 U.S. 91, 98（1984）.

去の産物なのではないかという疑問が生じる。この点について，合衆国最高裁は，近時極めて重要な判決を示した。それが，2000年のDickerson判決[141]である。以下では，Dickerson判決の意義を確認する。そして，現在においてもMiranda法理が憲法上の地位を有する取調べ規制原理として健在であることを示す。

(1) Dickerson判決に至る経緯

連邦議会は，Miranda判決の 2 年後に合衆国法典18巻3501条を制定し，Miranda判決以前に採られていた「事情の総合」による任意性判断への回帰を図った。ところで，連邦議会が制定する法律は，憲法に違反してはならず，憲法を解釈・適用した合衆国最高裁判例を変更することも許されない[142]。そのため，Miranda法理を憲法上の法則であると解すれば，同条項は憲法違反ということになる[143]。他方で，Miranda法理は憲法上の法則ではないと解すれば，同条項は憲法とは抵触せず，なお有効であるということになる。そのため，Miranda法理の憲法上の位置づけが関心事となる。

そもそも，Miranda判決は，Miranda法理と憲法の関係について明確に判示していなかった。そして，その後の合衆国最高裁は，Miranda法理を予防法則と位置づけてきた[144]。また，このような合衆国最高裁の立

---

[141] Dickerson v. United States, 530 U.S. 428（2000）. Dickerson判決の紹介として，松尾浩也「Dickerson v. United States―ミランダ判決の帰趨―」現刑 2 巻 5 号（2000年） 2 ～ 4 頁，鈴木義男・渥美東洋・小早川義則・高野隆・椎橋隆幸「座談会 ミランダの射程―ディカソン判決の意義と日本法への示唆―」現刑 3 巻 2 号（2001年） 4 ～28頁，田中利彦「ミランダ判決の再確認―Dickerson v. United States, 147 L.Ed 2d 405（2000）―」ひろば54巻10号（2001年）70～80頁，小早川義則『ミランダと自己負罪拒否特権』（成文堂，2017年）280～303頁等。

[142] *See e.g.*, Marbury v. Madison, 5 U.S. 137（1803）.

[143] *See* Note, *Title II of the Omnibus Crime Control and Safe Streets Act of 1968*, 82 HARV. L. REV. 1392, 1398（1969）.

[144] Michigan v. Tucker, 417 U.S. 433, 444（1974）. *See also*, New Jersey v. Portash, 440 U.S. 450, 459（1979）; New York v. Quarles, 467 U.S. 649, 654（1984）; Connecticut v. Barrett, 479 U.S. 523, 528（1987）; Withrow v. Williams, 507 U.S. 680（1993）.

場を支持する学説も散見された[145,146]。そのため,訴追側は,Miranda法理を無視し,合衆国法典18巻3501条の適用を主張することも可能であった。ところが,連邦政府が同条項の適用を主張することはなかった[147,148]。そして,Miranda法理はアメリカの文化の一部として完全に定着するに至った[149]。さらに,連邦政府は,1994年のDavis判決における審理の中で,同条項に依拠しないことを明らかにした[150]。そのため,合衆国法典18巻3501条は死文化したように思われた[151]。

 しかし,Davis判決に付されたScalia判事の補足意見は,合衆国法典18巻3501条を積極的に活用するべきであると主張した。Scalia判事は,同条項の制定以来,その適用は「故意に避けられてきた」と指摘した上で,「身体拘束下で取調べを受ける者への配慮と効果的な法執行の必要性」を調和させるために,同条項を活用するべきであると説いたのである[152]。Scalia判事による補足意見を契機として,Miranda法理と憲法の関係が改めて注目された。そして,長らく行われていなかった取調べに関する実証研究が実施される等,Miranda判決の影響力を含め,議論が先鋭化し

---

145) *See* Stephen J. Markman, *The Fifth Amendment and Custodial Questioning: A Response to "Reconsidering Miranda"*, 54 U. CHI. L. REV. 938, 939 (1987); Fred E. Inbau & James P. Manak, *Miranda v. Arizona—Is It Worth the Cost?*, 24 CAL. W. L. REV. 185, 190-196 (1988).

146) なお,Miranda法理が予防法則であるとすれば,合衆国最高裁による予防法則の創設は司法権の逸脱であるという批判もみられる。Joseph D. Grano, *Prophylactic Rules in Criminal Procedure: A Question of Article III Legitimacy*, 80 NW. U. L. REV. 100, 123-124 (1985).

147) 司法省の態度の変遷については,Paul G. Cassell, *The Statute that Time Forgot: 18 U.S.C. §3501 and the Overhauling of Miranda*, 85 IOWA L. REV. 175, 197-219 (1999).

148) なお,司法省は,1986年には,内部資料でMiranda批判を展開していた(*See* Jonathan I. Z. Agronsky, *Meese v. Miranda: The Final Countdown*, 73-Nov. A.B.A. J. 86 (1987))。小早川・前掲注14) 169~175頁も参照。

149) *See e.g.,* LIVA BAKER, MIRANDA: CRIME, LAW AND POLITICS 403-404 (1983).

150) Davis v. United States, 512 U.S. 452, 457, Fn (1994).

151) 合衆国法典18巻3501条は,制定直後から捜査実務で無視されていたという (A. Kenneth Pye, *The Warren Court and Criminal Procedure*, 67 MICH. L. REV. 249, 264-265 (1968))。

152) Davis v. United States, 512 U.S. 452, 464-465 (1994) (Scalia, J., concurring).

た[153]。このような中で示されたのが，2000年の Dickerson 判決である。

(2) Dickerson 判決による Miranda 判決の再確認
 (a) 事案の概要[154]

1997年1月24日，Virginia 州 Alexandria で銀行強盗事件が発生した。逃走車両の目撃者証言から，車両の所有者は Maryland 州在住の Dickerson であることが分かった。そこで，同月27日，FBI 捜査官と Alexandria 警察の捜査官が Dickerson 宅へ出向いたところ，目撃情報と同型・同ナンバーの車両が停まっていた。FBI 捜査官 Christopher は，Dickerson 宅のドアをノックして人定質問をした後，銀行強盗を捜査していると告げた。その後，もう一人の FBI 捜査官 Lawlor は，Dickerson に対して，Colombia 特別区にある FBI 出張所まで任意同行するよう求め，Dickerson はこれに応じた。このとき，Dickerson は逮捕されておらず，手錠もかけられていなかった。

Dickerson は，FBI 出張所で，FBI 捜査官 Lawlor と Alexandria 警察捜査官 Durkin による取調べを受けた。Dickerson は，強盗への関与を否定した。他方で，強盗事件があった当日の朝に，事件現場近くに居たことを認めた。そして，銀行近くで旧友に会い，Maryland 州まで送ったと供述した。

この話を聴いた Lawlor は，取調室から退室して治安判事 Kenkel に電話し，Dickerson の住居の捜索令状を求め，令状の発付を受けた。取調室に戻った Lawlor が Dickerson に対して自宅を捜索する旨を告げたところ，Dickerson は本件強盗事件を含む複数の銀行強盗への関与を自白した。また，実行犯が Rochester であることを供述した。さらに，染色された紙幣と拳銃を Rochester から受け取ったと供述した。これらの供述のあと，Dickerson は逮捕された。

---

153) この頃の議論は，多田辰也『被疑者取調べとその適正化』（成文堂，1999年）356～365頁が詳しい。1980年代に展開されたミランダ判決を巡る議論は，小早川・前掲注14）175～230頁が詳しい。

154) United States v. Dickerson, 166 F.3d 667, 673-674（4th Cir. 1999）.

その後，Dickerson 供述に基づいて，Rochester も逮捕された。Rochester は銀行強盗を幾度となく行った旨を自白し，Dickerson がそのうちの7件で運転手を務めたと供述した。一方，Dickerson 宅の捜索では，45口径の拳銃や，染色された紙幣，マスク，革手袋等が発見された。また，その後に発付された令状に基づいた捜索で，紙幣についた染料を落とすための洗剤が Dickerson の車の中から発見された。Dickerson は，これらの証拠と自白に基づいて，銀行強盗の共謀等の嫌疑で大陪審によって起訴された。

(b) 連邦下級審裁判所における審理[155]

1997年5月19日，Dickerson は，(1) FBI 出張所における供述，(2) 供述に基づき発見された証拠，(3) Dickerson 宅の捜索で発見された証拠，(4) 車の捜索で発見された証拠の排除を申し立てた。これに対して，検察官は，反対の立場から意見書及び補充書を提出した。連邦地裁は，(1) FBI 出張所における供述を排除した。また，(3) Dickerson 宅の捜索で発見された証拠も，令状で捜索対象が十分に特定されていなかったことを理由に排除した。他方で，(2) 供述に基づき発見された証拠と，(4) 車の捜索で発見された証拠は排除しなかった。検察官は，(1) FBI 出張所における供述について，Miranda 告知が有効になされたことを示す証拠を提出するとともに，任意になされた供述であるとして合衆国法典18巻3501条を援用し，再考を求める申立てを行った。しかし，連邦地裁は，検察官によって提出された新証拠は，検察官が当初意見書を提出した際に，併せて提出できなかったことの証明がないとして，検察官の主張を退けた。なお，連邦地裁は，合衆国法典18巻3501条には言及しなかった。

連邦地裁によって異議申立てを退けられた検察官は，第4巡回区連邦控訴裁判所に中間上訴した。中間上訴に際して，検察官は司法省の指示に従い，合衆国法典18巻3501条を援用しなかった[156]。しかし，連邦控訴裁判所は，同条項を自ら取り上げた。そして，amicus curiae として，

---

155) United States v. Dickerson, 166 F.3d 667 (4th Cir. 1999). 本件の証拠関係は極めて複雑であるものの，Miranda 法理の位置づけとの関係では重要ではないため，割愛する。Dickerson 判決の詳細な邦訳は，小早川・前掲注141) 280頁以下を参照。

Washington Legal Foundation と Safe Streets Coalition に見解を求めた。その結果，連邦控訴裁判所は，1999年2月8日，「連邦裁判所における自白の許容性は，司法上創出されたミランダ法理よりも，合衆国法典18巻3501条によって規制される[157]」と判示し，連邦地裁の決定を破棄し，差し戻した。

(c) 司法省による上告趣意書

連邦控訴裁判所による破棄差戻し決定を受けて，被告人は合衆国最高裁に上告した。本件の特徴的な点は，その後，司法省が上告趣意書を提出したことである[158]。司法省は，この中で，Miranda 判決を支持する見解を示したのである[159]。ここで展開された内容を要約すると，概ね以下の通りである。

「裁判所は一貫して，州事件における証拠排除の救済手続に Miranda 法理を適用している。これは，人身保護令状手続についても同様である。したがって，Miranda 法理には『憲法上の根拠』がある。仮に Miranda 関連判例と矛盾する合衆国法典18巻3501条を適用するのであれば，その前に Miranda 判決自体を変更するべきである。しかし，Miranda 法理は，既に警察実務や司法手続，国民の知識の中に包摂されている。そのため，Miranda 判決を変更するべきではない。このことは，先例拘束性の原理を適用すれば当然である。取調べに内在する強制的な雰囲気は，未だ存在する。Miranda 告知が解毒剤としての効果を有さないとか，必要ないと言うことはできない。Miranda 判決を変更すれば，司法制度の公正さに対する国民の信頼感を損なうことになろう[160]」。

司法省は，Miranda 法理は「憲法上の根拠」を有すると理解した上で，アメリカの刑事手続のみならず国民にまで浸透した Miranda 判決を変更

---

156) 同条項が憲法違反であるという連邦政府の解釈は，司法長官 Janet Reno によって明確に示されていた（*See* United States v. Dickerson, 166 F.3d 667, 672, 682-683 (4th Cir. 1999)）。
157) *Id.* at 692.
158) この上告趣意書には，司法長官 Janet Reno の署名も付されていた。
159) Michael Edmund O'Neill, *Undoing Miranda*, 2000 B.Y.U. L. Rev. 185, 251 (2000).
160) *See* Brief for the United States, Dickerson, 530 U.S. 428 (2000).

するべきではないと主張したのである。これを受けた合衆国最高裁は，1999年12月6日,「Miranda 判決を立法によって変更するために合衆国法典18巻3501条を可決した連邦議会の試みは，憲法違反であったか否か」を判断するために，上告受理の申立てを容れた。そして，Miranda 批判論者であり，かつて Scalia 判事の Law Clark であった Paul G. Cassell を amicus curiae として指名し，控訴審判決を維持する内容の弁論を命じた[161]。その結果，2000年4月19日に開かれた口頭弁論では，被告人側の弁護人 James W. Hundley，訟務長官 Seth P. Waxman，amicus curiae に指名された Cassell の3名が，それぞれ見解を述べた。このように，極めて特徴的な経緯で判示されたのが，Dickerson 判決である。

(d) 合衆国最高裁判決

合衆国最高裁は，2000年6月26日，7対2で，Miranda 法理は憲法上の法理であると判示した。Rehnquist 判事が執筆した法廷意見は，自白の許容性に関する合衆国最高裁の立場を確認した後，Miranda 判決の意義に触れ，Miranda 法理の憲法上の位置づけについて示している。法廷意見は極めて長文であるため，Miranda 法理の憲法上の位置づけを中心に，その概要を抄訳する。

まず，合衆国最高裁は，Miranda 判決の意義と取調べへの危惧を強調した。「当裁判所は，Miranda 判決において，強制的に獲得された自白への関心が高まったことを強調するとともに，身体拘束下で警察によって行われる現代的な取調べの到来を指摘した。身体拘束中の警察による取調べは，その性質上，本来的に被疑者を孤立させ，供述を強制することになる。そのため，当裁判所は，『仮に残虐な行為や拷問，特別な計略を用いなかったとしても，身体拘束下の取調べは個人の自由への重い足かせとなり，その者の弱みにつけ込むことになる』と指摘したのである。当裁判所は，身体拘束下での取調べに内在する強制的雰囲気は，任意の供述と不任意の供述の間の境界線を曖昧にし，個人の意思が『自己負罪を強要されないという修正5条の特権と調和しない』危険性を高めることになると結論づけ

---

[161] *See* Dickerson v. United States, 530 U.S. 428, 441-442 & Fn.7 (2000).

た。それゆえ,当裁判所は,『法執行官及び裁判所が遵守すべき具体的な憲法上の指針』を示したのである[162]」。

次に,Miranda判決が州法域の事件であることを強調し,これはMiranda法理が憲法上の根拠に基づくことを前提としているとした。「当裁判所のこれまでの判例の中に,本件連邦控訴裁判所が取り上げた見解を支持する文言が散見されることは認めざるを得ない。しかし,これに賛同することはできない。Miranda法理が憲法判断である上で最も重要な要素は,Miranda判決や付随する2つの判決が,いずれも州裁判所における手続にMiranda法理を適用したことである。それ以来,当裁判所は一貫して,州裁判所に提起された訴追に対してMiranda法理を適用している。当裁判所が各州の裁判所に対して監督権限を有しないことは,論じるまでもない。州裁判所における手続に関する当裁判所の権限は,『合衆国憲法の命令を執行する』場合に限られるのである[163]」。

そして,合衆国法典18巻3501条はMiranda法理に代替し得ないとした。「Miranda の法廷意見は,その冒頭で,『自己負罪拒否特権を適用する際の問題点を探求し,法執行機関及び裁判所が従うべき具体的な憲法上の指針を提示するため』に,裁量上告を容れたと述べた。実際に,法廷意見は,憲法上の法理を宣明しようとしていることを示す文言で埋め尽くされている。現に,当裁判所がMiranda判決において採った結論は,Miranda判決で取り扱った4事件において告知を欠いたまま獲得された自白は『特権保護のための憲法上の基準を充たさない状況下で獲得された』というものであった[164]」。

「本件控訴裁判所は,Quarles判決やHarris判決がMiranda法理の例外を認めた事実に依拠している。しかし,当裁判所は,Doyle判決やRoberson判決では,Miranda法理の適用を拡大している。これらの判決は,Miranda法理が憲法上の法理ではないということを示したものではなく,憲法上の法理も不変ではないことを示したに過ぎない[165]」。

---

162) *Id.* at 434-435.
163) *Id.* at 438-439.
164) *Id.* at 439-440.

「本件控訴裁判所の決定を維持するための代替的な見解として，当裁判所が依頼した amicus curiae である Cassell は，次のように主張している。すなわち，Miranda 判決は，Miranda 法理以外の方法によって強制による自白を防止するのであれば，Miranda 法理と同等に効果的な立法上の代替措置を講じなければならないと判示しており，合衆国法典18巻3501条はこの要件を満たしている，と。確かに，粗暴な警察官による行為に対して，Miranda 判決当時よりも多くの救済策が存在するという amicus curiae の主張には同意する。しかし，これらの追加的な救済策が合衆国法典18巻3501条を補完し，相まって憲法上の最低限の要求を充分に満たしているという主張には賛同できない。Miranda 判決は，身体拘束された被疑者に対して黙秘権を告知し，その権利の行使が尊重されることを被疑者に保証する手続を要求している。同条項は，取調べ前の権利告知を被疑者の自白の任意性を判断する際の単なる一要素とするアプローチを採っており，告知の要件を明示的に避けている。当裁判所の見解によれば，amicus curiae が引用する追加的な救済策が合衆国法典18巻3501条と相まって，Miranda 判決が要求する権利告知に充分に代替することにはならない[166)]」。

「反対意見は，他のいかなる方法も憲法上の要求を満たし得ないという意味で，Miranda 告知が憲法上の要求であると判示しない限り，合衆国法典18巻3501条を違憲であると判示することは司法の行き過ぎであると主張する。しかし，本件について判示する上で，これらに言及する必要はない。当裁判所は，Miranda 判決において，次のように指摘した。すなわち，伝統的な事情の総合説に依拠すれば，身体拘束下の不任意自白を看過するおそれがあり，有罪を立証するための積極的な証拠として自白が提出されれば，この危険は許容し得ない程に重大となる，と。それゆえ，当裁判所は，事情の総合説以上の基準が必要であると判示したのである。合衆国法典18巻3501条は，事情の総合説を充分なものとして復権させた。したがって，同条項は，Miranda 法理が法として存続する限り維持し得な

---

165) *Id.* at 441. *See* Doyle v. Ohio, 426 U.S. 610 (1976); Arizona v. Roberson, 486 U.S. 675 (1988).

166) *Id.* at 441-442.

い[167]」。

　また，先例拘束性の原理と関連して，Miranda 判決を変更する必要はないとしている。「当裁判所が Miranda 判決の根拠やその結果としての法理に同意するか否かに関わらず，当裁判所がこの問題を初めて取り上げる際には，先例拘束性の原理が重くのし掛かってくる。特に，当裁判所が憲法解釈する場合には，先例拘束性の原理は絶対的なものではないものの，憲法上の事案においてもこの原理は極めて説得的な力を有している。そこで，当裁判所は，先例から離脱する場合には，『特別な正当化事由』による支持を要求してきた。当裁判所は，Miranda 法理を覆すような正当化事由を見いだすことができない。Miranda 法理は，アメリカ文化の一部になるほど，警察実務の日常に根付いている。これまで，当裁判所は，その後の諸判例が先例の理論的基礎を失わせているような場合には，先例を変更してきた。しかし，これが Miranda 法理に生じているとは思われない。Miranda 判決以降の事案は，告知を欠いたまま獲得された供述は検察官による立証の際に使用できないという Miranda 判決の核心を再確認しつつ，Miranda 法理が正当な法執行に与える影響を減少させてきた。Miranda 法理の欠点は，自己の『権利』を知悉した被告人によって行われた，決して不任意であるとはいえない供述を排除し，その結果，実際に犯罪を行った者が罪を問われないという事態を招来することである。しかし，合衆国法典18巻3501条が復活させようとした事情の総合説は，法執行官がこれに従い，裁判所が一貫性のある形で適用しようとすれば，Miranda 法理よりも多くの困難を伴う。このことは，経験則に照らせば明らかである。Miranda 告知を要求することが，任意性の調査を不要とするものでないことはもちろんである。しかし，Berkemer 判決（Berkemer v. McCarty, 468 U.S. 420（1984））で当裁判所が述べたように，『法執行機関が，Miranda 判決が命じるままに行動したにも関わらず，自己負罪供述を強制されたと被告人が"もっともらしい主張"を展開し得る事案は稀』である[168]」。

---

167) *Id.* at 442-443.

最後に，法廷意見は，次のように結んでいる。「Miranda判決は，議会が立法によって廃棄することのできない憲法上の法理を宣言したものである。先例拘束性の原理に従い，当裁判所はMiranda判決を覆すことはできない。したがって，控訴裁判所の決定を破棄する[169]」。

(e) Scalia判事による反対意見

1994年Davis判決の補足意見において合衆国法典18巻3501条を支持したScalia判事は，法廷意見以上の長文で，控訴裁判所決定を支持する反対意見を展開した。なお，同反対意見には，Thomas判事も同調している。反対意見の内容を一言で言えば，Miranda判決後に合衆国最高裁がMiranda法理を「予防法則」であると位置づけてきた点を強調し，Miranda法理が憲法上の法理ではない以上，議会は制定法によってMiranda法理を変更する権限を有するため，合衆国法典18巻3501条は有効であるとするものである[170]。

(3) Dickerson判決の意義と課題

Dickerson判決の最大の意義は，Miranda法理の憲法上の地位を再確認した点にある。その主な根拠は，(1) 合衆国最高裁が州裁判所の手続に介入する場合は「合衆国憲法の命令を執行する」場合に限られるところ，Miranda法理は州法域でも適用されていること[171]，(2) Miranda判決は，Miranda法理が憲法上の法理であることを示す文言で埋め尽くされていること[172]等である。結果的に，司法省の上告趣意書と概ね同じ論理を採用したことになる。

---

168) Id. at 443-444.
169) Id. at 444.
170) Id. at 444-465（Scalia, J. & Thomas, J., dissenting）。Scalia判事による反対意見は，感情的な表現を度々用いながら，法廷意見を痛烈に批判している。たとえば，Miranda判決の最も特徴的な点を，「自白という行為に対する明白な敵意」と形容する等である（Id. at 449-450）。Scalia判事による反対意見の詳細な邦訳は，田中・前掲注141）76～77頁，小早川・前掲注141）280頁以下を参照。
171) Id. at 438.
172) Id. at 439-440.

他方で，Dickerson判決は，Miranda法理の限界を改めて浮き彫りにした。Dickerson判決は，（1）Miranda判決自体が言及した「同程度に効果的な他の手続[173]」を立法する余地を否定していない。法廷意見は，合衆国法典18巻3501条及び「追加的な救済策」について，Miranda判決が要求する権利告知には代替し得ないと判示しているのである[174]。したがって，「同程度に効果的な他の手続」が新たに立法されれば，Miranda法理が破棄される可能性は否定できない。

　また，（2）法廷意見は，Miranda法理が警察実務のみならずアメリカ文化に深く根付いていることを取り上げた。そして，同じ文脈で，Miranda法理が，合衆国法典18巻3501条や事情の総合説よりも，法執行官や裁判所に対してより一貫性のある法執行を可能にさせると指摘した[175]。すなわち，Dickerson判決は，社会情勢や必要性を併せて考慮し，Miranda法理を維持することを選択した。しかし，このことは，仮に社会情勢が変わり，必要性を欠く状況になれば，Miranda法理の土台が揺らぐとも解し得る[176]。

　さらに，（3）司法省が合衆国法典18巻3501条を適用しなかった背景として，Miranda法理が捜査実務に大きな影響を与えなかった可能性を指摘することもできる。これには，いくつかの要因が考えられる。まず，(a) Miranda判決の意図を潜脱しようとする捜査実務の存在が挙げられよう。Miranda判決がいう「身体拘束下」の解釈と関連して，1983年Beheler判決[177]に基づく「Beheler告知」が捜査実務で用いられていたことは，既に述べた通りである。「身体拘束下」であるか否かの判断基準は大

---

173) Miranda v. Arizona, 384 U.S. 436, 467 (1966).
174) Dickerson v. United States, 530 U.S. 428, 441-442 (2000).
175) *Id*. at 443-444.
176) Miranda法理がアメリカ文化に浸透しているという点は，今後も変わらないかもしれない。Miranda法理が縮小されつつあった1977年時点でも，Miranda法理はアメリカ国民の人権であると捉えられていたようである（Israel, *supra* note 3, at 1383-1384）。このことは，Dickerson判決直前に示された論稿においても指摘されていた（Patrick E. Sovereign, *United States v. Dickerson: Will It Be the Proverbial Straw that Breaks Miranda's Back?*, 36 Cal. W. L. Rev. 195, 195 (1999))。
177) California v. Beheler, 463 U.S. 1121 (1983).

きな変遷を辿っているため,「Beheler 告知」自体がどこまで有効であるかは疑問である。しかし,捜査機関が Miranda 法理の回避を意識しているであろうことは,Miranda 法理が捜査実務に与える影響を抑制する方向に働く。次に,(b) 実際に権利行使をする被疑者が極めて少ないことが考えられる。Cassell と Hayman の調査によれば,Miranda 告知を受けた被疑者の83.7%が権利を放棄するという[178]。また,Leo の調査によれば,Miranda 告知を受けた被疑者の78%が権利を放棄するという[179]。Miranda 判決直後の実証研究も,実際に権利行使をする被疑者が少なく,捜査実務への影響が大きくないことを示唆している[180]。さらに,被疑者は,何も告知を受けないよりも,何らかの告知を受けた方が供述する傾向が強いとされている[181]。Miranda 判決で反対意見を述べた Clark 判事も,後にこのことを指摘している[182]。

以上のように,Dickerson 判決は,Miranda 法理が憲法上の地位を有することを再確認し,憲法に基づく法理で取調べを規制する必要性を説いた。他方で,Miranda 法理の限界と改めて向き合う契機にもなった。Miranda 法理の限界は,Miranda 判決自体が抱えていた根本的な矛盾に起因するものが大部分であろう。Miranda 判決は,身体拘束下の取調べに内在する強制的な雰囲気を危惧し,修正5条を警察による取調べに適用した。そこでは,自白が許容されるための前提条件として Miranda 告知が要求され,取調べへの弁護人立会いの重要性が説かれた。その一方で,Miranda

---

[178] Paul G. Cassell & Bret S. Hayman, *Police Interrogation in the 1990s: An Empirical Study of the Effects of Miranda*, 43 UCLA L. REV. 839, 859 (1996).

[179] Richard A. Leo, *Inside the Interrogation Room*, 86 J. CRIM. L. & CRIMINOLOGY 266, 276 (1996).

[180] Michael Wald et al., *Interrogations in New Haven: The Impact of Miranda*, 76 YALE L. J. 1519, 1563 (1967). *See e.g.,* Richard H. Seeburger & R. Stanson Wettick, Jr., *Miranda in Pittsburgh—A Statistical Study*, 29 U. PITT. L. REV. 1 (1967); James W. Witt, *Non-Coercive Interrogation and the Administration of Criminal Justice: The Impact of Miranda on Police Effectuality*, 64 J. CRIM. L. & CRIMINOLOGY 320 (1974).

[181] Wald, *supra* note 180, at 1565.

[182] Tom C. Clark, *Criminal Justice in America*, 46 TEX. L. REV. 742, 745 (1968).

判決は，弁護人不在の中で被疑者が自己の権利を放棄し得ることを認めた。このような Miranda 法理は，その後，その射程を狭く解する判例や例外を認める判例等に直面した。また，Miranda 法理が捜査実務に与えた影響は必ずしも明らかではないものの，実証研究の一部が示しているように，大きいものではなかったのかもしれない[183]。

しかし，Miranda 判決以後の一連の傾向を踏まえると，憲法に基づく法理で取調べを規制すべきことが再確認されたという意味では，Dickerson 判決は Miranda 法理を「強化」したと評し得る。Miranda 法理は過去の産物なのではなく，現在もなお生きているのである[184]。

《付記》Miranda 法理に関する現代的評価
　　　——Weisselberg「追悼論文」とその後

Dickerson 判決以後も，アメリカで Miranda 批判が見られたことがある。その中でも注目されるのが，Weisselberg による Miranda 批判である。かつて Miranda 法理を肯定的に評価していた Weisselberg は，捜査段階・裁判段階において，Miranda 法理によって修正5条が充分に保護されていないことを危惧していた[185]。しかし，その状況は変わらなかったため，Weisselberg は「Miranda の死を悼む」と表現し，Miranda を失敗と述べた[186]。ところが，Weisselberg は，「追悼論文」から9年後，Miranda を再評価する論文を公表した[187]。ここで，Weisselberg は，日

---

[183] Miranda 法理が捜査実務に与えた影響に関する実証研究と，それに基づく議論は，多田・前掲注153) 262〜267頁及び356〜365頁を参照。
[184] Dickerson 判決後も，Miranda 法理に関連する判例が散見される。既に言及した2004年 Alvarado 判決，2011年 J.D.B.判決，2012年 Fields 判決等である。その他，2003年 Chavez 判決については次章で触れる。
　なお，本書では，Miranda 判決以後の関連諸判例のうち，派生自白の許容性に関する Elstad 判決等には触れていない。また，Tucker 判決についても，Miranda 法理を予防法則へと格下げした部分のみに言及した。これらは，取調べ規制原理と直接に関係しないため，本書では割愛した。Dickerson 判決後の2004年 Seibert 判決や Patane 判決等も同様である。
[185] Charles D. Weisselberg, *Saving Miranda*, 84 CORNELL L. REV. 109 (1998).
[186] Weisselberg, *supra* note 86, at 1599.

本の現状と欧州人権裁判所 Salduz 判決[188]及び EU 各国における「Miranda」を検討し，自己負罪拒否特権を保護するために Miranda 法理が果たし得る意義を再確認した。そして，「追悼論文」が誤りであったと省み，アメリカにおいて Miranda 法理を再検討する必要性を示唆している[189]。

　Weisselberg の議論や，その背後にある Beheler 告知による Miranda 潜脱的実務などを踏まえると，アメリカでも，Miranda 法理を巡る理論と実務に乖離がみられることは否定できない。しかし，Miranda 法理は様々な批判・危機にさらされてきたものの，Dickerson 判決を経て，その核心となる「憲法に基づく法理で取調べを規制すべき」という部分は一切揺らいでいない。そうであれば，憲法論に言及せずに Miranda 法理を否定的に捉えることはできないように思われる。

---

187) Charles D. Weisselberg, *Exporting and Importing Miranda*, 97 B.U. L. Rev. 1235 (2017).
188) Salduz v Turkey, (2008) 49 EHRR 421.
189) Weisselberg, *supra* note 187, at 1290-1291.

第 4 章

小括──Miranda 判決の現代的意義

　Miranda 判決は，Miranda 告知を軸とする一律基準を打ち立てた。この背景には，（1）自己負罪拒否特権を重視する気運の高まりと，（2）取調べにおいて被疑者が置かれる立場や心理的な影響への現実的な危惧があると思われる[1]。Miranda 判決が引用した1897年 Bram 判決は，自己負罪拒否特権に基づく自白排除を展開していた。しかし，Bram 判決は「忘れられた存在」となっていた。これは，1964年 Malloy 判決まで，修正 5 条は州へ適用されないと解されていたためである[2]。また，Bram 判決は，発展の沿革が異なる自白排除法則と自己負罪拒否特権を結びつけていたため，強い批判が向けられていたことも影響しているであろう[3,4]。

　ところが，1964年 Escobedo 判決が示された後，自己負罪拒否特権を重視する見解が相次いで示された。たとえば，Kamisar は，法廷を「大邸

---

1 ）この他に，（3）「アメリカの取調べでは拷問が行われている」という諸外国からの指摘を克服し，「文明化された上品さの基準」を高めようとする動き，（4）事情の総合説による曖昧さを解消しようとする動き，（5）供述の自由を確保した上で，取調べ自体を認めようとする動き，（6）不透明な捜査過程の可視性を高めようとする動きがあったと指摘されることもある（鈴木義男・渥美東洋・小早川義則・高野隆・椎橋隆幸「座談会　ミランダの射程―ディカソン判決の意義と日本法への示唆―」現刑 3 巻 2 号（2001年） 9 頁〔渥美東洋発言〕）。

2 ）Phillip E. Johnson, Cases And Materials on Criminal Procedure 451 (3d ed. 2000), Charles D. Weisselberg, *Mourning Miranda*, 96 Calif. L. Rev. 1519, 1525, Fn. 17 (2008).

3 ）*See e.g.,* Charles T. McCormick, *The Scope of Privilege in the Law of Evidence*, 16 Tex. L. Rev. 447, 453 (1938).

4 ）もっとも，Miranda 判決後は，Bram 判決を見直す動きもみられたという（Yale Kamisar et al., Modern Criminal Procedure: Cases, Comments & Questions 565 (13th. 2012))。*See also,* Laurence A. Benner, *Requiem for Miranda: The Rehnquist Court's Voluntariness Doctrine in Historical Perspective*, 67 Wash. U. L. Q. 59, 107-113 (1988).

宅」に，警察署を「門番の詰め所」に喩えて，大邸宅では被告人の諸権利が守られているにも関わらず，門番の詰め所では依然として糺問的な手続が採られ，被疑者は国家の敵として自白するよう追い込まれているため，自己負罪拒否特権を解釈して警察の取調べを規制するべきであると述べていた[5]。また，Sutherland も，「裕福な女性遺言者」が「入念に設計された部屋」に入れられ，長時間に亘って外部と隔絶され，疲弊した状態で遺言書を書いたとすれば，検認裁判所判事は遺言書を「任意になされたものではない」として受理しないと述べ，身体拘束下の取調べが有する危険性について指摘していた[6]。特に，Sutherland の指摘は，Miranda 判決も直接引用しており，大きな影響を与えたものと思われる[7]。元々，Bram 判決は，自白の「任意性」の観念に人権保障の視点を入れようとする思想に根付くものである[8]。Miranda 判決は，1964年 Malloy 判決による修正5条の州適用を受けて，Bram 判決を引用しながら，人権保障（自己負罪拒否特権）の観点を改めて重視したものとして理解することができる[9]。

　Miranda 判決は，前提として，身体拘束下の取調べに内在する自白を

---

5) Yale Kamisar, *Equal Justice in the Gatehouse and Mansions of American Criminal Procedure*, In A. E. DICK HOWARD (ED.), CRIMINAL JUSTICE IN OUR TIME 19-20 (1965). *See also*, YALE KAMISAR, POLICE INTERROGATION AND CONFESSION: ESSAYS IN LAW AND POLICY 27-40 (1980).
6) Arthur E. Sutherland, Jr., *Crime and Confession*, 79 HARV. L. REV. 21, 37 (1965).
7) Miranda v. Arizona, 384 U.S. 436, 457, Fn.26 (1966).
8) 鈴木茂嗣「被疑者の取調と自白法則―アメリカにおける自白法則の発展を中心に―」刑法15巻3＝4号（1968年）36頁。
9) 他方で，Miranda 判決は，弁護人依頼権との関係では Escobedo 判決の射程を狭めたとも解し得る。Escobedo 判決は，修正6条の弁護人依頼権を被疑者取調べに拡大した。しかし，Miranda 判決は，修正5条の自己負罪拒否特権を保障するための「弁護人依頼権」を創出した。Escobedo 判決の趣旨をそのまま踏襲すれば，Miranda 判決においても修正6条の弁護人依頼権を根拠として取調べ立会権を認めることができたはずである。しかし，合衆国最高裁は，このような解釈を採らなかった（もっとも，田宮裕『捜査の構造』（有斐閣，1971年）342頁は，「弁護権は黙秘権にとってかわられたのでも，また黙秘権の中に埋没してしまったのでもなく，捜査（尋問）においては，両者は融合して一体化すると解すべき」であると指摘する。）。その後，1972年 Kirby 判決が明示的に捜査段階における修正6条の保障を否定したことは，既に述べた通りである。

強制するような圧力を強く危惧した。そして、この圧力を取り除くために、取調べに先立って、捜査機関は被疑者に対してMiranda告知を行わなければならないとした。すなわち、(1)黙秘権を有すること、(2)供述は法廷で自己に不利益に用いられ得ること、(3)弁護人の立会いを求める権利を有すること、(4)弁護人を選任する資力がなければ、あらゆる質問に先立って公費で弁護人が選任されることの告知である。Miranda告知を欠いたまま獲得した供述は、仮に任意性が認められる場合であっても証拠排除される。また、Miranda告知の後、被疑者が黙秘する意思を示したり、弁護人の同席を求めたにも関わらず、引き続き取り調べることは供述の強制にあたるとする。

　Miranda判決は、捜査機関による取調べに自己負罪拒否特権を持ち込んだ点で、これまでの判例とは異なる。すなわち、Miranda判決は、事実上の供述強制を禁止する自白法則と、法律上の供述強制を禁止する黙秘権を一体のものとして理解した[10]。確かに、Miranda告知を欠いた場合に、その後の自白が排除される点を強調し、違法排除説と親和的であると説明することも可能であろう[11]。Miranda判決も、Miranda法理に違反した場合に、当該自白を直ちに排除することを認めている。したがって、違法排除説に馴染まないと速断することはできない。しかし、Miranda法理は、身体拘束下の取調べ状況には強制的な雰囲気が内在しているという前提に基づいている。そのため、この雰囲気を打破する上で効果的なMiranda告知を欠いた場合には、「供述の強制があった」と擬制しているのである。このように考えれば、Miranda判決は、証拠使用の一面では違法排除説に馴染むものの、証拠採取の一面では任意性説（あるいは黙秘権を重視する人権擁護説）に馴染む。デュー・プロセス条項を根拠とするアメリカの自白法則が、Miranda判決によって修正5条の自己負罪拒否特権と交差し、より強固な憲法上の法理となったと理解することができる。

---

[10] 渥美東洋『捜査の原理』（有斐閣、1979年）233頁、関口和徳「自白排除法則の研究（3）」北法59巻5号（2009年）80頁を参照。

[11] 芦部信喜編『憲法Ⅲ―人権（2）―』（有斐閣、1981年）216頁〔杉浦泰雄執筆〕等。

他方で，Miranda判決は，大きな矛盾を抱えていた。身体拘束下の取調べに内在する強制的な雰囲気を指摘し，これを打破するために弁護人が立ち会うことを重視しながら，弁護人不在の中で被疑者が自己の権利を放棄することを認めていた[12]。そのため，権利放棄が任意に行われた否かを判断する際には，事情の総合説に依拠せざるを得ない[13]。また，Miranda判決において用いられた「身体拘束下」等の文言は，解釈の余地を残すものであった。そのため，Miranda法理の射程を狭めるような判例と直面することになった。

　さらに，Miranda判決は，告知を欠いた場合や，告知後に被疑者が権利行使を希望しているにも関わらず取調べを継続した場合に，供述が排除される根拠を明らかにしていなかった[14]。換言すれば，Miranda法理と修正5条の関係を明示していない。そのため，Miranda判決以後，Miranda法理を「予防法則」と位置づける判例も散見された[15]。

　ところが，2000年のDickerson判決は，Miranda法理が憲法上の法理であることを再確認し，憲法上の法理によって取調べを規制することを改めて承認した。もっとも，合衆国最高裁は，Dickerson判決以後も，Miranda法理を予防法則として位置づけている[16]。この点について，

---

12) 実際に権利行使する被疑者は極めて少ない。Paul G. Cassell & Bret S. Hayman, *Police Interrogation in the 1990s: An Empirical Study of the Effects of Miranda*, 43 UCLA L. REV. 839, 859 (1996); Richard A. Leo, *Inside the Interrogation Room*, 86 J. CRIM. L. & CRIMINOLOGY 266, 276 (1996).

13) North Carolina v. Butler, 441 U.S. 369, 374-375 (1979).

14) WELSH S. WHITE, MIRANDA'S WANING PROTECTIONS: POLICE INTERROGATION PRACTICES AFTER DICKERSON 55-56 (2001).

15) Michigan v. Tucker, 417 U.S. 433, 444 (1974). *See also,* New Jersey v. Portash, 440 U.S. 450, 459 (1979); New York v. Quarles, 467 U.S. 649, 654 (1984); Connecticut v. Barrett, 479 U.S. 523, 528 (1987); Withrow v. Williams, 507 U.S. 680 (1993).

16) *See* Chavez v. Martinez, 538 U.S. 760, 770-773 (2003). Chavez判決は，Miranda告知を欠いた取調べで供述の強要が行われたことを認定しつつ，当該供述が刑事事件において本人に不利益に使用されなければ，黙秘権を侵害したことにはならず，専ら修正14条のデュー・プロセス違反の有無が問われるのみであると判示した。Chavez判決は，Miranda法理の解釈・適用に直接言及している訳ではないため，ここでは措く。

Chavez 判決は Dickerson 判決の趣旨と異なることを判示したのではないかという指摘も存在する[17]。しかし，Chavez 判決は，Dickerson 判決の趣旨を否定せずに，Miranda 法理を予防法理であると位置づけている。そのため，合衆国最高裁は，Miranda 法理が憲法上の地位を有することと，これが予防法則であることは矛盾しないと考えているのではなかろうか。Miranda 判決は，何らかのルールによって修正 5 条の自己負罪拒否特権を実効的に保障することが憲法の要求であると解した。そして，そのルールとして，さしあたり Miranda 法理を要求した。そのため，Miranda 法理と同等に効果的な代替措置が講じられれば，Miranda 法理は代替され得る。このことは，Miranda 判決自身も認めていた。仮に Miranda 法理自体が他のもので代替されたとしても，合衆国最高裁による憲法解釈—すなわち，修正 5 条は，自己負罪拒否特権自体の保障のみならず，これを実効的に保障するための明確なルールも要求しているとする解釈—が否定される訳ではない。

このような憲法解釈は，憲法解釈論上，次のように位置づけることができる[18]。Ronald M. Dworkin は，法理学の観点から，2 つのモデルを示したことがある[19]。1 つは，法規範のみでは唯一の結論が示されない場合，裁判官は，自らの規準に基づいて法解釈を行うことはできず，全法体系の原理を探求し，その指示するところに従って法解釈を行う義務を負うという考え方である。もう 1 つは，法規範のみでは唯一の結論が示されない場合，裁判官は，法規範の拘束を免れ，自らが最善であると考える規準に基づいて法解釈を行う裁量を有するという考え方である。このうち，裁判官の裁量に基づいて新たな法原理を定立するような法解釈・法創造として，4 つの類型を挙げることができる。日本国憲法下で考えると，典型的な類型は，（1）憲法 77 条の規則制定権や，憲法問題に関する終局裁判所としての権限・役割に基づき，具体的な裁判において法解釈という形で規則と

---

17) *E.g.*, KAMISAR, *supra* note 4, at 696.
18) 以下の記述は，香城敏麿『憲法解釈の法理』（信山社，2004 年）5〜20 頁に依拠した。
19) Ronald M. Dworkin, *The Model of Rules*, 35 U. CHI. L. REV. 14, 32-40 (1967).

同様の効果を導く場合である。たとえば，特別抗告について刑訴法411条の準用を認めた最高裁決定のような場合である[20]。次に，（2）法規範が権利を認めながら，これが侵害された場合の救済手段が講じられていないとして，必要な限度で法解釈・法創造を行い，救済を図る場合が考えられる。たとえば，憲法37条1項の「迅速な裁判を受ける権利」が侵害されたとして，刑事手続を「打ち切るという非常の救済手段を用いることが憲法上要請されるものと解すべきである」と判示した高田事件のような場合である[21]。さらに，（3）法解釈・法創造により，将来の権利侵害を予防するための手段を事前に講じる場合が考えられる。たとえば，違法収集証拠排除法則の定立である[22]。そして，最後に，（4）権利を擁護するための有効な保護手段が講じられていないとして，法解釈によって保護手段を定立する場合が考えられる。たとえば，第三者の所有物を没収する場合に，所有者の財産権を充分に保護するために，所有者に対して事前に告知・弁解・防禦の機会を与える必要があるとした第三者所有物没収事件のような場合である[23]。

Miranda判決は，これらの4つの類型のうち，（4）保護手段を定立する場合に該当する。すなわち，「権利の性質又は権利侵害の態様によっては，単に事後的な救済手段を設けるだけでは権利の保護にとって不十分であって，保護手段を講ずる必要のある場合がある。このような場合の保護手段は，原則として権利の付与に内在しているものと見るべきであって，法規範にこれが欠けているときには，法解釈により合理的な限度でこれを補完することが許されるといいうる[24]」のである[25]。

Miranda法理と修正5条の関係を，以上のように理解すれば，Miranda法理が「憲法上の地位を有すること」と，これが「予防法則であること」

---

[20] 最大決昭和37年2月14日刑集16巻2号85頁。なお，香城敏麿「刑事裁判と英米法」ジュリ600号（1975年）332～333頁。
[21] 最大判昭和47年12月20日刑集26巻10号631頁。
[22] 最一判昭和53年9月7日刑集32巻6号1672頁。
[23] 最大判昭和37年11月28日刑集16巻11号1593頁。
[24] 香城・前掲注18）19頁。

は矛盾しない。そして，このような観点から修正5条を解釈し，Miranda法理を憲法上の法理として導いたことこそ，Miranda判決の重要な意義であろう[26]。

ところで，日本国憲法38条1項は，修正5条に由来するものである[27]。また，本書が比較対象とする韓国でも，憲法の黙秘権規定は修正5条に由来するとされている[28]。そのため，修正5条を上記のように解釈したMiranda判決は，両国の取調べ規制を考える際に，現在でも重要な意義を有する。そこで，第3部では，日本と類似した刑事訴訟法を有する韓国が，Miranda判決をどのように継受し変容させたかについて概観する。そして，日本における取調べの憲法的規制を検討する際の足がかりとする。

---

25) *See also*, Francis A. Allen, *The Judicial Quest for Penal Justice: The Warren Court and the Criminal Cases*, 1975 U. ILL. L. F. 518, 526（1975）; David A. Strauss, *The Ubiquity of Prophylactic Rules*, 55 U. CHI. L. REV. 190, 195（1988）. 同趣旨の邦語文献として，高田昭正『被疑者の自己決定と弁護』（現代人文社，2003年）32頁，佐藤隆之「被疑者取調べの適正化」ジュリ1370号（2009年）102～105頁，葛野尋之「被疑者取調べ適正化の現在」法時85巻9号（2013年）57頁，渕野貴生「取調べ可視化の権利性と可視化論の現段階」法時85巻9号（2013年）63頁。

26) 既に，Miranda判決は自己負罪拒否特権と自白法則を交差させたと指摘した。このことも，合衆国最高裁による法創造機能によって説明できる。アメリカの自白法則と自己負罪拒否特権は，その根拠や沿革が異なる。これらを交差させたりパラレルに捉えることは，「憲法解釈」の枠を超え，裁判所による法創造機能を前提とする。これに対して，日本国憲法38条は，黙秘権に関する規定と自白法則に関する規定を同じ条文番号で規定している。したがって，日本国憲法は，Miranda判決が行った法創造的解釈の理論的基礎を，制定当時から有しているともいえる。

27) 法曹協会編『註解日本国憲法（上）』（有斐閣，1953年）660頁，小坂井久「第38条第1項」憲法的刑事手続研究会編『憲法的刑事手続』（日本評論社，1997年）412～458頁等。

28) 김택현「묵비권에 관한 고찰」법조30권4호（1981년）1～2쪽, 신대철「피고인의 진술거부권」정책과학논총12권（1996년）300쪽.

第 3 部

韓国における被疑者取調べの憲法的規制

第1章

韓国刑訴法の史的展開

1. 現行刑訴法制定前史

　韓国刑訴法を研究する際に不可欠なのが，1912年の「朝鮮刑事令」（1912年制令第11号）の検討である[1]。そこで，現行刑訴法の制定前史として，朝鮮刑事令の発布とその後の改正を確認する[2,3]。

　日本が韓国の法制度に大きな影響を及ぼし始めたのは，日露戦争直前であった。1904年2月，日本は大韓帝国に軍隊を送り，ロシア帝国との戦争を開始した。朝鮮半島が戦場となる中で，日本は「日韓議定書」を結び，大韓帝国における軍事行動の自由と内政干渉の権利を承認させた。続いて，同年9月，大韓帝国の財政及び外交を支配する「第1次日韓協約」を調印した。この協約に基づいて，日本人による顧問政治がはじまった。さらに，1905年11月，伊藤博文が日本軍を出動させ，「第2次日韓協約」（乙巳保護条約）を調印した。1906年2月には，日本は統監府を設置し，初代統監に伊藤博文を任命した。統監は，外交を管理し，日本人顧問を監督下に置き，皇帝に謁見する権利を与えられ，内政に強力な干渉を行った。これにより，

---

[1] 「歴史の産物」である韓国刑訴法を理解する上では，現行刑訴法と連続性を有する朝鮮刑事令まで遡る必要がある（신동운「일제하의 예심제도에 관하여―그 제도적 기능을 중심으로―」서울대학교법학27권 1호（1986년）151쪽）。

[2] 日韓関係の歴史認識の差異を最小限にするため，本書における史実は，高翔龍『韓国法〔第2版〕』（信山社，2010年）14〜30頁に大きく依拠した。

[3] 朝鮮刑事令の詳細は，氏家仁「朝鮮刑事令の捜査関連規定のあらまし（1）（2・完）―逐条的解説・検討を中心として―」比雑46巻3号（2012年），46巻4号（2013年），氏家仁「朝鮮刑事令の公判手続関連規定のあらまし（1）（2・完）―逐条的解説・検討を中心として―」比雑47巻1号，47巻2号（いずれも2013年）を参照。

統監政治がはじまった。1907年7月，伊藤博文はハーグ密使事件を理由に高宗（고종）を譲位させ，第27代王として純宗（순종）を即位させた。また，同月，「第3次日韓協約」を調印し，司法権を日本統監府に帰属させた。このように，日本の勅令が統監府令として適用され，立法権も日本人顧問によって統制され，大韓帝国は完全に日本の支配下に入った[4]。

このような中で，新聞紙法や保安法等の弾圧法や，警察犯処罰令が制定された。これらの法令には治安妨害行為が定められ，植民地統治を図る法的・制度的枠組みが整備された[5]。また，日韓併合の前年にあたる1909年7月には，「韓国司法及ヒ監獄事務委託ニ関スル日韓覚書」を通じて，「韓国ノ司法及監獄事務ヲ完備シタルコトヲ認ムルトキマデ韓国政府ハ司法及監獄事務ヲ日本政府ニ委託スルコト」（同1条）を定めた。さらに，同年11月には，「統監府裁判所令」や「統監府裁判所司法事務取扱令」，「韓国人ニ対スル司法ニ関スル件」等を定めた[6]。その他にも，警察事務に対する委託を覚書化することによって，朝鮮内の司法権，行刑権及び警察権を完全に掌握した[7,8]。

これらの法的基盤を形成した後に，1910年8月，制令第1号「朝鮮ニ於ケル法令ノ効力ニ関スル件」を公布し，日本軍の厳しい警備の中で「韓国併合ニ関スル条約」を調印した。また，「韓国ノ国号ヲ改メ朝鮮ト称スル件」（勅令第318号）によって，大韓帝国を朝鮮に改称した。続けて，同年9月に「朝鮮総督府官制」（勅令第354号）を公布し，統治機構として朝鮮

4）高翔龍・前掲注2）14〜27頁。
5）高翔龍・前掲注2）21頁。保安法による集会・結社及び不穏な言動の禁止や，警察犯処罰令などによる軽犯罪行為への罰則を通じて，朝鮮人の不穏な動きに対する警察力の行使を可能にした。
6）성경숙「일제강점초기 조선의 형사사법구조—조선형사령을 중심으로—」성균관법학24권2호（2012년）360쪽。
7）高翔龍・前掲注2）20頁。司法権獲得過程については，小川原宏幸「日本の韓国司法権侵奪過程—『韓国の司法及監獄事務を日本政府に委託の件に関する覚書』をめぐって—」明治大学大学院文学研究論集11号（1999年）89〜106頁。
8）日韓併合後の植民地統治において，警察権は重要な役割を果たしたため，「朝鮮総督政治の核心」等と表現されている。朝鮮近代史と警察については，松田利彦『日本の朝鮮植民地支配と警察—1905〜1945年—』（校倉書房，2009年）を参照。

総督府を設置すると同時に，陸軍大臣であった寺内正毅を初代朝鮮総督に任命した。このようにして，日本による植民地統治が始まった[9]。

続いて，1911年に「朝鮮ニ施行スヘキ法令ニ関スル件」（法律第30号）を公布し，植民地統治法制の基盤を築き上げる。これにより，朝鮮において法律が必要な事項を朝鮮総督の命令で規定できるようにし，それを「制令」と称した。制令は，日本の植民地統治法制の中枢であり，重要な事項については制令をもって規制した。すなわち，「朝鮮ニ於テハ法律ヲ要スル事項ハ朝鮮総督ノ命令ヲ以テ之ヲ規定スルコトヲ得」という規定を設けると同時に（同1条），日本の法律の中で，その「法律ノ全部或ハ一部ヲ朝鮮ニ施行スルヲ要スルモノハ勅令ヲ以テ之ヲ定ム」（同4条）とし，総督の立法権を法制化した[10]。台湾総督が総理大臣の監督を受けたのと異なり，朝鮮総督は，事実上総理大臣の監督を受けずに，行政権，軍隊統帥権，立法権，司法権を掌握することになったのである。

このような経緯を経て，1912年3月18日に「朝鮮刑事令」（制令第11号）が公布され，同年4月1日に施行された。朝鮮刑事令1条は，「刑事ニ関スル事項ハ本令其ノ他ノ法令ニ特別ノ規定アル場合ヲ除クノ外左ノ法律ニ依ル」と規定し，日本の刑法や刑事訴訟法など12の刑事法を朝鮮に適用した。しかし，実際には多くの例外が認められていた。すなわち，植民地統治の効率性と訴訟経済のために，植民地特例として人権保障規定が排除されたり，手続の迅速化を図るために強制権限が強化される等，日本の刑訴法とは異なる法を「依用」することになった[11]。たとえば，検事及び司法警察官は，予審判事に準じた強制捜査権限を与えられていた[12]。具体

9）李範燦・石井文廣編『大韓民国法概説』（成文堂，2008年）7～8頁〔李範燦執筆〕。

10）高翔龍・前掲注2）22頁。なお，大日本帝国憲法では，基本権は法律によらなければ制限することができなかった。これに対して，朝鮮では，朝鮮総督の命令である制令によって，基本権を制限し得ることになった（金哲洙『韓国憲法の50年—分断の現実と統一への展望—』（敬文堂，1998年）87頁）。

11）성경숙・前掲注6）362～363頁。植民地統制の効率性等を重視した特例は，韓国では「毒素条項（독소조항）」と称されている。当時の朝鮮や現在の韓国において，朝鮮刑事令を介して日本法に依ることは，「依用」と称されている。氏家・前掲注3）「捜査関連規定（1）」343～344頁を参照。

的には，検事及び司法警察官は，現行犯の場合には，予審判事の強制権限を付与されていた（朝鮮刑事令11条）。また，検事及び司法警察官は，現行犯でない場合であっても，急速な処分を要する場合であれば，公訴提起前に限り，令状を発付して検証・捜索・差押をしたり，被告人又は証人を尋問したり，鑑定を命ずることができた（同12条）[13,14]。さらに，司法警察官は，朝鮮刑事令11条及び12条によって被告人を訊問した後，「禁錮刑以上の刑に該当すると思料するときは，14日を超えない期間で，留置すること」が認められていた（同13条1項）。これらの規定によって，捜査機関は，予審判事に準じた強制捜査を行うことができた[15]。

その他に，このような強制捜査に基づいて捜査機関が作成した調書に証拠能力を付与したり（同14条），被告人の弁護人が上訴手続を代理して行うことを禁止する（同28条）等，捜査の便宜・合理性や訴訟経済の観点から，被告人の権利を制限した。

既にみたように，日本は，1909年に警察権を掌握していた。そのため，このような強制処分権限を捜査機関に認めた朝鮮刑事令は，朝鮮人に対する差別的刑事法としての機能を果たした[16]。この時に韓国に依用された日本の刑訴法は，1890年に制定されたフランス法体系の刑事訴訟法典であった。したがって，韓国は，この時点で初めて，大陸法系の刑訴法を継受することになった[17]。その後，1922年に日本の刑訴法がドイツ刑事訴訟法（1877年）の影響を受けて再び制定された際には，朝鮮刑事令が制令第14号によって改正され，いわゆる大正刑訴法が依用された[18]。

1945年8月15日，日本の敗戦によって朝鮮の植民地統治は終わった。そ

---

12) 성경숙・前掲注6）364〜366頁，신동운『신형사소송법〔제5판〕』（법문사，2014년）264쪽等。
13) 但し，罰金・科料・費用賠償の宣告をする権限は除外されていた。
14) 朝鮮刑事令12条1項は，検事の強制処分権限を規定し，同条2項によってこれを司法警察官に準用した。
15) 司法警察官の「独自留置権」は，1922年に大正刑訴法を依用することによって，10日間に改められた。詳細は，次章を参照。
16) 李範燦ほか・前掲注9）8頁〔李範燦執筆〕，高翔龍・前掲注2）22頁。
17) 성경숙・前掲注6）362頁。

して，大韓民国政府が樹立された。しかし，大正刑訴法は，韓国の現行刑訴法が1954年に公布・施行されるまで使用されることになる。以下では，憲法及び刑訴法の制定過程と，現在までの主たる改正を概観し，2007年の刑訴法大改正へと至る経緯を確認したい。

2．憲法及び刑訴法の制定と主たる改正

(1) 韓国制憲憲法の制定過程
　(a) 韓国制憲憲法の制定前史
　　1897年10月，当時の朝鮮は年号を光武（광무）と定め，大韓帝国を樹立した。そして，大韓国国制（대한국국제）を制定した。これは，韓国初の成文憲法であると評されることもある[19]。しかし，全9条から成る大韓国国制は，朝鮮王の権限や統治に関する規定を設ける一方で，人権規定を設けておらず，完全な成文憲法典であるとは言い難いものであった[20,21]。その後，日韓併合期の1919年3月1日，いわゆる3・1独立運動が起こった。その結果，大韓民国議会と上海臨時政府，漢城政府が統合し，大韓民国臨時政府が成立した。臨時政府は，同年4月11日に，全10条から成る大韓民国臨時憲章を制定した。臨時憲章は，独立後の憲法として制定された暫定的な憲法であった[22]。臨時憲章4条は，「大韓民国ノ人民ハ，信教言論著作出版結社集会信書住所移転身体及ビ所有ノ自由ヲ享有スルコト」と

---

[18] 朝鮮刑事令は，1912年の公布以降，1945年までに計12回改正されている。朝鮮刑事令が依用されていた時期は，(1)明治刑訴法の依用期，(2)大正刑訴法の依用期，(3)1944年の戦時体制下の刑事手続の運用期に分類することができる。戦時体制下では，日本と同様に，若干の修正が加えられていた。신동운・前掲注1）151頁注（9）を参照。

[19] 김철수『한국헌법사』（대학출판사，1988년）16쪽.

[20] 장영수「임시정부헌법의 역사적 의미와 대한민국 헌법의 제정」고려법학57권（2010년）217쪽.

[21] 大韓国国制は大日本帝国憲法を模倣したものであり，特に天皇制に関する考え方を取り入れ，朝鮮王制の絶対的権力を規定したものであった（金哲洙・前掲注10）53頁）。その一方で，大日本帝国憲法が規定していた「臣民の権利」は模倣されなかった（同85頁）。

[22] 장영수・前掲注20）219頁.

規定し，人身の自由を規定していた。また，9条は，生命刑，身体刑，公娼制の禁止を規定していた[23]。その後，同年9月11日には大韓民国臨時政府憲法を制定した[24]。臨時政府憲法は，大統領制を基礎とした国家統治に関する規定を中心とするものであった[25]。手続的基本権は，人民の権利と義務として第2章で規定された。すなわち，臨時政府憲法9条は，法律によらない逮捕・査察・尋問・処罰を受けない権利（同条1項）と，法律によらない捜索を受けない権利（同条2項）を明記していた[26]。しかし，臨時政府憲法は，その後の5回に亘る改正の中で大きく変容することになる。第2次改憲では，人民の権利と義務に関する規定が削除された。第3次改憲でも，人民の権利と義務に関する規定を欠いたままであり，この改憲によって裁判所に関する規定も削除された。第5次改憲によって，ようやく基本権や裁判所に関する規定が復活した。これは，植民地統治が終わる1年半前の1944年4月22日のことであった[27]。

以上のように，臨時政府憲法は，組織法的な側面が強かった。また，大韓民国臨時政府が国際的に承認されることはなかった。そのため，臨時政府憲法が憲法規範としての役割を果たすことはなかった[28]。刑事手続規定についても，制憲憲法に大きな影響を与えた形跡は見受けられない。

---

[23] ここでは，天賦人権論に立脚していたとされている（金哲洙・前掲注10）86頁）。
[24] 1987年に全面改正された現行の大韓民国憲法は，その前文で，1919年に樹立した臨時政府の法的正当性を引き継いでいる旨を宣言している。
[25] このとき，臨時政府憲法上の大統領となったのは，後の初代大統領・李承晩（이승만）であった。
[26] 金哲洙・前掲注10）86頁。なお，臨時政府憲法制定に先立つ1919年4月14日，植民地統治に反対してアメリカへ亡命した者が，Philadelphiaで第1回韓人代表会議を開催した。ここでは，アメリカ型の人権論に基づいた決議案が採択された。臨時政府憲法は，この決議案を臨時憲章に加味したものである。
[27] 장영수・前掲注20）220～221頁
[28] 臨時政府憲法に大きな思想的影響を与えた「三均主義」は，その後の韓国憲法や「法統」にも影響を与えているという。「三均主義」とは，「個人間・民族間・国家間の完全な均等と権力・富力・智力（政治・経済・教育）の平等を基本原則とし，これが完全に実現された状態が『世界一家の理想世界』であるとする思想」のことである。「三均主義」に着目して韓国の憲法原理を検討する先行研究として，國分典子『近代東アジア世界と憲法思想』（慶應義塾大学出版会，2012年）がある（特に，第7章～第8章）。

(b) 韓国制憲憲法の制定

　1945年8月14日，日本がポツダム宣言の受諾を決めたことに伴い，日本による朝鮮植民地統治が幕を閉じた。その直後の9月9日，太平洋米国陸軍総司令部布告第1号に基づいて，当時の南朝鮮はアメリカの統治下に置かれた[29]。さらに，朝鮮半島が北緯38度線で南北に分断され，38度線以南はアメリカによる信託統治を受けることになった。この当時の法令は，主に3つに分類することができる[30]。まず，（1）太平洋米国陸軍総司令部布告（Proclamation）である。これは，実質的に憲法に該当する米軍政の最高法規であった。次に，（2）南朝鮮過渡立法議院法律（Public Act）である。これは，1946年12月12日に設置された，米軍政庁の諮問機関に類する南朝鮮過渡立法議院が制定した法律である。最も重要視されたのが，（3）米軍政庁の法令（Ordinance）である。これは，在朝鮮米国陸軍司令官の命令により，米軍政庁軍政長官が発する法律である。米軍政期は，韓国法が英米法的要素を継受するきっかけとなった。後述する刑事訴訟法改正も，米軍政令第176号によって行われた。

　1948年5月10日，米軍政令第175号として公布された国会議員選挙法に基づいて，国連の監視下で198名の国会議員が選出された[31]。そして，5月31日，いわゆる「制憲国会」が開かれ，憲法制定作業が開始された[32]。6月3日には，憲法起草委員30名と専門委員10名から成る憲法起草委員会が設けられた[33]。起草委員会では，兪鎭午（유진오）案を軸にしつつ，権承烈（권승렬）案を参考に，討議が行われた[34]。両委員の草案は，いずれ

---

29) 한국법제연구회편『미군정법령총람—1945-1948〔국문판〕』(한국법제연구회, 1971년) 1쪽.
30) 법제처『헌법주석서Ⅰ〔제2판〕』(법제처, 2010년) 3～4쪽.
31) この選挙では，親日派に選挙権・被選挙権を認めず，選挙人に自ら登録させる等，アメリカ式の選挙制度を採択した（金哲洙・前掲注10）12頁）。
32) 허영『한국헌법론〔전정9판〕』(박영사, 2013년) 99쪽.
33) 憲法起草委員会委員長は徐相日（서상일）であり，副委員長は李允榮（이윤영）であった。専門委員10名は，兪鎭午（유진오），高秉國（고병국），任文桓（임문환），權承烈（권승렬），韓根祖（한근조），盧鎭卨（노진설），盧龍鎬（노용호），車潤弘（차윤홍），金龍根（김용근），尹吉重（윤길중）であった（법제처・前掲注30）5쪽注（6））。

も政府形態として議院内閣制を規定していた。しかし，一院制議会と大統領制を強く主張する李承晩（이승만）国会議長の意見が反映され，6月23日に国会本会議に上程された[35]。その後，6月30日に第1読会が，7月11日に第2読会が，7月12日に第3読会が，それぞれ終了した[36]。そして，1948年7月17日，一院制議会と大統領制を主要骨子とする大韓民国憲法（制憲憲法）が公布・施行された[37,38]。

ところで，米軍政が制憲憲法の制定に与えた影響が関心事となる。この点は，韓国憲法学においても議論が盛んな論点の1つである。後述するように，制憲憲法の制定に先立つ1948年3月20日，米軍政令第176号「刑事訴訟法の改正」によって，令状主義を軸とする英米法体系の刑事訴訟法が韓国に導入された。これを受けて，制憲憲法9条は令状主義を規定した。このような観点からは，米軍政が制憲憲法に与えた影響を一定程度認めることができる。

しかし，米軍政の影響は，それほど直接的ではなかったという評価もある[39]。これは，アメリカによる対日政策が民主化や非軍事化等の明確な目的を持って行われたのに対して，対南韓政策は当初から明確な目的を欠いていたためである。そのため，韓国の米軍政は，ドイツや日本に進駐した米軍政より，はるかに現状維持的態度で臨んだと言われている[40]。実際に，1945年10月9日米軍政令第11号によって，政治犯処罰法や予防検束法，治安維持法，出版法，思想犯保護観察令等の一定の法令が廃止された

---

34) 허영・前掲注32）99頁。
35) 허영・前掲注32）99〜100頁。
36) 金哲洙・前掲注10）13頁。
37) 制憲憲法の詳細な制定過程については，國分典子「韓国憲法裁判制度の変遷とアメリカ式違憲審査制」大沢秀介・小山剛編『東アジアにおけるアメリカ憲法—憲法裁判の影響を中心に—』（慶應義塾大学出版会，2006年）47〜65頁を参照。兪鎭午の民主主義観に着目し，制憲憲法の基本精神を明らかにする研究として，國分・前掲注28）245〜298頁がある。
38) 1948年7月20日，制憲憲法に基づき国会による間接選挙が実施され，国会議長の李承晩が初代大統領に選出された。
39) 木宮正史『国際政治の中の韓国現代史』（山川出版社，2012年）22頁。
40) 徐勝・韓寅燮「現代韓国の法・政治構造の変動」大久保史郎・徐勝編『現代韓国の民主化と法・政治構造の変動』（日本評論社，2003年）21〜22頁。

ものの，大部分の法令は代替法令の制定まで暫定的に維持された（米軍政令第21号）。また，専門委員の中で唯一の憲法学者である兪鎮午が，ドイツ憲法を基礎とした憲法観を有していたことも影響している[41,42]。実際に，合衆国憲法修正5条及び修正14条に由来する「適法手続条項」は，民主化に伴って改正された1987年の現行憲法まで，憲法に存在しなかったのである。詳細な検討は措くものの，アメリカが制憲憲法に与えた影響は，日本国憲法に与えた影響と比べると，大きなものではなかったといえよう。

(2) 現行憲法の成立
　(a) 現行憲法の誕生
　1948年に制憲憲法が制定された後，韓国憲法は，現行憲法（1987年10月27日改正「第6共和国憲法」を指す。）に至るまでの間に，計9回の改正を経験した。これらの改正の多くは，李承晩や朴正熙（박정희）による独裁体制・軍事政権の維持・強化を目的とするものであった。韓国憲法の改正沿革は，韓国近現代史と両輪を成すのである。後述する刑事訴訟法の制定過程と関連する部分もあるため，各改正とその当時の政治情勢を簡単に辿る[43]。

　第1次改正憲法は，1952年7月4日に国会で可決され，同年7月7日に公布された。これに先立つ1950年5月第2代国会総選挙では，野党が圧勝をみせた。そのため，間接選挙によって李承晩が大統領再選を果たすことが困難になっていた。このような中で，李承晩は，大統領・副大統領を直接選挙で選出し，両院制議会を導入することを骨子とした憲法改正案を国会に提出した。しかし，野党多数の国会は，同改正案を否決した。その後，野党は，議院内閣制を骨子とする憲法改正案を提出した。これを受けて，

---

41) 유진오『헌법의 기초이론』（명세당，1950년）83쪽. 同書所収の論文「わが憲法の輪郭―18世紀の憲法と20世紀の憲法―」の邦訳は，鈴木敬夫編訳『現代韓国の憲法理論』（成文堂，1984年）3～18頁に収められている。
42) 國分・前掲注28）245～298頁。
43) 以下の記述は，金哲洙・前掲注10）11～80頁，高翔龍・前掲注2）78～82頁を中心としつつ，韓国国家法律情報センターのウェブサイトで閲覧することができる各改正憲法の条文を適宜参照した。

与党は，改めて上記改正案と同内容の改正案を提出した。その結果として，両者を折衷した「抜粋改憲」と言われる憲法改正が実現した[44]。抜粋改憲を可決するにあたっては，戒厳令が宣布されたり，国会議員が強制連行・監禁される等，実力が行使された[45]。第１次改正憲法は，国会を両院制とし，大統領と副大統領を直接選挙制によって選出するように規定した。これにより，李承晩は，国民の直接選挙によって大統領に選出された[46]。

第２次改正憲法は，1954年11月27日に国会で可決され，同年11月29日に公布された。第２次憲法改正は，憲法改正に必要な議員定足数を充たさず，改憲案が否決されたにも関わらず，与党が「四捨五入」論を主張し，改憲を強行した。そのため，第２次憲法改正は，「四捨五入改憲」と呼ばれている[47]。第２次憲法改正では，初代大統領に限って三選制限を撤廃し，無制限に立候補し得ることを認める等，李承晩の政策を大きく支えた。四捨五入改憲も，憲法改正に必要な議員定足数を充たしていない等，違憲的憲法改正であるといわれている。

第３次改正憲法は，1960年６月15日に可決され，即日公布された（いわゆる「第２共和国憲法」である。）。これに先立つ同年３月15日，李承晩は，四捨五入改憲に基づいて不正選挙を敢行した（３・15不正選挙）。これに不満を抱いた国民は，４月19日に，いわゆる「４月革命」を行い，同月27日に李承晩が下野することになった。その後，同月29日から，改正憲法の草案作成作業が開始された。第３次憲法改正は，４月革命の影響もあり，国民の基本権を強化したり，議院内閣制を採用したり，憲法裁判所の新設を明記する等，「民主政治の再建と政治的自由の全面的回復」を骨子としたものであった[48]。

---

44) 以上，高翔龍・前掲注２）78頁。
45) この時期は朝鮮戦争の最中でもあり，国会は極めて混乱していた。
46) 抜粋改憲は，一事不再議原則に反することや，公告されていない改正案が国会の自由討論を経ずに可決されたことを理由に，違憲的憲法改正であると評価されている（高翔龍・前掲注２）78頁）。
47) 高翔龍・前掲注２）79頁。

第 4 次憲法改正は，1960年11月29日に，国務総理であった張勉（장면）によって行われた。張勉は，第 3 次憲法改正によって議院内閣制が採用されたために実権を握っていた。第 4 次憲法改正は，李承晩政権下で行われた 3・15不正選挙に関与した者を処罰し，公民権を制限するためのものであった。また，これらを捜査・処罰するために，特別裁判部と特別検察部を設置した[49]。

　第 5 次改正憲法は，1962年12月26日に公布された（いわゆる「第 3 共和国憲法」である。）。これは，軍事クーデターによって政権を獲得した朴正熙によって行われた憲法改正である。ここでは，国家安全保障を理由とする基本権の大幅な制限が認められた。また，大統領の任期を 4 年とし，1 回に限って重任を認める大統領中心制を採用し，大統領に権限を集中させた。加えて，国会を再び一院制にし，憲法改正を国民投票に委ねた。第 5 次憲法改正は，第 4 次憲法を大幅に改正したため，事実上の新憲法制定であると言われている[50]。

　第 6 次改正憲法は，1969年 9 月14日に国会で可決された後，10月17日の国民投票を経て，同月21日に公布された。第 6 次憲法改正は，朴正熙が政権を長期化させるため，憲法が 2 期に限定していた大統領の任期を 3 期まで延ばすことを目的としていた。そのため，「三選改憲」と称されている[51]。

　第 7 次改正憲法は，1972年12月27日に公布された（いわゆる「維新憲法」である。）。維新憲法は，朴正熙の再選を確実にするとともに，大統領の権限を強化するものであった[52]。

---

48) 金哲洙・前掲注10) 17〜18頁。後述するように，実際に憲法裁判所が設置されることはなかった。
49) 髙翔龍・前掲注 2) 79〜80頁。特別検察官制度については，水島玲央「韓国における政治家・高級官僚の不正と特別検察制度」法セミ675号（2011年）42〜45頁を参照。
50) 髙翔龍・前掲注 2) 80頁。なお，朴正熙は，1961年 6 月 9 日に，大法院判事を全員罷免している（金哲洙・前掲注10) 20頁）。この点は，「憲法上の基本権保障に対する考え方」と関連して，後述する。
51) 髙翔龍・前掲注 2) 80頁。

これらの憲法改正は，権威主義体制を構築するために，権力者が改正手続を遵守せずに，政治的実力によって改正を断行したものが多い[53]。そのため，その中心となったのは，大統領の選出方法や再任制限，任期に関する規定の改変であった。被疑者・被告人の権利は，後述するように，刑事訴訟法の改正によって制限されることが多かった。朴正熙による独裁政権・軍事政権に対する民衆の不満は，決して小さいものではなかった。そして，この不満が，徐々に民主化への潮流を作り始める。

　第8次改正憲法は，1980年10月22日の国民投票を経て，同月27日から施行された（いわゆる「第5共和国憲法」である。）。この時期は，朴正熙の暗殺（1979年10月26日），国軍保安司令官であった全斗煥（전두환）による軍事クーデター（1980年5月17日）等，韓国近現代史において大きな転換期であった。そして，1980年5月18日に光州事件[54]が勃発する等，民主化へ向けた動きがより一層強くなっていた時期でもあった。このような中で行われた第8次憲法改正は，拘束適否審査制度を復活させたり，無罪推定原則を宣言する等，刑事基本権を重視するものであった。

　このような経緯を経て，1987年10月29日，現行憲法が公布された（いわゆる「第6共和国憲法」である。）。以下，簡単に経緯を辿る。1987年1月14日，朴鍾哲（박종철）拷問致死事件が発生した。この事件は，ソウル大学校に在籍する学生運動家であった朴鍾哲が，他の運動家の居場所について取調べを受け，水攻め拷問を受けて死亡した事件である[55]。さらに，同

52）維新憲法については，長谷川正安「維新憲法と人権」法セミ299号（1980年）2～8頁，田中良和「『維新憲法』改正の動向と韓国の行方」法セミ306号（1980年）154～155頁等。
53）初宿正典・辻村みよ子編『新解説世界憲法集〔第3版〕』（三省堂，2014年）392頁〔岡克彦執筆〕。
54）光州事件は，全斗煥率いる軍部が戒厳令を宣布した1980年5月18日から同月27日までの間の，光州市民による反軍部・民主化闘争である。同事件では，軍部と民衆が直接に戦闘し，多くの死傷者や逮捕者を生んだ。韓国では，朴正熙暗殺の契機を作った「釜馬事件」（1979年10月）や，全斗煥による軍事クーデター，学生を中心とした民主化運動の中に位置づけられる。すなわち，朴正熙が暗殺された後も，権力掌握を意図してクーデターを起こした韓国軍と，朴正熙政権期から民主化を希求していた国民が直接に対立した事件であり，現代韓国の法や政治構造が転換する起点として理解されている（徐勝ほか・前掲注40）13頁を参照）。

年6月9日には，朴鍾哲拷問致死事件に抗議していた李韓烈（이한열）が，警察官が放った催涙弾の破片を頭部に受けて，後に死亡する事件が発生した[56]。このような中，6月29日，当時の与党民政党代表であった盧泰愚（노태우）は，民主化宣言を行った（いわゆる「6・29民主化宣言」である。）。その後，10月12日に第9次憲法改正案が国会で可決され，10月27日の国民投票によって確定し，10月29日に公布された。現行憲法は，1988年2月25日から施行され，今日に至る[57]。

(b) 現行憲法の概要——刑事人権規定と憲法裁判所創設を中心に

現行憲法は，韓国憲政史上，初めて与野党の合意によって誕生した憲法である[58]。この憲法は，全130ヶ条及び附則6ヶ条から構成されている。現行憲法は，形式的には「憲法改正」によって誕生した。しかし，実質的には「新憲法の制定」であると理解されている[59]。また，これまでの憲法が「憲法規範と憲法の現実が乖離した名目的な憲法」であるとか，権威主義体制を支える道具として「憲法規範自体が悪法」であったと評されるところ，現行憲法は「憲法規範と憲法の現実の乖離を狭め，憲法の規範力を拡大するもの」であるとされている[60]。

ⅰ. 現行憲法の刑事人権規定

現行憲法のうち，本書との関係で重要な点は，基本権を大幅に強化させたことである[61]。憲法10条は，「すべて国民は，人間としての尊厳及び価

---

55) 木宮・前掲注39) 109頁及び注（9）。当初，警察は，朴鍾哲の死因を心臓麻痺であると発表していた。しかし，カトリック正義具現全国司祭団が，朴鍾哲を検死した医師の告白を公表し，その後の「6月抗争」へと繋がった（徐勝ほか・前掲注40) 16頁）。
56) 木宮・前掲注39) 109～110頁及び注（10）。
57) 以下，「現行憲法」ないしは「韓国憲法」と言う場合は，断りが無い限り，1988年2月25日から施行されている第9次改正憲法を指すこととする。
58) 법제처・前掲注30) 17頁。現行憲法の邦訳は，初宿ほか・前掲注53) 391～428頁〔岡克彦執筆〕を参照。
59) 법제처・前掲注30) 17頁。
60) 법제처・前掲注30) 19～20頁。
61) 安部祥太「日韓現行憲法及び現行刑事訴訟法条文対照表・韓国刑事訴訟法改正沿革一覧表—被疑者取調べ関連条文を中心に—」青山ローフォーラム1巻2号（2012年）179～210頁を併せて参照。

値を有し，幸福を追求する権利を有する。国家は，個人の有する不可侵の基本的人権を確認し，これを保障する義務を負う。」と規定し，人間の尊厳性や基本的人権の保障を定める。次に，11条1項は，「すべて国民は，法の前に平等である。何人も，性別，宗教又は社会的身分により，政治的，経済的，社会的及び文化的生活のあらゆる領域において差別されない。」と規定する。

　刑事人権規定は，12条に置かれている。12条1項は，「すべて国民は，身体の自由を有する。何人も，法律によらなければ，逮捕，拘束，押収，捜索又は審問を受けず，法律及び適法な手続によらなければ，処罰，保安処分又は強制労役を科せられない。」と規定し，「適法手続」を規定している。12条2項は，「すべて国民は，拷問を受けず，刑事上，自己に不利な陳述を強要されない。」として，拷問の禁止及び黙秘権を規定している。12条3項は，「逮捕，拘束，押収又は捜索をするときは，適法な手続に基づいて検事の申請により法官が発付した令状を提示しなければならない。但し，現行犯人である場合及び長期3年以上の刑に該当する罪を犯し，逃亡又は罪証隠滅のおそれがあるときは，事後に令状を請求することができる。」として，令状主義とその例外を規定している。12条4項は，「何人も，逮捕又は拘束をされたときは，直ちに弁護人の援助を受ける権利を有する。但し，刑事被告人が自ら弁護人を求めることができないときは，法律の定めるところにより，国家が弁護人を付する。」として，弁護人依頼権及び国選弁護人について規定している。12条5項は，「何人も，逮捕又は拘束の理由及び弁護人の援助を受ける権利のあることを告知されない限りは，逮捕又は拘束されない。逮捕又は拘束された者の家族等，法律の定める者には，その理由及び日時，場所が遅滞なく通知されなければならない。」として，身体拘束の理由及び弁護人依頼権の告知と，親族等への逮捕理由等の告知を規定している。12条6項は，「何人も，逮捕又は拘束されたときは，適否の審査を法院に請求する権利を有する。」として，いわゆる「逮捕・拘束適否審査」を被拘束者の権利として規定している[62]。最後に，12条7項は，「被告人の自白が，拷問，暴行，脅迫，拘束の不当な長期化又は欺罔その他の方法により，自らの意思で陳述したものでないと認めら

れるとき，又は正式な裁判において被告人の自白が本人に不利な唯一の証拠であるときは，これを有罪の証拠とし，又はこれを理由として処罰することができない。」として，自白法則及び補強法則を規定している。刑事人権規定は，日本国憲法と比較して，著しく異なるものではない。

　他方，憲法27条は，日本国憲法に存在しない内容を含んでいる。27条1項は，裁判を受ける権利を規定している。27条2項は，軍事法院に関する規定である。27条3項は，迅速な裁判を受ける権利及び公開裁判を受ける権利を規定している。注目すべきは，27条4項である。同条項は，「刑事被告人は，有罪の判決が確定されるときまでは，無罪と推定される。」として，無罪推定原則を宣言している。また，27条5項は，「刑事被害者は，法律の定めるところにより，当該事件の裁判手続において陳述することができる。」として，刑事被害者の公判における陳述権を規定している。日本国憲法と比較すると，無罪推定原則や被害者の意見陳述権を明文で規定している点が極めて特徴的である。

　さらに，基本権保障との関係で重要な規定として，37条を挙げることができる。37条1項は，「国民の自由及び権利は，憲法に列挙されていないという理由で軽視されない。」と規定している。また，37条2項は，「国民のすべての自由及び権利は，国家安全保障，秩序維持又は公共の福利のために必要な場合に限り，法律によりこれを制限することができるが，制限する場合であっても，自由及び権利の本質的な内容を侵害することはできない。」と規定している。この点は，後述するように，韓国における基本権保障に対する考え方を大きく反映させたものであるといえる。

　ⅱ．憲法裁判所の創設

　次に，現行憲法を本書との関係で眺めると，憲法裁判所を創設したことが重要である[63]。法律に対する違憲審査をいかなる機関が担うかについては，制憲憲法の制定時から盛んに議論されていた。制憲憲法の制定当時，兪鎮午は，憲法委員会の創設を提案していた。これは，アメリカ型の司法

---

62) 逮捕・拘束適否審査を含む身体拘束制度については，安部祥太「未決拘禁と身体不拘束の原則」『新倉修先生古稀祝賀論文集—国境を超える市民社会と刑事人権—』（現代人文社，2019年）200〜216頁を参照。

審査制度が特殊な形態であるという理解と，当時の裁判所が違憲審査を担当し得る程に成熟していないことへの危惧に基づくものである[64]。その後，憲法起草委員会における議論の中で，憲法委員会を設置する案は批判にさらされた。しかし，当時の国会議長であった李承晩の支持を得て，憲法委員会を設置する方向で議論が進められた。その結果，制憲憲法は，法律に対する違憲審査を憲法委員会が担うことを決めた[65]。その後，1960年6月15日の第3次憲法改正では，憲法裁判所の設置が明記され，1961年4月17日に憲法裁判所法が制定された。しかし，実際に憲法裁判所が設置されることはなかった。1972年12月27日の第7次憲法改正では，再び憲法委員会制度が導入された。この憲法委員会は，1980年10月27日の第8次憲法改正でも維持された。このように，1987年の現行憲法制定までは，憲法委員会が法律に対する違憲審査を担っていた。しかし，憲法委員会による違憲審査は，ほとんど行われていなかった[66]。

このような中，1987年の現行憲法は，憲法裁判所の設置を宣言した。現行憲法111条1項は，憲法裁判所の管轄として，法院の提請による法律の違憲可否審判（1号），弾劾の審判（2号），政党の解散審判（3号），国家機関相互間，国家機関と地方自治団体間及び地方自治団体相互の権限争議に関する審判（4号），法律の定める憲法訴願に関する審判（5号）を挙げている。また，その他に，憲法裁判所規則の制定権が認められている（113条2項）。憲法裁判所は，法官の資格を有する9名の裁判官によって

---

63) 韓国の憲法裁判所については，本書で引用したものの他に，宋台植「韓国の憲法裁判所」白鷗8巻1号（1993年）69～99頁，鄭柱白「韓国の憲法裁判の現況と展望」駿大比18号（2010年）1～19頁，「特集　韓国憲法事情からみえるもの」法民470号（2012年）2～40頁等を参照。

64) 유진오『헌법기초회고록』（일조각，1989년）43쪽．

65) 韓国憲法裁判所編『韓国憲法裁判所10年史』（信山社，2000年）11～12頁。

66) 1948年制憲憲法下の憲法委員会は，1961年4月17日に廃止されるまでに計6件の違憲審査を行ったのみであり，実際に違憲決定を下したのは2件であった。また，1972年12月27日に維新憲法によって憲法委員会が復活してから，民主化を達成するまでの約15年間は，憲法裁判が1件も行われなかった（以上，岡田正則・河明鎬「韓国における憲法裁判所および行政法院の機能と役割」早比45巻2号（2011年）3～5頁）。

構成されており，その任命権者は大統領である（111条2項）。このうち，3名は国会で選出する者を，3名は大法院長が指名する者を任命しなければならない（111条3項）。したがって，大統領，国会，大法院長がそれぞれ3名の裁判官を指名することになる。

　憲法裁判所の管轄のうち，本書との関係で特に重要なのは，法院の提請による法律の違憲可否審判（111条1項1号）と，法律の定める憲法訴願に関する審判（同5号）である。法院の提請による法律の違憲可否審判とは，法律や法律条項の違憲性が，提請法院に係属している当該事件の裁判の前提となる場合に，当該事件を審理する法院の提請に基づいて，法律の違憲性を審判する具体的規範統制制度である[67]。なお，憲法委員会が設置されていた時代に，法院が憲法委員会に違憲審査を提請することは稀であった。そこで，憲法裁判所法68条2項は，法院が裁判の前提となる憲法判断を憲法裁判所に提請しない場合に，訴訟当事者が直接に憲法訴願という形式で憲法裁判所に審査を求めることができる旨を規定している。次に，法律の定める憲法訴願に関する審判は，憲法上保障された国民の基本権が公権力によって侵害された場合に，当該公権力の違憲審査を請求し，基本権の救済を求める制度である[68]。

　憲法111条1項5号を受けて，憲法裁判所法は，憲法訴願審判を2通り設けている。1つは，「公権力の行使又は不行使によって，憲法上保障された基本権を侵害された者」が，憲法裁判所に請求するものである（憲法裁判所法68条1項）。この場合，他の法律に救済手続が規定されている場合には，その手続をすべて経た後に限って，憲法訴願を請求することができる（同項但書）。もう1つは，憲法111条1項1号の「法院の提請による法律の違憲可否審判」に基づいて，憲法裁判所法41条1項によって行い得る「違憲可否審判の提請」が棄却されたとき，その申請をした当事者が，憲法裁判所に憲法訴願審判を請求するものである（憲法裁判所法68条2項）。

　このように，韓国の憲法裁判所法は，憲法訴願の方法として，権利救済

---

[67] 韓国憲法裁判所編・前掲注65）75頁。
[68] 韓国憲法裁判所編・前掲注65）77頁。

型と違憲法律審判型の２種類を規定している。ところで，既に述べた通り，現行憲法が制定されるまで，憲法委員会はその役割を充分に果たしてこなかった。これに対して，憲法裁判所は，極めて積極的に審判を行っている。1988年９月１日に憲法裁判所が創設されてから，2019年３月31日までの審判件数等の内訳は，以下の通りである[69]。

区分		受理	合計	処理										取下げ	未処理
				決定											
				計	違憲	憲法不合致	限定違憲	限定合憲	認容	合憲	棄却	却下	その他		
合計		36,279	35,237	34,273	638	249	70	28	698	2,555	7,593	22,432	10	964	1,042
違憲法律		967	921	798	283	77	18	7	0	341	0	72	0	123	46
弾劾		2	2	2					1	0	1	0	0	0	0
政党解散		2	2	2					1	0	0	0	0	0	0
権限争議		104	94	75					17	0	20	38	0	19	10
憲法訴願	計	35,204	34,218	33,396	355	172	52	21	679	2,214	7,572	22,321	10	822	986
	§68①	28,028	27,427	26,727	109	70	20		679	4	7,572	18,265	8	700	601
	§68②	7,176	6,791	6,669	246	102	32	21	0	2,210	0	4,056	2	122	385

憲法裁判所法45条は，合憲決定と違憲決定のみを規定している（なお，憲法113条１項も参照）。しかし，憲法裁判所は，より一層柔軟な判断を行うために，ドイツ連邦憲法裁判所判例に倣って「変形決定」を導入した。違憲決定は，当該法律又は当該法律条項（以下，「当該法律等」と称する。）の効力を喪失させる（憲法裁判所法47条２項）。当該法律等が刑罰に関するものであるときは，遡及してその効力を喪失する（同条３項）。これに対して，憲法不合致決定は，実質的には違憲決定であるものの，法の空白状態を防止するとともに立法を促すために，当該法律等の効力を暫定的に認める決定である。限定違憲決定は，審判対象となった法の条文解釈のうち，特に憲法と調和しないものを，法院による法の解釈・適用から排するものである。この場合，当該条文の効力は維持される。限定合憲決定は，審判対象となった法の条文のうち，憲法に調和しない部分を排し，合憲部分に限るよう縮小解釈するものである。この場合も，当該条文の効力は維持さ

---

69) 헌법재판소사무처「헌법재판소공보」270호（2019.4.20）346쪽.

れる[70]。

　上記の表の通り，憲法裁判所は積極的に憲法判断を下している。そして，韓国の司法制度に確実に定着しているといえる。このことは，かつての憲法委員会が「開店休業状態の装飾的機関[71]」であったことと好対照をなす。とりわけ，憲法裁判所の創設から暫くの間は，民主化以前の法令に対する「法律の違憲可否審判」が多く提請されたため，違憲審判が数多く行われた。また，盧武鉉（노무현）政権時代（2003年2月〜2008年2月）には，与党が国会で少数派となり，政治的な紛争を議会で解決することが困難になったことから，その解決が憲法裁判所に委ねられることが多かった[72]。このような背景も，憲法裁判所が継続してその任を果たす要因となったといえる[73]。

(3)　刑訴法の制定過程と現在までの改正沿革
　(a)　米軍政令第176号「刑事訴訟法の改正」までの経緯
　植民地統治が終わった1945年から，大韓民国がアメリカに承認された1948年までの3年間，朝鮮は米軍政下に置かれた。そして，この時期に，韓国はアメリカ法を初めて継受することになる[74]。まず，アメリカは，1945年10月9日付の米軍政令第11号によって，警察に与えられていた司法権を剝奪したり，犯罪即決例（朝鮮総督府制令第12号）を廃止する等，日本の植民地統治時代の影響を排除することを試みた[75]。また，同年9月から10月にかけて，植民地統治時代に刑事司法に従事していた日本人判事等を全員罷免した。他方で，アメリカは，法体系の急な変革による社会生活の混乱を避けるために，同年11月2日に米軍政令第21号を公布した。こ

---

70)　以上，李範燦ほか・前掲注9）28頁〔金知煥執筆〕を参照。
71)　양건『헌법연구』（법문사，1995년）71쪽.
72)　たとえば，大統領弾劾事件（헌법재판소2004.5.14선고，2004헌나1 결정）や，首都移転事件（헌법재판소2004.10.21선고，2004헌마554，566병합결정）である。
73)　岡田ほか・前掲注66）9頁を併せて参照。
74)　신동운「미국법이 한국형사법에 미친 영향」미국학16권（1993년）32쪽. 以下の記述は，主に同稿に依拠した。
75)　신동운・前掲注74）33頁。

れにより，従来の日本の法規や朝鮮総督府が発した法規のうち，未だ廃止されていない法規の効力を認めることを明らかにした。そのため，この時点では，日本の戦前と同様に，裁判所の一部署として検察局が置かれ，両者を合わせて「司法」とする大陸法系の考え方が維持された。その後，1948年1月1日に裁判所構成法が，同年8月2日に検察庁法が施行され，裁判所と検察庁が分離された。ここに，組織法上の変化として，英米法が取り入れられることになった。

　以上のように，アメリカは，日本の植民地統治時代の名残を取り除くことに重点を置いた。そして，1948年3月20日，米軍政令第176号「刑事訴訟法の改正」を公布した。同1条は，「本令は，不法拘束に対する人民の自由権を充分に保障するため，刑事訴訟法を改正することを目的とする。」と規定し，身体拘束に対する令状審査を軸とした人権保障策を導入することを明らかにした。既に述べたように，依用刑訴法下では，捜査機関に強制処分が与えられ，身体拘束が濫用された。そのため，令状主義を中心に，司法審査によって身体拘束を規律することが喫緊の課題とされたのである。同1条が改正の対象とした「刑事訴訟法」とは，植民地統治時代に用いられ，米軍政令第21号によって効力を有していた依用刑訴法，朝鮮刑事令，その他関連法令を指す[76]。これにより，韓国刑訴法に，令状主義や拘束適否審査制度[77]，接見交通権，保釈制度及び弁護人制度が導入された。その後，令状主義は制憲憲法9条に規定され，憲法上の地位を確立した。このようにして，韓国刑訴法は，英米法の人権保障観を導入した[78]。米軍政令第176号「刑事訴訟法の改正」は，植民地統治のための刑事司法制度から，市民的・人権保障的な刑事司法制度へと転換する契機となったのである[79]。

---

[76] 신동운・前掲注74) 34頁。
[77] 拘束適否審査制度については，安部・前掲注62) を参照。
[78] 白亨球「韓国の刑事訴訟法の沿革と特色」小島武司・韓相範編『韓国法の現在（上）』（中央大学出版部，1993年）426頁。
[79] 신동운・前掲注74) 35頁。

第1章　韓国刑訴法の史的展開　193

(b) 1954年制定刑訴法の制定経緯

1954年制定刑訴法は，1954年9月23日法律第341号として公布され，同年10月14日から施行された。1954年制定刑訴法の制定過程に関する資料は，それほど多くない。これは，資料が朝鮮戦争によって散逸したためである[80]。その後，ソウル大学校の申東雲（신동운）によって，制定過程に関する資料の発掘が行われた。その結果，1990年に，韓国刑事政策研究院によって，392頁に及ぶ「刑事訴訟法制定資料集」が公表された[81]。申東雲は，これに基づいて「制定刑事訴訟法の成立経緯」という論文を公表した[82]。さらに，2009年には，韓国刑事政策研究院の研究叢書として，全北大学校の申洋均（신양균）が，1532頁に及ぶ「刑事訴訟法制定・改正資料集（上）」を公表した[83]。これらは，韓国において1954年制定刑訴法の制定過程を辿る際の必読文献となっている。以下では，主に申東雲の論文に依拠して，1954年制定刑訴法の制定過程を概観する[84]。

1947年12月，米軍政当局は，米軍政令第176号「刑事訴訟法の改正」の公布に先立ち，法典編纂委員会を設置した。しかし，法典編纂委員会は，ほとんど活動を行わなかった[85]。その後，1948年7月17日に制憲憲法が制定・公布され，同年8月15日に大韓民国が樹立した。これに伴い，大統領令第4号により，法典編纂委員会が新たに組織された。この法典編纂委員会は，大法院長であった金炳魯（김병로）を委員長とし，法務部長官兼

---

80) 신동운「제정형사소송법의 성립경위」형사법연구22호（2004년）161쪽.

81) 신동운편「형사소송법 제정자료집」（한국형사정책연구원，1990년）.

82) 신동운・前掲注80) 159〜220頁.

83) 신양균편「형사소송법 제・개정 자료집（상）」형사정책연구원 연구총서2009권（2009년）.

84) 韓国刑事訴訟法の歴史的沿革と関連する先行研究として，氏家仁「韓国における被疑者訊問調書（1）―歴史的沿革と現行法の概要―」比雑47巻3号（2013年）175〜207頁がある。同稿は，朝鮮刑事令から現行法までの連続性を指摘するものであり，1954年制定刑訴法の制定過程に重点を置いている訳ではない。そのため，日本において，1954年制定刑訴法の制定過程を詳細に示した文献は存在しない。このような状況に鑑み，以下では，本書の射程を若干超えて，1954年制定刑訴法の制定過程をできる限り描写することを試みる。

85) 신동운・前掲注80) 161頁。なお，신동운「제정형법의 성립경위」형사법연구20호（2003년）12쪽も併せて参照.

検察総長であった李仁（이인）を副委員長とし，計50名の委員によって構成された。そして，法令毎に分科委員会が設置された。法典編纂委員会は，第5回会議（1949年1月8日）及び第6回会議（同年1月22日）において，17項目に亘る刑事訴訟法要綱案を審議した[86]。ここでは，依用刑訴法を参考に，民主主義的刑事裁判制度の確立を目指すこと，人権保障のために米軍政令第176号「刑事訴訟法の改正」を刑訴法に適切に編入すること等が可決された。

　しかし，草案作成作業は順調に進まなかった。1950年に朝鮮戦争が勃発したためである。このような中，金炳魯は，法典編纂委員会の委員長として，刑事訴訟法草案の作成に専念した。この草案は，依用刑訴法に米軍政令第176号「刑事訴訟法の改正」を取り入れつつ，日本の現行刑訴法を参考にして，韓国の実情に適うよう，大陸法系と英米法系を折衷して作成された[87]。

　その後，金炳魯が起草した刑事訴訟法草案が政府に提出された[88]。草案を受け取った政府は，特段の修正を加えることなく，これを政府草案とし，1953年1月13日に国会に提出した[89]。政府草案を受理した国会は，受理翌日の1953年1月14日，これを法制司法委員会で審議させることにした。ここでは，国民の権利保障に万全を尽くすことが強く意識されていた[90]。その結果，（1）調書の割印制度，（2）拘束被疑者・被告人の弁護人依頼権，家族等への拘束事実の通知，衣類・食糧・医薬品の授受，（3）準起訴手続の導入，（4）無罪判決等が宣告された場合の勾留状失効等，計100項目に及ぶ「法制司法委員会修正案」が作成された[91]。

---

86) 신동운・前掲注80) 162頁。
87) 1954年2月15日に開催された第18回国会定期会議・刑事訴訟法第1読会における金炳魯の発言（신동운・前掲注81) 266頁）。
88) 法典編纂委員会による刑事訴訟法草案の完成時期や，政府提出時期は明らかになっていない。
89) 신동운・前掲注80) 170頁。
90) 1954年1月9日に開催された法制司法委員会公聴会における嚴詳燮（엄상섭）自由党議員の発言（신동운・前掲注81) 108頁）。嚴詳燮は法曹経験者であり，法制司法委員会小委員会で刑事訴訟法草案の審議を主導した人物である。また，1950年から1953年まで，弘益大学校の第3代学長として刑事法を担当したこともある。

第1章　韓国刑訴法の史的展開　　195

1954年1月9日，法制司法委員会は，刑事訴訟法草案に対する公聴会を開催した。これは，1953年12月，金炳魯が民議院議長であった申翼熙（신익희）に対して「刑事訴訟法改正に関する件」という文書を送付し，刑事訴訟法の早急な制定を促したことによるものである[92]。この文書の中で，金炳魯は，「1953年に新刑法が制定されたにも関わらず，手続法である刑事訴訟法が制定されていないため，裁判実務に混乱が生じている」ことを説いていた[93]。次いで，1954年2月15日，法制司法委員会委員長であった金正實（김정실）は，申翼熙に対して「刑事訴訟法案審査報告に関する件」という文書を提出した[94]。これには，法制司法委員会修正案が付されていた。このような経緯を経て，同日，第2代国会第18回会議において，刑事訴訟法案に対する本会議審議が始まった（第1読会）。

　第1読会1日目は，法典編纂委員会による刑事訴訟法草案の提案理由や，法制司法委員会修正案の説明が行われた。翌日の第1読会2日目では，法制司法委員会の小委員会で審議を主導した自由党議員の嚴詳燮（엄상섭）によって，（1）刑事訴訟法案審査の基本原則，（2）検事の不起訴処分に対する統制の必要性，（3）英米法体系と大陸法体系を折衷させる必要性，（4）身体拘束に対する統制拡充の必要性，（5）警察による拷問防止のため，警察官が作成した被疑者取調べ調書と検察官が作成した被疑者取調べ調書の証拠能力に差異を設ける制度枠組みの導入等に関する説明がなされた[95]。本書との関係で重要なことは，嚴詳燮が捜査機関による拷問や自白強要を問題視したことである。そして，これを防ぐために，被告人や弁護人が同意した場合を除き，捜査機関が作成した調書の証拠能力を全面的に否定することを挙げた。他方で，嚴詳燮は，続いて「警察よりも人権感覚が比較的優れている検察が作成した調書までその証拠能力を否定すれば，訴訟遅滞を招き，様々な問題が生じる」という問題を提起した。このよう

---

91) 신동운・前掲注80)　173頁。
92) 신동운・前掲注80)　177〜178頁。
93) 신동운・前掲注81)　79頁。
94) 신동운・前掲注80)　183〜184頁。
95) 신동운・前掲注81)　275〜291頁。

な「調整論的衡量」によって，検察官調書と警察官調書の証拠能力要件が区別された[96]。

　第1読会3日目は，同年2月19日に開催された。ここでは，法制司法委員会修正案に対する質疑応答が予定されていた。しかし，委員の1人であった蘇宣奎（소선규）は，（1）既に1日目に法制司法委員会の修正案に関する説明がなされていること，（2）刑訴法が専門的な法律であることを挙げ，質疑応答及び討論を省略し，第2読会を行うことを提案した。この提案は，出席議員98名のうち66票の賛成を得て可決され，直ちに第2読会が行われた[97]。

　同日に開催された第2読会は，民議院議長であった申翼熙の提案により，逐条審議形式で行われることになった。もっとも，刑事訴訟法案は約480ヶ条に及ぶ膨大な法案であったため，修正案が付されている条文のみを取り扱うことになった[98]。その結果，第2読会は，法制司法委員会委員長の金正實が該当条文を朗読し，申翼熙が異議の有無を確認する形で，極めて形式的に進行された。ところで，第2読会に先立って，大検察庁は，出席議員に対して「刑事訴訟法　法制司法委員会修正案に対する意見」という文書を極秘裡に配付していた。そして，大検察庁が当該文書で異議を示していた，保釈許可決定に対する抗告の不許可を規定した修正案94条2項が朗読されると，出席議員の1人である趙柱泳（조주영）から異議が申し立てられた。これに対して，金正實は，修正案の趣旨を改めて説明した上で，大検察庁が書類を配付したことに対して遺憾の意を示した[99]。そして，保釈許可決定に対する抗告を認めない修正案94条2項について評決を採ったところ，出席議員98名のうち75票の賛成を得て，修正案94条2項が維持された。その後，大検察庁が配付した書類に基づいた異議は述べられず，「一瀉千里に」審議が進行した[100]。第2読会は，附則に対する審議を

---

[96]　신동운・前掲注81）289頁。調書の証拠採用要件については，次章を参照。
[97]　신동운・前掲注80）190頁。
[98]　신동운・前掲注81）293頁。
[99]　신동운・前掲注81）303〜305頁。
[100]　신동운・前掲注80）192〜193頁。

経て，施行日を1954年5月30日にすることを可決した[101]。

第2読会の終了後，申翼熙の提案により，第3読会が省略されることになった。そして，法制司法委員会による字句修正を残すのみとなった。申東雲は，第2読会が2時間30分余りで終了した理由として，(1) 新刑法の施行に伴う刑訴法の早急な制定を求める世論，(2) 実務上の混乱，(3) 3ヶ月後の1954年5月20日に実施予定であった総選挙を挙げている[102]。すなわち，李承晩による野党弾圧に対抗する野党議員は，選挙犯罪に対する告訴・告発と，これに実効性を持たせる手段として，新刑訴法に新設された準起訴手続に大きな期待を寄せていた。

法制司法委員会によって字句修正が行われた後の1954年2月26日，金正實は，申翼熙に対して「刑事訴訟法案　字句整理に関する件」という文書を提出した。これには，条文が整理された刑事訴訟法案も添付されていた。これを受けた申翼熙は，同年2月28日，李承晩に対して「刑事訴訟法案移送の件」という文書を提出した[103]。しかし，約2週間後の1954年3月13日，李承晩は，国務総理であった白斗鎭（백두진）と法務部長官であった徐相懽（서상환）との連名で，「刑事訴訟法案　異議に関する件」という文書を国会に送付した。李承晩は，刑事訴訟法案に対して拒否権を行使したのである。拒否の対象となった主な内容は，(1) 警察官調書の証拠能力要件を厳格にした点，(2) 無罪・免訴・刑の免除・刑の執行猶予・公訴棄却又は罰金・科料を科す判決が宣告された場合に，勾留状が失効するようにした点，(3) 1度身体拘束され，保釈された者を，同一の犯罪事実で再び拘束することを禁じた点，(4) 国会議員が身体拘束された場合，国会の釈放要求があれば，勾留状の執行が停止されるようにした点，(5) 保釈許可決定に対する抗告を禁じた点，(6) 準起訴手続を新設した点等であった[104]。これに対して，大韓弁護士協会は，拒否権発動から2日後，拒否権発動の不当性を主張する「建議書」を国会に提出した[105]。

---

101) 신동운・前掲注81) 331頁。
102) 신동운・前掲注80) 193頁。
103) 신동운・前掲注81) 237〜238頁。
104) 신동운・前掲注81) 239〜245頁。

大統領による再議決要求と，その不当性を主張する大韓弁護士協会の「建議書」を受けた国会は，3月19日，直ちに再議を行った。再議に際して，金正實は，大統領の拒否権行使と先の大検察庁による書類配付に対して，強い不快感を示した[106]。また，李承晩による異議について，その不当性を強調した。刑事訴訟法案の再議の結果は，在籍議員179名，出席議員149名のうち，可決120票，否決27票，棄権1票，無効1票であった。これは，当時の憲法40条が規定していた法案成立要件（在籍議員の3分の2以上が出席した上，出席議員の3分の2以上の賛成を要する）を充たすものであった。その結果，刑事訴訟法案は国会で再可決された。再可決の翌日には，申翼熙が李承晩に対して「刑事訴訟法の再議の件」という文書を送り，再可決されたことを報告した[107]。

　しかし，3月19日に国会で再可決され，3月20日に大統領に移送された刑事訴訟法案は，直ちに公布されなかった。これは，李承晩が通常の手続を無視し，公布・施行を先送りしたためである[108]。その理由として，刑事訴訟法案によって新設された準起訴手続と，5月20日の国会総選挙に関する選挙違反事案の関係が指摘されている。当時の国会議員選挙法118条は，「本章に規定した罪の時効は，3月を経過することにより完成する。但し，犯人が逃亡した際には，その期間は6月とする。」と規定していた。そのため，5月20日総選挙で選挙違反があった場合，この公訴時効は3ヶ月後の8月19日に完成する。仮に，5月20日総選挙で与党側に選挙違反が認められた場合，野党側は告訴・告発をすることになる。しかし，検事が公訴提起をしなければ，公訴時効は停止されない。この時，刑事訴訟法案が法律として公布・施行されていれば，野党側は，新設された準起訴手続を採ることができる。李承晩としては，この総選挙に関して選挙違反があっても公訴時効により訴追が困難になる8月19日以降に，刑訴法を公布する必要があった[109]。

---

105) 신동운・前掲注81) 246～252頁。
106) 신동운・前掲注81) 334頁。
107) 신동운・前掲注81) 253頁。
108) 신동운・前掲注80) 198頁。

結果的に，李承晩が刑訴法を公布したのは，1954年9月23日であった（法律第341号）。そして，制憲憲法40条5項に基づいて，公布の20日後である1954年10月14日から，1954年制定刑訴法は効力を有することになった。
　紆余曲折を経て1954年に制定された刑訴法には，以下の特徴がある。（1）被疑者・被告人の人権保障に重点を置きつつ，人権保障と捜査・裁判の便宜，捜査・裁判の正確性と手続の迅速性がそれぞれ対置され，その調和点を探る形で作成されたこと[110]，（2）刑事法学者が不在のまま作成されたこと[111]，（3）依用刑訴法に米軍政令第176号「刑事訴訟法の改正」を反映させつつ，日本の現行刑訴法を参考に，大陸法と英米法を折衷させたこと[112]等である。
　しかし，実体的真実主義・職権主義の土壌の上にアメリカ法の人権保障規定を設けた1954年制定刑訴法は，その後の政治権力によって，権威主義体制を維持するための道具として用いられる。そのため，1987年に民主化が実現するまでの間に，計6次に亘って大きな改正を経験している。また，民主化以後も，逮捕制度を新設した1995年改正や，本書の検討の中心となる2007年改正等，重要な改正が行われている。

(c)　刑訴法の改正とその概要

　第1次改正法及び第2次改正法は，改正の方向が同じであるため，併せて概観する。第1次改正法は1961年9月1日に，第2次改正法は1963年12月13日に，それぞれ公布された。これらの改正の主要内容は，控訴審構造の変更（覆審制を原則的事後審制に変更した。），証人尋問の方式に関する交互尋問制の採用（161条の2第1項），被告人尋問方式の変更（職権主義的尋問方式を当事者主義的尋問方式に変更した。），伝聞法則の明文化（310条の2），弾劾証拠制度の新設（318条の2）等であり，当事者主義的性格を強化する

---

109) 신동운・前掲注80) 201頁。
110) 1954年1月9日に開催された法制司法委員会公聴会における嚴詳燮の発言（신동운・前掲注81) 107頁）。
111) 1954年1月9日に開催された法制司法委員会公聴会における金炳魯及び嚴詳燮の発言（신동운・前掲注81) 105～106頁）。
112) 1954年2月15日に開催された第18回国会定期会議・刑事訴訟法第1読会における金炳魯の発言（신동운・前掲注81) 266頁）。

ものであった[113]。

　第3次改正法は，1973年1月25日に公布された。この改正の主要内容は，拘束適否審査制度の廃止（201条），緊急拘束の範囲の拡大（206条），必要的保釈の除外事由の拡大（95条），付審判請求の対象の縮小（260条），簡易公判手続（286条の2，286条の3），保釈許可決定に対する検事の即時抗告権限の復活（97条），法院の起訴状変更要求制度（298条），参考人に対する証人尋問制度（221条の2），捜査段階における鑑定留置制度（221条の3），検事の刑執行状制度（473条）等である。第3次改正に先立つ1972年12月27日，第7次憲法改正によって，いわゆる「維新憲法」が成立した。維新憲法は，朴正熙による権威主義体制の構築に大きく寄与した。そのため，第3次刑訴法改正も，権威主義体制を支える検察権の強化を中心とするものであった[114]。

　第4次改正法は，1973年12月20日に公布された。ここでは，第3次改正時に拡大された緊急拘束の範囲（206条）と，必要的保釈の除外事由（95条1号）が，第3次改正以前に戻された。

　第5次改正法は，1980年12月18日に公布された。この改正の主要内容は，第8次憲法改正（いわゆる「第5共和国憲法」である。）の影響もあり，被疑者・被告人の権利保障に重きを置いたものとなった。すなわち，第3次改正法によって廃止されていた拘束適否審査制度の復活（214条の2），無罪推定規定の新設（275条の2）[115]等が行われた。

　このような経緯を経て，民主化及び現行憲法制定後の1987年11月28日，第6次改正法が公布された。この改正は，拘束適否審査制度に関する制限規定を削除することで，拘束適否審査制度を強化したり（214条の2），犯

---

[113] 신동운・前掲注12）1300～1301頁は，弾劾証拠の採用について，裁判官の証明力判断に合理性を提供するために設けられたものであり，その意味で当事者主義的側面を有すると説明している。

[114] 第3次改正法は，「非常国務会議」という超法規的機関によって非公開で審議・制定・公布された。この改正法により，刑事手続の主導権が裁判所から検察に移ったとされる（韓寅燮「権威主義の体制下の司法府と刑事裁判―抑圧と抵抗のドラマ（1972～1987年）―」大久保史郎・徐勝編『現代韓国の民主化と法・政治構造の変動』（日本評論社，2003年）146頁）。

罪被害者の法廷陳述権を保障したり（294条の2），拘束時の告知事項と拘束の通知事項に拘束の理由を追加した（72条，82条，213条の2）[116]。

現行刑訴法は，以前の改正で新設された条項を後の改正で削除する等，試行錯誤を繰り返してきた。このことは，民主化を達成する1987年まで権威主義政権が続き，その間に政府による思想弾圧と民主化運動が攻防を繰り広げてきたことと無関係ではない。その過程で，刑訴法は，徐々に人権保障に重きを置くようになっていった。

(d) 司法制度改革と2007年改正刑訴法

ⅰ．民主化から司法制度改革までの刑訴法改正

韓国刑訴法は，民主化後も，数次に亘って改正を経験している。特に，民主化を達成した1987年から2000年頃までに行われた改正では，身体拘束制度に関する改革が積極的に行われた[117]。以下，主要な改正に限り，その内容を確認する（その他，重要でない改正については，注で説明を加えるに留める。）。

第8次改正法は，1995年12月29日に公布され，1997年1月1日から施行された[118]。改正理由は，1954年制定刑訴法の制定以後の政治的・経済的・社会的な発展・変化に伴う「法規範と現実との乖離」を解消し，民主

---

115) 憲法27条4項は，「刑事被告人は，有罪の判決が確定するまでは，無罪と推定される。」と規定し，無罪推定原則を憲法上で宣言していた。第5次改正は，刑訴法上にも「被告人の無罪推定」規定を設けた。新設された刑訴法275条の2は，「被告人は，有罪の判決が確定するまでは，無罪と推定される。」というものであり，憲法27条4項とほぼ同様のものである。なお，刑訴法275条は「公判廷の審理」に関する規定であり，日本の刑訴法282条に対応するものである。

116) 現行刑訴法の制定及び第1次～第6次改正については，白亨球・前掲注78) 426頁を併せて参照。

117) 배종대・이상돈・정승환・이주원『신형사소송법〔제5판〕』(홍문사，2013년) 6～7쪽.

118) 第7次改正法は，1994年12月22日に施行された。この改正は，行政区画の変更に伴い，当時の刑訴法476条（資格刑の執行）が規定する「資格喪失又は資格停止の宣告を受けた者については，これを受刑者原簿に記載して，遅滞なくその謄本を刑の宣告を受けた者の本籍地と住居地の市・邑・面の長に送付しなければならない。」という文言を，「市（区が設置されていない市をいう。以下，同じ。）・区・邑・面（都農複合形態の市においては，同地域である場合には，市・区の長，邑・面の長とする。）」と改めただけである。

化により基本権保障の強化を要請する声に応えることであった[119]。基本権保障の強化との関係で改正された点は，主に2点である。まず，（1）逮捕制度を新設した点である。もっとも，改正前と同様に，警察に認められた拘束期間は10日間である。そのため，改正前の拘束期間のうち，最初の48時間を「逮捕」と称し，司法審査を2度行うことを目的とするものであった[120]。次に，（2）拘束前被疑者審問制度を導入した点を挙げることができる。これは，拘束令状（日本の「勾留状」に相当する。）の請求を受けた裁判官が，令状発付するか否かを審査する際に，被疑者と直接に対面し，その陳述を聴取する審査である。第8次改正では，拘束前被疑者審問を行うか否かを裁判官の裁量に委ねた。他方で，第8次改正は，「法規範と現実との乖離」を解消するために，実務慣行を追認することにもなった。たとえば，検事の起訴状朗読に代えて，その要旨を述べれば良いとした点や（285条），検事の出席なくして判決の宣告を行うことを認めた点（278条）を挙げることができる[121]。

第9次改正法は，第8次改正法施行と同年の1997年12月13日に施行された。第8次改正法による拘束前被疑者審問制度は，裁判官の裁量により，ほとんどすべての被疑者に対して実施されていた。これに対して，検察側は，身体拘束の可否に関する主導権を検事ではなく裁判官が握っているとして，強い反発を示していた。その結果，第9次改正は，検察側の主張を容れる形で[122]，裁判官の裁量による拘束前被疑者審問制度を廃止した。そして，新たに，被疑者の請求による拘束前被疑者審問制度が導入された（201条の2第1項）[123]。

ⅱ. 司法制度改革

これまで辿ってきたように，日本による植民地統治は，日本の刑訴法を

---

119) 신동운「향후 형사법 개정의 방향―형사소송법의 개정을 중심으로―」서울대학교법학46권1호（2005년）126쪽, 신양균・前掲注83) 401頁。
120) 身体拘束制度の詳細は，安部・前掲注62) の他，第2章「2.（3）現行刑訴法における被疑者取調べ」を参照。
121) 신동운・前掲注119) 126頁。
122) 신동운『신형사소송법〔제3판〕』（법문사, 2011년）24쪽.

依用しつつも，植民地統治の効率性を重視し，予審判事の強制捜査権限を捜査機関に与えるという独特な司法制度の下に展開されてきた。その後，糾問主義的な刑事司法は，権威主義政権によって濫用された。民主化を経て現行憲法を制定した後も，根本的な改革を遂げられないままであった。そのため，民主化後の政権にとって，司法制度改革は重要な課題であった[124]。このような中，金泳三（김영삼）政権は，1995年に世界化推進委員会を組織し，司法制度改革の方向性を示した。次いで，金大中（김대중）政権は，1999年に司法改革推進委員会を組織した。しかし，これらは改革の方向性を示すのみであり，具体的な改革実現には至らなかった[125]。

韓国における近時の司法制度改革は，大法院（日本の最高裁判所に相当する。）が主導した。2003年8月22日，大法院と大統領は，司法改革の共同推進について合議し，大法院傘下として「司法改革委員会」を組織した。そして，（1）大法院の機能と構成，（2）法曹一元化と裁判官採用方式の改善，（3）法曹養成と選抜制度の改善，（4）国民の司法参加，（5）司法サービスと刑事司法制度の改善について，議論が行われることになった[126]。同年10月28日に第1回会議を開催した司法改革委員会は，全体委員会を27回，小委員会を25回開催し，司法制度改革の方向性について議論を行った。2004年11月15日に開催された第24回全体会議では，被疑者・被告人の人権を保障し，国際基準に合致する刑事手続を実現させるために，公判中心主義の確立を満場一致で強調した[127]。そして，同年12月31日，「司法改革委員会最終建議文」を公表した[128]。この建議文は，（1）刑事

---

123) その後，1998年1月1日に第10次改正法が，2002年7月1日に第11次改正法が，それぞれ施行された。第10次改正は，政府組織法の改正に伴うものであり，条文の位置や省庁の名称の変更が行われただけである。第11次改正は，民事訴訟法のうち，執行に関する部分を独立させて「民事執行法」を制定したことに伴うものであり，条文の文言のうち，「民事訴訟法」を「民事執行法」に訂正する（477条3項但書，493条）等の変更が加えられただけである。

124) 以上，김선수『사법개혁 리포트』（박영사，2008년）3쪽を参照。

125) 김선수・前掲注124) 10〜14頁。

126) 노명선・이완규『형사소송법〔제2판〕』（성균관대학교 출판부，2011년）48쪽。

127) 대법원「사법개혁위원회 제24차 회의」（2004년11월15일）.

司法制度の改善の他に，（2）大法院判事（大法官）の構成の多様化，（3）法曹一元化及び裁判官採用方式の改善，（4）法学専門大学院（ロースクール）の導入，（5）国民の司法参加制度（国民参与裁判）の導入，（6）軍事法制度の改善，（7）法曹倫理の確立，（8）懲罰的損害賠償の検討，（9）効率的な紛争処理方法の模索，(10) 裁判記録等の公開等に言及した。そして，これらを具体化するために，司法制度改革推進委員会を設置することを決めた。これにより，2005年1月18日，大統領の諮問機関として司法制度改革推進委員会が設けられ，刑訴法改正に向けた議論が本格化した。この結果は，後述する2007年改正刑訴法へと結実することになる。

ⅲ. 司法制度改革期の刑訴法改正

司法制度改革期の改正のうち重要なものは，第13次改正及び第15次改正である。第13次改正法は，2004年10月16日に施行された[129]。第13次改正は，（1）逮捕・拘束適否審査に関する規定と，（2）未決拘禁日数の通算に関する規定を改めた。これらの規定は，憲法裁判所の憲法不合致決定を受けていたため，改正を余儀なくされていたのである。まず，（1）逮捕・拘束適否審査に関する規定について述べる。従来，刑訴法は，逮捕・拘束適否審査の請求人を，被疑者等に限定していた（旧314条の2第1項）。これに基づいて被疑者が逮捕・拘束適否審査を請求したとしても，検事が法院の決定を待たずに「電撃的に」被疑者を起訴した場合[130]，「被疑者」の身分は「被告人」に移行することになる。この場合，法院は，「被告人」が「被疑者」の段階で行った逮捕・拘束適否審査の請求を棄却する他なかった。これに対して，憲法裁判所は，当時の刑訴法（第12次改正法）は被

---

128) 대법원「사법개혁위원회 최종건의문」(2004년12월31일).

129) 第12次改正法は，2004年1月20日に施行された。この改正は，検察庁法の大幅な改正に伴うものであった。検察庁法の改正は，検事の独立性及び中立性をより一層保障するために，検察総長以外の職級を「検事」に一本化したり，検事の「事なかれ主義（무사안일）」を防ぐために検事適格審査制度を導入する等，検察組織の大幅な改革を目的とするものであった（신양균・前掲注83）708頁）。第12次改正では，刑訴法の条文のうち，検事の名称に関する文言が変更された（84条，261条，471条）。

130) 韓国では，このような起訴は，「電撃起訴（전격기소）」と称されることがある（신동운・前掲注12）378頁）。

疑者から逮捕・拘束適否審査を剥奪するものであるとして，憲法不合致決定を下した[131]。この憲法不合致決定を受けて，第13次改正法は，公訴提起後であっても逮捕・拘束適否審査を継続することができるように，新たに文言を追加した（214条の2第3項及び第4項）。次に，（2）未決拘禁日数の通算に関する規定について述べる。従来の刑訴法は，未決拘禁日数として本刑に通算する日数から，上訴提起期間である7日間を除外していた（旧482条1項）。この規定に対して，憲法裁判所は，身体の自由を侵害し，平等原則に反するとして，憲法不合致決定を下した[132]。この憲法不合致決定を受けて，第13次改正法は，上訴を検討した上訴提起前の期間を本刑に算入することができるように改正した（482条2項及び3項）。

　第15次改正法は，2006年8月20日から施行された[133]。この改正の主眼は，国選弁護制度の拡充である。憲法12条4項は，「何人も，逮捕又は拘束をされたときは，直ちに弁護人の援助を受ける権利を有する。但し，刑事被告人が自ら弁護人を求めることができないときは，法律の定めるところにより，国家が弁護人を付する。」として，弁護人依頼権及び国選弁護人について規定している。第15次改正法は，これをより一層具体化するために，拘束前被疑者審問を受ける被疑者，拘束された被疑者，拘束された被告人に対しても国選弁護人を付し，その効力は第一審が終了するまで継続する旨を明記した（201条の2第9項）[134]。

　　iv. 2007年改正刑訴法

　このような経緯を経て，2007年6月1日，第17次改正法（以下，「2007年改正刑訴法」と称する。）が公布された。この改正は，「刑事手続において，

---

131) 헌법재판소2004.3.25선고, 2002헌바104결정.
132) 헌법재판소2000.7.20선고, 99헌가7 결정.
133) 第14次改正法は，2008年1月1日に施行された。この改正は，2005年3月31日に民法上の戸主制度が廃止されたことに伴うものであり，弁護人選任権者等として明記されていた「戸主」という文言が削除された。
134) 第15次改正の後，2007年5月17日に，第16次改正法が施行された。この改正は，「家族関係の登録等に関する法律」が改正されたことに伴うものであり，刑訴法の各条文のうち，「本籍地」あるいは「本籍」という文言が「登録基準地」と改められただけである（241条，284条，315条，476条）。

被告人及び被疑者の権益を保障するため，身柄拘束制度及び防禦権保障制度を合理的に改善し，公判中心主義的な法廷審理手続を導入し，裁定申請（準起訴手続）の対象を全面的に拡大することにより，本法の関連規定を体系的に整備・補完する一方，国民の知る権利の保障及び司法に対する国民の信頼向上のため，刑事裁判記録の公開範囲を拡大する等，現行刑事訴訟制度の運営上現れた一部の不備を改善・補完すること」を目的とするものであった[135]。2007年の刑訴法改正は，司法改革推進委員会による議決事項を反映し，計196の条文を変更する等，全面改正というべきものであった。

2007年改正刑訴法の主な特徴は，（1）被疑者の防禦権強化，（2）身体拘束制度の改善，（3）裁定申請制度の改善，（4）公判中心主義に即した法廷審理手続の導入，（5）証拠法体系の整備である。また，2007年改正刑訴法の公布と同日に，「国民の刑事裁判参与に関する法律」（法律第8495号）が公布・施行された。

本書の主題である被疑者取調べは，この2007年改正刑訴法によって，大変革を迎えることになった。主な内容は，（1）黙秘権告知規定の独立と，Miranda告知に倣った告知内容の明文化（244条の3），（2）被疑者取調べへの弁護人立会権の明文化（243条の2），（3）被疑者取調べ録音・録画制度の導入（244条の2）等である。その他，（4）判例法理であった違法収集証拠排除法則を明文化したり（308条の2），（5）身体拘束について，「不拘束捜査原則」を宣言する（198条1項）等，改正内容は多岐に亘る。これらの点は，本書の検討対象であるため，第3章「韓国における被疑者取調べの憲法的規制」で詳細に取り扱う。

(e) 刑訴法改正と社会的背景——「韓国法」形成の過程

以上のように，韓国刑訴法は，短期間に極めて多くの改正を重ねてきた。これらは，大きく4つの時期に分類することができる[136]。

第1期は，定着期である。これは，1954年制定刑訴法の制定から，1972

---

135) 국가법령정보센터「2007.6.1일부개정『형사소송법』（법률제8496호）개정이유」．

136) 노명선ほか・前掲注126) 44頁。

年の第3次改正までの間である。ここでは，戦前の依用刑訴法に英米法の理念を折衷させながら，韓国に新たな刑訴法が定着する過程であった。第2期は，反動期である。これは，1972年の第3次改正から，1980年の第5次改正までの間である。社会情勢に目を転じると，この時期は，朴正煕による維新改憲が行われ，権威主義体制がより一層強固に築かれた時期である。そのため，検察権限の強化等が改正の中心であった。第3期は，転換期である。これは，1980年の第5次改正から，民主化を経て，1997年の第9次改正法までの間である。この時期は，人権保障をスローガンに，これまでの刑事手続の精神とは大きく異なる方向へと舵を切った時期である。身体拘束制度に関する改正等が目立つのは，権威主義体制が刑事手続を濫用したことを省みるものであろう。そして，第4期は，変革期である。これは，司法改革や2007年の大改正などを経て，現在へ至る期間である。第4期では，第3期で清算できなかった権威主義体制下の影響を払拭するために，弁護権の拡充や被疑者の諸権利の強化，権利保障のための手続的措置の整備等が行われた。

　韓国における近時の刑事司法制度改革は，日本の植民地統治時代や米軍政時代から引き継がれた刑事手続を改革するという意味で，連続性を有するものである。それと同時に，国際水準との合致を追求し，「韓国法」を築く過程でもある。

3．韓国における憲法上の基本権保障に対する考え方

　韓国における近時の刑事司法制度改革は，日本による植民地統治の時代から引き継がれた刑事手続を改善し，被疑者・被告人の権利保障を強化・拡充する過程である。そこでは，戦前の刑事手続と，それを改悪・濫用した権威主義体制を反省し，民主化を経て強調されてきた権利保障を実現するために，度重なる刑訴法改正が行われてきた。その意味で，2007年に行われた刑訴法の大幅な改正は，戦前から連続した流れの中に位置づけられる。

　このような中で，被疑者・被告人の諸権利に対する考え方は大きく変化

してきた。その背景には，現行憲法によって創設された憲法裁判所の影響がある。この点は，本書の主題である「被疑者取調べの憲法的規制」とも密接に関連する問題である。また，現行憲法における刑事人権規定や，それを受けた刑訴法上の諸規定，憲法裁判所による積極的な権利救済を読み解く背景となる。そこで，以下では，韓国における憲法上の基本権保障に対する考え方について，可能な限り描写することを試みる[137]。

(1) 民主化以前の基本権とその保障
　(a) 権威主義体制と基本権の実定権的理解
　1919年の大韓民国臨時憲章及び大韓民国臨時憲法は，基本権の考え方として，天賦人権論を採用していた[138]。しかし，1948年制憲憲法は，基本権について，天賦のものではなく，実定憲法上の権利であると位置づけた[139]。制憲憲法は，大日本帝国憲法とワイマール憲法に倣い，各条項に「法律の留保」を認める文言を盛り込んでいたのである。その後，「4月革命」の影響を受けた1960年第3次憲法改正では，法律の留保を認める文言を各条項から削除した。これに伴い，基本権は，自然権としての側面を強くした。しかし，1962年第5次憲法改正では，法律の留保を認める文言が各基本権条項に再び明記された。そして，以前のように，基本権は実定権としての性格を帯びるようになった[140]。基本権は実定権であるという理解は，その後も憲法を支配し続けた。

　このような理解に変化が訪れるのが，1980年第8次憲法改正である。ここでは，1962年の第5次憲法改正以来，長い間憲法に明記されていた「法

---
[137] 韓国人の法意識に関する先行研究として，「特集　東アジアの法意識—日本と韓国を中心にして—」ジュリ1007号（1992年）12〜52頁所収の各論文，梁承斗（岡克彦訳）「現代韓国人の法意識に関する一考察」北法46巻1号（1995年）150〜169頁，久保山力也「韓国における法意識研究の展開とその問題点—韓国『法意識論』の構築へ向けて—」九法90号（2005年）97〜168頁，高翔龍・前掲注2）31〜75頁等がある。
[138] 金哲洙・前掲注10）86頁。
[139] 金哲洙・前掲注10）90頁。
[140] 金哲洙・前掲注10）92頁。

律の留保」を認める文言が各条項から削除された。この傾向は，民主化後の1988年に施行された現行憲法によって，より一層明確なものとなった。

民主化以前の韓国では，憲法上の基本権は，約30年に亘って実定権として理解されてきた[141]。その理由として，制憲憲法の制定者が大日本帝国憲法を修めていたことが挙げられている[142]。制憲憲法28条は，「国民のすべての自由と権利は，憲法に列挙されていないという理由で軽視されてはならない。国民の自由と権利を制限する法律の制定は，秩序維持と公共の福利のために必要な場合に限る。」と規定していた。しかし，当時の基本権に対する理解は，戦前のドイツや日本における法実証主義に基づくものであった。そして，イェリネックの「地位説」に基づく基本権の分類と，シュミットの「制度保障論」に基づく議論が展開されていた[143]。このような中で，制憲憲法28条は死文化し，基本権を実定権として理解することが一般化していった[144]。

大法院も，基本権を実定権として理解する立場を明確に支持していた。1975年の民青学連に対する上告審判決が，それである。この判決は，被告人の国家保安法違反等の行為が，権威主義体制に対して抵抗する権利（以下，「抵抗権」と称する。）の行使として正当化されるか否かについて言及している。大法院は，被告人等が前提とする抵抗権の論理について，その概念自体が曖昧で不明確であるのみならず，「実存する実定法秩序を無視した，超実定法的な自然法秩序内での権利主張であり，このような前提下における権利として，実存的法秩序を無視した行為を正当化するものであ

---

[141] 1948年に制憲憲法が制定されてから1987年に民主化を迎えるまでの39年間のうち，基本権が絶対性を有していたのは，第3次憲法及び第4次憲法が適用されていた約2年と，第8次憲法が適用されていた約7年のみである。

[142] 戦前の朝鮮では，穂積八束等の教科書が頻繁に使用されていた。第1部第1章注3）を参照。

[143] 金哲洙・前掲注10）95頁。なお，金孝全「カール・シュミット憲法理論の韓国的展開」鈴木敬夫編訳『現代韓国の憲法理論』（成文堂，1984年）61～122頁，桂禧悦「憲法観と基本権理論—基本権の性格変遷に関する考察—」鈴木敬夫編訳『現代韓国の基本権論』（成文堂，1985年）13～66頁等を参照。

[144] 稲正樹・孝忠延夫・國分典子編『アジアの憲法入門』（日本評論社，2010年）43頁〔岡克彦執筆〕。

ると解釈される。しかし，実存する憲法的秩序を前提とした実定法の範疇内で，国家の法的秩序の維持をその使命として司法機能を担当する裁判権行使に対し，実存する憲法的秩序を無視した超法規的な権利概念によって，現行の実定法に違背した行為を正当化する主張をすることは，それ自体のみでこれを受け入れることはできない」と判示した[145]。この判決によって，（1）裁判所は，自然法的な権利主張を受け入れないこと（法実証主義に依拠すること），（2）裁判所の役割は実定法の維持に限られること（司法消極主義を採用すること）が明らかにされた[146]。このような考え方は，1980年にも確認されている。大法院は，朴正煕の暗殺に関して，「現代立憲自由民主主義国家の憲法理論上，自然法から湧き出た自然権としてのいわゆる抵抗権が，憲法その他の実定法に規定されていないにも関わらず，現存する権利として認められるべきであるという論旨が是認されたとしても，その抵抗権が実定法に根拠を置かず，専ら自然権にのみ根拠を置いている限り，法官はこれを裁判規範として援用することができない」と判示したのである[147]。

「基本権は実定権である」という権威主義政権の理解は，権力の自己抑制と国民の自由を強調する法治国家的要請を拒絶することになった[148]。ここでは，法は「統治の手段」以上の意味を持たず，「国民の自由を制限・抑圧し，権力の意志をそのまま実現させる手段」として機能した[149]。

(b) 維新憲法下の刑事司法制度

この頃の刑事司法は，次のような様相を呈していた[150]。まず，司法は，権威主義政権によって掌握されていた。政権に反する判断を下す判事の再任を拒否したり，大統領が大法官9名すべてを罷免して自ら判事を指名する等，司法の独立性は有名無実化された。このような裁判所では，司法審

---

145) 대법원1975.4.8선고, 74도3323판결．
146) 韓寅燮・前掲注114) 165頁。
147) 대법원1980.5.20선고, 80도306판결．
148) 徐勝ほか・前掲注40) 26頁。
149) 韓寅燮・前掲注114) 137頁。そのため，「政治的に反対する者に対してはもちろん，国民一般に対しても法はテロ以外の何物でもなかった」という（同138頁）。
150) 以下の記述は，韓寅燮・前掲注114) 137～174頁に依る。

査が充分に機能せず,「検察の『令状発付担当部署』」のような状態であった[151]。さらに,専ら機械的な法適用を行ったり,公安・時局事件で起訴状や論告等を引き写したような判決を下す等,「国民の最後の人権守護機関であるべき法院」が,その役割を放棄していた[152]。また,検察は,法務部長官と大統領の指示を直接に受け,権威主義体制の手足として,さらには「権力意志を代弁する機関」として,権威主義体制を支える役割を果たしていた[153]。

このような裁判所と検察の役割は,とりわけ維新憲法(1972年第7次改正憲法)下で顕著であった。既述の通り,維新憲法下の1973年,刑訴法は検察権限を大幅に拡大する改正を経験した。これによって,刑事司法は,権威主義体制と直結した強固な「検察官司法」となった。憲法上の基本権との関係では,制憲憲法以来,憲法上の権利として規定されていた拘束適否審査制度が廃止された。廃止の根拠は,(1)拘束令状発付の際に司法審査を経ているにも関わらず,拘束の適否を改めて審査することは重複審査であること,(2)事実上,弁護人を選任し得る富裕層のみが拘束審査を受けられるという資力による差異を是正することであった[154]。しかし,実際には,身体の自由を不法に侵害された被疑者の救済手段を奪うものであった。

民主化以前の韓国では,憲法上の権利は実定権であると理解されていた。そして,身体拘束を濫用し,拷問等が行われていた。「基本権は実定権である」という理解と,強固な権限を有する検察官を中心とした刑事手続は,権威主義体制を支える道具として機能していた。これに対して,憲法裁判所の前身である憲法委員会も,基本権侵害に対する救済機関としての役割を果たせなかった[155]。

---

151) 韓寅燮・前掲注114) 142頁。
152) 韓寅燮・前掲注114) 144頁。
153) 韓寅燮・前掲注114) 144〜145頁。
154) 韓寅燮・前掲注114) 147頁。
155) 鄭宗燮「韓国の民主化と憲法裁判所」大久保史郎・徐勝編『現代韓国の民主化と法・政治構造の変動』(日本評論社,2003年) 61〜135頁も参照。

(2) 民主化以降の基本権とその保障
　(a) 基本権の自然権的理解
　民主化後に制定された現行憲法10条は,「すべて国民は,人間としての尊厳及び価値を有し,幸福を追求する権利を有する。国家は,個人の有する不可侵の基本的人権を確認し,これを保障する義務を負う。」と規定した。この条文は,日本国憲法13条とドイツ憲法１条を土台とし,権威主義体制下で基本権を実定権と解してきたことを省み,基本権の自然権性・天賦人権性を強調する[156]。韓国で,「人権」や「基本的人権」という語よりも,ドイツ法学に倣った「基本権（Grundrechte）」という語が用いられるのは,このような基本権の性格を強調するためである[157]。憲法10条は,韓国憲法上の基本権尊重主義を規定した根本規範として,すべての基本権規定に関する解釈を拘束する根本原理であり,国家権力や国家利益よりも人間の尊厳と価値・幸福追求権が優先することを宣言したものであると解されている[158]。

　(b) 憲法裁判所と司法積極主義
　民主化以前の大法院は,司法消極主義を採用することを明らかにしていた[159]。しかし,朴正煕の暗殺以後,民主化運動が最盛を迎えるにつれて,裁判官の意識も徐々に変わり始めた。たとえば,軍法会議の管轄権に関する1985年大法院判決に付された李會昌（이회창）大法官による少数意見は,次のように述べている。すなわち,「実質的な司法権の独立は,憲法の規定のみによって確保されるものではなく,国家権力相互間の均衡と牽制を通じて,法院が憲法解釈と司法審査の各機能を実際にどの程度活用するかに依拠している」と[160]。

　民主化によって転換した基本権に対する考え方は,憲法裁判所の創設と積極的な活動によって,具体化・現実化した。憲法裁判所は,それ以前の

---

[156] 金哲洙・前掲注10) 51頁,60頁。
[157] 稲ほか・前掲注144) 43頁〔岡克彦執筆〕。
[158] 金哲洙・前掲注10) 67～68頁。
[159] 대법원1975.4.8선고, 74도3323판결, 대법원1985.5.28선고, 81도1045판결.
[160] 대법원1985.5.28선고, 81도1045판결.

憲法委員会がその任を充分に果たせなかったことを省みて，国民の基本権保障のために積極的に審査申立てを容れ，違憲決定を次々と下した。ここで司法積極主義のモデルとされたのは，1960年代のアメリカ合衆国最高裁—Warren Courtであったという[161]。これにより，権威主義体制下で制定された法律や条項の多くに対して違憲決定が下されることになった。その結果，現行憲法が「現実に根をおろした規範力のある憲法」として発展し[162]，法制定・法適用における憲法の優位・憲法的統制が実効化し，社会的・政治的争点を憲法化することになった[163]。さらに，これに伴い，「国民の憲法意識と政治的雰囲気」が成熟した[164]。憲法裁判の活性化に伴い，憲法に対する国民の理解も高まり，主権者として憲法に依拠し，国家権力の濫用と誤用に対する是非を問うことがようやく可能になったのである[165]。

(c) 憲法裁判所と刑事司法

Miranda判決を示したWarren Courtに学んだ憲法裁判所は，刑事司法分野でも重要な判断を数多く行っている。特に，身体の自由に関するものが顕著である。これは，権威主義体制下で拷問等が横行した背景として，不法・不当な身体拘束が濫用されたためであろう。たとえば，(1) 反国家活動を「讃揚・鼓舞」した場合に[166]，刑訴法が規定する期間よりも長く拘束することを認めていた国家保安法に対する違憲決定[167]が挙げられ

---

161) 韓寅燮・前掲注114) 169頁。
162) 姜京根「韓国の憲法—その概観と特徴—」尹龍沢・姜京根編『現代の韓国法—その理論と動態—』(有信堂高文社，2004年) 19頁。
163) 韓寅燮・前掲注114) 169頁。
164) 韓国憲法裁判所編・前掲注65) 79頁。1970年代までは韓国人法学者が圧倒的に不足しており，1980年代頃から韓国人法学者による研究が徐々に蓄積されてきた。現行憲法の制定は，このような学問的発展と時期を同じくするものである。その結果，国民の憲法意識と権利意識が高まったという。
165) 鄭宗燮・前掲注155) 70頁。
166) 国家保安法7条1項は，「讃揚・鼓舞等」という見出しで，「国家の存立・安全又は自由民主的基本秩序を危うくするという情を知りながら，反国家団体，その構成員又はその指令を受けた者の活動を称賛・鼓舞・宣伝又はこれに同調したり，国家変乱を宣伝・扇動した者は，7年以下の懲役に処する。」と規定している。
167) 헌법재판소1992.4.14선고, 90헌마118결정.

る。この違憲決定は,「タブー視」されてきた国家保安法の規定に違憲決定を下したとして,基本権保障を重要視する憲法裁判所の司法積極主義を如実に示す決定であると評されている[168]。その他に,(2)無罪等の判決が宣告された場合に,拘束令状が失効する旨を規定した刑訴法331条但書が,死刑,無期,10年以上の懲役又は禁錮が求刑された事件については例外としていた点について,身体の自由を過度に制約するものであること,身体拘束の可否を検事の求刑に依拠させるものであること等を理由に違憲とした決定[169]や,(3)法院の保釈許可決定に対する検事の即時抗告を認め,抗告審が確定するまで保釈執行が停止されるとした刑訴法97条に対する違憲決定[170]等が挙げられる。

　その他に,(4)刑事裁判の確定記録を閲覧・謄写することは,法益の均衡を保つ限り,国民の基本権であるとした決定[171]や,(5)被告人・弁護人が捜査記録を閲覧・謄写することは,他の法益を侵害しない限り,公正な裁判を受ける権利及び弁護人の援助を受ける権利から認められる基本権であるとした決定[172]がある。このうち,(5)捜査記録の閲覧・謄写については若干の補足が必要であるため,以下に簡潔に示す。1954年制定刑訴法は,裁判所・裁判長の職権によって証拠調べを行うよう規定していた。その後,1961年第1次改正法によって当事者主義的性格が強化され,被疑者・弁護人の証拠閲覧・謄写権が明文化された。第1次改正法35条は,「書類,証拠物の閲覧謄写」という見出しで,「弁護人は,訴訟係属中の関係書類又は証拠物を閲覧又は謄写することができる。」と規定した。韓国では,1982年刑事訴訟規則改正まで起訴状一本主義が採用されていなかったため,検事は公訴提起後に一件記録を裁判所に提出していた[173]。そのため,弁護人は,第1次改正によって新設された法35条に基づいて,訴訟

---

168) 鄭宗燮・前掲注155) 76頁。
169) 헌법재판소1992.12.24선고, 92헌가8 결정.
170) 헌법재판소1993.12.23선고, 93헌가2 결정.
171) 헌법재판소1991.5.13선고, 90헌마133결정.
172) 헌법재판소1997.11.27선고, 94헌마60결정.
173) 손우태「형사소송법상 증거개시제도」외법논집34권 1호(2010년) 207쪽.

記録を閲覧・謄写することができたのである。その後，1982年刑事訴訟規則改正によって，起訴状一本主義が明文化された（刑訴規則118条2項）。しかし，刑訴規則の改正以後も，検事が一件記録を裁判所に提出する実務慣行が採られ，起訴状一本主義は徹底されなかった[174,175]。もっとも，弁護人は，法35条に基づいて，すべての事件記録を閲覧・謄写することができた訳ではない。検事がすべての証拠を裁判所に提出しなかったためである。検察は，裁判所に提出しなかった証拠の閲覧・謄写を認めず，公判期日で突然提出するという運用を行っていた。そのため，被告人は防禦準備に支障を来たし，不意打ちに対応しなければならない状況であった[176]。上述の憲法裁判所1997年決定は，このような中で示されたものである。その後，韓国では，国民参与裁判の導入を契機として，起訴状一本主義と証拠開示制度に関する議論が盛んに展開された。そして，2007年刑訴法改正によって，証拠開示制度が導入された[177]。

他に，本書との関係で重要な憲法裁判所決定として，被疑者・被告人と弁護人との接見交通権は如何なる名分であっても制限し得ないとした決定[178]や，被疑者取調べへの弁護人立会いを認めた決定[179]等が挙げられる。

このように，韓国は，「基本権は実定権である」という過去の理解から脱し，「基本権は自然権である」という理解に立ち，実効的・実質的な権利保障を追求している。そして，司法積極主義を採る憲法裁判所が中心となって画期的な判断を数多く行うことにより，憲法の理念を具体化・現実化している。このような大転換が実現した背景には，解放後の1945年から民主化を遂げた1987年まで独裁政権が続いたことや，これに対する国家権

---

174) 손우태・前掲注173) 208頁。
175) 1960年代半ばから，実務慣行として，起訴状一本主義が採られるようになったという指摘もある（신이철『신 형사소송법의 쟁점〔개정 9 판〕』（유스티니아누스，2012년）479쪽）。そのため，この頃の一件記録の取扱いは，必ずしも統一されていなかったといえよう。
176) 손우태・前掲注173) 208〜209頁。
177) さしあたり，炭谷喜史・山田直子（朴済民訳）「韓国刑事訴訟法における証拠目録呈示義務規定に関する一考察」関学64巻4号（2014年）49〜119頁に譲る。
178) 헌법재판소1992.1.28선고, 91헌마111결정.
179) 헌법재판소2004.9.23선고, 2000헌마138결정.

力濫用への反発，過去への反省等が存在するといえる。また，アメリカ合衆国最高裁判例の影響も少なくない[180]。この流れは，21世紀に入ってからも途絶えることがなかった。過去への猛省や基本権保障を希求する姿勢は，連続性を有する改革として2007年刑訴法改正へと結実した。そして，次章以下で詳細に検討するように，被疑者取調べに関しても，憲法に基づいた規制を展開しているのである。

4．小括——韓国刑訴法の変遷と刑訴法学の発展

　韓国刑訴法は，本章で確認した歴史的経緯ゆえに，日本の刑訴法と条文構成や制度概要等が極めて類似している。しかし，これまで日本において，韓国刑訴法は充分に研究されてこなかった。その一因として，韓国刑訴法学が，日本の刑訴法学の「焼き直し」に終始していた時代があったことが挙げられよう。韓国では，日本の植民地統治が終わった後も，日本の大正刑訴法が暫定的に「依用」され，1954年制定刑訴法が制定されるまで10年近く適用されていた。また，日本による植民地統治の影響もあり，韓国人法学者の数は極めて限られていた[181]。加えて，大韓民国の樹立後も，しばらくは韓国人法学者が主体的に研究する土壌が形成されていなかった[182]。そのため，1950〜1960年代はもちろん，1970年代においても，日本の刑訴法学が韓国の刑訴法学の主流を形成していた。しかし，民主化運動が最盛となった1980年代以降，韓国刑訴法学は徐々に「翻訳法学[183]」から脱し始める。刑事法分野では，白亨球（백형구），申鉉柱（신현주），姜求眞（강구진），車鏞碩（차용석），李在祥（이재상）等による研究が進み，韓国人法学者による研究成果が着実に積み上げられてきた。その過程で，日本，アメリカ，ドイツ等の法制度が熱心に研究された。もちろん，現在

---

180) 白亨球・前掲注78) 462頁，朴榮珪・堤和通・金學根・宮島里史・小木曽綾「日本と韓国の刑事司法が直面する重要問題—身柄拘束の諸問題—」渥美東洋編『日韓比較刑事法シンポジウム』（中央大学出版部，2006年）61頁〔朴榮珪発言〕等。

181) 1954年1月9日に開催された法制司法委員会公聴会における金炳魯及び嚴詳燮の発言（신동운・前掲注81）105〜106頁）。

でも，日本の刑訴法学の影響は一定程度存在する。しかし，韓国人法学者によって積極的に展開された比較研究の成果は，時代の変遷や要請とともに，実際に韓国刑訴法に大きく反映されることになった。とりわけ，権威主義体制の下では，身体拘束制度と取調べが濫用され，拷問が横行し，虚偽自白や人権侵害を多く招いたため，近時の被疑者取調べ改革は，韓国刑訴法学の発展や諸外国の法制度の受容を最も鮮明に示す論点の１つとなった。

---

182) 東國大学校で法学を修めた韓相範（한상범）は，次のように指摘している。第２次世界大戦後に韓国の大学で法学を専攻した者は，日本による植民地統治期の法制度や教科書に依拠した講義を受けたため，権威主義体制に対する批判的な視点を涵養する機会がなかった。また，その過程では，戦前の日本の教科書が使用されていた。刑事法分野では，牧野英一，團藤重光，木村亀二，小野清一郎等の教科書が度々用いられていた。さらに，朝鮮戦争やその後の混乱と権威主義体制等によって学術情報が大きく制限されていたため，「日本の学者の教科書や参考書を翻訳したり複製・翻案して自らの著書として発表したり振舞ったりすることもあった。それゆえ，短時間に学問的成果を蓄積して体系化するのが難しい法学教科書の執筆において，剽窃や無断複製が安易になされもした」という（以上，韓相範「韓国法の発展と法思想」尹龍沢・姜京根編『現代の韓国法―その理論と動態―』（有信堂高文社，2004年）3～15頁）。

183) 白亨球・前掲注78）459～463頁。

第2章

韓国における被疑者取調べの概要

1．日本による植民地統治期における被疑者取調べ

　日本による植民地統治期の朝鮮では，大正刑訴法が依用されていた。また，大正刑訴法の依用以前は，明治刑訴法が依用されていた。そのため，日本による植民地統治期における被疑者取調べは，基本的には，第1部で概観した明治刑訴法下及び大正刑訴法下における内地の被疑者取調べと同様である[1]。もっとも，植民地統治の効率性が重視され，捜査機関に強制権限を付与する等の特例が設けられていた。以下では，朝鮮王朝時代における被疑者取調べを確認した上で，第1部で記した日本における被疑者取調べの史的展開を前提に，明治刑訴法依用期の特例，大正刑訴法依用期の特例，戦時刑事特別法の依用について，それぞれ概観する。そして，最後に，内地における被疑者取調べと比較する形で，植民地統治期における被疑者取調べを小括する。

(1)　朝鮮王朝時代における被疑者取調べ
　植民地統治期以前の朝鮮では，拷問が合法的に行われていたという[2]。李氏朝鮮時代の法典である經國大典は，（1）拷問をするには王の「允許」

---

1 ）本節では，1918年4月17日施行「日本の統治権が及ぶ各地域間の法令の適用範囲の確定及び連絡統一を目的とする共通法」（大正7年法令第39号）に基づいて，当時の日本を「内地」，当時の朝鮮を「外地」と称することがある。
2 ）以下の記述は，심희기『한국법제사강의―한국법사상의 판례와 읽을 거리―』（삼영사，1997년）220～240쪽，나영민・박노섭「피의자신문제도의 개선방안에 관한 연구―녹음・녹화방식을 중심으로―」형사정책연구총서2006권（2006년）30～32쪽에 의거했다.

を得なければならず，地方の場合には，当該地方を管轄する観察使に対して報告しなければならないこと，（2）拷問に使用する杖は，三尺三寸とすること，（3）3日間に2度拷問を行ってはならないこと，（4）律令制度の下で罪を減免された身分である八議に該当する者や[3]，15歳以下の者，70歳以上の者に対しては，拷問を行ってはならないこと，（5）妊娠中の女子に対する拷問は行ってはならず，産後100日を待って拷問しなければならないこと等を定めていた。しかし，これらの規定は必ずしも遵守されておらず，多くの者が死に至ったという。このような合法的な拷問は，1907年6月27日法律第2号「訊問刑に関する件」によって廃止されるまで採用されていた[4]。

(2) 明治刑訴法依用期の特例

明治刑訴法依用期の朝鮮では，内地と同様に，捜査機関は，現行犯の場合には，仮予審処分として被告人を訊問することができた。その他に，内地と比較したときに，次の特例が設けられていた。まず，捜査機関が仮予審処分を行う際に，臨検を行わなくても良いとされていた。内地においては，捜査機関は，現行犯であり急速を要し，犯罪現場に臨検して初めて，予審判事に属する処分することができた（明治刑訴法144条，146条，147条）。しかし，朝鮮刑事令11条は，「犯罪場所を臨検する必要がないと認めるときは，臨検をせず，予審判事に属する処分をすることができる。」と規定していた。

また，検事は，現行犯でない場合であっても，急速を要するときは，公訴提起前に限り，令状を発付して検証・捜索・差押を行ったり，被告人又は証人を訊問したり，鑑定を命ずることができた（朝鮮刑事令12条1項）[5]。これにより，検事は，逮捕状の発付権限や，20日を上限とした勾留状の発

3）天子の親戚である「議親」，天子の旧知である「議故」，勲功のある「議功」，徳行のある「議賢」，学芸に長けた「議能」，身分の高い「議貴」，国事に尽力した「議勤」，前王朝の子孫等の賓客である「議賓」の8つの身分である。

4）심희기・前掲注2）239頁。

5）但し，罰金・科料・費用賠償の宣告をする権限は除外されていた。

付権限を有した[6]。加えて，検事に与えられた強制権限に関する規定は，司法警察官にも準用された（同条2項）[7]。

さらに，司法警察官は，朝鮮刑事令11条及び12条によって被告人を訊問した後，「禁錮刑以上の刑に該当すると思料するときは，14日を超えない期間で，留置すること」が認められていた（同13条）。そして，これらの場合には，予審に関する規定が準用された（同14条）。そのため，捜査機関は，予審判事に準じた強制捜査権限を有することになった[8]。

朝鮮刑事令によって明治刑訴法が朝鮮に依用されたのは，1912年（明治45年）である。第1部で述べたように，大審院が「自由任意ノ承諾」を要件として捜査機関による任意取調べを容認したのは，1903年（明治36年）であった[9]。したがって，明治刑訴法が朝鮮に依用されたときには，内地では既に捜査機関による任意取調べが容認されていたことになる[10]。そのため，捜査機関による任意取調べも，植民地統治の効率性のために設けられた特例とともに，朝鮮に依用されることになった。

(3) 大正刑訴法依用期の特例

内地と同様に，捜査機関は，現行犯又は要急事件である場合は，強制処分として被疑者訊問を行うことができた。これに加えて，大正刑訴法の依用に伴って改正された朝鮮刑事令は，捜査機関の強制権限を内地よりも拡大・強化した。すなわち，検事は，刑訴法に規定した場合の他に，禁錮以上の刑にあたる事件について急速の処分を要するものと思料するときは，

---

6) 성경숙「일제강점초기 조선의 형사사법구조―조선형사령을 중심으로―」성균관법학24권2호 (2012년) 365쪽.
7) 司法警察官にも強制権限を付与したのは，地域のあらゆる所に配置された司法警察官に強制権限を与えることで，植民地統治の効率性を高めるためである (이완규「피의자신문제도와 인신구속제도의 관련성」형사정책연구16권1호 (2005년) 26쪽)。
8) 急速を要するか否かの判断は，当該官吏に委ねられていた（朝高判明治44年9月4日朝高録1巻176頁）。
9) 大判明治36年10月22日刑録9輯26巻1721頁。
10) 氏家仁「韓国における被疑者訊問調書（1）―歴史的沿革と現行法の概要―」比雑47巻3号（2013年）183頁。

公訴提起前に限り，押収・捜索・検証及び被疑者の勾引，被疑者又は証人の訊問，鑑定・通訳又は翻訳の処分をすることができた（朝鮮刑事令12条1項[11]）。また，この規定は，司法警察官にも準用された（同条2項[12]）。そして，この規定に基づく被疑者訊問で作成された調書は，大正刑訴法343条が規定する「法令ニ依リ作成シタル訊問調書」に該当するとして，証拠能力が認められていた[13]。

このように，予審判事と限りなく同じ権限を捜査機関に付与したのは，言語の違いを克服し，訴訟経済を図るためであった。植民地統治期は，日本人が裁判官を務めていた。他方で，被告人は朝鮮人であった。そのため，裁判官と被告人が意思疎通を行うためには，通訳人を介さなければならなかった。そこで，総督府は，朝鮮人を司法警察官吏として雇用し，朝鮮語で訊問させ，日本語で調書を作成させたのである。ここで作成された調書は，大正刑訴法343条が規定する「法令ニ依リ作成シタル訊問調書」であるため，法廷で証拠として採用された[14]。

また，捜査機関は，内地と同様に，任意捜査としての被疑者取調べを行うことも認められた。但し，事件が地方法院合議事件に係属する場合には，大正刑訴法343条によって聴取書の証拠能力が制限された。そのため，強制処分としての被疑者訊問を積極的に行い，訊問調書を作成することが推奨されていた[15]。

---

[11] 1912年制定時の朝鮮刑事令12条と比較すると，改正された朝鮮刑事令12条は，勾引，鑑定，通訳・翻訳等の各権限を新たに明記した。「被疑者の訊問」という文言の直前に「勾引」という文言を追加したことにより，「勾引→訊問」という強制処分性がより一層明確になった（이완규・前掲注7）26頁注（68））。

[12] 朝鮮刑事令12条2項は，「前項の規定により検事に許可された職務は，司法警察官も臨時に行うことができる。」と規定していた。

[13] 朝高判昭和7年12月1日朝高録19巻380頁。

[14] 以上，신동운「사법개혁추진과 형사증거법의 개정」서울대학교법학47권1호（2006년）112쪽。検事は，このようにして作成された日本語の調書を一件記録として裁判所に提出した。そして，裁判官は，この調書を精読した上で公判に臨んだ。これが，朝鮮における「調書裁判」の起源であるとされている。また，公判は日本人裁判官によって日本語で進行されたため，傍聴人は「裁判の公正性」を監視することができなかった。朝鮮人の末席判事等は，このような公判を通じて裁判実務を学んだため，植民地統治が終わった後も調書裁判が引き継がれた（同112～113頁）。

⑷　朝鮮における戦時刑事特別法の依用

　1942年2月に内地で制定された戦時刑事特別法は，朝鮮戦時刑事特別令によって，朝鮮にも依用された。そのため，「聴取書の証拠能力制限撤廃」規定（戦時刑事特別法25条）も，そのまま朝鮮に用いられることになった。その結果，朝鮮では，地方法院単独事件のみならず，地方法院合議部事件でも，聴取書の証拠能力が認められることになった[16]。

　聴取書の証拠能力が認められるようになったため，捜査機関は，朝鮮刑事令12条に基づく強制処分としての被疑者訊問を行わなくても，任意捜査として被疑者取調べを行えば良いとされた。

⑸　戦前の日本における被疑者取調べとの比較

　第1部で概観した戦前の日本における被疑者取調べと比較する形で，朝鮮における特例についてまとめると，以下の通りである。

　明治刑訴法では，強制処分は原則として予審判事の権限であるとされた。そのため，被疑者訊問も，基本的には予審判事の権限であった。但し，捜査機関は，現行犯の場合に限り，強制処分としての被疑者訊問を行うことができた。また，捜査機関は，任意捜査としての被疑者取調べを積極的に活用した。そして，任意捜査としての取調べの結果，「聴取書」と称される調書が作成されるようになった。これに対して，明治刑訴法は，任意捜査としての取調べを規制する術を持たなかった。

　一方，明治刑訴法が依用されていた朝鮮では，朝鮮刑事令12条によって，捜査機関に強大な強制処分権限が付与されていた。内地との大きな違いは，現行犯でない場合であっても，急速を要するときは，検事は強制処分権限を行使することができた点である。さらに，令状発付権限も付与されていた。これらの権限に関する規定は，司法警察官にも準用された。朝鮮では，

---

[15]　氏家・前掲注10）197頁。朝鮮では，内地と異なり，区裁判所が存在しなかった。内地の区裁判所に相当する裁判所は，朝鮮では地方法院の単独審裁判所であった。そして，内地の区裁判所の事物管轄よりも，朝鮮の地方法院単独審の事物管轄の方が広範であった（同197～199頁）。

[16]　氏家・前掲注10）199～200頁。

植民地統治の効率性や訴訟経済が考慮され,明治刑訴法が特例を伴って依用された。

その後,内地では,明治後期から大正初期にかけて,人権蹂躙問題が生じた。ここでは,捜査機関による身体拘束と取調べが問題視されていた。そこで,1900年前後から,刑訴法を改正する動きが徐々に活性化していく。そして,1924年に大正刑訴法が施行された。

大正刑訴法も,基本的な構造は明治刑訴法と同様である。但し,捜査機関の強制処分権限が拡大・強化された。すなわち,捜査機関は,現行犯である場合に加え,要急事件である場合にも,強制処分権限を行使し得ることになった。同時に,捜査機関による任意捜査としての被疑者取調べも引き継がれた。明治刑訴法と異なる点は,聴取書の証拠能力に関する制限規定が設けられた点である。しかし,聴取書が直ちに不要となった訳ではなかった。また,任意捜査としての取調べを適切に規制するには至らなかった。

さらに,一連の戦時立法により,検察の強制処分権限が拡大・強化され,聴取書の証拠能力に関する制限が撤廃された。これによって,内地においては,任意捜査としての被疑者取調べが積極的に行われた。

一方,朝鮮でも,明治刑訴法に代わって大正刑訴法が依用された。それと同時に,朝鮮刑事令が改正された。これによって,捜査機関の強制処分権限が拡大・強化されることになった。そして,強制処分としての被疑者訊問が,捜査機関によって積極的に活用された。さらに,朝鮮戦時刑事特別令によって,内地の戦時立法も依用された。そのため,捜査機関は,任意捜査としての被疑者取調べも積極的に行った。

以上のように,朝鮮においては,「特例」を伴って明治刑訴法及び大正刑訴法が依用された。これに対して,一連の戦時立法の依用は,内地と朝鮮の刑事手続の差異を縮め,接近させる役割を担った[17]。

---

17) 氏家・前掲注10) 200頁。

2．現行刑訴法における被疑者取調べ

(1) 1954年制定刑訴法以前の被疑者取調べ

　1945年以降，米軍政は，日本による植民地統治の影響を排除することを試みた。その中で，治安維持法等の特別法が廃止された。また，1948年には，「戦時特例に関する法令の廃止及び関係法令の改正」（米軍政令第181号）によって，戦時刑事特別令が廃止された。他方で，米軍政令第11号は，法体系の急な変革によって社会生活が混乱することを避けるために，一部の法令の効力を維持させた。そのため，依用された大正刑訴法及び朝鮮刑事令は，廃止されることなく維持された。

　このような中で，1948年3月20日，米軍政令第176号「刑事訴訟法の改正」が公布された。これにより，朝鮮刑事令12条によって認められていた捜査機関による強制処分としての被疑者訊問が廃止された（同軍政令24条2号）。その結果，捜査機関は，依用が継続されていた大正刑訴法343条による「法令ニ依リ作成シタル訊問調書」を作成することができなくなった。既に，米軍政令第181号によって戦時刑事特別令が廃止されていたため，捜査機関が任意捜査として被疑者を取り調べ，聴取書を作成しても，その証拠能力は制限されていた。そのため，捜査機関は，事実上被疑者を取り調べることができなくなった。したがって，被疑者を取り調べる必要があるときは，検事が判事に「裁判上の捜査処分」（大正刑訴法255条）として被疑者訊問を請求する他なかった[18]。

　但し，米軍政令第176号は，（1）住居不定である場合や，（2）現行犯である場合，（3）罪証を隠滅する相当なおそれがある場合，（4）逃亡する相当なおそれがある場合，（5）被疑者が，死刑，無期又は長期1年以上の有期懲役・禁錮に処することができる罪を犯したと信じる相当な理由がある場合等で，緊急を要するときは，無令状で被疑者の身体を拘束することができると規定していた（同軍政令3条）。また，捜査機関は，死刑，無期又は長期1年以上の有期懲役・禁錮に処することができる罪が現に進

---

18) 氏家・前掲注10) 204頁。

行中であり,又はこれらの罪に着手しようとしていると信じる相当な理由がある場合には,犯罪防止又は捜査に必要な措置を採るために,昼夜を問わず,無令状で被疑者の身体を拘束することができた(同軍政令4条)[19]。これらの規定による被疑者の拘束は,10日を超えない範囲で認められていた(同軍政令8条)。そのため,「法令176号によって,拘束令状による拘束,または緊急拘束を行うことができ,人権保護に最も重要な人身を拘束することができるのであるから,それより重大でない被疑者訊問は,当然に許される」という論理が採られ,身体拘束に付随する処分として,被疑者取調べが行われるようになった[20]。

　このような捜査実務は,大法院によって肯定されることになる。1950年大法院判決は,「軍政令第176号(刑事訴訟法の改正)3条又は4条により被疑者を緊急拘束した司法警察官は,同軍政令8条により,その拘束を維持し,捜査を継続する必要がある限り,この拘束に伴い,必然的に被疑者を訊問する権限があり,この訊問権により,刑事訴訟法56条の規定によって作成した訊問調書は,同法343条にいう法令により作成した訊問調書に該当すると解釈することが妥当である。なぜなら,犯罪を捜査するために,人権保障にとって最も重要な人身を拘束する強制処分権を付与する以上,その拘束の当否,換言すれば,釈放の可否又は犯罪の有無及びその内容を調査するにあたり,絶対必要的手段方法である訊問権を,どうして禁じたはずがあろうか」と判示した[21]。

　したがって,1954年制定刑訴法の制定以前における被疑者取調べについては,次のことが言えよう。1948年に公布された米軍政令第176号は,捜査機関の強制処分としての被疑者訊問を廃止した(24条2号)。しかし,同軍政令は,一定の条件下であれば,無令状で被疑者の身体を拘束し得る旨を規定していた(3条及び4条)。そのため,身体拘束が許容されるのであれば,身体拘束よりも権利侵害性が少ない訊問は「必然的に」許容され

---

19) 同条によって,他人の住居又は建造物への侵入,贓物又は犯罪に供されたと認められる物の押収も,無令状で行うことが認められていた。
20) 氏家・前掲注10) 207頁。
21) 대법원1950.11.20선고, 4283형상7 판결.

る。このような取調べによって作成された調書は，米軍政令第176号による身体拘束に「伴い，必然的に」認められる訊問権を行使し，被疑者を取り調べた結果，作成されたものである。したがって，当該調書は，依用が継続されていた大正刑訴法343条が定める「法令により作成した訊問調書」に該当する。大法院は，このような論理を肯定して，捜査機関の「訊問権」を認めた上で，そこで作成された調書を証拠として使用することを認めたのである。以上のようにして，1954年制定刑訴法の制定以前の韓国では，捜査機関による任意捜査としての被疑者取調べが「事実上の強制力」を持って行われるようになった。

(2) 1954年制定刑訴法と被疑者取調べ[22]

1954年に制定された刑訴法の特徴は，（1）被疑者・被告人の人権保障に重点を置きつつ，人権保障と捜査・裁判の便宜，捜査・裁判の正確性と手続の迅速性がそれぞれ対置され，その調和点を探る形で作成されたこと[23]，（2）刑事法学者が不在のまま作成されたこと[24]，（3）依用されていた大正刑訴法に米軍政令第176号「刑事訴訟法の改正」を反映させつつ，日本の現行刑訴法を参考に，大陸法と英米法を折衷させたこと等である[25]。

ところで，当時の韓国は，韓国人刑事法学者が極めて不足していた。また，1954年の刑訴法制定は，日本の大正刑訴法及び現行刑訴法をベースに

---

[22] 被疑者取調べの韓国語表記は，「피의자신문」である。これは，漢字に由来する語であり，漢字で表記すると「被疑者訊問」である。日本で「訊問」という場合，旧刑訴法下で現行犯又は要急事件である場合に許容されていた「強制性を伴う被疑者取調べ」を想起させる。しかし，韓国における「被疑者訊問」は，任意捜査としての「被疑者取調べ」を意味する（日本の刑訴法198条による被疑者取調べに相当する）。本書では，条文の文言等を除き，日本の表記に倣い，「被疑者取調べ」という語を用いる。

[23] 1954年1月9日に開催された法制司法委員会公聴会における嚴詳燮の発言（신동운편「형사소송법 제정자료집」（한국형사정책연구원，1990년）107頁）。

[24] 1954年1月9日に開催された法制司法委員会公聴会における金炳魯及び嚴詳燮の発言（신동운・前掲注23）105～106頁）。

[25] 1954年2月15日に開催された第18回国会定期会議・刑事訴訟法第1読会における金炳魯の発言（신동운・前掲注23）266頁）。

していた。そのため，当時の刑訴法学は日本の刑訴法学が主流を成しており，この頃の「韓国における取調べ学説史」を振り返ることは極めて困難である[26]。そこで，以下では，刑訴法の条文等に基づいて，1954年制定刑訴法における被疑者取調べを概観してみたい。

1954年制定刑訴法は，予審制度を廃止し，法院の調査手続を原則として公判段階に限定した。その構造や主な変更点は，日本の現行刑訴法と概ね同じである。1954年制定刑訴法199条1項は，「捜査に関しては，その目的を達成するために必要な調査をすることができる。但し，強制処分は，法律に特別な規定がなければ，行うことができない。」と規定し，捜査機関の捜査権限を明らかにした。次いで，同200条1項は，「検事又は司法警察官は，捜査に必要なときは，被疑者を召喚し陳述を聴くことができる。」と規定した[27]。そして，同条2項は，「前項の陳述を聴くときは，予め被疑者に対して陳述を拒否することができる旨を告げなければならない。」と規定し，取調べに先立って黙秘権告知を行わなければならないことを明記した。

日本の刑訴法と異なる点は，被疑者取調べに関する詳細な規定を独立して設けている点である[28]。1954年制定刑訴法241条は，「被疑者訊問」という見出しで，「検事又は司法警察官が被疑者を訊問するには，予めその姓名，年齢，本籍，住居及び職業を聴き，被疑者に間違いがないことを確

---

[26] 当時の数少ない韓国人法学者や韓国人実務家による書籍等を分析し，任意捜査としての取調べを検討したものとして，김종률「현행 형사소송법상 피의자신문에 관한 연구（하）」저스티스84호（2005년）146～190쪽がある。しかし，同論文は，当時の文献を引用するにあたって，著者の名前と頁数を表記するのみであり，どの文献を引用しているのかを明らかにしていない。また，参考文献一覧も付されていない。そのため，原典にあたることはできなかった。

[27] 日本法に倣えば，「召喚」は強制処分性を伴うものである。しかし，1954年制定刑訴法200条1項の「召喚」は，日本の刑訴法198条1項と同様に，「出頭を求め」ることを意味すると解されていた。そのため，ここでいう「召喚」という語に，強制処分という意味合いはない（김종률・前掲注26）146～151頁）。後述するように，現行刑訴法200条は，「出席を要求し」と規定している。

[28] これらの規定は，大正刑訴法133条から139条に規定されていた被告人訊問に関する規定をモデルにしたものであるとされている（이완규「피의자신문의 성질과 수인의무」형사판례연구22호（2014년）355쪽）。

認しなければならない。」と定め，その方法を規定した。次いで，同242条は，「被疑者訊問事項」という見出しで，「検事又は司法警察官は，被疑者に対して犯罪事実及び情状に関する必要事項を訊問しなければならず，その利益となる事実を陳述する機会を与えなければならない。」と定めた。さらに，同243条は，「被疑者訊問と参与者」という見出しで，「検事が被疑者を訊問するには，検察庁捜査官又は書記官や書記を参与させなければならず，司法警察官が被疑者を訊問するには，司法警察官吏を参与させなければならない。」と規定した。加えて，同244条は，「被告人訊問調書の作成」という見出しで，次の各項を定めた。1項は，「被疑者の陳述は，調書に記載しなければならない。」と定め，取調べ時の調書作成を義務づけた。2項は，「前項の調書は，被疑者に閲覧させ，又は読み聞かせなければならず，誤記があるか否かを聴き，被疑者が増減又は変更の請求をしたときは，その陳述を調書に記載しなければならない。」と規定し，調書作成時の閲覧・読み聞かせを義務づけ，増減変更の機会を与え，その旨を調書に記載しなければならないとした。3項は，「被疑者が調書に誤記がない旨を陳述したときは，被疑者にその調書に割印させた後，署名又は記名捺印させる。」と定め，調書の割印制度を設けるとともに，署名又は記名捺印を要することを規定した。

　1954年制定刑訴法における調書の証拠採用要件は，次の通りである。1954年制定刑訴法307条以下の証拠に関する規定と併せて概観する。307条は，「証拠裁判主義」という見出しで，「事実の認定は，証拠によらなければならない。」と規定し，証拠裁判主義を宣言した。308条は，「自由心証主義」という見出しで，「証拠の証明力は，法官の自由判断による。」と規定し，自由心証主義を宣言した。309条は，「擬制自白の証拠能力[29]」という見出しで，「被告人の自白が拷問，暴行，脅迫，身体拘束の不当な長

---

29) 1954年制定刑訴法309条は，強制による自白の証拠能力に関する規定である。「擬制自白」という見出しは，「不任意であると『擬制』される自白」であるとも解し得る。しかし，いかなる趣旨で「擬制」という語を用いたかは，必ずしも明らかではない。なお，現行刑訴法309条は，「強制等自白の証拠能力」という見出しを掲げている。

期化又は欺罔その他の方法により，任意に陳述したものでないと疑うに足りる理由があるときは，これを有罪の証拠とすることができない。」と規定し，強制による自白の証拠能力を制限した。310条は，「不利益な自白の証拠能力」という見出しで，「被告人の自白が，その被告人に不利益な唯一の証拠であるときは，これを有罪の証拠とすることができない。」と定め，補強法則を規定した。311条は，「証拠能力」という見出しで，「公判準備又は公判期日に被告人又は被告人でない者の陳述を記載した調書，法院又は法官の検証，鑑定の結果を記載した調書及び押収した書類又は物は，証拠とすることができる。」と定め，主に裁判官が作成した調書に関する証拠能力について規定した。

　被疑者取調べとの関係で重要となるのが，312条である。312条は，「同前」という見出しで，「検事又は司法警察官の被疑者又は被疑者でない者の陳述を記載した調書，検証又は鑑定の結果を記載した調書，押収した書類又は物は，公判準備又は公判期日に被告人又は被告人でない者の陳述により，その成立の真正が認定されたときは，証拠とすることができる。但し，検事以外の捜査機関によって作成された被疑者の訊問調書は，その被疑者であった被告人又は弁護人が公判廷においてその内容を認めたときに限り，証拠とすることができる。」と規定し，供述録取書の証拠能力要件を定めた。ここでは，検事が作成した供述録取書と，司法警察官が作成した供述録取書の証拠能力要件に区別が設けられた。続けて，313条は，「同前」という見出しで，「前2条の規定以外に，被告人又は被告人でない者が作成した書類又はその陳述を記載した書類として，作成又は陳述した者の自筆やその署名又は捺印があるものは，公判準備又は公判期日に被告人又は被告人でない者の陳述により，成立の真正が証明されたときは，証拠とすることができる。」と定め，供述書等の証拠能力要件を規定していた。

　また，312条及び313条の要件を欠く場合であっても，これらの供述録取書や供述書は，公判準備又は公判期日に供述することを要する者が，死亡，疾病その他の事由によって供述することができないときは，当該書類に記載された供述又はその作成が特に信用することができる情況下で行われたときに限り，証拠とすることができるとされた（314条）。また，312条及

び313条によって規定された供述録取書や供述書は，その書類に記載された供述が任意になされたものであることを要した（309条，317条1項）。もっとも，当事者が証拠とすることに同意した場合は，これらの規定に関わらず，証拠とすることができた（318条）。

　以上のように，1954年制定刑訴法における被疑者取調べや，その取調べによって作成された調書の証拠能力要件は，以下の点を除き，日本の刑訴法におけるものと大きく異なるところはない。主な違いは，（1）被疑者取調べに関する規定が，刑訴法の中で独立して設けられている点（241条以下），（2）捜査機関は，被疑者を取り調べたときは，調書を作成する義務を負う点（244条1項），（3）検事が作成した供述録取書は，成立の真正が認められなければ証拠とすることができず，司法警察官が作成した供述録取書は，成立の真正に加え，被告人又は弁護人によってその内容が認められなければ，証拠とすることができない点，（4）日本の刑訴法198条1項但書のように，反対解釈が可能な規定が存在しない点である。

　検事作成調書と司法警察官作成調書の証拠採用要件を区別したのは，捜査実務における司法警察官の必要性と，警察による人権侵害の防止を調和させるためであった。既に述べたように，日本による植民地統治時代に付与された司法警察官の強制処分権限は，米軍政令第176号によって否定された。しかし，政府の樹立や朝鮮戦争による国内の混乱，共産主義・社会主義集団との理念闘争の中で，司法警察官の積極的な捜査が不可欠とされた。一方で，このような実務に対しては，植民地統治時代の司法警察官による人権侵害を省みて，警察司法の弊害を危惧する声も強く主張されていた。そのため，1954年制定刑訴法の制定に際しては，このような実務運用を認めつつも，警察司法の弊害を克服することが課題とされた。このような経緯により，検事作成調書と司法警察官作成調書の証拠採用要件を区別する規定が設けられた[30]。

　1954年制定刑訴法は，調書の証拠能力要件に差を設けることによって，

---

30) 以上，이완규「피고인신문과 진술거부권 그리고 재판심리」법조647호（2010年）118〜119쪽を参照。

司法警察官による取調べを牽制しつつ，司法警察官が捜査手続において果たす役割に期待をしていた。しかし，その実態は，分断状況を利用した権威主義政権による「非民主的刑事司法」の運用と，「官尊民卑意識」によって国民の人権を蔑ろにした「前近代的」な刑事手続であった[31]。このような刑事手続の下で多くの拷問等が行われ，刑事司法制度改革が叫ばれてきたことは，既に述べた通りである。その後，度重なる刑訴法改正や民主化を経て，2007年に取調べに関する抜本的な改革が行われた。以下では，現行法における被疑者取調べとその規制について概観したい[32]。

(3) 現行刑訴法における被疑者取調べ[33]
　(a) 被疑者取調べの法的性質

　韓国における学説上，被疑者取調べの法的性質は，任意捜査であると解されている[34]。身体拘束されていない被疑者の場合は，捜査機関による出頭要求を受けて任意に出頭するため，いつでも退去する自由が保障されていると理解されているためである（200条[35]）。また，逮捕・拘束された被疑者の場合であっても，逮捕・拘束の目的や要件に取調べが含まれておらず，黙秘権を有する被疑者に供述を強制することはできないためである[36]。被疑者取調べを任意捜査であると解する見解は，1954年制定刑訴

---

31) 나영민ほか・前掲注2) 38頁。
32) 以下，韓国刑訴法について「現行法」あるいは「現行刑訴法」と表記した場合は，2015年7月31日に施行された第26次改正刑事訴訟法を指す。なお，第25次改正法（2014年12月31日施行）の邦語訳として，安部祥太「韓国刑事訴訟法試訳」青山ローフォーラム4巻1号（2015年）85〜141頁がある。
33) 以下の記述は，安部祥太「韓国における被疑者取調べとその適正化―日本の被疑者取調べ適正化への示唆―（1）（2完）」青山ローフォーラム創刊号，1巻2号（いずれも2012年）を加筆・修正したものである。
34) 신동운『신형사소송법〔제5판〕』（법문사，2014년）247쪽，이재상『신형사소송법〔제2판〕』（박영사，2009년）225쪽.
35) 現行刑訴法200条は，「検事又は司法警察官は，捜査に必要なときは，被疑者の出席を要求し，陳述を聴くことができる。」と規定している。日本の刑訴法198条1項のように，身体拘束されていない被疑者の退去の自由が明記されている訳ではない。なお，以下では，本条文のうち，「出席」を「出頭」と訳出した。
36) 이재상・前掲注34) 225頁。

法の制定後から，一貫して学界の支持を集めてきた[37]。

　ここで，被疑者取調べと，1995年刑訴法改正によって新設された逮捕制度との関係が問題となる。身体拘束と被疑者取調べは，極めて密接な関係にある。ここでは，被疑者取調べの法的性質との関係で，簡単に概観したい[38]。

　1995年刑訴法改正（第8次改正）以前は，被疑者の身体拘束として，「拘束」のみを規定していた（1995年改正以前の刑訴法201条）。これは，日本の勾留に該当するものである。韓国では，日本による植民地統治時代の影響により，警察による10日間の拘束（同202条）と，検察による10日間の拘束（同203条）がそれぞれ認められていた。さらに，検事による拘束は，地方裁判所判事に申請し，地方裁判所判事が「相当な理由」を認めれば，さらに10日間延長することができた（同205条）。

　これに対して，1995年改正刑訴法は，「逮捕」という概念を新たに設けた（法200条の2）。これは，通常逮捕の際の令状発付審査と，拘束の際の令状発付審査を通じて，司法審査を2度行うことを目的とするものであった。そのため，逮捕制度の新設は，新たに「逮捕」期間を別途設けるものではなく，これまでの「拘束」期間のうち，最初の48時間を「逮捕」期間とするものである。ここで，被疑者取調べの法的性質と関連して問題になるのは，通常逮捕の令状請求要件として規定された文言である。新設された法200条の2第1項は，「被疑者が罪を犯したと疑うに足りる相当な理由があり，正当な理由なく200条の規定による出頭要求に応じず，又は応じないおそれがあるときは，検事は管轄地方法院判事に請求し，逮捕令状の発付を受け，被疑者を逮捕することができ，司法警察官は検事に申請し，検事の請求により管轄地方法院判事の逮捕令状の発付を受け，被疑者を逮

---

[37] 金종률・前掲注26）146〜190頁は，現行刑訴法の制定以後，学界において，被疑者取調べが一貫して任意捜査であると解されてきたことを，学説史に基づいて指摘している。

[38] 起訴前の身体拘束制度については，安部祥太「韓国における国選弁護制度—被疑者の国選弁護を中心に—」青社41巻1号（2012年）133頁以下，安部祥太「未決拘禁と身体不拘束の原則」『新倉修先生古稀祝賀論文集—国境を超える市民社会と刑事人権—』（現代人文社，2019年）200〜216頁を参照。

捕することができる。但し，多額50万ウォン以下の罰金，拘留又は科料に該当する事件に関しては，被疑者が一定の住居がない場合又は正当な理由なく200条の規定による出頭要求に応じない場合に限る。」と規定した。このうち，「正当な理由なく200条の規定による出頭要求に応じず，又は応じないおそれがあるとき」という文言は，法200条が規定する取調べのために被疑者を逮捕し得るという趣旨ではないかという議論が生じた。このような経緯により，令状により逮捕された被疑者の取調べが強制捜査であるか任意捜査であるかが改めて問題となったのである。しかし，この場合も，捜査機関に取調べを強制する権限を付与する条文がないことや，刑訴法が任意性に疑いのある自白の証拠能力を否定していること，憲法により黙秘権が認められた被疑者に供述を強制することができないこと等から，被逮捕者の取調べであっても任意捜査であるとする見解が通説的である[39]。

(b) 被疑者取調べ主体

韓国刑訴法は，捜査機関として，「検事」及び「司法警察官吏[40]」を規定している（法195条及び196条）。他方で，法が取調べ主体として規定して

[39) 대법원2013.7.1선고, 2013모160결정. 学説として，손동권『형사소송법』（세창출판사，2008년）223쪽，신양균『형사소송법』（법문사，2000년）123쪽，이재상・前掲注34）225頁，신동운・前掲注34）247頁等がある。

40) 司法警察官吏のうち，捜査官，警務官，総警，警正，警監，警衛は司法警察官に，警査，警長，巡警は司法警察吏に該当する。かつては，司法警察官は検事の指揮を受けて捜査をしなければならず（196条1項），司法警察吏は検事又は司法警察官の指揮を受けて捜査の補助をしなければならなかった（同条2項）。しかし，2012年1月1日に施行された第19次改正刑訴法では，司法警察官は検事の指揮を受ける（同条1項）とともに，犯罪の疑いがあると認識したときは，捜査を開始・進行しなければならないとされた（同条2項）。この改正によって司法警察官が主体的に捜査を行えるようになったため，これまで検察・警察間にみられた従属的な関係は，若干解消したと思われる。

もっとも，韓国では，たとえば逮捕状請求権者を検事に限定するなど（憲法12条，刑訴法200条の2第1項），司法警察官の第一次捜査権が充分に認められていない。歴史的にも，検察の権限濫用は問題視されてきた。文在寅（문재인）が，検察の捜査指揮権廃止（警察への第一次捜査権の付与）などの検察改革を大統領選の選挙公約として掲げたほどである。そのため，日本の検察と警察のような「協力」関係（法192条）にはない。なお，정웅석「2011년개정 형사소송법 제196조에 대한 평가와 과제」형사법의 신동향33호（2011년）60쪽は，同一犯罪に対して検察と警察の捜査権が競合した場合を問題として挙げ，課題が残ると指摘している。

いるのは,「検事」及び「司法警察官」である（法200条）。但し,大法院判例によって,司法警察吏であっても取調べ主体になり得ることが認められている[41]。これは,組織体系上,司法警察吏の比率が高く[42],捜査実務では司法警察吏による取調べが最も多いためである[43,44]。この点については,司法警察吏による取調べの適法性を担保するために,その権限を立法で明確化する必要性が大きいと主張されている[45]。

（c）いわゆる「取調べ受忍義務」論

いわゆる取調べ受忍義務論の前提として,韓国刑訴法の条文のうち,日本の刑訴法と大きく異なる点を2つ確認しておきたい。まず,既に確認したように,韓国においては,日本の刑訴法198条1項のように「反対解釈」が可能な条文が設けられていない。日本の刑訴法198条に該当する韓国現行刑訴法200条は,「検事又は司法警察官は,捜査に必要なときは,被疑者の出頭を要求し,陳述を聴くことができる。」と規定しているのみである。そのため,日本と同様の論理で「取調べ受忍義務」を肯定することはできない。

次に,韓国においては,日本の刑訴法39条3項のような「接見指定」規定が存在しない。日本の刑訴法39条3項に該当する韓国現行刑訴法34条は,「弁護人又は弁護人となろうとする者は,身体拘束を受けている被告人又は被疑者と接見し,又は書類若しくは物の授受をすることができ,医師に診療させることができる。」と規定しているのみである。さらに,憲法裁

---

41) 대법원1969.12.9선고, 69도1884판결, 대법원1981.6.9선고, 81도1357판결, 대법원1982.12.28선고, 82도1080판결.

42) 이동희「한국의 피의자신문절차와 그 개혁」형사법연구21권 4호 （2009년） 140쪽주 （11） によると, 2009年6月現在, 司法警察官は15.5%（17,218人）であり, 司法警察吏は84.5%（82,331人）である。

43) 이동희・前掲注42) 140頁。

44) 2009年10月末現在の人員は,検察庁では,検事が1,942人,検察庁職員が7,706人である。また,警察では,司法警察官及び司法警察吏の合計は99,554人である。捜査機関別の事件担当比率を大まかにみると,2008年度では,検察全体の刑事事件処理人員（総人員2,736,064人）のうち,警察官が捜査して検事に送致した事件が94%,特別司法警察官吏が捜査して検事に送致した事件が5%,検察庁職員を含む検事が直接捜査した事件が1%である（이동희・前掲注42) 141頁）。

45) 이동희「피의자신문의 현황과 개선책」형사법연구20호 （2003년） 228쪽.

判所は,「弁護人との自由な接見は…国家安全保障,秩序維持,公共福利等のいかなる名分によっても制限され得る性質のものではない《省略筆者》」と判示している[46]。そのため,韓国では,日本のように,「現に取調べ中である…場合《省略筆者》[47]」や,「間近い時に右取調べ等をする確実な予定があって,弁護人等の必要とする接見等を認めたのでは,右取調べ等が予定通り開始できなくなるおそれがある場合[48]」であっても,接見の日時等を指定することはできない。接見交通権は,「いかなる名分によっても制限され得る性質のものではない」ため,被疑者又は弁護人等が接見を希望した場合は,いつでも取調べを中断し,接見することができる。したがって,取調べが任意捜査の一環として行われる以上,被疑者は出頭を拒否することができ,いつでも退去することができるという見解が一般的である[49]。

　もっとも,捜査機関にとっては,被疑者取調べは捜査活動に不可欠な手続である[50]。そこで,捜査実務では,身体拘束された被疑者については,黙秘権等の保障に配慮しつつも,取調べを強制することができるという運用がなされてきた[51]。このような実務運用は,1954年制定刑訴法の制定当時には,捜査機関の中では一般的なものであった。その嚆矢となったのは,当時大検察庁次長検事であり,後に第13代検察総長を務めた金致烈（김치열）による通達である。金致烈は,1954年10月18日に発した通達の中で,新法下では,被疑者に対して受忍義務を課した上で,強制的に取調べを行うことができる旨を示していたのである[52]。

　これに対して,学界等では,日本における「受忍義務論争」が韓国に紹介され,「受忍義務」を否定する見解が通説的な地位を占めるようになった。もっとも,韓国刑訴法には,日本の刑訴法198条のような反対解釈が

---

46) 헌법재판소1992.1.28선고, 91헌마111결정.
47) 最一判昭和53年7月10日民集32巻5号820頁。
48) 最三判平成3年5月10日民集45巻5号919頁。
49) 이재상・조균석『형사소송법〔제10판보정판〕』（박영사,2016년）236쪽.
50) 이동희・前掲注45) 221頁。
51) 이동희・前掲注42) 148頁。
52) 以上,이완규・前掲注28) 372頁を参照。

可能な条文や，接見の日時を指定し得る規定が存在しない。そのため，韓国においては，「受忍義務」を積極的に否定する必要性や実益は強く認識されなかった。学界は，受忍義務否定論を積極的に展開するのではなく，弁護人立会権や黙秘権等の実質的な保障を主張することで，捜査実務に対抗してきたのである。そのため，韓国の刑訴法学において，いわゆる「取調べ受忍義務論」は，そもそも大きな論点として議論されておらず[53]，学界も関心を持ってこなかった[54]。実務と学界の乖離は，このようにして生じたものであった。

しかし，2000年代に入り，主に捜査実務家から，受忍義務を肯定する声が挙がり始めた。検察や国家情報院のように独自の留置施設を有していない機関が被疑者を取り調べる場合，警察留置場や拘置所から当該機関まで被疑者を押送させ，取り調べることになる。このとき，被疑者が当該機関へ出頭することを拒んだ場合に，出頭を強制することができるか否かという問題として，出頭・滞留義務が俎上に載せられた[55]。たとえば，検事であり，法務部所管の法務研修院研究委員であった金鍾律（김종률）は，2004年に「現行刑事訴訟法上の被疑者取調べ」という論文を発表し[56]，翌年には「現行刑事訴訟法上の被疑者取調べに関する研究（上）（下）」という論文を発表した[57]。この中で，金鍾律は，法200条が定める出席要求と供述の聴取を任意処分としての「被疑者調査」と位置づけ，法241条以下の「被疑者訊問」と区別した上で，「被疑者訊問」は強制処分である旨の主張を展開した。この主張は，法241条以下の規定を，依用刑訴法が予審判事の権限として認めていた強制処分としての被疑者訊問（旧法255条）を引き継いだものと理解している。同じく検事である李完揆（이완규）も，2005年に発表した『検察制度と検事の地位』という書籍の中で，同様の主

---

53) 이동희・前掲注45) 226〜227頁，李銀模「捜査手続に関する韓国の改正刑事訴訟法の争点及び課題」ノモス23号（2008年）62頁注（15）。
54) 신동운・前掲注34) 263쪽．
55) 이완규・前掲注28) 344頁．
56) 김종률「현행 형사소송법상 피의자신문」법률신문2004년 2월19일호．
57) 김종률「현행 형사소송법상 피의자신문에 관한 연구（상）」저스티스83호（2005년）140〜180쪽，김종률・前掲注26) 146〜190頁．

張を展開した[58]。これと並行して，検察実務では，既に拘束されている被疑者に対して新たな「逮捕令状」を請求し，逮捕令状の効力により拘置所から検察庁まで被疑者を勾引することを試みたりした[59]。もっとも，「逮捕制度は在宅被疑者を勾引する制度であり，既に拘束された被疑者に対して使用することは適切ではない」として，このような逮捕令状請求は棄却された[60]。いずれにせよ，検察は，拘置所等から検察庁に出頭することを拒む被疑者に頭を悩ませていた。そして，取調べの法的性質を強制処分であると解したり，逮捕令状を新たに請求することによって勾引を試みる等，試行錯誤をしていた。

　このような中で示された2013年大法院決定は，次のような事案である。本件被疑者は，北朝鮮が韓国内に構築した対南工作機構と連携し，地下団体で活動した等の嫌疑で，2011年7月20日に国家情報院に拘束され，ソウル拘置所に拘禁された。同日午前，国情院は，国情院の取調べ施設へ被疑者を呼び出した。しかし，被疑者は，「捜査機関では，供述はもちろん，いかなる調査も受けない」として出房を拒否した。そこで，検事を通じて，被疑者引致指揮共助要請書が拘置所に発せられた。翌21日，拘置所刑務官は，この要請書を被疑者に提示し，国情院の取調室への出頭を求めた。しかし，被疑者は出房を改めて拒んだ。そのため，拘置所刑務官は，「多少の物理力を行使して」被疑者を収容室から出し，護送車両に乗せた。

　被疑者は，これらの処分に対して準抗告を申し立てた。そこでの主張は，（1）身体拘束被疑者であっても，捜査機関に出頭したり取調べに応じる義務はないため，これを強制した捜査機関の処分は違法であること，（2）仮に，このような義務を被疑者が負うとしても，新たに勾引令状が必要であるため，本件処分は令状主義に反すること，（3）仮に，取調べや出頭を強制することができ，新たな令状が必要でないとしても，捜査機関による強制的な引致処分は黙秘権を放棄するよう被疑者に強制し，弁護人の援助を受ける権利を根本的に侵害し，家族との接見を制限する目的でなされ

---

58) 이완규『검찰제도와 검사의 지위』(성민기업，2005년) 108～137쪽.
59) 이완규・前掲注28) 345～346頁。
60) 이완규・前掲注28) 345～346頁。

ているため，裁量権を逸脱・濫用した違法な処分であることである。ソウル中央地方裁判所は，この準抗告を棄却した[61]。そこで，被疑者等が再抗告した。2013年大法院決定は，これに対する大法院の判断である。

　大法院は，拘束令状の効力として被疑者を強制的に取調室へ勾引し得ることを認めた。すなわち，「捜査機関が…拘束令状によって被疑者を拘束する場合，その拘束令状は，基本的には，将来の公判廷への出席や刑の執行を担保するためのものである。しかし，これに加え，法202条，203条で定める拘束期間の範囲内で，法200条，241条から244条の5に規定された被疑者訊問の方法で，捜査機関が拘束された被疑者を調査する等，適切な方法によって犯罪を捜査することも予定されている。したがって，拘束令状発付によって適法に拘禁された被疑者が，被疑者訊問のための出頭要求に応じなかったり，捜査機関の取調室への出席を拒否した場合には，捜査機関はその拘束令状の効力により，被疑者を取調室へ勾引することができると解さなければならない。但し，このような場合であっても，その被疑者訊問手続はあくまでも法199条1項及び法200条の規定による任意捜査の一方法として行わなければならない。したがって，被疑者は，憲法12条2項及び法243条の3により，一切の陳述をせず，又は個々の質問に対して陳述を拒否することができ，捜査機関は被疑者を訊問する前に，そのような権利を告知しなければならない《省略筆者》」と[62]。

　2013年決定は，捜査の効率性や便宜を大法院が考慮した判断であると指摘されている[63]。この決定をめぐり，韓国でも「出頭・訊問受忍義務」について若干の議論が展開され始めた。「出頭・訊問受忍義務」を肯定する見解は，上記の通り捜査実務家によって展開されている。その他，たとえばソウル大学校教授・申東雲（신동운）は，法200条の2第1項が「被疑者が罪を犯したと疑うに足りる相当な理由があり，正当な理由なく第200条の規定による出席要求に応じず，又は応じないおそれがあるとき」

---

61) 서울중앙지방법원2013.1.9선고, 2011보13결정.
62) 대법원2013.7.1선고, 2013모160결정.
63) 조기영「구속피의자의 수사기관 조사실 출석의무?」전북대학교 법학연구42집（2014년）103쪽.

を通常逮捕の要件として規定していることに着目し,「出席不応」は出頭・滞留を前提とする概念であると説く[64]。但し,申東雲は,「受忍義務」の内容は出頭・滞留に限定され,取調べに積極的に応じなければならない訳ではないとする。その上で,韓国では,日本と異なり様々な手続保障が設けられており,弁護人の強力な援助を通じて黙秘権が保障されるとして,日本における議論が妥当しないと指摘する。これに加えて,韓国で憲法的刑事訴訟を追求してきたソウル大学校教授・曹國(조국)も,かつての否定説を改め,2013年決定以後に肯定説に転じている。曹國の見解は,2013年決定自体を首肯するものではない。他方で,曹國は,取調べが任意捜査である以上,原則として受忍義務は否定されるとしつつ,申東雲の主張と同様に,法200条の2は逮捕段階の受忍義務を前提としていると解さざるを得ないと言う[65]。また,拘束段階であっても,公訴時効が迫っていたり,テロ・誘拐などで被害者等の生命・身体に対する現実的危険が迫っている場合のように,緊急の継続捜査が必要な場合には,例外的に出頭・訊問受忍義務が認められるという[66]。

　しかし,受忍義務に否定的な見解は,従来から根強く主張されてきた。その主旨は,逮捕・拘束が取調べを目的とした処分ではないこと,受忍義務の肯定は実質的には黙秘権侵害に他ならないこと等である[67]。また,ドイツ刑訴法163a条3項のような明文規定がないにも関わらず,身体拘束の効力として取調室への出頭義務を認めた場合,根拠規定を欠いたまま強制処分を創設することになるという批判もある[68]。この論者は,同じ文脈で,拘束令状の効力として被疑者を取調室に引致すれば,拘束令状に記載された「拘禁場所」ではない「取調室での拘束」を認めることになり,令状主義に違反すると指摘する。そして,「取調室での拘束」中に獲得さ

---

64) 신동운・前掲注34) 265~266頁。
65) 조국「변호인의 피의자신문참여권 및 피의자의 출석 및 신문수인의무 재론」저스티스160호 (2017년) 99~100쪽.
66) 조국・前掲注65) 100頁。
67) 이은모・김정환『형사소송법〔제7판〕』(박영사,2019년) 218쪽, 이창현『형사소송법〔제4판〕』(피앤씨미디어,2018년) 292쪽.
68) 조기영・前掲注63) 102頁。

れた供述は，違法収集証拠として排除されるべきである旨を主張する。その他，2013年決定に対しても，取調べを任意捜査と位置づけた上で，拘束令状の効力として被疑者を取調室へ出頭させること認める論理について，その整合性などについて課題が示されている[69]。加えて，法241条以下の「被疑者訊問」について受忍義務を認める捜査実務家の見解は，受忍義務を肯定する論者からも批判されている。申東雲は，法241条以下を強制処分と理解することは現行法の沿革に対する誤った理解を前提としていると指摘し，「まさに時代錯誤である」と批判する[70]。いずれにせよ，2013年決定を受けた「受忍義務論」は，議論が始まったばかりである。

(d) 韓国における被疑者取調べの実態

韓国においても，被疑者取調べの実態を正確に把握することは困難である。ここでは，先行研究に基づいて，被疑者取調べの実態を概観する。韓国国立警察大学教授の李東熹（이동희）は，2003年に神戸大学へ提出した博士学位論文「被疑者取調べに関する比較法的研究—韓国と日本の取調べ法制・実務を中心に—」の執筆過程で，韓国の警察における被疑者取調べを参与観察した[71]。この調査の対象機関は，事件処理件数が多いソウルや釜山にある警察署である。また，対象犯罪は，常習性が高く，余罪追及に向けた取調べが行われやすい強盗及び窃盗である。調査を行った被疑者の数は，合計361名である[72]。

この調査によると，被疑者取調べは，捜査上省略することができない必須の手続として位置づけられている。そのため，極めて例外的な場合を除き，ほぼすべての事件において，取調べが行われている。すなわち，調査対象被疑者361名のうち，取調べが行われなかった被疑者は27名（全体の7.5%）である。そのうち，24名（同6.7%）は，所在不明であったり，諸

---

[69] 김윤섭「2007년이후 형사소송법 주요 판례의 동향—수사절차와 증거에 관한 대법원 판례를 중심으로—」형사판례연구25호（2017년）492쪽.

[70] 신동운・前掲注34）264～265쪽.

[71] 参与観察の概要は，이동희・前掲注45）237～239頁に記載されている。以下の記述は，同論文に全面的に依拠した。

[72] 이동희・前掲注45）237頁及び注（58）.

般の事情により取調べが不可能であった者である。取調べが行われなかった者のうち，残りの3名（同0.8%）は，告訴事件において，犯罪の嫌疑が一切認められなかった者等である[73]。また，逮捕直後は，ほぼ例外なく取調べが行われている。調査対象被疑者361名のうち，逮捕又は拘束された者は219名（全体の60.7%）であった。内訳は，逮捕後に釈放された者が114名，逮捕後に拘束された者が101名，逮捕手続を経ずに拘束された者が4名であった[74]。逮捕された被疑者215名のうち，逮捕された状態で取調べを受けなかった者は1名もいなかったという。逮捕された被疑者215名の調書作成回数をみると，1回が167名（77.7%），2回が38名（17.7%），3回が6名（2.8%），4回以上が4名（1.9%）であった[75]。他方で，逮捕手続を経ずに拘束された被疑者4名は，拘束後には被疑者取調べ調書が作成されていないという。これは，余罪を追及する場合を除き，拘束時に被疑者取調べを行う割合が低いことを示している[76]。

3．供述録取書の法的地位と証拠採用要件

　韓国の捜査機関は，被疑者を取り調べたときは，調書を作成する義務を負う（法244条1項）。そして，これらの調書は，一定の要件の下に証拠として許容される。既に条文を確認したように，検事が作成した供述録取書と司法警察官が作成した供述録取書は，証拠採用のための要件が区別されている（法312条1項及び3項）。もっとも，大法院は，被疑者取調べ調書の証拠採用要件について，やや特殊な解釈を採ってきた。そして，2004年

---

73) 이동희・前掲注45) 238頁注（59）。
74) 韓国においては，逮捕前置主義が採られていない。そのため，逮捕を経ずに拘束される場合があり得る。
75) 以上，이동희・前掲注45) 238頁注（62）。
76) 一般に，一線の警察官は，拘束令状を得ることができれば，事件は終結したも同然であるという認識を有しているという。李東熹は，任意出頭及び逮捕段階で充分な取調べを行うため，拘束時に取調べが行われる割合が低いことや，結果的に拘束令状が発付された被疑者の大部分が有罪判決を受けていることを挙げ，このような警察官の認識が，取調べの運用実態によっても一定程度裏付けられたと指摘している（이동희・前掲注45) 239頁）。

の大法院判決によって判例変更が行われた。この2004年大法院判決は，結果として，近時の司法制度改革—とりわけ，被疑者取調べ録音・録画制度の導入に大きな影響を与えた。以下では，大法院判例を中心に，検事が作成した供述録取書と司法警察官が作成した供述録取書の証拠採用要件について，それぞれ概観する。

(1) 刑訴法312条に関する従前の解釈と「調書裁判」

　1954年制定刑訴法312条は，「検事又は司法警察官の被疑者又は被疑者でない者の陳述を記載した調書…，公判準備又は公判期日に被告人又は被告人でない者の陳述により，その成立の真正が認定されたときは，証拠とすることができる。但し，検事以外の捜査機関によって作成された被疑者の訊問調書は，その被疑者であった被告人又は弁護人が公判廷においてその内容を認めたときに限り，証拠とすることができる。」と規定していた。

　その後，1961年の第1次刑訴法改正によって，この規定には新たな要件が設けられた。すなわち，第1次改正法312条1項は，「検事が被疑者又は被疑者でない者の陳述を記載した調書…は，公判準備又は公判期日に原陳述者の陳述により，その成立の真正が認定されたときは，証拠とすることができる。但し，特に信用することができる情況の下で行われたときに限り，被疑者であった被告人の公判準備又は公判期日における陳述に関わらず，証拠とすることができる。」と規定し，いわゆる「特信情況」を要求した。また，司法警察官が作成した供述録取書の証拠採用要件を2項として独立させ，「検事以外の捜査機関作成の被疑者訊問調書は，公判準備又は公判期日に，その被疑者であった被告人又は弁護人が，その内容を認めたときに限り，証拠とすることができる。」と規定した。

　このように，検事が作成した供述録取書が証拠として許容されるためには，任意性（法309条）に加え[77]，（1）被告人の供述によって成立の真正が認められるか，あるいは（2）特信情況が認められることが必要であるとされた。また，司法警察官が作成した供述録取書が証拠として許容されるためには，被告人又は弁護人が，その内容を認めることが必要であるとされた。検事が作成した供述録取書と司法警察官が作成した供述録取書の

証拠採用要件を区別した理由は，既に述べた通りである[78]。

供述録取書の証拠能力を制限する法312条の法的性格については，見解の対立がみられる。まず，(1) 伝聞法則例外説は，供述録取書について，公判期日の供述に代替し得るだけの信用性を有していない点で伝聞証拠であり，法312条は信用性と必要性を条件に証拠能力を認める伝聞法則の例外であると解する[79]。これに対して，(2) 直接主義例外説は，供述録取書の場合は，原供述者は被告人自身であって，被告人の反対尋問権を保障することに意味がないため，伝聞例外には当たらないとした上で，直接主義及び被告人の人権保障の要請により，証拠能力を制限したものであると解する[80]。もっとも，(3) 法312条は，伝聞証拠について規定した法310条の2以下の一連の規定の中に位置づけられている一方で，被告人の法廷供述を差し置いて調書を使用することは直接審理主義の例外にあたるため，(1) と (2) のいずれの性格も有するという折衷説も展開されている[81]。

1961年の第1次改正刑訴法312条は，検事が作成した供述録取書について，(1) 被告人の供述によって成立の真正が認められ，(2) 特信情況が認められれば，証拠として許容されることを明記していた。ここでいう「成立の真正」とは，形式的真正成立と，実質的真正成立を含む概念であ

---

77) 대법원1981.7.28선고, 80도2688판결, 대법원1987.9.22선고, 87도929판결, 대법원1987.11.24선고, 87도2048판결も併せて参照。大法院は，任意性の有無について，具体的な事件毎に，当該調書の形式及び内容，陳述者の学力・経歴・知能の程度等，諸般の事情を参酌して，自由な心証により判断するとしている（대법원1989.11.14선고, 88도1251판결, 대법원1990.6.8선고, 90도646판결, 대법원1990.6.22선고, 90도741판결, 대법원1999.11.12선고, 99도3801판결）。

78) 大法院も，これらの区別について，(1) 司法警察官による被疑者取調べは，検事による被疑者取調べと比較すると，信用性の情況的保障が不充分である点（대법원1995.3.24선고, 94도2287판결），(2) 個人の基本的人権を保障するための立法政策的考慮が働いている点（대법원1982.9.14선고, 82도1479판결）等を指摘している。

79) 신양균『형사소송법〔신판〕』(화산미디어, 2009년) 781쪽, 이재상ほか・前掲注49) 608頁, 이은모ほか・前掲注67) 654〜655頁。

80) 신동운・前掲注34) 1162頁, 송광섭『형사소송법〔개정판〕』(형설출판사, 2012년) 610쪽.

81) 배종대・이상돈・정승환・이주원『신형사소송법〔제5판〕』(홍문사, 2013년) 638〜639쪽.

る$^{82)}$。形式的真正成立とは，調書の署名・捺印が，被告人のものであることに間違いないことである。また，実質的真正成立とは，調書に記載された内容が，供述者の供述通りに記されていることである$^{83)}$。これらの認定について，大法院は，極めて実務偏向的な「三段階連続推定論（삼단계연속추정론）」を採ってきた$^{84)}$。すなわち，大法院は，（1）形式的真正が認められれば，実質的真正が「推定」され$^{85)}$，（2）実質的真正が認められれば，反証がない限り，特信情況が「推定」され$^{86)}$，（3）調書に記載された自白の任意性（法309条）も「推定」される$^{87)}$という論理を採ったのである$^{88)}$。したがって，検事が作成した供述録取書は，形式的真正の要件を充足すれば，その他の要件は「推定」され，証拠として許容されることになった。

　もちろん，このような「推定論」に対しては，調書の証拠採用要件を欠くことの挙証責任を被告人に転嫁し，検事作成の供述録取書を「準裁判官面前調書」に格上げするものであるとして，批判が向けられていた$^{89)}$。しかし，これらの批判が変革へ直ちに結実することはなかった。韓国では，

---

82) 대법원1984.6.26선고, 84도748판결, 대법원1989.11.14선고, 88도1251판결, 대법원1990.6.8선고, 90도646판결, 대법원1990.6.22선고, 90도741판결, 대법원1990.10.16선고, 90도1474판결, 대법원1999.11.12선고, 99도3801판결, 대법원2002.8.23선고, 2002도2112판결.

83) 以上，이재상ほか・前掲注49）608～609頁。

84) 조국「검사작성 피의자신문조서와 영상녹화물의 증거능력」저스티스106호（2008년）3쪽.

85) 대법원1984.6.26선고, 84도748판결, 대법원1997.2.28선고, 96도3456판결, 대법원1998.6.9선고, 98도980판결, 대법원2000.6.27선고, 99도128판결, 대법원2001.6.29선고, 2001도1049판결.

86) 대법원1980.12.23선고, 80도2570판결, 대법원1982.6.8선고, 82도754판결, 대법원1984.9.11선고, 84도1379판결, 대법원1986.9.9선고, 86도1177판결, 대법원1986.11.25선고, 83도1718판결.

87) 대법원1983.3.8선고, 82도3248판결, 대법원1990.6.22선고, 90도767판결, 대법원1997.10.10선고, 97도1720판결.

88) もっとも，これらの判決は，国家保安法事件に関するものも少なくない。そのため，一般の刑事手続における「推定論理」の妥当性については，疑問が提起されていた。

89) 조국・前掲注84）3頁。

このようにして，日本の植民地統治時代の名残であった「調書裁判」が生き残る土壌が，判例法理を通じて形成されたのである。

加えて，検事が作成した供述録取書と司法警察官が作成した供述録取書の証拠採用要件の区別は，「検察司法（검찰사법）」を確立する上で大きな役割を果たした。すなわち，司法警察官が作成した供述録取書は，特信情況や任意性が認められる場合であっても，公判廷で被疑者が調書の記載内容を否定すれば，証拠として使用することはできない。したがって，警察段階で調書を作成した場合であっても，検事は改めて調書を作成しなければならない。上述の通り，そこで作成された調書は，形式的真正が認められれば，「推定論」によって証拠能力を有することになる。このようにして，検事は，「世界的にも類を見ない独占的・差別的・優越的地位を担保された強力な調書」を手に入れ[90]，「検察司法」が定着し，裁判の形骸化をもたらしたのである[91]。

(2) 2004年大法院判決による判例変更

検事が作成した調書と司法警察官が作成した調書の証拠採用要件の区別は，司法警察官による人権侵害と捜査の必要性を考慮した結果，設けられた。換言すれば，検事作成調書は，「公益の代表者」である検事に対する「信頼」により，その証拠採用要件が緩和されていた。しかし，2002年10月，検察に対する「信頼」が根底から崩れる事件が発生した。それが，ソウル地検被疑者拷問致死事件である。この事件は，ソウル地方検察庁舎に設置された「特別訊問室[92]」において取調べを受けていた殺人事件の被疑者が，検察庁捜査官等から暴行を受け，死亡したものである。捜査機関

---

[90] 이영한「새로운 형사소송법에서의 조서와 영상녹화」법조617호（2008년）81쪽.
[91] 조국・前掲注84) 3頁。
[92] 特別訊問室とは，重大な犯罪の被疑者に対する取調べを目的とした専用の取調室である。外部と完全に隔離された上で，徹夜で取調べを行うことができるように，訊問室毎にトイレやベッドが設置された約8坪の密室であった。特別訊問室は，検察が秘密裡に設置していたものである。被疑者拷問致死事件によってその存在が明らかになり，現在では廃止されている（李東熹「韓国における被疑者取調べの可視化」自正56巻10号（2005年）125～126頁及び128頁注(18)）。

による拷問等によって被疑者が死亡した事件は，民主化運動の最盛期に発生した朴鍾哲拷問致死事件以来のことであった[93]。ソウル地検被疑者拷問致死事件は，検察に対する信頼を失墜させることになった[94]。奇しくも，この時期は，司法制度改革の真っ只中であった。そこで，検察に対する批判は，調書裁判に対する批判と相まって，公判中心主義を志向する司法制度改革へと歩を進めたのである[95,96]。

　このような中，2004年12月，大法院は，これまでの判例の立場を改める判決を言い渡した。大法院は，法312条の文言を忠実に読めば，「成立の真正は『原陳述者の陳述によって』認められる方法以外は規定されていないため，実質的真正成立も原陳述者の陳述によってのみ認められるものであると解釈すべきであ」ると判示したのである[97]。この判決に先立つ2001年10月，大法院は，法312条に基づいて作成された「検事が被疑者でない者の陳述を記載した調書」について，原供述者によって実質的真正成立が認められなければ証拠として許容されない旨を判示し，形式的真正成立の認定による実質的真正成立の「推定」を否定していた[98]。2004年大法院判決は，「被疑者でない者の陳述を記載した調書」に関する2001年判決の趣旨を，「被疑者の陳述を記載した調書」にも適用したのである。そして，このように解釈することが，「我々の刑事訴訟法が採っている直接審理主義や口頭弁論主義を内容とする公判中心主義の理念に合致する」と締めくくっている。2004年大法院判決により，これまで判例が採用してきた「三段階連続推定論」は明確に破棄されることになった[99]。したがって，検

---

93) 이동희・前掲注42）136～137頁注（2）。
94) 後述するように，この事件は，検察が弁護人立会いや被疑者取調べ録音・録画制度を導入する契機の1つにもなった。
95) 조국・前掲注84）4頁。
96) 刑訴法の改正沿革と関連して述べたように，2004年11月15日に開催された司法改革委員会第24次全体会議では，被疑者・被告人の人権を保障し，国際基準に合致する刑事手続を実現させるために，公判中心主義の確立を満場一致で強調した（대법원「사법개혁위원회 제24차 회의」（2004년11월15일））。
97) 대법원2004.12.16선고, 2002도537판결.
98) 대법원2001.10.23선고, 2001도4111판결. 대법원2003.10.14선고, 2002도4572판결도 同旨である。

事が作成した供述録取書は，被疑者が実質的真正成立を否定した場合，証拠とすることができなくなった。このことは，検事が作成した供述録取書が事実上廃止されたことを意味した[100]。

(3) 2007年改正刑訴法における供述録取書の証拠採用要件
　(a) 司法制度改革と供述録取書の証拠採用要件規定
　2004年大法院判決は，被告人が法廷で実質的真正成立を否定した場合に，検事が作成した供述録取書の許容性を否定した。繰り返し述べたように，韓国では，司法警察官が作成した供述録取書は，公判準備又は公判期日において，被告人又は弁護人がその内容を認めたときに限り，証拠とすることができるとされていた（2007年刑訴法改正前の法312条2項）。そのため，捜査機関は，被疑者を取り調べて調書を作成しても，被告人が実質的真正あるいは記載内容を否定した場合は，これを証拠とすることが事実上不可能になっていた。

　このような中で行われた司法制度改革は，公判中心主義の確立を志向し，「調書裁判」からの脱却を目指した。そのため，改革の波は，「韓国検察の自尊心・自負心[101]」であった刑訴法312条にも押し寄せた。これに加えて，警察も，検察と対等な捜査機関としての地位を獲得するために，法312条による調書の証拠採用要件の区別を撤廃するよう主張していた。他方で，検察は，検察官会議を開催して声明を発表する等，改革の波に強固に抗った[102]。その結果，2007年改正刑訴法312条は，調書の作成主体による証拠採用要件の区別を維持したまま，次のように改められた。順次，改正された条文の文言と，それに関する議論等を概観する（参考人供述の録取書面に関する312条4項，供述書への準用を認める312条5項，検証調書に関する312

---

99) 2004年大法院判決は，これまでの判例を挙げた上で，「従来の大法院の見解…は，（本判決に）背馳する範囲内で，これをすべて変更する《省略・挿入筆者》」と明確に述べている。
100) 김성돈・황태정「공판중심주의의 바람직한 운용방향」대검찰청연구보고서〔발간등록번호：11-12800000-000138-01〕（2010년）67쪽.
101) 조국・前掲注84) 8頁.
102) 신동운・前掲注14) 122頁.

条 6 項は割愛する。)）。

　(b)　2007年改正法312条の概要
　　ⅰ．第 1 項
　現行法312条 1 項は，「検事が，被告人となった被疑者の陳述を記載した調書は，適法な手続及び方式により作成されたものであり，被告人が陳述した内容と同一に記載されていることが公判準備又は公判期日における被告人の陳述により認められ，その調書に記載された陳述が特に信用することができる情況の下で行われたものであると証明されたときに限り，証拠とすることができる。」と規定している。改正前と異なる点として，まず，(1) 形式的真正成立と実質的真正成立の両概念を含む「成立の真正」という文言を改め，「適法な手続及び方式による作成」と実質的真正成立を区別したことを挙げることができる。「適法な手続及び方式による作成」とは，一般的に，形式的真正成立に加え，調書作成の適法性及び方式の適法性を充たすことを意味すると解されている。具体的には，①調書作成主体の適法性，②作成時期の適法性，③記名捺印又は署名の適法性，④取調べ手続及び作成手続の適法性，⑤取調べ調書の原本性である[103]。

　①調書作成主体の適法性とは，以下のような問題である。すなわち，法は「検事」による作成を要求しているところ，捜査実務では，「検事」以外の者によって調書が頻繁に作成されている[104]。たとえば，（ⅰ）検事が不在の中で，検事の職務を代理する検察主事等が取調べを行い，調書を作成することが多い。このとき，検事は，後に取調べ内容を総括して簡単な質問を行い，検事名義の署名・捺印を行う。また，（ⅱ）検察庁法32条に基づいて検事総長が認めた場合には，司法修習生や検察捜査書記官，検察事務官等は，裁判所組織法による合議部事件に該当しない事件について，検事の職務を代理することができるとされている[105]。この代理行為として，検事以外の者が検事に代わって被疑者取調べを行い，調書を作成する

---

[103]　신이철『개정법에 따른 형사증거법』（유스티니아누스，2011년）174～183쪽．
[104]　検事や司法警察官が調書を作成することは非常に稀であり，実際には，多くの調書が検察庁職員や司法警察吏によって作成されるという（최영승『피의자신문과 적법절차』（세창출판사，2005년）206쪽）。

場合がある。調書作成主体の適法性の問題は，これらの者に，調書の作成権限を認めることができるかという問題である[106]。大法院は，いずれの問題についても判断を示している。まず，（ⅰ）検察主事による取調べについては，仮に検事が自ら署名・押印をしていたとしても，検事が実際に取調べを行った訳ではないため，検事が作成したものと解することはできないとして，その証拠能力を否定している[107]。また，（ⅱ）書記官等による代理行為については，法312条の各要件を充たしている限り，当該調書は証拠能力が認められるとしている[108]。

②作成時期の適法性とは，以下のような問題である。すなわち，捜査実務では，警察段階で被疑者が自白しており，検察官送致後に供述を翻すおそれがあると思料した場合，司法警察官が検事に連絡し，連絡を受けた検事が送検前に警察署へ赴き，「検事作成の被疑者訊問調書」を作成していた。このような場合に，当該調書の証拠能力を認めることができるかという問題である[109]。この問題は，単に「作成時期」に焦点を当てたものではない。韓国刑訴法は，作成主体によって調書の証拠採用要件を明確に区別している。その理由は，検事が負う客観義務や準司法機関としての地位に鑑み，司法警察官よりも検事を信用したためである。そのため，「検事」が「警察署」で作成した調書（あるいは，「検事」が「警察の影響が遮断されていない状態」で作成した調書）を無条件で「検事が作成した被疑者訊問調書」とした場合，法の趣旨が損なわれ得る点に，問題の本質がある[110]。

---

105) 検察庁法32条は，「検事の職務代理」という見出しであり，「①検察総長は，司法研修院長が要請すれば，司法研修生に，一定期間の地方検察庁又は支庁検事の職務を代理させることを命ずることができる。②検察総長は，必要であると認めたときは，検察捜査書記官，検察事務官，捜査事務官又は麻薬捜査事務官に，地方検察庁又は支庁検事の職務を代理させることができる。③第１項及び第２項により検事の職務を代理する者は，『裁判所組織法』による合議部の審判事件は処理しない。④第２項による検事職務代理の職務範囲及びその他検事職務代理の運営等に必要な事項は，大統領令で定める。」と規定している。
106) 신이철・前掲注103) 177～179頁。
107) 대법원2003.10.9선고, 2002도4372판결.
108) 대법원2010.4.15선고, 2010도1107판결.
109) 신이철・前掲注103) 179～180頁。
110) 이은모ほか・前掲注67) 656頁。

この点について，学説は，（ⅰ）客観義務を有し，準司法機関としての地位を有する検事が作成したものであれば，その作成時期を問わず信用性が認められるとして，送検前に作成された調書であっても「検事が作成した被疑者訊問調書」に該当すると解する肯定説[111]と，（ⅱ）警察による捜査の影響が遮断されていない状況で調書が作成された場合には，それが検事によるものであったとしても，「検事が作成した被疑者訊問調書」として信用性を担保することはできないと解する否定説[112]が対立している。なお，大法院は，送検前に検事が調書を作成した場合は，司法警察官が得た自白を不当に維持し，悪用したものである可能性があるため，送検後に作成された調書と同様に取り扱うことは困難である旨を判示し，否定説の立場に立っている[113]。

③記名捺印又は署名の適法性とは，これまで「形式的真正成立」と称されていた問題である。すなわち，調書に付された割印及び記名捺印又は署名が，被疑者によってなされたものであることを要する[114]。これに加えて，検事自身の記名・捺印も要求される（法57条[115]）。

④取調べ手続及び作成手続の適法性とは，法241条以下に規定された被疑者取調べに関する諸規定を遵守したか否かという問題である。すなわち，被疑者に対する人定質問（法241条），取調べ事項（法242条），捜査関係者及び弁護人立会い（法243条及び243条の2），調書の作成手続（法244条），黙秘権等の告知（法244条の3），捜査過程の記録（法244条の4），障害人等特別に保護を要する者に対する特則（法244条の5）等の各手続を遵守したか否かが問題となる。

⑤取調べ調書の原本性とは，検事が作成した調書の原本を証拠として提

---

111) 이재상・前掲注34）567頁。
112) 배종대ほか・前掲注81）639頁，이은모ほか・前掲注67）656頁。
113) 대법원1994.8.9선고，94도1228판결.
114) 신이철・前掲注103）180頁，이은모ほか・前掲注67）657頁。
115) 法57条は，「公務員の書類」という見出しであり，「①公務員が作成する書類は，法律に他の規定がないときは，作成年月日及び所属公務所を記載し，記名捺印又は署名しなければならない。②書類には，割印し，又はこれに準ずる措置を行わなければならない。」と規定している。

出したかという問題である。この点について，大法院は，一定の条件を充たした場合に限り，抄本の提出を認めている。すなわち，調書の原本のうち，隠れている部分の内容が，隠れていない部分の内容と分離可能なものであり，当該公訴事実と関連性がない場合で，（ⅰ）当該調書の原本が存在するか又は存在したこと，（ⅱ）調書原本の提出が不可能又は困難である事情があること，（ⅲ）原本を正確に転写したものであることの3つの条件を充たしたときに限り，抄本を原本と同一に取り扱うことができる旨を判示している[116]。

　改正前の法312条と異なる点として，次に，（2）いわゆる「特信情況」の取扱いを挙げることができる。改正前の法312条は，「真正成立」要件が認められた場合に当該調書を証拠採用することができるとした上で，但書で「…被疑者の陳述を記載した調書は，その陳述が特に信用することができる状況の下で行われたときに限り，…被告人の公判準備又は公判期日における供述に関わらず，証拠とすることができる。」と規定していた。これに対して，2007年改正法は，「適法な手続及び方式」要件及び「実質的真正成立」要件を充たした上で，かつ「その調書に記載された陳述が特に信用することができる情況の下で行われたものであると証明されたときに限り」，当該調書を証拠として採用し得る旨を規定した。

　　ⅱ．第2項

　法312条2項は，実質的真正成立の証明方法に関するものである。すなわち，同項は，「第1項にも関わらず，被告人がその調書の成立の真正を否認した場合には，その調書に記載された陳述が，被告人が陳述した内容と同一に記載されていることが映像録画物又はその他の客観的な方法により証明され，その調書に記載された陳述が特に信用することができる情況の下で行われたものであると証明されたときに限り，証拠とすることができる。」と規定した。2007年改正以前は，実質的真正成立の証明方法として，「公判準備又は公判期日における原供述者の陳述」のみを規定していた。これに対して，2007年改正法は，公判廷において被告人が実質的真正

---

[116] 대법원2002.10.22선고, 2000도5461판결.

成立を否定した場合であっても,「映像録画物又はその他の客観的な方法」によってこれが証明されれば,証拠として許容される旨を規定した。実質的真正成立要件について改正法以前よりも緩やかな規定を設けたのは,弁護人の被疑者取調べ立会権や違法収集証拠排除法則等の明文化を認めたことに対する「立法的妥協」であったと指摘されている。

ⅲ. 第3項

法312条3項は,検事以外の捜査機関によって作成された供述録取書の証拠採用要件に関するものである。同項は,「検事以外の捜査機関が作成した被疑者訊問調書は,適法な手続及び方式により作成されたものであり,公判準備又は公判期日にその被疑者であった被告人又は弁護人がその内容を認めるときに限り,証拠とすることができる。」と規定した。そのため,司法警察官が作成した調書は,「適法な手続及び方式」要件及び「内容の追認」要件を充たしたときに限り,証拠として許容される。既に述べたように,司法制度改革に際して,警察は,調書の証拠採用要件に関する区別を廃止するべきであると主張していた。しかし,現行法は,これまでと同様に検事と司法警察官の各調書を区別する規定を維持している。この背景として,検察が「いかなる形であれ,調書の証拠能力を確保するために,調書規定の維持に全力を注ぐ」という意識で法改正に臨んだことが指摘されている[117]。また,過去の調書裁判に慣れていた裁判官が,業務量が急増することを懸念したことも挙げられている[118]。

(c) 参考人調書の証拠能力

ここで,参考までに,参考人調書の証拠採用要件についても簡単に確認しておく。2007年刑訴法改正は,参考人調書の証拠採用要件についても若干の変更を加えている。検事又は司法警察官が参考人の供述を記載した調書は,「適法な手続及び方式により作成されたものであり,その調書が検事又は司法警察官の前で陳述した内容と同一に記載されていることが,原陳述者の公判準備又は公判期日における陳述又は映像録画物若しくはその

---

[117] 이완규『형사소송법특강―이념과 현실의 균형을 위한 모색―』(법문사, 2006년) 112쪽.
[118] 조국・前掲注84) 8頁。

他の客観的な方法により証明され，被告人又は弁護人が公判準備又は公判期日にその記載内容に関して原陳述者を尋問することができたとき」に，証拠とすることができる（法312条4項）。但し，これには特信情況が認められることを要する（同条同項但書）。もっとも，当該参考人が死亡，疾病，外国居住，所在不明その他これに準ずる事由により陳述することができないときは，特信情況の証明のみで証拠とすることができる（法314条）。

したがって，参考人調書は，（1）「適法な手続及び方式」による作成と実質的真正成立が認められ，（2）参考人に対する尋問が行われ，（3）当該供述が「特に信用することができる情況の下」で行われたものであると証明されたときに，証拠として採用できることになる。被疑者の供述調書とは異なり，参考人調書は，検事が作成した場合であっても司法警察官が作成した場合であっても，同一の要件の下に証拠採用される。

(d) 現行法における供述録取書の証拠採用要件

ここでは，小括として，被疑者取調べ調書の証拠採用要件を端的に確認しておきたい。韓国においては，検事と司法警察官で，調書の証拠採用要件が区別されている。これは，2007年刑訴法改正後も引き続き維持されている。現行法の下では，次の要件を充たした場合に，各調書が証拠として許容されることになる。

まず，検事が作成した調書は，（1）「適法な手続及び方式」によって作成され，（2）公判準備又は公判期日における被告人の陳述によって実質的真正成立が認められ，（3）特信情況が認められたときに限り，証拠として許容される（法312条1項）。但し，被告人が実質的真正成立を否定した場合であっても，これは「映像録画物又はその他の客観的な方法」によって証明することができる（同2項）。

これに対して，司法警察官が作成した調書は，（1）「適法な手続及び方式」によって作成され，（2）「被告人又は弁護人がその内容を認めるとき」に限り，証拠として許容される（法312条3項）。

なお，これらの前提として，調書に記載された供述の任意性が認められなければならない（法309条）[119]。同条が証拠とすることを禁じる自白は，拷問，暴行，脅迫，身体拘束の不当な長期化又は欺罔その他の方法により，

任意に供述したものでないと疑うに足りる理由があるものである。判例上，任意性の有無は，具体的な事件毎に，当該調書の形式及び内容，供述者の学力・経歴・知能の程度等，諸般の事情を参酌して，自由な心証により判断するとされている[120]。

(e) 取調官証言制度の導入

2007年改正法は，取調官証言制度を新たに導入した。これは，調書の証拠採用要件（特に，司法警察官作成の調書の証拠採用要件）と関連するため，ごく簡単に付言しておく。取調官証言制度とは，捜査段階で被疑者を取り調べた捜査官や，取調べに立ち会った捜査官の宣誓証言を，反対尋問を条件に証拠採用する制度である（法316条1項）。2007年改正以前は，取調官証言は一貫して証拠能力が否定されていた。これは，司法警察官作成の調書の証拠採用要件が大きく関係している。

既に述べたように，司法警察官が作成した供述録取書は，被告人又は弁護人が調書記載の内容を公判廷で認めなければ，証拠採用することができない（旧法312条2項，現行法312条3項）。そこで，司法警察官作成調書の内容を被告人が否定したときに，捜査段階で被告人を取り調べた取調官を証人として呼び，その証言を証拠採用し得るかが問題となった。2007年刑訴法改正以前の法316条は，「伝聞の陳述」という見出しで，「被告人でない者の公判準備又は公判期日における陳述が，被告人の陳述をその内容とするものであるときは，その陳述が特に信用することができる状態下で行われたときに限り，これを証拠とすることができる。」と規定していた（同条1項）。この条文のうち，取調官が「被告人でない者」に該当すると解すれば，取調官証言を証拠採用し得るように思われる。

大法院は，かつて，取調官証言の証拠能力を認めたことがある[121]。し

---

119) 法309条は，「自白」の任意性に関する規定である。当該供述が自白でない場合は，法317条によって任意性が要求される。法317条1項は，「被告人又は被告人でない者の陳述が，任意にされたものでないものは，証拠とすることができない。」と規定している。

120) 대법원1989.11.14선고, 88도1251판결, 대법원1990.6.8선고, 90도646판결, 대법원1990.6.22선고, 90도741판결, 대법원1999.11.12선고, 99도3801판결.

121) 대법원1967.6.13선고, 67도608판결.

かし，1968年以降は，一貫して取調官証言の証拠能力を否定してきた。当初の判例は，取調官が旧法316条1項の「被告人でない者」に該当するとしつつ，被告人が司法警察官作成調書の内容を否定する場合は被告人の供述は「特に信用することができる状態下で行われた」ものではないとして，取調官証言の証拠能力を否定していた[122]。その後，大法院は，法が調書の証拠採用要件を作成主体によって区別した趣旨—すなわち，検事以外の捜査機関が作成した調書は，検事が作成した調書よりも信用性が相対的に担保されていないこと—を強調し，被告人が調書記載内容を否定しているにも関わらず，取調官証言を証拠採用するとすれば，司法警察官作成調書の証拠採用要件を規定した法312条2項を形骸化することになるとして，取調官証言の証拠能力を否定した[123]。

　もっとも，警察段階の被疑者供述を法廷に顕出させられなかったとしても，検事作成調書には「三段階連続推定論」が適用され，ほぼ無制限に証拠採用されていたため，取調官証言の証拠能力を認める必要性は大きくなかった[124]。ところが，前述の通り，大法院は2004年に「三段階連続推定論」に関する判例変更を行った[125]。このことは，検事が作成した供述録取書が事実上廃止されたことを意味した。また，検事による取調べが強制性を帯びるのは，（1）警察段階の被疑者供述が容易に排除され（旧法312条2項），（2）大法院が取調官証言の証拠能力を認めないためであるという批判が向けられた[126]。

　折しも，この時期は司法制度改革の真っ只中であった。そして，司法改革推進委員会は，公判中心主義を志向した刑訴法改正を検討していた。このような中で，再び取調官証言制度が注目を集めた。そこで，これまでの

---

122) 大法院1968.11.19宣告，68도1366判決，大法院1975.5.27宣告，75도1089判決。
123) 大法院1974.3.12宣告，73도2123判決，大法院1983.7.26宣告，82도385判決，大法院1985.2.13宣告，84도2897判決，大法院2002.8.23宣告，2002도2112判決，大法院2005.11.25宣告，2005도5831判決。
124) 심대문「피의자진술의 법정현출방식과 조사자증언의 증거능력」비교형사법연구12권1호（2010년）319쪽。
125) 大法院2004.12.16宣告，2002도537判決。
126) 신동운・前掲注34) 1187頁。

大法院判例を立法によって破棄し，取調官証言制度を導入したのである[127]。

日本における議論を踏まえると[128]，取調官証言制度を導入した2007年刑訴法改正は，取調官証言という信用性判断が困難な伝聞供述を許容し，他方で調書の証拠採用要件を厳格にする改正であるようにみえるかもしれない。しかし，日本と韓国では，司法警察官が作成した供述録取書の証拠採用要件が大きく異なる。そして，そのことが，検事による取調べの強制性へと繋がったり，警察段階と検察段階で同一の調書を作成する手間を生じさせていた。そのため，韓国における取調官証言制度の導入は，公判中心主義を志向しつつ，刑事手続における検事の独占的地位を相対化させ[129]，司法警察官に捜査に対する責任を持たせ[130]，警察段階と検察段階で同一の調書を 2 度作成しなければならないという煩雑さを回避する効果を生んでいると評価されている。

4．いわゆる「代用監房」問題

(1) いわゆる「代用監房」問題とその沿革

最後に，韓国における被疑者取調べの概要と関連して，いわゆる「代用監房」問題について簡単に言及しておく。第 1 部で指摘したとおり，代用監獄は，取調べと身体拘束を密接に結びつけ得るためである。韓国においても，日本と同様に，逮捕・拘束された者は，原則として法務部所管の拘置所に収容される（刑の執行及び収容者の処遇に関する法律21条 1 項，同11条

---

127) 取調官証言制度については，氏家仁「被告人の取調べにおける供述を内容とする取調捜査官の伝聞証言―韓国改正刑事訴訟法における『取調官証言制度』との比較・検討―」中大院39号（2009年）359～372頁に譲る。
128) 比較的近時のものとして，井戸田侃『刑事訴訟理論と実務の交錯』（有斐閣，2004年）202～231頁，山田道郎『証拠の森―刑事証拠法研究―』（成文堂，2004年）91～102頁，内山安夫「伝聞供述としての取調官証言の証拠能力―刑事訴訟法三二四条一項適用の可否―」東海35号（2006年）105～127頁等がある。
129) 신동운・前掲注34）1187頁。
130) 이재상ほか・前掲注49）635頁。

1項3号)。しかし，拘置所への収容に代えて，警察庁所管の警察署留置場に収容されることがある（警察官職務執行法9条）。もっとも，韓国の「代用監房」に関する議論は，日本の代用監獄に関する議論とは若干異なる。これは，警察官職務執行法9条が，「留置場」という見出しで，「法律で定めた手続によって逮捕・拘束された者又は身体の自由を制限する判決若しくは処分を受けた者を収容するために，警察署及び地方海洋警備安全官署に留置場を置く。」と規定していることに起因する。韓国の警察留置場には，警察や検察，国家情報院等が逮捕・拘束した被疑者のみならず，拘留刑を宣告された者や，裁判所から監置・勾引処分を受けた者等も収容されているのである[131]。そのため，警察留置場は，単なる未決拘禁施設ではなく，準刑事施設として機能している[132]。このような現状を踏まえ，韓国の「代用監房」に関する議論は，拘置所と比べて劣悪な被収容者の処遇や，根拠法令の未整備等に関するものが中心である。

　韓国の代用監房は，司法警察官による拘束権限（刑訴法202条）と密接に関連している。司法警察官による拘束権限について遡ると，日本による植民地統治時代に制定された朝鮮刑事令に行き着く。朝鮮刑事令は，当時の内地の刑事訴訟法を依用しつつ，朝鮮植民地統治のための特例を多く設けた。朝鮮刑事令は，検事が，禁錮以上の刑にあたる事件について，急速の処分を要するものと思料するときは，公訴提起前に限り，押収・捜索・検証及び被疑者の勾引，被疑者又は証人の訊問，鑑定・通訳又は翻訳の処分をすることを認めていた（同令12条1項）。そして，この規定は，司法警察官にも準用された（同2項）。さらに，司法警察官が朝鮮刑事令12条によって被疑者を訊問した後，住居不定，証拠隠滅のおそれ，逃亡のおそれがあると認められるときは，10日間を超えない期間，被疑者を留置することができた（同13条）。他方，朝鮮刑事令は，監獄法も依用していた。周知の通り，監獄法は，監獄の種類として，懲役監，禁錮監，拘留場，拘置監を規定していた（監獄法1条1項1号〜4号）。そして，「警察官署ニ附属ス

---

[131] 김태명「경찰유치에 있어서 수사와 구금의 분리」형사정책25권 1 호（2013년）257쪽.

[132] 이진극「구속장소의 법적 규율에 관한 소고」동아법학44호（2009년）627쪽.

ル留置場ハ之ヲ監獄ニ代用スルコトヲ得但懲役又ハ禁錮ニ処セラレタル者ヲ一月以上継続シテ拘禁スルコトヲ得ス」と規定していた（同3項）。韓国の代用監房は，朝鮮刑事令13条による警察の最大10日間の拘束権限と，依用された監獄法1条3項によって，韓国の捜査実務に定着したのである[133]。

　その後，警察による最大10日間の拘束権限は，1954年制定刑訴法に引き継がれた（1954年制定刑訴法201条1項）。また，1950年に制定された行刑法は，「警察官署に設置された留置場は，未決収容室に準ずる。」と規定した（同61条）。これらの規定によって，植民地統治期と同様に代用監房の法的根拠が整備され，1954年制定刑訴法の制定以後も代用監房が捜査実務に引き継がれた。しかし，その後に訪れた権威主義政権は，代用監房の存在自体をひた隠しにしてきた。そのため，民主化を達成するまで，代用監房は刑事訴訟法学の議論の対象とされてこなかった[134]。

(2)　近時の憲法裁判所決定と代用監房に対する認識

　ところが，特に2000年代に入り，代用監房の処遇環境が極めて劣悪であることが注目され始めた。その処遇環境をめぐって，憲法裁判所に憲法訴願が行われたためである。その結果，警察留置場の被収容者に対し，収容室内に設置された遮蔽物のないトイレを使用するよう強制することは，憲法10条[135]が規定する人格権を侵害すると判示した憲法裁判所決定[136]や，公職選挙法違反で警察留置場に収容された女性被疑者に対し，弁護人との接見終了後，裸にして身体検査を行った処分は，留置場管理等のための必要最低限度を超えた処分であり，憲法10条が規定する人格権と憲法12条1項が規定する身体の自由を侵害すると判示した憲法裁判所決定[137]等が示

133）김태명・前掲注131）255頁。
134）김태명・前掲注131）249頁。
135）憲法10条は，「すべて国民は，人間としての尊厳及び価値を有し，幸福を追求する権利を有する。国家は，個人の有する不可侵の基本的人権を確認し，これを保障する義務を負う。」と規定している。
136）헌법재판소2001.9.6선고, 2000헌마546결정.
137）헌법재판소2002.7.18선고, 2000헌마327결정.

された。これらの憲法裁判所決定を契機として，代用監房の問題点が認識された。

　2003年には，国家人権委員会が代用監房を調査し，「留置場施設環境・人権実態調査報告書」と題された報告書を公表した[138]。近時も，2010年3月に，ソウル特別市陽川警察署の強力犯捜査チームが被疑者を拷問した事件と関連して[139]，留置担当官が留置業務上作成する書類を改竄したり，捜査チームによる拷問を黙認・傍観したとして，懲戒処分を受けた[140]。また，2012年9月には，大邱広域市大邱東部警察署の留置場から被疑者が逃亡する事件が発生し，留置場の管理実態に注目が集まった[141]。

　韓国の代用監房は，このような経緯を経て問題視されるようになったため，劣悪な処遇環境や，根拠法令の未整備等に関する議論が中心を占めている。たとえば，空調・換気設備が導入されていないことや，トイレや寝具が不衛生であること，女性被収容者の留置を男性留置担当官が担当する場合があること，被収容者1人あたりのスペースが2.64㎡以下であること，1日あたりの食事が2,000ウォンに抑えられており，栄養価が小学校の給食にも充たないこと等である[142]。また，留置業務を担当する警察官の負担過多や留置業務の専門性に着目し，勤務環境を改善するべきであるという警察学的観点も示されている[143]。もちろん，代用監房の問題として，身体拘束と取調べを結合する機能を果たす点が指摘されることもある。すなわち，本来は一時的な留置のための施設である警察留置場に未決収容者

---

138) 국가인권위원회「유치장시설환경・인권실태조사보고서」(2003년).
139) 헤럴드경제2010.12.30차「가혹행위 양천서『고문경찰』에 징역 3년 선고」.
140) 박동균・김우준「피의자 인권을 고려한 경찰서 유치장의 개선방안」한국경찰연구11권 3호 (2012년) 56쪽.
141) 김형중「경찰서 유치관리 업무의 문제점 및 개선방안에 관한 연구」한국민간경비학회보12권 1호 (2013년) 52쪽.
142) 이문학「대용감방의 인권적 문제점과 개선 방안」법조620호 (2008년) 272쪽，박동균ほか・前掲注140) 69～70쪽。
143) 김형중・前掲注141) 59～62頁は，警察官を対象に行ったアンケート調査結果を分析している。これによれば，留置管理業務に従事している警察官は，それ以外の部署に勤務している警察官よりも，勤務環境や報酬に対して不満を持っている者が多いという。

を一定期間収容するのであれば，これは留置の機能を超えることになるところ，警察は矯正専門職ではなく捜査機関であるため，被収容者を捜査対象として取り扱い，延いては人権侵害が生じるおそれがあるとされている[144]。ここでは，未決収容者を警察の管理下に置き，外部の監視や規律が及ばない密室で，時間的・場所的制約を受けずに取調べを行うおそれが大きいことから，捜査段階供述のみならず法廷供述にも有形・無形の影響が及ぶおそれがあると指摘されている。

　しかし，既にみたように，韓国では取調べ受忍義務論が盛んに議論されてこなかった。また，代用監房問題は，劣悪な処遇環境を改善するべきであるという文脈で提起されてきた。さらに，法務部は，2007年4月時点で，全国の警察留置場を段階的に廃止し，刑務所を新設することで，2015年までにすべての警察留置場を廃止する旨を宣言していた[145]。実際に，2007年に172施設1,286室存在した警察留置場は，2012年には112施設922室まで減少した[146]。警察留置場を廃止する法務部の方針も，被収容者が運動場で運動することができない点や，日照権が保障されていない点，「睡眠権」等が侵害されている点等を強調していた[147]。そのため，韓国の「代用監房」は，取調べと身体拘束を密接に結びつける役割を一定程度果たしているものの，日本ほど盛んな議論が展開されていない状況である[148]。

(3)　代用監房視察録——ソウル特別市・広津警察署の留置施設等

　筆者は，2018年11月2日に，韓国国立警察大学校・李東熹教授の案内により，ソウル特別市広津（광진）区にある広津警察署を視察した。同署庁

---

144) 이문학・前掲注142) 278～279頁，박동균ほか・前掲注140) 67頁。
145) 법무부 정책뉴스2007.4.30차「대용감방 사라진다」.
146) 김태명・前掲注131) 257頁。
147) 법무부・前掲注145)。
148) 조성용「미결구금의 집행 및 미결수용자의 처우에 대한 비판적 검토—『형의 집행 및 수용자의 처우에 관한 법률』의 관련 규정을 중심으로—」교정연구50호（2011년）91쪽は，2009年に刑の執行及び収容者の処遇に関する法律が制定・施行された後も，未決拘禁や代用監房に関する議論は遅れており，「刑事拘禁に関する理論分野で最も遅れた領域」であり「本格的な議論がなされていない」と指摘している。

舎は2017年9月に改築されており，最新鋭の設備が導入されたモデル警察署である。同署には，6〜7畳ほどの留置室が7部屋設置されていた（1号室から5号室までが男性，6号室が女性，7号室が障害を有する者を収容する部屋であった。）。視察当日に収容されていた者は3名であった。内訳は，通常逮捕された詐欺被疑事件の被疑者，拘束（勾留）中の詐欺被疑事件の被疑者，現行犯逮捕された強姦致傷被疑事件の被疑者であり，勾留段階にある者は1名であった。稼動していた留置場も1部屋（4号室）であった。

　少なくとも広津警察署では，いわゆる在宅被疑者と身体拘束された被疑者の取調べは，異なる部屋で行われている（このような運用は，近時の韓国警察では一般的であるという。）。いわゆる在宅被疑者は，警察署正面玄関から通じる各捜査部署に併設された取調室で取調べを受ける。これに対して，身体拘束された被疑者は，留置施設に付設された取調室で取調べを受ける。広津警察署の留置施設に付設された取調室は，1部屋のみであった。

　新庁舎である広津警察署の設備状況と留置場の収容状況等を合わせて考えると，（1）2007年改正刑訴法198条1項により明文化された「身体不拘束捜査原則」が一定程度実現していること，（2）取調べは主として「在宅」状態で行われ，身体拘束以後は盛んに行われていないこと[149]などを看取することができる。

---

149) 이동희・前掲注45) 239頁を参照。

《付記》警察署取調室の変化

　筆者は，かつて，韓国の警察における「開放型被疑者取調室」を紹介した[150]。すなわち，警察段階における被疑者取調べは，警察官が通常業務を行う警察署内の「事務室」で行うというものである[151]。以前は，高さ1.5m程度の衝立てで仕切られた各捜査官の事務机で，複数の取調べが同時並行で行われていた[152]。しかし，2018年11月現在，新たに建設された警察署では，基本的に「取調室」を設置しているという。韓国では，2007年改正で取調べ録音・録画制度が導入された。しかし，「開放型被疑者取調室」を録画した場合，室内すべてを録画することは困難である。実際に，録音・録画制度導入後の2010年3月にも，ソウル特別市陽川警察署で被疑者拷問事例が発生している。そのため，録音・録画による取調べの透明性を高める目的で，近時は「取調室」が設置されるようになった。

　視察した広津警察署では，各捜査部署に「取調室」が付設されていた。ここでは，3畳程度の取調べブースが3部屋連なった構造の「取調室」が複数みられた。各ブースは，捜査官と被疑者が机を挟んで対面して座れる構造である。机の上には，パソコンとプリンタ，調書への拇印を行うための朱肉とティッシュペーパーが置かれている。このブースは，それぞれ引戸で繋がっている。各ブースの天井には，当該ブースのみを撮影できるCCTVが設置されている。しかし，これは，「取調べ録音・録画」のためのCCTVではなく，保安上のCCTVである。このような取調室を用いるのは，いわゆる在宅被疑者に限られる。

　これとは別に，「取調べ録音・録画」を行う際に用いられる取調室が別途存在する（映像録画室）。映像録画室は，日本の取調室の形態に近い。捜査官と被疑者が机を挟んで対面して座れる構造である。机の上には，取調べブースと同様の備品が置かれている。取調室の壁にはマジックミラーが設置されており，隣室で録音・録画装置を操作したり，取調べの様子を見

---

150) 安部・前掲注33) 創刊号99頁以下，安部祥太「韓国における被疑者取調べ録音・録画―現在地と課題を日本と比べながら―」熊法141号（2017年）187頁以下。
151) 이동희・前掲注45) 232頁。
152) 甲木真哉「韓国における取調べ可視化の最新事情」刑弁44号（2005年）139頁。

ることができる。隣室のパソコンには，リアルタイムで取調べ映像が映し出される。捜査官の後方の天井から被疑者を撮影した映像と，被疑者の後方の天井から捜査官を撮影した映像が，同じサイズで表示されている。

これに対して，身体拘束された被疑者は，留置施設の横に付設された取調室で取調べを受ける。その構造は，映像録画室と同様である。

以上の内容は，筆者が広津警察署を視察して得た情報である。韓国国立警察大学校・李東熹教授によると，このような取調室は新たな形態であり，近年多くの警察署で採用されているという。但し，保安・警備上の理由により，この形態の取調室に関する資料は非公開であった。そのため，新たな形態の取調室に関する文献・資料を引用することはできないものの，かつて紹介した「開放型被疑者取調室」が変わりつつあることを付記しておく。

第3章

韓国における被疑者取調べの憲法的規制

1. 黙秘権

(1) 黙秘権規定の沿革と内容

　韓国における黙秘権について，朝鮮王朝期まで遡って，簡単に沿革を確認する。まず，朝鮮王朝期の刑事手続では，犯罪の嫌疑を向けられた者は「以實直告（이실직고）」の義務を負っており，真実供述義務があると解されていた[1]。既に概観したように，朝鮮王朝期の刑事手続では，自白強要のための拷問が法的に認められていた。そのため，「罪人」とされた者に対する黙秘権保障は観念し得なかった。また，日本による植民地統治期でも，黙秘権は認められていなかった。大日本帝国憲法が黙秘権を規定しておらず，日本の明治刑訴法及び大正刑訴法も黙秘権告知に関する規定を設けていなかったためである。したがって，これらが依用されていた朝鮮においても，黙秘権規定や黙秘権告知規定は存在しなかった。さらに，制憲憲法の制定に先立つ1948年3月20日に公布された米軍政令第176号「刑事訴訟法の改正」でも，黙秘権は規定されなかった。

　第1章で指摘したように，アメリカ法が制憲憲法の制定に与えた影響は，日本国憲法の制定に与えた影響と比較すると，大きなものではなかった。そのため，制憲憲法においても黙秘権規定は設けられなかった。韓国における黙秘権に関する議論は，大韓民国政府の樹立後に設置された法典編纂委員会によって開始された。すなわち，法典編纂委員会は，被告人の黙秘権と関連して，「被告人は，尋問を拒否することはできないが，自己に不

---

1) 백형구「진술거부권의 보장」사법행정34권1호（1993년）78쪽.

利な供述を拒否することができるようにする」ことを審議し，これが議決された[2]。その後，1954年4月25日政府草案において，「尋問を拒否することはできないが」という文言が削除され，被告人の黙秘権が初めて観念された[3]。

これを受けて，1954年制定刑訴法は，被疑者についても黙秘権が認められていることを前提として，黙秘権告知規定を設けた。すなわち，法200条1項は「検事又は司法警察官は，捜査に必要なときは，被疑者を召喚し陳述を聴くことができる。」と規定し，2項で「前項の陳述を聴くときは，予め被疑者に対して陳述を拒否することができることを知らせなければならない。」と規定したのである[4]。

しかし，1954年制定刑訴法が制定された時点では，黙秘権は憲法には規定されておらず，刑訴法によって告知が要求されるのみであった。このような中で，1962年第5次憲法改正によって，黙秘権が憲法上の権利として初めて明記された。現行憲法の成立と関連して第1章で述べたように，第5次憲法改正は，軍事クーデターによって政権を獲得した朴正熙によって主導された。その特徴は，国家安全保障体制や大統領権限の強化等であった。他方で，同憲法改正案の提案理由書は，「自由権，生存権，参政権等の国民の基本権を最大限保障」することと，「国民の権利保障の最後の砦である司法権の独立と民主化に万全を期する」ことを挙げていた[5]。このような経緯により，第5次改正憲法10条2項は，「すべて国民は，拷問を受けず，刑事上，自己に不利な陳述を強要されない。」と規定し，憲法上の権利として黙秘権を確認した。

2）백강진「피고인의 진술거부권」법조653호（2011년）112쪽.
3）백강진・前掲注2）112頁。
4）既に述べたように，1954年制定刑訴法200条1項が用いている「召喚」という文言は，日本の刑訴法198条1項と同様に，「出頭を求め」ることを意味する語であると解されていた。したがって，ここでいう「召喚」という語に，強制処分という意味合いはない（김종률「현행 형사소송법상 피의자신문에 관한 연구（하）」저스티스84호（2005년）146～151쪽）。
5）국가법령정보센터「1962.12.26전부개정『대한민국헌법』（헌법제6호）개정이유」.

第 5 次改正憲法10条 2 項で設けられた黙秘権規定は，文言に変更が加えられることなく，1988年に施行された現行憲法12条 2 項に引き継がれている。他方，2007年改正刑訴法は，上述の法200条 2 項を改め，黙秘権告知について極めて詳細な規定を新設した。すなわち，「陳述拒否権等の告知」という見出しの法244条の 3 は，「検事又は司法警察官は，被疑者を訊問する前に，次の各号の事項を告げなければならない。1. 一切の陳述をせず，個々の質問に対して陳述しないことができること，2. 陳述をしないとしても不利益を受けないこと，3. 陳述を拒否する権利を放棄して行った陳述は，法廷で有罪の証拠として使用されることがあること，4. 訊問を受けるときは，弁護人を参与させる等，弁護人の援助を受けることができること」と規定した（同条 1 項）。この告知は，日本の刑訴法198条 2 項と同様に，身体拘束の有無を問わずに行わなければならない。また，244条の 3 第 2 項で，「検事又は司法警察官は，第 1 項により告知したときは，被疑者が陳述を拒否する権利及び弁護人の援助を受ける権利を行使するか否かを質問し，これに対する被疑者の答弁を調書に記載しなければならない。この場合，被疑者の答弁は，被疑者に自筆で記載させ，又は検事若しくは司法警察官が被疑者の答弁を記載した部分に記名捺印又は署名させなければならない。」と規定した。

　法244条の 3 第 1 項が要求する告知事項は，黙秘権と弁護人立会権の両方を含む。また，後述するように，この告知を欠いたまま取調べを行い，獲得した供述は，証拠とすることができないという判例法理が確立している。そのため，法244条の 3 は，「韓国版 Miranda 告知」と称されることがある[6]。

(2)　黙秘権の意義と黙秘権侵害

　韓国における黙秘権は，アメリカ合衆国憲法修正 5 条の自己負罪拒否特権に由来するものである[7]。そして，黙秘権は，被疑者が捜査・審理の客体になることを防ぎ，武器平等原則の実質的な実現を図る観点から保障さ

---

[6] 최영승『형사소송법〔제 2 판〕』（피앤씨 미디어，2013년）93쪽.

れるものであり，被疑者の訴訟主体性を保つ上で重要な意味を有すると説明されている[8]。韓国においては，黙秘権についてアメリカの議論が頻繁に引用・紹介されており，黙秘権の意義や沿革等については争いがない[9]。

　黙秘権は，刑罰その他の制裁による供述強要の禁止を本質的な内容としている[10]。そのため，供述が強要された場合は，黙秘権が侵害されたことになる[11]。供述が強要された場合として，韓国の議論で例示されているのは，拷問，脅迫等が行われたときである[12]。強制された供述が自白である場合には，他の証拠によって当該自白の真実性が認められたときであっても，証拠能力が否定される。

(3) 黙秘権の不告知と供述の証拠能力

　韓国では，黙秘権行使のためには権利告知が不可欠であり，黙秘権告知を欠いた場合に黙秘権侵害が認められることに異論はないとされている[13]。そこで，韓国刑訴法学上は，黙秘権告知を欠いたまま被疑者を取り調べ，その取調べで供述を獲得した場合に，いかなる論理で当該供述の証拠能力を否定し得るかが議論の中心となっている。

　ここで，議論の内容に触れる前に，黙秘権告知を欠いた状態で獲得された供述の証拠能力を否定した大法院判例に触れておきたい。1992年，大法院は，「韓国版 Miranda 判決[14]」と称される重要な判決を示した。この判決が示されたのは2007年刑訴法改正以前であるため，旧法200条2項によ

---

7) 노명선・이완규『형사소송법〔제2판〕』(성균관대학교 출판부，2011년) 182～183쪽，신동운『신형사소송법〔제5판〕』(법문사，2014년) 1011쪽，신이철『신 형사소송법의 쟁점〔개정9판〕』(유스티니아누스，2012년) 93쪽，이재상・조균석『형사소송법〔제10판보정판〕』(박영사，2016년) 119쪽，이은모・김정환『형사소송법〔제7판〕』(박영사，2019년) 88쪽.
8) 신동운・前掲注7) 1011頁．이은모ほか・前掲注7) 88頁．なお，배종대・이상돈・정승환・이주원『신형사소송법〔제5판〕』(홍문사，2013년) 340쪽は，人権保障に加え，公正な裁判を保障する機能を有していると指摘している。
9) たとえば，Yale Kamisar et al., Modern Criminal Procedure: Cases, Comments & Questions (13th. 2012) 等が頻繁に引用されている。
10) 이재상ほか・前掲注7) 122頁．
11) 노명선ほか・前掲注7) 185頁．

って黙秘権告知が要求されていた。そして，この規定に違反して，被疑者に黙秘権を告知しないまま被疑者を取り調べ，獲得した供述の証拠能力が問われたのである。この点について，大法院は，「刑事訴訟法200条2項は，検事又は司法警察官が出頭した被疑者の陳述を聴くときには，予め陳述を拒否することができる旨を知らせなければならないと規定しているところ，このような被疑者の陳述拒否権は，憲法が保障する刑事上自己に不利な陳述を強要されないという自己負罪拒否の権利を基礎とするものであるため，捜査機関が被疑者を訊問するにあたって，被疑者に事前に陳述拒否権を告知していないときは，その被疑者の陳述は違法に収集された証拠として，陳述の任意性が認められる場合であっても，証拠能力が否定されなければならない」と判示した[15]。実務では，この判例法理が既に確立しており，黙秘権を告知せずに獲得した供述が証拠排除されることに争いはない[16]。

ここで問題となるのは，黙秘権を告知しなかった場合に供述が排除される理論的根拠である。1992年韓国版 Miranda 判決は，黙秘権不告知後の供述の証拠能力を否定する論理を充分に説明していなかった。そこで，学界では，主に（1）不任意自白の証拠能力を否定する刑訴法309条1項（日本の刑訴法319条1項に相当する。）に違反したことを根拠とする見解や，（2）違法収集証拠排除法則を根拠とする見解が主張されてきた。まず，

---

12) 日本でも，黙秘権は「威力その他特別の手段を用いて，供述する意思のない被告人に供述を余儀なくすることを禁ずる趣旨」であると解されており（最大判昭和24年2月9日刑集3巻2号146頁），韓国と大きく異なる点はない。しかし，後述するように，韓国においては，黙秘権告知を欠いた場合は黙秘権が侵害されたことになる。

　これに対して，日本の裁判所は，黙秘権告知を憲法の要請であると解しておらず（最大判昭和23年7月14日刑集2巻8号846頁等多数），黙秘権不告知は任意性判断の際の一事情であると解している（最三判昭和25年11月21日刑集4巻11号2359頁，浦和地判平成3年3月25日判タ760号261頁等）。したがって，韓国の方が，黙秘権が保障される範囲が事実上広範であるといえよう。

13) 이재상ほか・前掲注7）124〜125頁。
14) 김성돈「미란다법칙과 위법수사통제방안」형사법연구14권（2000년）2쪽，최영승・前掲注6）93頁。
15) 대법원1992.6.23선고, 92도682판결.
16) 대법원2009.8.20선고, 2008도8213판결, 대법원2010.5.27선고, 2010도1755판결. 이재상『형사소송법 기본판례』（박영사, 2013년）189쪽を併せて参照。

（1）法309条1項に違反することを根拠とする見解は，同条の「被告人の自白が，拷問，暴行，脅迫，身体拘束の不当な長期化又は欺罔その他の方法により，任意に陳述したものでないと疑うに足りる理由があるときは，これを証拠とすることができない。」という文言のうち，黙秘権不告知は「その他の方法により任意に陳述したものでないと疑うに足りる理由があるとき」に該当すると解する[17]。そのため，この見解は，黙秘権不告知は供述の任意性を疑うに足りる事情であると位置づける。そして，自白法則のうち，いわゆる任意性説に立脚し，当該自白の排除を説明する[18]。しかし，この見解を採ると，大法院が任意性の有無を問わずに当該自白を排除したことを説明することができない。

これに対して，（2）違法収集証拠排除法則を根拠とする見解は，法が要求する黙秘権告知を欠くという「違法」は，違法収集証拠排除法則の適用を受ける「違法」に該当すると解する[19]。1992年韓国版Miranda判決が示された当時，違法収集証拠排除法則は，自白に限り，判例法理によって認められていた[20]。他方で，非供述証拠は，捜索・押収手続に違法が

---

17) 최영승『피의자신문과 적법절차』(세창출판사，2005년) 241〜242쪽.
18) もっとも，この見解を採る論者の説明の中には，論理が明らかでないものもある。たとえば，李銀模（이은모）は，「告知という形式的な基準によって，陳述内容の任意性の有無を全面的に判断することはできないが，陳述拒否権を告知していない事実自体は陳述の自由を侵害する重大な違法事由に該当するため，陳述拒否権を告知しないまま獲得した自白は，直ちに309条の『任意性に疑いがある自白』に該当し，証拠能力が否定されると解さなければならない（違法排除説）。」と説明する（이은모ほか・前掲注7）92頁）。

この説明は，法309条の「任意性に疑いがある自白」であるか否かを問題にするものであるため，自白法則のうち，任意性説に立脚したものであると思われる。しかし，李銀模は，この説明を「違法排除説」として展開している。2007年改正法は，法308条の2で違法収集証拠排除法則を規定した。そのため，違法排除説に依拠するのであれば，法309条ではなく，法308条の2が問題となるはずである。この点で，李銀模の説明は曖昧なものである。
19) 신양균『형사소송법』(법문사，2000년) 505쪽，백형구『형사소송법강의〔제8정판〕』(박영사，2001년) 45쪽.
20) 대법원1990.9.25선고，90도1586판결. この判決は，国家安全企画部が被疑者と弁護人の接見交通権を制限した状態で取調べを行い，その取調べで獲得した供述について，憲法上の権利を侵害したことを挙げて排除したものである。この点については，弁護人依頼権との関係で後述する。

認められたとしても，証拠物の性質や形状に影響がないことを理由に，違法収集証拠排除法則の適用が否定されていた[21]。このような中で示された1992年韓国版Miranda判決は，自白の証拠能力が争われた事案であり，侵害された権利が憲法上の権利であったことから，違法収集証拠排除法則の適用を受けると解されたのである。なお，判例法理であった違法収集証拠排除法則は，2007年刑訴法改正によって刑訴法上に明文化された。法308条の2が設けられ，「適法な手続によらずして収集した証拠は，証拠とすることができない。」と規定したのである[22]。そのため，違法収集証拠排除法則を根拠とする見解は，現在は法308条の2違反を根拠とする見解であるといえる[23]。

黙秘権を告知しなかった場合に供述が排除される理論的根拠に関する見解の違いは，黙秘権と自白法則の関係に関する理解の違いによって生じる。韓国憲法は，黙秘権を12条2項で規定し，自白法則を同条7項で規定している。そのため，黙秘権と自白法則を交錯させて理解するか否かについて，見解が分かれているのである。黙秘権と自白法則は交錯すると理解した場合，（1）黙秘権不告知は，供述の任意性を疑うに足りる事情であると理解することになる。これに対して，黙秘権と自白法則の沿革の違いを強調し，両者を別個のものであると捉えた場合，（2）黙秘権を告知しないまま獲得した供述は「適法な手続によらない証拠」（法308条の2）であると理解することになる[24]。もっとも，（1）黙秘権と自白法則は交錯すると理解する見解も，黙秘権と自白法則の沿革の違いを否定するものではない。この見解は，両者の沿革の違いを確認した上で，アメリカにおいて，

---

[21] 대법원1968.9.17선고, 68도932판결, 대법원1987.6.23선고, 87도705판결.
[22] 改正法308条の2が「違法な手続により収集した証拠」ではなく「適法な手続によらずして収集した証拠」と規定した理由は，排除範囲を判断する余地を裁判所に与えるためであるという（법원행정처『형사소송법 개정법률 해설』（법원행정처, 2007년）124쪽）。
[23] 大法院は，違法収集証拠排除法則が適用される場合として，（1）捜査機関の手続違反行為が，適法手続の実質的な内容を侵害する場合であり，（2）その証拠能力を否定しても刑事司法正義を実現しようとする趣旨に反しない場合を挙げている（대법원2007.11.15선고, 2007도3061판결）。
[24] 백형구・前掲注19) 42頁, 신동운・前掲注7) 1015頁。

Escobedo 判決や Miranda 判決によって黙秘権や弁護人依頼権と自白法則が「一体化」したことを強調している[25]。

　なお，韓国においては，自白法則と違法収集証拠排除法則の関係についても，同様の議論が存在する。自白法則と違法収集証拠排除法則を区別する見解は，自白法則の沿革（特に，アメリカにおけるコモン・ロー上の虚偽排除説及び「事情の総合説」の発展過程）を強調し，自白法則の根拠を虚偽排除説や人権擁護説，任意性説に求める。そのため，黙秘権不告知という手続的違法は，違法収集証拠排除法則によって当該供述を排除することで解消されることになる[26]。この見解は，被疑者の供述の自由を問わず，手続的違法の有無を基準として端的に判断するため，人権保障や適法手続の重要性を強調する見解であると整理されている[27]。これに対して，自白法則は違法収集証拠排除法則の特則の1つであるという理解も存在する[28]。この見解に依れば，自白法則の根拠は違法排除説であるということになる。そのため，供述証拠の場合には法309条の違法排除説としての自白法則によって排除され，非供述証拠の場合には法308条の2の違法収集証拠排除法則によって排除されると理解する。黙秘権を告知しないまま取調べを行い獲得した供述の場合は，基本的には自白法則（違法排除説）によって排除される。

　韓国では，黙秘権と自白法則の関係と，自白法則と違法収集証拠排除法則の関係に関するそれぞれの理解に基づいて，以上のような議論が展開されている。もっとも，1992年韓国版 Miranda 判決当時に判例法理であった違法収集証拠排除法則は，現行法下では根拠条文が設けられている。そして，法308条の2に基づく違法収集証拠排除法則の適用を受ける対象は

---

25) 이재상・前掲注16) 198頁。
26) 조국『위법수집증거배제법칙』（박영사，2005년）241쪽。
27) 이세화「진술거부권불고지와 증거의 증거능력」조선대학교 법학논총18권 3 호（2011년）97〜98쪽．
28) たとえば，法院行政処（日本の最高裁判所事務総局に相当する）による2007年改正刑訴法の解説書は，憲法12条7項及び刑訴法309条によって規定された自白法則について，「違法収集証拠排除の原則を具体化した規定であると解することができる」と説明している（법원행정처・前掲注22）122〜123頁）。

限定されていない[29]。近時の大法院は，黙秘権を告知しない取調べで獲得した供述について違法収集証拠排除法則を適用しており[30]，裁判実務上は解決をみたといえよう。

(4) 権利不行使と権利放棄の関係

1992年韓国版Miranda判決以後，同判例が示した法理が捜査・裁判実務で確立したため，黙秘権告知の有無が問題となる事例は頻発しなくなった[31]。他方で，捜査機関が「刑事訴訟法244条の3の規定により陳述を拒否することができる権利及び弁護人の参与等の援助を受ける権利があることを被疑者に知らせ，これを行使するか否か，その意思を確認する。」という文言を印字した調書を準備して，取調べに臨む事案がみられるようになった[32]。このような捜査実務に対しては，黙秘権告知義務を回避することになるという批判が向けられていた[33]。このような観点から，2007年改正刑訴法は，捜査機関が権利告知を行う際に，被疑者に対して権利を行使するか否かを質問するとともに，この質問に対する被疑者の答弁を調書に記載することを要求した（法244条の3第2項）。これにより，権利行使に関する被疑者の意思を事後的に確認することができるようになった。

この点と関連して，そもそも黙秘権の放棄という概念を認めることができるか否かが問題となる。黙秘権放棄を認め得るか否かに関する見解の相違は，換言すれば，「黙秘権の不行使」と「黙秘権の放棄」を区別し得るか否かに関する見解の相違である。黙秘権放棄を認め得るとする見解は，権利放棄と権利不行使を区別することができない点を挙げ，黙秘権を放棄し得ることは「当然」であるとする[34]。これに対して，黙秘権放棄を認

---

[29] 법원행정처・前掲注22) 124頁。
[30] 대법원2009.8.20선고, 2008도8213판결, 대법원2010.5.27선고, 2010도1755판결.
[31] 임병락・오태곤「피의자신문시 피의자 권리의 문제점과 개선방안에 관한 연구」한국법학회 법학연구26집（2007년）339쪽.
[32] 송광섭『형사소송법〔개정판〕』（형설출판사, 2012년）993쪽.
[33] 김성돈・前掲注14) 10頁。
[34] 김희옥「진술거부권을 고지하지 아니하고 작성한 피의자신문조서와 위법수집증거」고시계486호（1997년）61쪽, 백형구・前掲注19) 472頁。

めることができないとする見解は，権利放棄と権利不行使を区別しなければならないとした上で，黙秘権が憲法に明文で規定された基本権である点を強調する[35]。また，黙秘権を放棄し得るとすれば，黙秘権の権利主体としての地位を放棄することに繋がるとする[36]。そのため，取調べにおいて具体的な質問に対して供述をした場合であっても，これは「黙秘権の部分的な不行使」であり[37]，黙秘権放棄を認めることはできないということになる[38,39]。

　第2部で概観したように，アメリカでは，1979年Butler判決によって，「暗黙の放棄（implicit waiver）」が認められるようになった[40]。その後，合衆国最高裁は，1994年Davis判決[41]及び2010年Thompkins判決[42]を通じて，被疑者の権利行使に明確性を要求した。合衆国最高裁は，権利を行使するか放棄するかに関する意思を表示しないという曖昧な状態を，被疑者に許さないような判断を示したのである。他方で，韓国では，「黙秘権の放棄」という概念を否定する見解が支配的である。このような理解や，既に述べた黙秘権の不告知と供述の証拠能力に関する議論を踏まえると，韓国における黙秘権は，その基本権的性格が充分に理解され，司法によって充分に尊重されていることを看取することができる[43]。

---

35) 이재상ほか・前掲注7）125頁，이은모ほか・前掲注7）92頁。
36) 배종대ほか・前掲注8）345頁。
37) 배종대ほか・前掲注8）345頁。
38) 노명선ほか・前掲注7）187頁。
39) なお，黙秘権は，被疑者がこれを行使せずに供述した場合には，被疑者の意図に忠実な調書を作成してもらう権利を含むとする見解も存在する（최영승・前掲注17）126頁）。
40) North Carolina v. Butler, 441 U.S. 369（1979）.
41) Davis v. United States, 512 U.S. 452（1994）.
42) Berghuis v. Thompkins, 560 U.S. 370（2010）.
43) もっとも，被疑者が黙秘権を行使することはほとんどないという。また，現実の問題として，捜査機関と対峙した被疑者が黙秘し続けることは極めて困難であると指摘されている（以上，최영승・前掲注17）126頁）。

2．弁護人の援助を受ける権利

　現行憲法12条4項は，「何人も，逮捕又は拘束されたときは，直ちに弁護人の援助[44]を受ける権利を有する。但し，刑事被告人が自ら弁護人を求めることができないときは，法律が定めるところにより，国家が弁護人を付する。」と規定し，弁護人の援助を受ける権利及び国選弁護人の選任を保障している。また，憲法12条5項は，「何人も，逮捕又は拘束の理由及び弁護人の援助を受ける権利を有することの告知を受けずして，逮捕又は拘束されない。」と規定し，その権利告知を要求している。弁護人の援助を受ける権利のうち，被疑者取調べとの関係では，接見交通権と取調べへの弁護人立会権が重要である[45]。

(1) 接見交通権
(a) 接見交通権の意義
　捜査段階における弁護人の援助を受ける権利の中核的なものとして，接見交通権が挙げられる。法34条は，「弁護人又は弁護人となろうとする者は，身体拘束を受けている被告人又は被疑者と接見し，又は書類若しくは物の授受をすることができ，医師に診療させることができる。」と規定し，接見交通権の内容を明らかにしている。日本の刑訴法39条1項とは異なり，韓国刑訴法34条は，接見交通の秘密性を明文で規定していない。しかし，後述するように，判例法理によって秘密性が確保されている。

　韓国では，接見交通権の根拠として，防禦権の保障の他に，人間の尊厳の保護が挙げられることがある。すなわち，人間が他人と会い，交通することは，人間の尊厳と価値を維持するために不可欠な要素であるため，無

---

[44] 原語は「조력」であり，直訳すると「助力」である。本書では，基本的に「援助」と訳出した。
[45] 韓国における国選弁護制度は，安部祥太「韓国における国選弁護制度―被疑者の国選弁護を中心に―」青社41巻1号（2012年）123〜154頁，李東熹「韓国の刑事弁護―韓国の刑事弁護の沿革と実態―」後藤昭・高野隆・岡慎一編『現代の刑事弁護3―刑事弁護の歴史と展望―』（第一法規，2014年）359〜383頁を参照。

罪推定を受ける被疑者・被告人は外部との交通が保障されなければならないという[46]。ここで意識されていることは，被疑者の社会生活の維持と心理的安定である。

大法院は，接見交通権について，被疑者の権利であると同時に（法89条及び209条），弁護人の固有権である（法34条）と判示している[47]。また，大法院は，法34条は「身体拘束を受けている被告人又は被疑者と接見し」と規定しているものの，任意同行された被疑者も弁護人との接見交通権を有すると判示している[48]。

被疑者と弁護人の接見は，アクリルガラス等による遮蔽のない弁護人接見専用の部屋で行われるという[49]。

(b) いわゆる接見指定規定の不存在と裁判所の立場

韓国刑訴法には，日本の刑訴法39条3項に相当する規定が存在しない。そのため，接見交通権について，一切の制限を設けていない。これは，その重要性に鑑み，接見交通権は完全に保障すべきであるという立法意思による[50]。この点について，1990年大法院決定は，「法令による制限がない限り，捜査機関の処分はもちろん，裁判所の決定でも，これを制限することはできない」と判示していた[51]。但し，大法院決定がいう「法令による制限がない限り」という趣旨は，必ずしも明らかではなかった。そのため，立法によっては接見指定規定を設け得ると解釈することも可能であった。ところが，この大法院決定から2年後，憲法裁判所は，「弁護人との

---

46) 이재상ほか・前掲注7) 277～278頁。
47) 대법원2003.11.11선고, 2003모402판결.
48) 대법원1996.6.3선고, 96모18결정.
49) 李東熹・前掲注45) 375頁。なお，第2章「4. (3) 代用監房視察録―ソウル特別市・広津警察署の留置施設等―」で紹介した広津警察署の接見室も，アクリルガラス等による遮蔽は行われていなかった。被疑者と弁護人は，長机の長辺に置かれた椅子に向かい合って座り，接見を行う。他方で，可視不聴原則に基づき，弁護人の背面に位置する壁面に大きなガラス窓が設置され，警察官が接見の様子を確認できるようになっている。他の壁面には「『留置人接見交通権保障強化』のお知らせ」と書かれたパネルが設けられ，弁護人接見時間の拡大，家族等との接見手続の具体化，接見室の人権保障のための整備について説明が付されていた。
50) 이동희「피의자신문의 현황과 개선책」형사법연구20호 (2003년) 239쪽.
51) 대법원1990.2.13선고, 89모37결정.

自由な接見は，身体拘束を受けた者に保障された弁護人の援助を受ける権利の最も重要な内容であり，国家安全保障・秩序維持・公共福利等，いかなる名分によっても制限され得る性質のものではない」と判示した[52]。

　この憲法裁判所決定は，結論のみならず，その論理にも刮目すべき点がある。同決定は，まず，（1）韓国憲法27条4項が規定する「無罪推定原則」について，「被疑者の地位を擁護し…人間の尊厳性を尊重することを究極の目標とする憲法理念から導かれるもの《省略筆者》」であるとする。そして，無罪推定原則により「不拘束捜査・不拘束裁判」が要請され，身体拘束は例外的な場合に限られるとする。次に，（2）例外的に認められる身体拘束は，それ自体が被疑者を「不安，恐怖，絶望，苦悶，精神の混乱等，不安定な状態」にするとともに，「収入の喪失又は減少，社会生活の抑制，名誉の失墜等，多くの不利益」を生じさせると指摘する。また，身体拘束は自白獲得のための拷問・暴行等の温床となり，憲法が保障する黙秘権も危険にさらされるとする。さらに，延いては公訴提起や事実審理を誤り，誤判に繋がり得るとして，「弁護人の充分な援助を受ける権利」の重要性を説く。そして，（3）弁護人の援助を受ける権利の中でも，接見交通権は必須の内容であると位置づける。このような接見交通権を通じて，弁護人は，被疑者に対して法的問題や保障される権利及びその効果的な行使を説明するのみならず，心理的・精神的な援助や，違法捜査の有無の確認を行わなければならないとする。さらに，このような接見は，「拘束された者と弁護人の対話内容について秘密が完全に保障され，いかなる制限・影響・圧力又は不当な干渉もなく自由に会話ができる」環境の下でのみ実現すると説明する。憲法裁判所は，身体拘束それ自体や，身体拘束下で行われる取調べが有する強制的な雰囲気や，それによって生じる被疑者の不安等に触れた上で，接見交通権は「いかなる名分によっても制限され得る性質のものではない」と断じたのである。

　なお，取調べへの弁護人立会権を認めた2003年大法院決定は，接見交通権についても重要な判示をしている[53]。大法院は，「現行法上，身体拘束

---

52) 헌법재판소1992.1.28선고, 91헌마111결정.

を受けた者と弁護人の間の接見交通を制限する規定は設けられていないため、身体拘束を受けた者は、捜査機関から訊問を受けるときであっても、いつでも弁護人と接見交通することが保障され、許可されるべきであり、これを制限し、又は拒否することは、身体拘束された者と弁護人との接見交通権を制限するものであるとして、違法であることを免れない」とした[54]。そのため、日本のように、「現に取調べ中である…場合《省略筆者》[55]」や、「間近い時に右取調べ等をする確実な予定があって、弁護人等の必要とする接見等を認めたのでは、右取調べ等が予定通り開始できなくなるおそれがある場合[56]」であっても、接見の申し出を拒否することは許されない[57]。

ここで、接見制限と関連して、施設法によって接見交通権を制約し得るか否かが問題となる。日本の刑事収容施設法に該当する法律として、「刑の執行及び収容者の処遇に関する法律」がある（以下、「刑執行法」と称する。）。刑執行法は、その施行に必要な事項等を大統領令で定めることとしている。これを受けて、「刑の執行及び収容者の処遇に関する法律施行令」が設けられている。同施行令58条は「接見」という見出しであり、「収容者の接見は、毎日（祝日及び法務部長官が定めた日を除く）国家公務員服務規程9条による勤務時間内に行う。」と規定している（同条1項）。国家公務員服務規則9条1項は、「公務員の1週間の勤務時間は、昼休みを除き40時間とし、土曜日は休みとすることを原則とする。」と規定し、同条2項は、「公務員の1日の勤務時間は、午前9時から午後6時までとし、昼休みは昼12時から午後1時までとする。但し、行政機関の長は、職務の性

---

53) 後述するように、2003年大法院決定の趣旨は、取調べへの弁護人立会いを認めた2007年刑訴法改正へと引き継がれている。

54) 대법원2003.11.11선고, 2003모402결정. この大法院決定は、身体拘束された被疑者の取調べに弁護人が立ち会う権利を認めたものである（後述）。同決定の全訳は、安部祥太「韓国における被疑者取調べへの弁護人立会い―大法院決定2003.11.11, 2003.402（ソンドゥユル事件決定）及び憲法裁判所決定2004.9.23, 2000.138（チェヨル事件決定）―」青山ローフォーラム創刊号（2012年）227〜262頁を参照。

55) 最一判昭和53年7月10日民集32巻5号820頁。

56) 最三判平成3年5月10日民集45巻5号919頁。

57) 법원행정처・前掲注22) 87頁。

質，地域又は機関の特殊性を考慮し，必要であると認めるときは，1時間の範囲で昼休みを別途定めて運用することができる。」と規定している。

既に述べたように，1992年憲法裁判所決定は，接見交通権について，「いかなる名分によっても制限され得る性質のものではない」と判示していた。ところが，上記施行令を根拠に，接見を不許可にする事件が発生した。この事件で，被告人は詐欺罪で起訴され，ソウル拘置所に拘束されていた。被告人の国選弁護人は，被告人に接見するために，ソウル拘置所に接見を申請した。しかし，ソウル拘置所は，弁護人が接見を希望した6月6日が公休日であることを理由に[58]，接見を拒否した。そのため，刑執行法施行令による接見不許可が接見交通権を侵害するか否かが争われたのである。これに対して，2011年憲法裁判所決定は，1992年決定の趣旨について，「拘束された者と弁護人との間の接見が実際に行われる場合における『自由な接見』，すなわち，『会話内容について秘密が完全に保障され，いかなる制限，影響，圧力又は不当な干渉もなく自由に会話することができる接見』を制限することができないという意味であって，弁護人との接見自体について，いかなる制限も加えることができないということを意味するものではない。弁護人の援助を受ける権利も，やはり，他のすべての憲法上の基本権と同様に，国家安全保障，秩序維持又は公共福利のために必要な場合には，法律で制限することができるものである（憲法37条2項）。」と判示した。続いて，「そうであれば，弁護人の援助を受ける権利の内容の1つである未決収容者の弁護人接見権も，やはり，国家安全保障，秩序維持又は公共福利のために必要である場合には，法律で制限される可能性があることは当然である」として，ソウル拘置所の接見不許可は接見交通権を侵害するものではないと決定した[59]。その中で，例示として，「接見が24時間を超えて数日間続い」た場合を挙げ，これを中止することができないと解するのは非現実的であるとしている。そのため，韓国においても，日本の刑事収容施設法118条1項と同様に，施設法によって接見

---

58) 韓国では，6月6日は顕忠日（현충일）であり，独立運動家や戦没者等，国家のために犠牲となった者の冥福を祈る祝日とされている。

59) 헌법재판소2011.5.26선고, 2009헌마341결정.

交通権が一定程度制限され得る。

　もっとも，憲法裁判所は，「接見が実際に実施されている場合…未決収容者の防禦権行使のための重要性を考慮して，自由かつ充分な弁護人の援助を保障するため，接見時間を量的に制限することはできない《省略筆者》」としている。また，大法官・曺大鉉（조대현），李東洽（이동흡），睦榮埈（목영준）による補足意見は，2006年以降，ソウル拘置所で被疑者・被告人と弁護人の接見交通権が公休日に行われた例がほとんど存在しないことを挙げ[60]，弁護士も土日・祝日に業務を休んでいることや，事前に土日・祝日を避けて接見申請をしていること等を指摘した。その上で，「土日や祝日であるという理由で無条件に接見を禁止するのではなく…特別な事情がない限り…土曜日や公休日にも接見を可能な限り認める必要がある《省略筆者》」として，午前又は午後のみに限定しつつ接見を許可したり，初回接見を原則的に許可するなどの運用提言を行った。また，日本の運用について言及し，「法務省と日本弁護士連合会の協議によって，未決収容者が当該施設に収容された後，初めて実施する弁護士接見は，公休日であっても無条件で許可し，次の接見からは公休日の午前中のみ接見を許可している」ことを紹介し，このような緩和策が必要であると説いた。そして，「未決収容者の重要な憲法上の基本権である弁護人の援助を受ける権利を充分に実現し得るよう，土曜日又は公休日であるという理由のみで弁護人の接見を原則的に不許可にする矯正施設の現在の実務慣行は，是正される必要がある」と述べた。

　これらのことからは，次のことを窺い知ることができる。施設法による接見交通権制限は，常態化している。しかし，弁護士も土日・祝日に業務を休むことが多く，問題は顕在化していない。大法院は，法令によって接見交通権を一定程度制限し得ることを認めつつも，その重要性に鑑み，「防禦権行使のための重要性を考慮して，自由かつ充分な弁護人の援助を保障するため，接見時間を量的に制限することはできない」としている。

---

60) 2006年以降の5年間に，ソウル拘置所で土日や祝日に弁護人接見が行われた例は1件もなかったという。

さらに，大法官3名による補足意見は，実務慣行の是正を提言している。施設法による接見交通権制限は，直ちに改善しなければならない喫緊の課題として認識されておらず，学界において盛んに議論されている訳ではない。

(c) 接見交通権侵害に対する救済

かつての捜査実務では，弁護人による接見申請があるにも関わらず，これを不当に放置して時間を経過させたり[61]，被疑者の拘束場所を恣意的に変更して接見を困難にしたり[62]，接見状況を秘密裡に写真撮影する[63]等，「事実上の接見制限」が存在していた。また，日本と同様に，取調べを理由として接見が制限されることもあったという[64]。このような接見交通権侵害に対する救済方法としては，準抗告と証拠排除がある。

準抗告による救済は，法が定める救済方法である。法417条は，準抗告の対象の1つとして，「拘禁に…関する処分」を挙げている[65]。韓国の通説的理解によれば，捜査機関による接見制限は，被疑者の身体拘束中に行われるという意味で「拘禁…に関する処分」に該当する[66]。そのため，接見制限があるときは，当該捜査機関の職務執行地を管轄する法院又は検事の所属検察庁に対応する法院に対して，その処分の取消し又は変更を申し立てることができる。但し，準抗告による救済が行われたとしても，侵害された接見交通権を直ちに保障することにはならないため，実効性に乏しく，本質的な限界がある[67]。

これに対して，証拠排除による救済は，判例法理によって確立された救

---

61) 대법원1990.2.13선고, 89모37결정.
62) 대법원1996.5.15선고, 95모94결정.
63) 대법원2003.1.10선고, 2002다56628판결.
64) 이동희・前掲注50) 239頁。
65) 法417条は，「検事又は司法警察官の拘禁，押収又は押収物の還付に関する処分及び第243条の2による弁護人の参与等に関する処分に対して不服があれば，その職務執行地の管轄法院又は検事の所属検察庁に対応する法院に，その処分の取消し又は変更を請求することができる。」と規定している（後述）。
66) 신동운・前掲注7) 144頁, 노명선ほか・前掲注7) 232頁, 이재상ほか・前掲注7) 283頁, 이은모ほか・前掲注7) 278頁, 최영승・前掲注6) 129頁。
67) 이재상ほか・前掲注7) 283頁。

済手段である。すなわち，接見交通権の不当な制限は，憲法上の基本権を侵害するものであるため，接見を制限した状態で作成された調書は証拠排除される[68]。2007年刑訴法改正によって違法収集証拠排除法則の根拠条文が新設されたため，現在は，法308条の2による証拠排除であると説明されている[69]。

以前の捜査実務でみられた接見制限は，弁護士による準抗告や国賠訴訟，上記諸判例の影響により，現在ではほとんど行われていないという[70]。

(2) 被疑者取調べへの弁護人立会権

(a) 2007年刑訴法改正以前の弁護人立会権に関する議論

捜査段階における弁護人の援助を受ける権利として，接見交通権と並んで重要なのが，被疑者取調べへの弁護人立会権である[71]。2007年改正以前の刑訴法は，被疑者取調べに立ち会う者を「検察庁捜査官，書記官又は書記，司法警察官吏」に限定しており（旧刑訴法243条[72]），弁護人の立会いに関する規定は存在しなかった[73]。そのため，被疑者は取調べにおい

---

[68] 대법원1990.8.24선고, 90도1285판결, 대법원1990.9.25선고, 90도1586판결.
[69] 신동운・前掲注7）145～146頁。
[70] 山下幸夫「韓国視察から学ぶべきこと」刑弁39号（2004年）96～97頁。なお，かつては，検事による取調べの際には，検察庁舎内に接見施設がないことを理由に接見が制限されることがあったという。また，被疑者が拘置所に拘束されているときは，拘置所の執務時間内に拘置所の面会室で接見をする他ないところ，被疑者が1日中検察庁で取調べを受ける場合には，その日に接見することができないという事態が生じることもあったという。
[71] 韓国では，弁護人が被疑者取調べに立ち会う権利を「弁護人立会権」ではなく「弁護人参与権」と称する。立会いが「입회」であるのに対し，参与は「참여」であり，2007年改正法も「참여」で統一されている。これは，「立会い」が「被疑者と共に居ること」以上の意味を有しない反面，「参与」は「被疑者と共に居つつ，被疑者を援助する」という意味を有するためである。そのため，韓国では，意識的に「参与」という語が用いられている（신동운・前掲注7）255頁）。本書では，条文の表記等を除き，基本的に「立会い」という語を用いる。
[72] この規定は，現行刑訴法にも存在する。現行法243条は，「被疑者訊問と参与者」という見出しであり，「検事が被疑者を訊問するには，検察庁捜査官又は書記官若しくは書記を参与させなければならず，司法警察官が被疑者を訊問するには，司法警察官吏を参与させなければならない。」と規定している。

て孤立し，弁護人の援助を受ける権利の絶対的保障が妨げられていると指摘されていた[74]。

これに対し，学界や弁護士会は，被疑者取調べの密室性打破や違法捜査抑止の必要性等を理由に，弁護人の立会いが必要であるという点で結論が一致していた[75,76]。また，1999年7月には，司法改革推進委員会も，被疑者の防禦権の実質的保障と適法手続を理由に，弁護人立会権を認める方向で合意していた[77]。

もっとも，当時の刑訴法の解釈論として，弁護人立会権を認めることができるか否かについては，見解の対立がみられた[78]。（1）解釈論として弁護人立会権を肯定する見解は，①憲法上の基本権である弁護人の援助を受ける権利それ自体から，弁護人立会権を認めることができること，②接見交通権がいかなる制限も受けないことから，接見交通の一形態として弁護人立会権を認めることができること，③刑訴法48条5項が調書記載の正確性に対する弁護人の異議申立てを認めているのは，弁護人が取調べに立ち会うことを前提としていると解し得ること等を根拠としていた[79]。

これに対して，（2）解釈論として弁護人立会権を否定する見解は，①

---

73) なお，1966年7月9日に調印され，1967年2月9日に発効した駐韓米軍に関する韓米間の行政協定（SOFA）が適用される刑事事件では，弁護人立会権が明文で認められていた（同協定22条9項，同協定の合意議事録22条9項）。
74) 조국「신체구속되지 않은 피의자 신문시 변호인참여권의 확대인정―대상판결：헌법재판소2004.9.23선고2000헌마138결정―」형사판례연구13호（2005년）529쪽．
75) 신동운『신형사소송법［제3판］』（법문사，2011년）192쪽．
76) 韓国刑事法学界を牽引し，日本の刑事法学の「焼き直し」期からの脱却に貢献してきた白亨球（백형구）は，弁護人立会権が必要である理由として，（1）被疑者の人権保障，（2）検事が作成した供述録取書の実質的真正成立の担保，（3）検察における自白の信用性の担保を挙げていた。また，1954年制定刑訴法が被疑者の弁護人選任権を認めながら，弁護人立会いを認めてこなかった実質的理由として，（1）捜査密行主義ないし捜査の合目的性と，（2）弁護人立会いを認めた場合に自白獲得が困難になることへの懸念を挙げ，「犯人必罰主義的思想」の存在を指摘していた（백형구「피의자신문과 변호인의 참여권」사법행정27권2호（1986년）6～7쪽）．
77) 사법개혁추진위원회「민주사회를 위한 사법개혁」（2000년）103쪽．
78) 조국「피의자신문시 변호인참여권」형사정책연구총서2004권（2004년）145～153쪽．

弁護人立会権が認められていないことから直ちに弁護人の援助を受ける権利が無意味となることはないこと，②捜査機密を保持する必要があること，③事件関係者のプライバシーを保護する必要があること，④法243条が被疑者取調べへの立会人に弁護人を含めていないこと，⑤刑訴法48条5項が規定する調書の記載内容の正確性に対する異議申立ては，既に作成された調書に対するものであり，取調べに立ち会う権利を認めた規定ではないこと等を挙げていた[80]。

このような中，捜査実務では，国際的にやや特殊な現象が生じていた。韓国警察は，1999年6月以来，警察庁内部の業務指針である「被疑者訊問時の弁護人参与指針」に基づいて，被疑者の人権保護のために弁護人立会いを独自に認めてきたのである[81]。もっとも，警察による弁護人立会いの積極的な導入は，検察よりも人権保障に配慮した捜査機関としてのイメージを獲得することを目的としたものであった[82]。そして，この指針に基づく弁護人立会いは，弁護人若しくは被疑者の法的権利ではなく，あくまでも警察の裁量・恩恵として許容されるものであった[83]。そのため，警察の裁量・恩恵による弁護人立会いは，それほど盛んに行われなかった。弁護人立会いが導入された1999年は，半年間ながら381件行われた。しかし，2000年は230件，2001年は195件，2002年は139件，2003年は212件であり，年々減少していった[84]。このように，警察による弁護人立会いが停

---

79) 류전철「수사기관의 피의자신문과 변호인 입회권」비교형사법연구5권2호（2003년）224쪽，심희기「변호인의 피의자신문참여권의 내용・범위・한계」인권과 정의347호（2005년）87쪽. なお，法48条5項は，「尋問に参与した検事，被告人，被疑者又は弁護人が調書の記載の正確性に対して異議を陳述したときは，その陳述の要旨を調書に記載しなければならない。」という規定であり，日本の刑訴法51条1項に相当する。

80) 오세인「변호인의 피의자신문 참여문제에 대한 고찰」대구지방변호사회 형평과 정의14집（1999년）88〜89쪽.

81) 경찰청「피의자신문시 변호인 참여지침」（1999.6.5제정，수사61110-1601），이영돈「변호인의 피의자신문 참여권의 범위와 한계」경북대학교 법학논고47집（2014년）265쪽.

82) 朴燦運「弁護士が見た韓国における捜査の可視化—最近の状況と議論の内容—」刑弁39号（2004年）98〜99頁.

83) 朴燦運・前掲注82) 99頁。

滞していた理由のうち，制度や弁護人側の問題として，（1）被疑者段階の低い弁護人選任率，（2）弁護人の負担と報酬の不均衡，（3）弁護人に対する事前通知制度の不存在が挙げられていた[85]。また，捜査機関側の問題として，（4）捜査が長期化することへの懸念や，（5）実体的真実発見が阻害されることへの懸念が指摘されていた[86]。

　一方で，検察は，弁護人立会いを認めない立場を維持していた。しかし，2002年10月に発生したソウル地検被疑者拷問致死事件をきっかけに，人権侵害防止対策の一環として，弁護人立会い制度を導入することを明らかにした。そして，2002年12月，法務部は「人権保護捜査準則」を策定し，被疑者取調べへの弁護人立会いを認めた[87]。もっとも，検察段階における弁護人立会いも，それほど盛んには行われなかった。2003年は，検察段階で身体拘束されていた被疑者6,483人のうち，わずか112人（1.72％）の取調べで立会いが行われたに過ぎなかった[88]。

　(b)　大法院及び憲法裁判所による弁護人立会権の認定
　　ⅰ．2003年大法院決定（ソンドゥユル事件決定）

　このような中，2003年には大法院が，2004年には憲法裁判所が，それぞれ弁護人立会権を認める判断を示した。2003年大法院決定は，身体拘束された被疑者の取調べへ弁護人が立ち会うことを認めたものである[89]。また，2004年憲法裁判所決定は，身体拘束されていない被疑者の取調べに弁護人が立ち会う権利を認めたものである[90,91]。この２つの決定は，「『憲法的刑事訴訟』的解釈論の模範」であると評されている[92]。

---

84) 정진연「헌법상 변호인의 조력을 받을 권리의 내용과 한계」성균관법학18권3호（2006년）634쪽주（2）．
85) 이동희・前掲注50) 250頁．
86) 하태훈「형사실무연구회 연말 심포지엄 지정토론」형사실무연구회편『형사재판의 제문제5』（박영사，2005년）671쪽．
87) 법무부「인권보호수사준칙」．
88) 박상식「피의자신문과정에 있어서의 인권에 관한 연구」인권복지연구창간호（2007년）187쪽．
89) 대법원2003.11.11선고, 2003모402결정．
90) 헌법재판소2004.9.23선고, 2000헌마138결정．
91) 両決定の全訳は，安部・前掲注54) 227〜262頁を参照．

2003年大法院決定の事案の概要は，以下の通りである。ドイツ・Münster大学の哲学講座教授であった宋斗律（송두율）は，北朝鮮と通じた朝鮮労働党員であるという嫌疑で，国家保安法違反により身体拘束された。2003年10月24日，宋斗律の弁護人は，捜査を担当していたソウル地検公安一部に対して，取調べへの立会いを要求した。しかし，この要求は拒否された[93]。そこで，同月27日，弁護団45名は，弁護人立会い要求に対する不許可処分の取消しを求め，ソウル地方法院に準抗告した。準抗告を受けたソウル地方法院は，弁護人立会いを許可した。これに対して，ソウル地検は，同月31日，準抗告容認決定は不当であるとして，大法院に再抗告した。

　大法院は，まず，接見交通権は「いかなる名分によっても制限され得る性質のものではない」と判示した1992年憲法裁判所決定[94]と同様の論理を展開した。すなわち，憲法27条4項の無罪推定原則を挙げ，これは「人間の尊厳の尊重を究極の目標としている憲法の理念から導かれたもの」であると指摘した。そして，この原則に基づけば，身体拘束は「特にやむを得ない事由がある場合にのみ認められる」ものであるとした。次いで，身体拘束は捜査機関によって濫用されやすく，拷問や暴行が恣意的に行われやすいため，憲法12条2項が規定している黙秘権が「効果的に」保障されないことがあると指摘した。そして，「無罪推定を受けている被疑者…に対して身体拘束下で起こる様々な弊害を除去し，拘束がその本来の目的から脱して不当に利用されないために…憲法…は『弁護人の援助を受ける権利』を基本権として保障している《省略筆者》」として，弁護人の援助を受ける権利を俎上に載せた。

　次に，2003年大法院決定は，憲法12条1項の「適法手続主義」について，

---

[92] 조국「변호인의 피의자신문참여권 및 피의자의 출석 및 신문수인의무 재론」저스티스160호（2017년）88쪽.

[93] この事件の捜査には，国家情報院も携わっていた。そのため，捜査機関は，本件の捜査情報は国家安全保障に関する重要機密であって弁護人立会いには馴染まないという主張を行っていた。

[94] 헌법재판소1992.1.28선고, 91헌마111결정.

「裁判官が，人身の拘束に関する憲法と法律の規定を解釈・適用するにあたり，国家の刑罰権よりも個人の人権擁護に力を置き，個人の人身拘束に慎重を期する」趣旨であるという理解を示した。

そして，接見交通権がいかなる名分によっても制限され得ないことと，身体拘束された者に対して「弁護人の援助を受ける権利」が直ちに保障されることを挙げ，「拘禁された被疑者は…訊問を受ける際に弁護人の立会いを要求することができ，このような場合，捜査機関はこれを拒否することができないものと解するべきである。そう解釈することは，人身拘束及び処罰に関して『適法手続主義』を宣言した憲法の精神にも符合する《省略筆者》」と述べ，身体拘束された被疑者の取調べに弁護人が立ち会う権利を認めた[95]。

もっとも，身体拘束された被疑者を取り調べる際に，無制限に弁護人立会権を認めることは「適法手続の精神に合致しない」として，一定の場合に弁護人立会権を制限し得ることを認めた。すなわち，「訊問を妨害したり，捜査機密を漏らす等のおそれがあると疑うに足りる相当の理由がある特別な事情があることが客観的に明らかであり，弁護人の参与を制限しなければならない必要があると認められる場合には，弁護人の参与を制限し得ることは当然である」と判示した。

ⅱ．2004年憲法裁判所決定（チェヨル事件決定）

次いで，2004年には，身体拘束されていない被疑者の取調べに弁護人が立ち会う権利を認める憲法裁判所決定が示された[96]。この事案の概要は，以下の通りである。2000年1月12日に全国の市民団体が結成した「2000年総選市民聯隊（2000년총선시민연대）」は，2000年4月第16代国会議員総選挙に先立つ2000年1月24日，政党等に対し，公認に反対する候補者名簿を公開した。検察は，この公認反対候補者名簿の公開が公職選挙及び選挙不正防止法等に違反する疑いがあるとして，共同代表であった崔洌（최열）及び常任共同執行委員長であった朴元淳（박원순）に対し，出頭を要求し

---

[95] 2003年大法院決定は，大法官13名の全員一致した意見であった。
[96] 헌법재판소2004.9.23선고, 2000헌마138결정.

た。出頭要求に応じた両氏は，弁護人等を通じて，取調べに弁護人を立ち会わせ，弁護人の援助を受けられるようにして欲しい旨を口頭及び書面で要求した。しかし，検察はこの要求を拒否したまま取調べを行い，供述録取書を作成した。これに対して，崔洌及び朴元淳は，2000年2月24日，検察による拒否行為は弁護人の援助を受ける権利等を侵害するとして，違憲確認を求める憲法訴願審判を請求した。

憲法裁判所は，概要以下のように述べて，身体拘束されていない被疑者の取調べに弁護人が立ち会う権利を認めた。まず，憲法12条4項は，弁護人の援助を受ける権利について「何人も，逮捕又は拘束されたときは，直ちに弁護人の援助を受ける権利を有する」と規定しているところ，この権利は「逮捕又は拘束された場合」に限定されるものではなく，身体を拘束されていない者に対しても認められているとした。その理由として，（1）「違法な国家権力の行使に対する効果的な権利救済制度の完備」を要求する法治国家原理によって，被疑者・被告人の客体化が禁じられ，武器平等原則が導かれること，（2）憲法及び刑訴法は，武器平等原則を実現するために，被疑者・被告人が手続主体として自己の権利を行使することを前提としているところ，弁護人の援助を受ける権利は，国家の刑罰権行使に対する防禦方法の中で最も実質的かつ効果的な手段であること，（3）適法手続原則の要請であることが挙げられた。そして，憲法12条4項が「逮捕又は拘束された場合」という文言を用いているのは，身体を拘束された者に対して，弁護人の援助を受ける権利の重要性を強調するためであると解した。

次に，弁護人の援助を受ける権利は，被疑者が弁護人の助言や相談を得ることができない場合は，その存在意義を失うと指摘した。そのため，弁護人と相談し助言を受ける権利は，「具体的な立法の形成が必要な他の手続的権利の重要な前提条件として，弁護人の援助を受ける権利それ自体から直ちに導き出される」ことになる。そして，弁護人との自由な接見交通権が「いかなる名分によっても制限され得る性質のものではない」旨を明らかにした1992年憲法裁判所決定[97]を引用し，この趣旨は身体を拘束されていない被疑者の場合にも妥当するとした。この論理によれば，接見交

通権を認める刑訴法上の規定は，拘束場所から任意に退去することができない拘束被疑者・被告人に対して，弁護人との自由な接見交通権を保障するために設けられたということになる。したがって，「不拘束被疑者が被疑者取調べに弁護人を同伴し，取調べ過程で助言や相談を求めることは…不拘束被疑者が取調べ場所から退去して（たとえば，弁護人の事務所を訪ねて），弁護人の助言や相談を求めることと本質的に何ら違いはない。そうであれば，不拘束被疑者が取調べで助言や相談を求めるために自身の弁護人を同伴した場合は，捜査機関は，特別な事情がない限り，これを拒否することができない《省略筆者》」。

憲法裁判所は，以上のように，接見交通権が制限し得ないものであることを主たる根拠として，身体拘束されていない被疑者の取調べに弁護人が立ち会う権利を認めた。もっとも，立会いによって実現される「弁護人の援助」は「正当な援助」を意味するため，助言や相談の過程が取調べを妨害するものであったり，捜査機密が漏洩するおそれがある場合には，立会権を制限し得ると判示した。

なお，2004年憲法裁判所決定には，（1）權誠（권성）及び李相京（이상경）による別意見，（2）金榮一（김영일）による反対意見，（3）宋寅準（송인준）及び周善會（주선회）による反対意見がそれぞれ付されている。（1）權誠及び李相京による別意見は，多数意見と結論を同じくするものの，その理由が異なる。別意見は，黙秘権の実質的保障，取調べ過程における基本権侵害の防止，身体拘束された被疑者と同程度に窮迫した状況に置かれた被疑者の保護，法的専門知識に基づく防禦権行使の実質的保障を挙げ，身体拘束されていない被疑者の取調べに弁護人が立ち会う権利を認めた。とりわけ，黙秘権の実質的保障という観点が強調されており，Miranda判決に類似した論理によって弁護人立会権を認めたものであると位置づけることができる。これに対して，（2）金榮一による反対意見は，「実体的権利と，これを保障するための手続的権利は厳然と区別されなければならない」とした上で，「弁護人参与要求権」を「自由権を確保

---

97) 헌법재판소1992.1.28선고, 91헌마111결정.

するための手続的権利」であると位置づけ,「自由権と同一視又は混同してはならない」とする。また,「弁護人参与要求権」は「弁護人の援助を受ける権利」の中核ではないため,本件において弁護人の援助を受ける権利が侵害されたという事実はないとしている。このような立場からは,多数意見及び別意見の論理は,「個人の人権保障にとって望ましいという目的論に立脚し,憲法の体系的解釈を誤った,論理の飛躍があるもの」であると評されることになる。また,(3)宋寅準及び周善會による反対意見も,「弁護人参与要求権」を「手続的基本権又は請求権的基本権」であると位置づけ,その内容や請求の対象・範囲は「立法者による具体的な形成を必要とする」としている。また,この反対意見も,法が「弁護人参与要求権」を規定していないことから,その侵害が認められたとしても「弁護人の援助を受ける権利」を侵害したことにはならないと解している。宋寅準及び周善會による反対意見は,「弁護人参与要求権」は立法政策の問題であり,憲法解釈の問題ではないという立場であろう。

(c) 2007年刑訴法改正による「弁護人立会権」規定の新設

韓国においては,2003年大法院決定及び2004年憲法裁判所決定より前から,捜査機関が自主的・恩恵的に弁護人立会いを認めつつあった。このような中で,大法院と憲法裁判所がそれぞれ決定を下し,その理論的根拠が示された。その結果,2007年刑訴法改正は,法243条の2を新設した。これによって,弁護人立会権が法文上認められることになった。

ⅰ.弁護人立会権の法的性質

法243条の2第1項は,「検事又は司法警察官は,被疑者又はその弁護人・法定代理人・配偶者・直系親族・兄弟姉妹の請求により,弁護人を被疑者と接見させ,正当な事由がない限り,被疑者に対する訊問に参与させなければならない。」と規定し,弁護人立会権を明文化した。ここで,弁護人立会権の法的性質について,若干の議論が展開されている[98]。

まず,(1)弁護人立会いは被疑者取調べの適法性・任意性を確保する

---

98) 조기영「변호인의 피의자신문참여권」형사법연구19권4호 (2007년) 309〜312쪽.

ための制度であるとする見解は，弁護人立会いを取調べ過程の監視役であると位置づける。この見解は，法務部が2003年時点で採っていた見解である。しかし，その後，法務部はこの見解を修正したとされている[99]。そのため，この見解は現在ではみられない。次に，（2）弁護人の援助を受ける権利に基づくものであるとする見解が挙げられる。この見解は，さらに，(2-1) 接見交通権の一内容であるとする見解と，(2-2) 接見交通権とは別個の権利であるとする見解に分かれる。(2-1) 接見交通権の一内容であるとする見解は，2004年憲法裁判所決定の論理と同じものである[100]。これに対して，(2-2) 接見交通権とは別個の権利であるとする見解は，弁護人立会権を固有の権利であると理解する。法243条の2が接見交通権についても言及しつつ，これとは別に弁護人立会権について規定していることや，後述するように弁護人の意見陳述権が認められていること等を理由に，(2-2) 接見交通権とは別個の権利であるという理解が一般的である[101]。

ⅱ. 弁護人立会権の権利主体

ところで，一口に「被疑者取調べへの弁護人立会権」といっても，その権利の主体は明白ではない[102]。すなわち，被疑者に認められる「弁護人立会要求権」とは別に，弁護人固有の「取調べ立会権」が憲法上の権利として認められるか否かが問題となる。肯定説は，（1）弁護人が被疑者等の代理人に留まらず，固有権を有すること，（2）憲法12条4項が「弁護人」に関する直接的な規定を設けていること，（3）弁護人の固有権が制限されれば，これと表裏一体の関係にある被疑者等の「弁護人の援助を受

---

99) 이완규「변호인의 피의자신문참여권의 법적 성질」형사법의 신동향5호（2006년）36쪽을 참조.
100) 헌법재판소2004.9.23선고, 2000헌마138결정.
101) 최석윤「변호인의 피의자신문참여권에 대한 비교법적 연구」형사정책연구23권 4호（2012년）67쪽.
102) たとえば，多田辰也『被疑者取調べとその適正化』（成文堂，1999年）331頁は，弁護人立会権に関する記述に先立って，「本書では，『弁護人の取調べ立会権』という言葉を，『被疑者が持つ取調べへの弁護人立会い請求権』の意味で用いる」と断り書きしている。

ける権利」が有名無実になること等を挙げる[103]。これに対して，否定説は，弁護人に認められる立会権は憲法上の権利ではなく，刑訴法243条の2によって初めて認められる権利であると主張する[104]。この見解は，（1）憲法12条4項は，被疑者等の権利として「弁護人の援助を受ける権利」を規定しているところ，権利主体は被疑者又は被告人であるため，この規定から弁護人自身の憲法上の権利を導くことはできないこと，（2）弁護人立会権を弁護人の憲法上の権利として認めなくても，被疑者等に認められる「弁護人の援助を受ける権利」が有名無実化する訳ではないこと等を挙げる。

　なお，大法院及び憲法裁判所は，かつて，接見交通権について，弁護人自身の接見交通権は被疑者が有する接見交通権と性質を異にするものであるとして，刑訴法34条の規定によって初めて保障される権利であると解していた[105]。しかし，その後，憲法裁判所は，拘束適否審査手続における弁護人の捜査記録閲覧などと関連して，弁護人には被疑者を「援助する権利」が憲法上認められている旨を判示している。すなわち，「弁護人の『援助を受ける』被拘束者の権利は，被拘束者を『援助する』弁護人の権利が保障されなければ，有名無実化する。そのため，被拘束者を援助する弁護人の権利のうち，それが保障されなければ被拘束者が弁護人から援助を受けることが有名無実となるような核心的な部分は，『援助を受ける被拘束者の基本権』と表裏の関係にあるため，このような核心部分に関する弁護人の『援助する』権利は，やはり憲法上の基本権として保護されなければならない」と[106]。そのため，弁護人の援助を受ける権利の「核心的な部分」については，被疑者を援助する弁護人の権利としても，憲法上保障されることになろう。

---

103) 박순성「피의자신문과 변호인의 참여」사법논집39집（2004년）116〜118쪽.
104) 김대운「변호인의 피의자신문참여권」형사판례연구17호（2009년）441〜444쪽.
105) 헌법재판소1991.7.8선고, 89헌마181결정, 대법원2002.5.6선고, 2000모112결정.
106) 헌법재판소2003.3.27선고, 2000헌마474결정.

ⅲ. 弁護人立会い申請権者及び申請の方法

弁護人立会いの申請主体は，被疑者又はその弁護人，法定代理人，配偶者，直系親族，兄弟姉妹である（法243条の２第１項）。法は，弁護人立会いの申請について，具体的な手続や制限を設けていない。そのため，被疑者は，取調べ中であっても，口頭又は書面で弁護人立会いを申請することができるとされている[107]。もっとも，法務部令は，被疑者が立会いを要求する場合には，事前に書面を提出させなければならない旨を定めている（検察事件事務規則９条の２第２項及び司法警察官吏執務規則16条の２）。

この点に関連して，捜査機関が取調べ日時等を事前に弁護人に通知する義務があるか否かが問題となる。肯定説は，立会権行使のためには，取調べ場所及び日時を事前に把握する必要があることを強調する[108]。これに対して，否定説は，（１）現行法は捜査機関が取調べ日時等を弁護人に通知する手続を規定していないこと，（２）急速を要し，事前通知することが困難な取調べが存在すること，（３）捜査機関は，被疑者等によって弁護人立会いに関する要求がなされない場合は，弁護人の立会いなく被疑者を取り調べることができること等を理由に，通知義務を否定している[109]。もっとも，捜査実務では，捜査機関と弁護人の間で取調べ期日の協議が行われることもあるという[110]。

また，法243条の２第２項は，「訊問に参与しようとする弁護人が２人以上であるときは，被疑者が訊問に参与する弁護人１人を指定する。指定がない場合は，検事又は司法警察官がこれを指定することができる。」として，立会い弁護人の指定について規定している。この規定は，複数の弁護人が順に立会いを申請することによって，捜査に支障を来すことを防ぐためのものである[111]。

---

107) 전승수「피의자신문시 변호인참여권―형사소송법제243조의2의 해석을 중심으로―」형사판례연구17호（2009년）390쪽.
108) 전승수・前掲注107）390頁，이영돈・前掲注81）273頁。
109) 신동운『신형사소송법』（법문사，2008년）184쪽．
110) 전승수・前掲注107）390頁。
111) 신동운・前掲注７）255頁。

弁護人立会いの要求と関連して，Miranda法理のような「取調べ中止効」の有無が問題となる[112]。現行法は，「中止効」に関する規定を設けていない。この点，学界からは，「中止効」を認める見解が主張されている[113]。これらの見解は，被疑者が取調べ前に弁護人立会いを要求した場合は，被疑者が取調べに応じる意思を自ら示すか，弁護人が到着した後に限り，取調べを行うことができるとする。また，被疑者が取調べ中に弁護人立会いを要求した場合は，直ちに取調べを中止しなければならないとする[114]。これは，後述する弁護人の意見陳述権が，弁護人が取調べに立ち会うことを前提としていることや，弁護人立会権が憲法の「弁護人の援助を受ける権利」から導かれていること，弁護人立会権を実質的に保障すること等を理由とする。

　「取調べ中止効」に関する問題は，その有無よりも，「取調べ中止効」の限界の方が重要であろう。換言すれば，被疑者が権利行使し，取調べが中断された場合に，いかなる条件があれば，捜査機関が取調べを再開することができるかという問題である[115]。この点について，大統領令「検事の司法警察官吏に対する捜査指揮及び司法警察官吏の捜査準則に関する規則」21条3項は，「弁護人参与申請を受けたときであっても，弁護人が相当な時間内に出席せず，又は出席することができなければ，弁護人の参与

---

112) 조국「헌법상 권리로 확인된『변호인입회권』」법률신문2003.11.17호.
113) たとえば，조기영・前掲注98）314頁，이영돈・前掲注81）272頁，조국・前掲注92）94～95頁等を参照。박찬운「변호인참여권의 현실과 문제점 그리고 활성화를 위한 제안」인권과 정의453호（2015년）66쪽も，取調べ中止効を前提としている。
114) 既に確認したように，2007年刑訴法改正によって黙秘権告知規定が改められた。しかし，被疑者が権利行使した場合に，取調べが直ちに中断されなければならないというMiranda法理の一内容が具現化されていないとして，これを危惧する見解もある（조국・前掲注74）539頁）。
115) 第2部で確認したように，アメリカでは，1981年Edwards判決が，被疑者にとって弁護人が「利用可能になるまで」は取調べを再開することができないと判示している（Edwards v. Arizona, 451 U.S. 477, 484-485 (1981)）。また，その後，1990年Minnick判決は，実際に弁護人が取調べに立ち会わない限り，取調べを再開することができないと判示している（Minnick v. Mississippi, 498 U.S. 146, 153 (1990)）。

なく被疑者を訊問することができる。」と規定している。もっとも,「相当な時間内」の解釈は,「残された」逮捕期間・拘束期間や,弁護人が出席できなかった理由等の個別事情に基づく判断を要する。そのため,画一した基準は示されていない。

　また,被疑者が弁護人立会権を行使したにも関わらず,捜査機関が取調べを継続した場合の効果についても問題となる。接見交通権を制限した状態で獲得した供述は,証拠排除される[116]。そのため,この論理に基づけば,被疑者が弁護人立会権を行使したにも関わらず,捜査機関が取調べを継続した場合は,この間に獲得した供述は証拠排除されそうである[117]。この点について,2013年大法院判決は,接見交通権侵害の場合と同様の判断を示した[118]。この大法院判決は,捜査機関が被疑者に対して弁護人立会権を行使するか否かを質問し,被疑者が行使する旨の意思を示したにも関わらず,弁護人立会いを欠いたまま被疑者を取り調べ続けることは違法であると判断した。そして,このような取調べで獲得した供述を記載した調書は,調書の証拠採用要件に関する法312条が要求する「適法な手続及び方式」に反し,違法収集証拠排除法則に関する法308条の2の「適法な手続によらずして収集した証拠」に該当するとして証拠排除した。すなわち,このような状況で取調べを中止せず継続することは,「適法な手続及び方式」でないと評価されると同時に,違法収集証拠排除法則の適用を受ける程度の違法に該当するのである。

　2013年大法院判決は,弁護人立会権の行使による「取調べ中止効」自体を明示した訳ではない。そのため,「取調べ中止効」の限界についても言及していない。しかし,2013年大法院判決は,「取調べ中止効」の存在を含意するものであると指摘されている[119]。被疑者が権利行使したにも関わらず,捜査官が取調べを中止せずに継続した場合には,当該取調べで獲得した供述は証拠排除される。捜査官としては,被疑者の権利行使を無視

---

116) 대법원1990.8.24선고, 90도1285판결, 대법원1990.9.25선고, 90도1586판결.
117) 신이철・前掲注7）137頁。
118) 대법원2013.3.28선고, 2010도3359판결.
119) 이영돈・前掲注81）272〜273頁。

して取調べを継続する利点がない。結果的に，取調べ中止効と同様の効果が生じることになる。そのため，「実質的な取調べ中止効」それ自体の存在は，事実上認められたと評価して良いと思われる[120]。これに対して，個別具体的な判断を要する「取調べ中止効の限界」は，判例の蓄積が待たれるところである。

iv. 弁護人「参与」の内容

法243条の2第3項は，「訊問に参与する弁護人は，訊問後に意見を陳述することができる。但し，訊問中であっても，不当な訊問方法に対して異議を提起することができ，検事又は司法警察官の承諾を得て意見を陳述することができる。」として，弁護人の「意見陳述権」及び「異議申立権」を規定している。そして，同条4項は，「第3項による弁護人の意見が記載された被疑者訊問調書は，弁護人に閲覧させた後，その調書に記名捺印又は署名させなければならない。」として，弁護人が陳述した意見を調書に記載することを要求している。そもそも，弁護人立会権規定は，被疑者の防禦権保障のみならず，実体的真実発見に資する取調べの円滑な進行を通じて刑事司法を効率よく運用することをも目的として新設された[121]。そのため，弁護人が被疑者に助言を行う際は，本条の「意見陳述権」に基づいて，捜査機関の承諾を得なければならないとされている。また，弁護人は，基本的には取調べを最大限尊重し，可能な限り取調べや回答に介入しないことが適切であるとされている[122]。

弁護人の「異議申立権」は，「不当な訊問方法」に対して行使することができる。「不当な訊問方法」とは，拷問，暴行，脅迫，強要等を用いた「違法な訊問」のみならず，タメ口，高圧的態度，攻撃的嘲笑，深夜の取調べ，休憩のない長時間の取調べ等を含む[123]。

---

[120] 권창국「피의자신문시 변호인 참여권 보장의 현황 및 문제점」형사소송의 이론과 실무 6권 2호（2014년）144〜145쪽는，被疑者の権利行使に伴う取調べ中止効を刑訴法で規定すべきであると指摘する。

[121] 전승수・前掲注107）393頁。

[122] 심희기「변호인의 피의자신문참여권・수사기록열람등사권에 관한 최근의 입법적 판결・결정의 분석」형사실무연구회편『형사재판의 제문제5』（박영사，2005년）641쪽．

ここで，捜査機関の取調べ「内容」について異議を申し立てることができるか否かが問題となる。肯定説は，弁護人立会いをより一層実効的なものにするために，不当な質問内容に対する異議申立てを認めるべきであるとする[124]。これに対して，否定説は，法が異議申立ての対象を「訊問方法」に限定しており，「訊問内容」への異議申立ては取調べ終了後の「意見陳述」として行うことを予定していると理解する[125]。すなわち，否定説は，取調べ中にその内容の当否等について意見を示す者を被疑者に限定する立法者意思を尊重しているのである。そのため，取調べ内容について弁護人が異議を提起し得るとすれば，「被疑者訊問」ではなく「弁護人訊問」となり，被疑者の供述を獲得するという「被疑者訊問」の本質と機能を損なうと説明する[126]。

　　ⅴ．弁護人立会権の制限

　2003年大法院決定及び2004年憲法裁判所決定は，弁護人立会いを制限する基準として，（1）取調べ妨害のおそれ，（2）捜査機密漏洩のおそれ，（3）違法な援助のおそれを挙げ，弁護人立会いが無制限ではないことを示していた。これを受けて，法243条の2は，「正当な事由」があれば弁護人立会いを制限することができる旨を規定した。もっとも，その具体的な基準を法文から読み取ることはできない。そこで，大統領令[127]や法務部令等によって，具体的な制限事由が規定されている[128,129]。

　まず，（1）取調べ妨害のおそれである。検察事件事務規則は，取調べ妨害のおそれに該当する場合として，弁護人が被疑者の代わりに回答した

---

123) 전승수・前掲注107) 394頁。
124) 조국「피의자신문시 변호인참여권 소고―2003년〔송두율 교수 사건〕관련 대법원 결정의 의의와 향후 과제―」형사정책연구14권 4 호（2003년）193쪽。
125) 조기영・前掲注98) 319頁。
126) 전승수・前掲注107) 395頁。
127) 2012年施行の大統領令「検事の司法警察官吏に対する捜査指揮及び司法警察官吏の捜査準則に関する規則」21条1項は，「司法警察官は，法243条の2第1項に規定された者の申請を受けたときは，正当な事由がなければ，弁護人を被疑者訊問に参与させなければならない。この場合，正当な事由とは，弁護人の参与により，訊問妨害や，捜査機密漏洩等，捜査に著しい支障を来すおそれがあると認められる場合をいう。」と規定している。

り，特定の回答を指示したり，陳述を変更するよう誘導する場合を挙げている（同規則9条の2第4項2号）。これは，被疑者の供述を聴取するという「被疑者訊問」の性質や機能に鑑みたものである。そのため，取調べ内容の当否について弁護人が異議を提起することは，基本的には取調べ妨害とみなされる。但し，被疑者は，取調べ中に弁護人と相談し，助言を得ることができる。また，弁護人も，取調べの主旨を明確にするために，被疑者に助言をすることができる。したがって，弁護人の助言等が取調べ妨害に該当するか否かは，具体的事情に応じて慎重に判断しなければならないとされている[130]。

　弁護人が被疑者に対して黙秘権の行使を勧める行為は，被疑者に保障された権利を行使するよう助言するに過ぎないため，弁護人立会いを制限する理由にはならない[131]。しかし，被疑者に黙秘権を行使する意思がないにも関わらず，弁護人が継続して黙秘権行使を勧め，取調べの進行が滞る場合には，取調べを妨害することと物理的に相違ないとして，立会いを制限する理由に該当するとされている[132]。

　これと関連して，弁護人が捜査機関の承諾なく取調べに介入したり，侮辱的な言動を行うこと（検察事件事務規則9条の2第4項1号）が，取調べ妨害に該当するか否かが問題となる。弁護人が取調べに介入する際は，法

---

[128] 立会い制限と関連して，被疑者が弁護人の立会いを明示的に拒否した場合，捜査機関が弁護人立会いを制限することができるか否かが問題となる。法は，被疑者以外の者に対しても立会い申請を認めている。しかし，弁護人立会いが被疑者の防禦権保障のためのものであることに鑑み，被疑者の明示的な拒否がある場合には，立会いを制限する正当な事由に該当すると解されている（전승수・前掲注107）391頁）。

[129] 憲法的権利である弁護人立会権が，法令ではなく行政規則に過ぎない法務部令等によって制限されることは，基本権の法律留保原則に違反するとして，刑訴法上で制限事由等を明確にする必要性が説かれている（정병곤「피의자신문시 변호인 참여권」한국민간경비학회보12권 1호（2013년）229쪽, 이영돈・前掲注81）275頁）。

[130] 전승수・前掲注107）397頁。

[131] 조국・前掲注92）101頁も参照。

[132] 김대운「불구속 피의자의 변호인의 조력을 받을 권리」사법연수원 교수논문집 5집（2008년）326쪽。

243条の2第3項の意見陳述権に基づいて，捜査機関の承諾を得なければならない。そのため，弁護人が捜査機関の許可なく取調べに介入したり，侮辱的な言動を行うことは認められていない。これらの行為が繰り返されたり，繰り返されるおそれがあり，捜査に著しい支障を来たす場合には，立会いを制限する事情になるとされている[133]。

　弁護人が取調べ場面を撮影したり，取調べ内容を録音すること（検察事件事務規則9条の2第4項4号）も，捜査官の肖像権及び人格権を侵害するものであるとして，立会いを制限する事由となり得るとされている。そのため，弁護人は，捜査機関の同意がある場合に限り，撮影や録音を行うことができる[134]。これは，警察段階でも同様である（大統領令「検事の司法警察官吏に対する捜査指揮及び司法警察官吏の捜査準則に関する規定」21条4項4号）。実務上，弁護人が取調べ内容を記録することも，取調べ内容に対する不当な異議申立て等を通じて，取調べの円滑な進行を妨害したり，捜査機密の漏洩に繋がるおそれがあるとして，原則として認められていない[135]。しかし，被疑者への法的助言のための記憶喚起を目的として「簡単に記録する場合」（検察事件事務規則9条の2第4項4号但書）や，取調べ終了後の意見陳述に備えて簡単に記録する場合は，弁護人の相談・助言権及び意見陳述権に基づくものとして認められる[136]。

　既に，取調べ妨害を理由とした立会い制限の違法性が争われた事案が散見される。たとえば，立会い弁護人が被疑者の手錠を外すよう繰り返し求めたため，取調べ妨害として検事が弁護人を取調室から退室させた事案では，弁護人立会権侵害が認められている[137]。また，被疑者の横に座って

---

133) 전승수・前掲注107) 398頁。
134) 조기영・前掲注98) 322頁。
135) 대한변호사협회「피의자신문 참여 매뉴얼」(2016년) 17쪽. なお，捜査機関は，被疑者のメモ行為についても，これらの規定を根拠に制限している。これに対して，国家人権委員会は，「被疑者取調べ過程において被疑者のメモを禁止することは，法律留保原則に違反し，法律的根拠がなく，憲法12条が保障する陳情人の防禦権を制限する」と決定している（국가인권위원회2014.2.12, 13진정0573200결정）。
136) 전승수・前掲注107) 398頁。
137) 수원지방법원2015.7.28선고, 2015보6 결정.

取調べに立ち会った弁護人に対して，正当な理由なく被疑者から離れたところに座るよう指示し[138]，これに従わなかった弁護人を検事が退室させた事案では，検事の行為は法243条の2が規定する「正当な事由」による制限とは言えないと判断された[139]。その他にも，立会い弁護人が被疑者に黙秘権行使を勧めたところ，取調べ妨害として捜査機関が弁護人を取調室から強制的に追い出した事案では，捜査機関の行為に対する国賠訴訟が提起され，当該行為の違法性が確認されている[140]。夜間に行われた7時間に亘る警察の取調べで，取調官が弁護人に対して「私は刑事経験が長いので良く知っているが，法は取調べ中の助言や相談を許容していない」，「もし助言した場合は退室させる」等と言い，弁護人の助言・相談を制止した事案でも，弁護人の援助を受ける権利侵害が認定されている[141]。

次に，（2）捜査機密漏洩のおそれである。これは，弁護人が捜査状況をマスコミ等に漏らし，被害者や参考人等の生命・身体を危険にさらしたり，事件関係者の人格権を侵害する場合や[142]，弁護人が捜査機密を共犯者に伝えることで，共犯者の逃亡や証拠隠滅を容易にする場合であるとされている[143]。これと関連して，捜査機密漏洩を理由とする弁護人立会い制限を認めない見解がある[144]。この見解は，捜査機密の概念自体が極めて抽象的であり，当該情報が捜査機密であるか否かを判断する主体は捜査機関であるため，捜査機関の恣意的な判断によって弁護人立会いが排除される危険性があること等を挙げる。そのため，捜査機密漏洩のおそれを理

---

138) 検察内部指針である「弁護人の被疑者取調べ立会い運用指針」5条1項は，弁護人の座席位置について，「被疑者後方への着席」を規定していた。同規定は，2017年12月4日改正によって削除されている。
139) 대법원2008.9.12선고, 2008모793결정. 헌법재판소2004.9.23선고, 2000헌바138 결정도 同旨를 判示していた。なお，憲法裁判所は，立会い弁護人を被疑者の後ろに座らせる実務慣行について違憲決定を示した（헌법재판소2017.11.30선고, 2016헌마503결정）。
140) 대법원2014.10.27선고, 2014다44574판결.
141) 국가인권위원회2013.5.27, 12진정0456100결정.
142) 조기영・前掲注98) 320頁。
143) 정진연・前掲注84) 20頁。
144) 정준영「변호인의 피의자신문참여권」형사실무연구회편『형사재판의 제문제 제5』（박영사，2005년) 654쪽, 전승수・前掲注107) 400頁。

由とする弁護人立会い制限は，特に慎重を期する必要があると指摘されている[145]。

最後に，(3) 違法な援助のおそれである。2004年憲法裁判所決定は，「弁護人の援助を受ける権利」について，「正規の援助を受ける権利を意味するものであって，違法な援助を受ける権利を保障するものではない」と判示し，立会いを制限する余地を認めていた。その後，大法院は，「違法な援助」について，弁護士法が定める真実義務（弁護士法24条2項）に違反する場合を含むと判示している[146]。そのため，弁護人が証拠を隠滅・偽造したり，第三者に対する危害を指示又は黙認したり，共犯者及び参考人等に虚偽供述又は偽証を強要する行為は「違法な援助」に該当し，立会いを制限する「正当な事由」となる。

ここで，被疑者が弁護人を複数選任している場合に，1人の弁護人に対して立会いを制限する「正当な事由」が生じたことを理由に，他の弁護人の立会いを制限することができるか否かが問題となる。この点について，大法院は，接見交通権行使との関係で，ある弁護人の接見交通権行使がその限界を逸脱したか否かは，その弁護人を基準として個別に判断しなければならない旨を判示している[147]。この大法院決定は接見交通権に関するものであるものの，その考え方は弁護人立会権にも当てはまるであろう。また，2003年大法院決定は，立会いを制限する「正当な事由」の有無について客観的に明らかに認められる必要があるとし，その挙証責任は捜査機関が負うと判示している[148]。

vi. 弁護人立会権制限に対する準抗告

2007年改正法は，準抗告に関する規定を改め，「検事又は司法警察官の拘禁，押収又は押収物の還付に関する処分及び第243条の2による弁護人の参与等に関する処分に対して不服があれば，その職務執行地の管轄法院又は検事の所属検察庁に対応する法院に，その処分の取消し又は変更を請

---

145) 정병곤・前掲注129) 228頁。
146) 대법원2007.1.31선고, 2006모657결정.
147) 대법원2007.1.31선고, 2006모657결정.
148) 대법원2003.11.11선고, 2003모402결정.

求することができる。」と規定した（法417条）。ここで，「第243条の2による弁護人の参与等に関する処分」とは，立会いを制限する処分のみならず，接見交通権を侵害する処分を含むとされている[149]。そのため，（1）捜査機関が弁護人立会いを許可しなかったり，（2）弁護人の意見陳述権や異議申立権を制限することによって弁護人立会権の本質的な部分が侵害され，実質的に弁護人立会いが許可されなかった場合と同様の結果がもたらされた場合[150]のみならず，（3）接見申請期日から相当期間を経過させ[151]，実質的に接見不許可処分が行われた場合と同様の結果がもたらされた場合を含む。

(d) 弁護人立会いの運用実態とその問題点

ⅰ．弁護人立会いの運用実態

弁護人立会権は，2007年刑訴法改正によって明文で規定された。しかし，その後の運用実態は，芳しいものではない。警察段階では，2008年の検挙人員106万5,390人のうち，弁護人立会いが行われた事件は988件（0.092％）であった。また，2009年は941件，2010年は1,065件，2011年は1,439年，2012年は1,814件であった[152]。2013年度と2014年度は，それぞれ3,096件（0.22％）と3,839件（0.28％）であり，件数が僅かに増えた[153]。しかし，全検挙人員に占める割合はごく僅かである。

検察段階においても，弁護人が立ち会った事件数は多くない。2008年に検察が処理した108万3,579件の刑事事件のうち，弁護人立会いが行われた事件は524件（0.05％）であった。2009年は120万8,713件のうち962件（0.08％）であり，2010年は103万9,796件のうち1,100件（0.11％），2011年は105万4,323件のうち1,819件（0.17％），2012年上半期（1月から6月まで）は80万6,688件のうち1,013件（0.13％）であった[154]。

---

149) 신동운・前掲注7) 258頁。
150) 서울중앙지법2007.1.3선고, 2006보1 결정.
151) 대법원1990.2.13선고, 89모37결정.
152) 以上，이영돈・前掲注81) 265頁。
153) 박찬운・前掲注113) 59頁。
154) 법률신문2012.12.7호「『피의자신문에 변호인 참여』허울 뿐」.

これらの件数は，立会いを伴う取調べの数であり，1つの事件で複数回数えられることもある[155]。そのため，検挙件数と単純比較できるものではない。しかし，このような運用実態は，「形式的な人権保障策」であると評される程に停滞しているといえる[156]。

　ⅱ．大韓弁護士協会アンケート調査にみる弁護人立会いの問題点

　これまで，弁護人立会いの運用実態が低調である理由として，弁護人受任料の低さや，弁護人立会いを制限する「正当な事由」の不明確さに伴う過度な制約等が指摘されてきた[157]。弁護人受任料の問題は，弁護人が被疑者取調べに立ち会った場合，短くても半日，長ければ1日中，他の弁護士業務を行わずに立会いに専念しなければならないところ，これに見合う弁護士報酬を得ることができないという問題である。被疑者取調べに立ち会うことは，弁護士にとって「割に合わない」業務であるということが，最も大きな原因として指摘されている。「正当な事由」の不明確さに伴う過度な制約とは，弁護人立会いを制限する際に要求される「正当な事由」の定義が不明確であることから，弁護活動が萎縮し，弁護士が立会いに消極的になるというものである[158]。他に，弁護人が取調べに立ち会うことによって，供述の任意性や信用性を争う余地がなくなり，作成された調書が証拠として採用されることになるという理由も挙げられている[159,160]。

　このような実態を詳細に把握し，弁護人立会権を効果的に保障するため

---

155) 松下徹・柴田純「諸外国における刑事司法制度の調査研究（7）大韓民国における刑事司法制度について」警論64巻10号（2011年）147頁。

156) 이영돈・前掲注81) 265～266頁。

157) 정병곤・前掲注129) 230頁。

158) 정병곤・前掲注129) 231頁。

159) 法制審議会―新時代の刑事司法制度特別部会第1回会議（2011年6月29日開催）配付資料5「韓国における視察の概要」別紙1「大韓弁護士協会所属弁護士及び韓国警察大学校李東熹（イ・ドンヒ）による説明及び質疑応答の要旨」2頁。

　なお，このような見解は，検察実務家からは弁護人立会いを肯定する文脈で主張されている（변필건「변호인의 피의자신문 참여권의 제한에 대한 비교법적 고찰」법조629호（2009년）247쪽）。

160) このことを理由に，被疑者取調べへの弁護人立会いに消極的なのは，捜査機関ではなく弁護士側であるという指摘もみられる（박상식・前掲注88) 191頁注(41)）。

に，大韓弁護士協会は，2015年6月に開業弁護士会員16,070名を対象としたアンケート調査を行った。回答者1,912名（11.9％）のうち，1,466名（76.7％）が立会い経験を有していた。その概要は，次の通りである[161]。

立会い経験のある弁護士1,466名のうち，立会い中に不当な待遇を受けた経験がある者は，716名（48.8％）であった。具体的には，不当な取調べ方法に対する異議などの意見陳述の制止を挙げた者が405名（56.6％），取調官の高圧的な行動を挙げた者が333名（46.5％），メモ行為を禁止された者が323名（45.1％），被疑者と横並びで座ることを拒まれた者が128名（17.9％），立会い自体を拒まれた者が49名（6.8％）であった。

意見陳述や異議提起に関する法243条の2第3項については，回答者1,912名のうち，1,676名（87.7％）が問題を指摘した。最も多い指摘は，捜査機関の承認権裁量が広範囲に亘る点である。また，捜査機関が承認を拒んだ場合に，準抗告以外に争う方法がないことも問題視された。その他，弁護権の過度な制限や，意見陳述の内容を調書に記載させることを求める規定の不存在についても，半数以上の者が問題であると回答した。

このように，韓国における弁護人立会いは，捜査機関によって広範かつ恣意的に制限されていることが指摘されている。そして，その原因は，制限事由の不明確さ等の制度的問題に加え，捜査機関の無理解や不合理な慣習にあるとされる。アンケート調査によれば，捜査機関が，弁護人に対しても調書への割印や拇印を強く求める捜査慣行が存在する（このような経験を有する弁護士は，アンケート回答者1,912名中451名であった）。この慣行は，弁護人立会権が事実上制限された状態で取調べが行われても，調書の任意性が争われないようにする意図があると指摘されている[162]。その他にも，捜査機関は，捜査の便宜上，法が要求していない「弁護人立会い申請書」の提出を弁護人に要求する等[163]，明文規定のない制約が複数存在するのが実情である。

---

161) 以下の記述は，断り書きがない限り，김혜진「피의자신문 시 변호인의 참여권 침해 설문조사에 대한 결과분석」인권과 정의453호（2015년）76쪽以下に依拠している。
162) 박찬운・前掲注113) 70頁。

ⅲ. 検察改革と近時の動向

　これまでも，弁護人立会いをより一層活性化させるために，国選弁護制度の更なる拡充や，意見陳述や異議申立の内容の具体化，法243条の２が規定する「正当な事由」の具体化・明文化等が必要であると主張されてきた[164]。また，事前に取調べ日時を弁護人に通知する制度を法制化するべきであるという見解も根強かった[165]。

　そのような中，2017年12月４日に，検察内部指針「弁護人の被疑者取調べ立会い運用指針」が一部改正された。この改正は，検察改革を選挙公約の一つとしていた文在寅（문재인）の方針によって設けられた検察改革委員会（송두환委員長）の第二次勧告案を容れたものである。これにより，不当な取調べ方法に対する異議申立て，弁護人による取調べ中のメモ，取調べ日時・場所の事前通知，立会い申請書の簡略化などが認められた[166]。

　しかし，同指針を初めとする立会い制限の根拠は，いずれも法務部令や大統領令，警察庁訓令などの行政規則である。他方で，弁護人立会権は憲法から導かれるものである。そのため，弁護人立会権の制限事由については，刑訴法の改正を通じて明文化すべきであるとされている[167]。文在寅政権は2019年現在も検察・警察改革を押し進めているため，今後の展開を注視し続ける必要がある[168]。

---

163) 대한변호사협회「검찰은 피의자신문 시 변호인참여권을 제한하는 수사방식을 조속히 시정하라」(2017.1.11).
164) 이영돈・前掲注81）279〜280頁，박찬운・前掲注113）70頁以下。
165) 정병곤・前掲注129）233頁。
166) 법률신문2017.12.11호「피의자신문 참여 변호인의 조력권 획기적 강화―대검, 검찰개혁위 권고안 수용…개정 운영지침 시달」．
167) 박찬운・前掲注113）73頁以下。
168) 韓国における改革の背景には，過去事清算という視点がある。すなわち，権力機関が行った過去の行為を顧み，被害者等の救済と制度改革を押し進める視点である。過去事清算については，安部祥太「刑事再審の比較法研究―大韓民国―」九州再審弁護団連絡会出版委員会編『緊急提言！　刑事再審法改正と国会の責任』（日本評論社，2017年）136頁以下，安部祥太「〈過去事清算〉とは何か」青木清ほか編『コリアの法と社会』（日本評論社，2019年発刊予定）を参照。近時の検察改革については，安部祥太「韓国における検察改革と再審事件の検証――再審開始決定に対する検察官抗告への疑問」法セミ775号（2019年）７〜10頁も参照。

(3) 小括――Miranda法理の具体的展開

　韓国では，黙秘権と弁護人の援助を受ける権利を実質的・実効的に保障することによって，被疑者取調べを憲法に基づいて規制している。理論的には，特に弁護人の援助を受ける権利の実質的・実効的保障を軸として，アメリカのMiranda法理と同様の効果を実現している。黙秘権保障と併せて，順次みていく。

　捜査機関は，取調べに先立って，被疑者に対して，（1）一切の供述をせず，又は個々の質問に対して供述しないことができること，（2）供述をしないとしても，不利益を受けないこと，（3）供述を拒否する権利を放棄して行った供述は，法廷で有罪の証拠として使用されることがあること，（4）取調べを受けるときは，弁護人を立ち会わせる等，弁護人の援助を受けることができることを告知しなければならない（法244条の3第1項）。被疑者への権利告知を欠いたまま獲得した自白は，任意性の有無に関わらず，証拠能力が否定される[169]。権利告知を受けた被疑者は，いつでも弁護人との接見や弁護人立会いを要求することができる（法34条及び法243条の2第1項）。捜査機関は，いかなる名分であっても，接見を制限することができない[170]。これは，現に取調べ中であるときであっても同様である[171]。仮に捜査機関が接見や立会いを制限したまま取調べを行った場合は，当該取調べで獲得した自白は，憲法上の基本権を侵害して獲得したものであるとして証拠排除される[172]。捜査官としては，被疑者の権利行使を無視して取調べを継続しても，獲得した自白が証拠排除されるため，取調べをそれ以上継続する利点がない。結果として，被疑者が接見交通権や弁護人立会権を行使した場合は，捜査機関は取調べを継続すること

---

169) 대법원1992.6.23선고, 92도682판결, 대법원2009.8.20선고, 2008도8213판결, 대법원2010.5.27선고, 2010도1755판결.
170) 헌법재판소1992.1.28선고, 91헌마111결정.
171) 대법원2003.11.11선고, 2003모402결정.
172) 接見交通権を制限して獲得した自白については，대법원1990.8.24선고, 90도1285판결, 대법원1990.9.25선고, 90도1586판결が，その証拠能力を否定している。弁護人立会権を制限して獲得した自白については，대법원2013.3.28선고, 2010도3359판결が，その証拠能力を否定している。

ができない。韓国では，被疑者の権利行使に伴う「取調べ中止効」が判例法理や明文で認められている訳ではない。しかし，被疑者が接見交通権や弁護人立会権を行使した場合には，結果として，「実質的な取調べ中止効」が生じることになる。このことが，黙秘権の実質的保障にも資することは，論を俟たないであろう。

　もっとも，その論理は，Miranda 法理とは異なるものである。合衆国憲法修正6条の弁護人依頼権は，捜査段階では保障されない[173]。この点について，Miranda 判決の2年前に示された Escobedo 判決は，取調べ段階でも修正6条の弁護人依頼権が保障される旨を判示していた[174]。しかし，Miranda 判決は，修正6条に基づいた判断を行わなかった[175]。合衆国最高裁は，Miranda 判決の時点で，修正6条の保障範囲を Escobedo 判決よりも事実上縮小していたのである。アメリカでは，被疑者取調べ段階では修正6条の弁護人依頼権が保障されない[176]。このような理由により，Miranda 判決は，修正5条の自己負罪拒否特権に基づく Miranda 法理を打ち立てた。これに対して，韓国憲法12条4項本文は，「何人も，逮捕又は拘束されたときは，直ちに弁護人の援助を受ける権利を有する。」と規定し，被疑者に対しても弁護人の援助を受ける権利を保障している。そのため，合衆国最高裁のように「自己負罪拒否特権を実質的に保障するための弁護人依頼権」を創設しなくても，Miranda 法理と同様の結果を得ることができたのである。

　なお，このことは，黙秘権の軽視を意味するものではない。身体拘束中の被疑者に対する取調べに弁護人が立ち会う権利を認めた2003年大法院決定は，身体拘束中の被疑者に対しては，拷問や暴行等が行われやすく，韓国憲法が規定する黙秘権が効果的に保障されないおそれがあることを指摘していた[177]。これは，身体拘束中の取調べに内在する強制的な雰囲気を

---

[173] Kirby v. Illinois, 406 U.S. 682, 688 (1972).
[174] Escobedo v. Illinois, 378 U.S. 478, 490-491 (1964).
[175] Miranda v. Arizona, 384 U.S. 436, 469-470 (1966).
[176] 日本弁護士連合会刑事弁護センター編『アメリカの刑事弁護制度』(現代人文社，1998年) 37頁〔後藤昭執筆〕．

直視したものであり，Miranda 判決や Edwards 判決，Dickerson 判決と同様の問題意識に基づくものである。韓国とアメリカの各裁判所は，異なるアプローチを採りつつも，被疑者取調べが内在的に有する性質を正面から見据え，黙秘権を実質的に保障するために，上記の論理を展開しているのである。

　アメリカと韓国における取調べの憲法的規制は，黙秘権を基軸とするか，弁護人の援助を受ける権利を基軸とするかによって，その論理自体は異なる。しかし，被疑者が弁護人の援助を受ける権利を行使した場合に，結果として，取調べを継続することができない点で共通する。また，権利告知を欠いた場合や接見交通権が侵害された場合に，その状況下で獲得された自白が証拠排除される点でも同様である。このようにして，韓国においては，弁護人の援助を受ける権利を実効的に保障することにより，Miranda 法理と同様の帰結を導いているのである。

---

177) 대법원2003.11.11선고, 2003모402결정.

《付記》政策論に基づく被疑者取調べ規制について

　本書は,「被疑者取調べの憲法的規制」を検討するものである。そのため,韓国における政策論に基づく取調べ規制は取り扱わなかった。具体的には,取調べ録音・録画制度,捜査過程記録制度,調書作成に関する諸制度などである。これらについては,既に公表した論文を参照されたい[178]。

　ところで,取調べ録音・録画制度を被疑者の権利として構成する見解も散見される。そのような理解によれば,取調べ録音・録画制度は「被疑者取調べの憲法的規制」の一内容である。しかし,取調べ録音・録画制度を被疑者の権利として構成することはできない（第5部第2章「4. 補論——取調べ録音・録画制度の憲法的位置づけに関する一試論」）。そのため,本書で取り上げることは避けた。

---

178) 安部祥太「韓国における被疑者取調べとその適正化—日本の被疑者取調べ適正化への示唆—（1）（2完）」青山ローフォーラム創刊号,1巻2号（いずれも2012年),安部祥太「被疑者取調べの録音・録画と記録媒体の証拠法的取扱い」青山ローフォーラム3巻1号（2014年）143頁以下,安部祥太「韓国の制度から得られる示唆—被疑者取調べ録音録画と公判中心主義—」刑弁91号（2017年）45頁以下,安部祥太「裁判員裁判と取調べ録音・録画—『撮ること』の重要性と『見ること』の危険性—」法セミ750号（2017年）42頁以下,安部祥太「韓国における被疑者取調べ録音・録画—現在地と課題を日本と比べながら—」熊法141号（2017年）181頁以下など。

第 4 章

被疑者取調べと「適法手続」

1．「適法手続」の意義

　最後に，被疑者取調べと「適法手続」の関係について，簡単に触れておきたい。韓国憲法12条1項は，「すべて国民は，身体の自由を有する。何人も，法律によらなければ，逮捕，拘束，押収，捜索又は審問を受けず，法律及び適法な手続によらなければ，処罰，保安処分又は強制労役を科せられない。」と規定している。また，同条3項は，「逮捕・拘束・押収又は捜索をするときは，適法な手続に基づいて検事の請求により法官が発付した令状を提示しなければならない。」と規定している。一般に，これらの規定は，「適法手続」主義を宣言したものであるとされている。

　「適法手続」が初めて憲法に明記されたのは，1987年10月27日に改正された現行憲法（第9次改正憲法）である。適法手続は，合衆国憲法修正5条及び14条のデュー・プロセス条項に影響を受けたものである[1]。韓国における適法手続原則は，「基本権に関する憲法の精神を刑事訴訟に具現した公正な法定手続によって刑罰権を実現させる原理」であり[2]，文明化された社会共同体の地盤を構成する手続的要請であると説明されている[3]。大法院は，適法手続原則について，「裁判官が，人身の拘束に関する憲法

1） 최영승『피의자신문과 적법절차』（세창출판사，2005년）2쪽，신동운『신형사소송법〔제5판〕』（법문사，2014년）6～7쪽．なお，韓国の適法手続条項は，法治国家原理（Rechtsstaatsprinzip）等との関係で説明されることもある（이재상・조균석『형사소송법〔제10판보정판〕』（박영사，2016년）28쪽）。
2） 강동욱『형사절차와 헌법소송』（동국대학교 출판부，2011년）43쪽．
3） 신동운・前掲注1）7頁。

と法律の規定を解釈・適用するにあたり，国家の刑罰権よりも個人の人権擁護に力を置き，個人の人身拘束に慎重を期する」趣旨であるという理解を示している[4]。これらのことから，憲法上の基本権を充分に保障し，憲法と刑訴法の「真空地帯」を埋めるものであると表現されることもある[5]。

2. 韓国における Due Process の受容

　韓国における「適法手続」は，第 9 次改正憲法が制定される以前から，憲法的刑事訴訟の要請として意識されてきた[6]。当時の憲法11条 1 項は，「すべて国民は，身体の自由を有する。何人も，法律によらなければ，逮捕，拘禁，押収，捜索，審問及び保安処分を受けず，刑の宣告によらなければ，強制労役を受けない。」と規定していたところ，「法律によらなければ」という文言の中に，適法手続の概念が含まれるとされていたのである[7]。これは，「法律によらなければ」という部分が，アメリカのデュー・プロセス条項の起源とされている1215年のイギリス・マグナカルタ38条及び39条の「国法によらなければ」という文言に類似しているとされたためである[8]。旧憲法11条 1 項を根拠とする適法手続概念も，現行憲法上の適法手続概念と同様に，「基本権に関する憲法の精神を刑事訴訟に具現した公正な法定手続によって刑罰権を実現させる原理」であると解されていた[9]。

　その後，韓国は，1987年に民主化を達成した。そして，前節で述べたように，韓国憲法12条 1 項及び 3 項に「適法手続」条項が設けられた。しか

---

4) 대법원2003.11.11선고, 2003모402결정.
5) 최영승・前掲注 1) 3 頁。
6) たとえば，대법원1983.3.8선고, 82도2873판결や대법원1987.3.10선고, 85누603판결等は，「適法手続」という用語を用いていた。これは，1980年代に合衆国憲法に関する研究が盛んに行われたためである（유의일「미국 헌법상 적법절차 조항의 한국적 수용」미국헌법연구16권 1 호（2005년）51쪽）。
7) 임지봉「적법절차조항의 우리 헌법에의 도입과 그 운용」헌법학연구11권 3 호（2005년）285쪽。
8) 임지봉・前掲注 7) 286頁。
9) 이재상『신형사소송법〔제 2 판〕』（박영사，2009년）27쪽。

し、アメリカと韓国では、憲法の歴史的背景や法文化を異にする。また、連邦制度の採否等、国家体系も異なる。さらに、1987年第9次憲法改正の際に、国会における議論が成熟しないまま適法手続条項を憲法に導入したという事情もあった[10]。そこで、適法手続に関する固有の解釈論が必要であるとして、議論が展開された[11]。

憲法12条1項に関する解釈は、大きく分けて4つに分類される。まず、(1) 注意的規定説は、現行憲法12条1項について、旧憲法11条1項と代わらないものであると理解し、現行憲法12条1項を「注意的規定」であると説明する[12]。(2) 法定主義説は、現行憲法12条1項について、憲法37条2項[13]が規定する「自由と権利に対する本質的侵害の禁止」の一内容であると理解する。その上で、憲法12条1項は「手続の法定」のみを要求していると説明する[14]。(3) 手続・実体適正法定主義説（1項・3項独立型）は、韓国憲法が、ドイツ法とアメリカ法の両者から強い影響を受けていることを強調する。このことを前提に、1項後文が「法律及び適法な手続によらなければ、処罰、保安処分又は強制労役を科せられない」と規定していることに注目し、1項の「適法な手続」は、罪刑法定主義に関する規定であると理解する。これに対して、3項の「適法な手続」は、手続と実体のいずれも適正な内容の法律によって定められていることを要求していると説明する[15]。この見解は、少数説として位置づけられている[16]。(4) 手続・実体適正法定主義説（1項・3項一体型）は、憲法12条1項及

---

10) 임지봉・前掲注7) 284頁。

11) 최영승・前掲注1) 44頁。

12) 양건「새 헌법의 기본권조항」고시계369호 (1987년) 36쪽、한상범「개정된 신체의 자유 규정과 그 문제점」월간고시1987년12월호 (1987년) 125쪽。

13) 憲法37条2項は、「国民すべての自由及び権利は、国家安全保障・秩序維持又は公共福利のために必要な場合に限り、法律で制限することができ、制限する場合であっても、自由及び権利の本質的な内容を侵害することができない。」と規定している。

14) 전재경「한국에서의 적법절차의 수용과 전개」법조397호 (1989년) 92～95쪽を参照。

15) 권영성『헌법학원론〔개정판〕』(법문사、2004년) 423쪽。

16) 임지봉・前掲注7) 287～288頁。

び3項の両方について，アメリカのデュー・プロセスをそのまま継受したものであると把握し，両項の「適法な手続」はいずれも「法律の内容が，手続と実体のいずれも適正なものであることを要求している」ものであると理解する[17]。

大法院は，適法手続について，その手続と実体において，いずれも適正なものであることを要求する原理であると解している[18]。憲法裁判所も，形式的手続のみならず，実体的法律内容が合理性と正当性を有するものでなければならないと解している[19]。これらの判例を受けて，学説の多くも，（4）手続・実体適正法定主義説（1項・3項一体型）を支持している[20]。そして，適法手続について，すべての公権力の行使が手続上の適法性を備えなければならないのみならず，公権力行使の根拠となる法律の実体的内容も合理性と正当性を備えなければならない原理であると捉えている[21]。また，適法手続条項の「逮捕，拘束，押収，捜索又は審問」や「処罰，保安処分又は強制労役」は例示であり，いかなる基本権に対しても，いかなる手続に対しても，適法手続は適用されると解している[22]。

3．刑事手続における「適法手続」の内容

韓国刑訴法は，日本の刑訴法や連邦刑事訴訟規則[23]のように，目的規定を設けていない。この点について，伝統的な見解は，刑訴法の指導理念を実体的真実主義と適法手続であるとした上で，実体的真実主義が適法手続によって制限されると理解してきた[24]。しかし，現在では，アメリカ

---

17) 윤명선『인터넷시대의 헌법학〔증보판〕』（대명출판사，2004년）468쪽，허영『한국헌법론〔전정 9 판〕』（박영사，2013년）364쪽．
18) 대법원1988.11.16선고，88초60판결．
19) 헌법재판소1992.12.24선고，92헌가 8 결정．
20) 최영승・前掲注 1 ）46頁。
21) 임지봉・前掲注 7 ）292頁。
22) 권영성・前掲注15）423〜424頁。
23) Rule 2 of the Federal Rules of Criminal Procedure.
24) 조국「『헌법적 형사소송』의 관점에서 본 형사절차상의 권리 및 제도보장」울산대학교 사회과학논집10권 1 호（2000년）307쪽을 참조．

のデュー・プロセス条項に関する議論[25]に基づき，適法手続を実体的真実主義よりも優越する刑事手続の最高理念であると理解する傾向にある[26]。そのため，適法手続は，刑事手続において制度として具体化されるのみならず，刑事手続を規制する解釈原理や，刑事関連立法の指針を提供する役割を担い，さらには法律の空白を埋める補充規範として作用するとされている[27]。

他方で，韓国における適法手続の具体的な内容は，ドイツ法に基づく法治国家原理等に基づいて説明されることも多い。「適法手続」の代表的な内容として挙げられている，（1）公正な裁判の原理，（2）比例原則ないしは過剰禁止原則，（3）被告人保護原則も，ドイツ法の理解に基づくものである[28]。（1）公正な裁判を受ける原理には，（1-1）公平な裁判所の構成，（1-2）被疑者・被告人の防禦権保障，（1-3）武器平等原則が含まれるとされる。また，（3）被告人保護原則とは，憲法の民主的基本秩序である自由民主的基本秩序と社会民主的基本秩序のうち，社会民主的基本秩序の具現である「裁判所の保護義務原則」をいう。適法手続の内容に関するドイツ法的な説明は，韓国法学の発展初期段階でドイツ法研究が主流であったことが影響している。そして，その後，アメリカ法研究が盛んになり，英米法の概念が取り入れられた。そのため，韓国における適法手続概念は，ドイツ法由来の法治国家原理と英米法由来のデュー・プロセスを折衷させて発展しており，極めて複雑なものとなっている。

---

[25] *See* Donald A. Dripps, *Beyond the Warren Court and Its Conservative Critics: Toward a Unified Theory of Constitutional Criminal Procedure*, 23 U. MICH. J.L. REFORM 591, 593（1991）.

[26] 차용석『형사소송법』（세영사，1997년）63쪽，조국・前掲注24）307頁，차용석「형사소송에 있어서의『Due Process』의 구현」형사정책연구18권 3 호（2007년）588쪽.

[27] 신양균「헌법상 적법절차의 형사소송법에서의 구현―새로운 형사소송법개정안을 중심으로―」비교형사법연구 8 권 1 호（2006년）626쪽.

[28] 이재상ほか・前掲注 1 ）29〜31頁。

4．被疑者取調べと「適法手続」

　韓国では，被疑者取調べにおける適法手続の内容として，様々な適正化策が挙げられることが多い[29]。つまり，韓国における被疑者取調べの憲法的規制や，取調べ録音・録画に代表される政策論に基づく取調べ規制自体が，「適法手続」を具現したものとして理解されているのである。これは，適法手続が，国家作用として基本権を制限する場合のみならず，すべての立法作用や行政作用にも適用されるものであり[30]，刑事手続においては手続全般を基本権保障という観点から規律する原理であるという考え方に基づくものであろう[31]。被疑者取調べは，実体的真実発見と人権保障が最も先鋭に対立する局面の1つである。そのため，権利論・政策論の双方から加えられる被疑者取調べ規制策が，同時に「適法手続」の内容を明らかにするものであることは，論理必然でもある[32]。

　他方で，韓国における適法手続に関する理解は，理論的根拠を充分に示さないまま，「適法手続の要求」であることを理由に，被疑者の権利保障や「憲法的刑事訴訟」を導く傾向がある。たとえば，第9次憲法改正直前に示された論稿は，アメリカにおけるデュー・プロセス条項の役割や合衆国最高裁が認めてきた基本権を描写した上で，「修正14条の適法手続条項は，一言で言えば，全知全能の魔法の箱（마법의 상자）であると喩えることができる。実際に，その中に蓄えられている物体の正体が何であるかに関係なく，魔法使いの呪文によって，何であっても引き出すことができる

---

29) たとえば，被疑者取調べと適法手続に関する代表的な研究である최영승・前掲注1) は，英米におけるデュー・プロセス概念の発展過程を概観し，韓国における適法手続概念の継受を描写した後，「被疑者取調べと適法手続」という章で，出頭要求や逮捕，黙秘権告知，取調べ方法，強制による自白，調書の作成等について説明している。続いて，「適法手続の実現のための制度的保障」という章で，違法収集証拠排除法則や，弁護人立会い，取調べ録音・録画制度等について記述している。他に，조성제「피의자신문에 있어서 헌법상 적법절차원리의 구현」세계헌법연구 14권1호（2008년）345～382쪽等も同様である。
30) 헌법재판소2001.11.29선고, 2001헌바41결정.
31) 헌법재판소1996.12.26선고, 94헌바1 결정.
32) 최영승・前掲注1) 58頁.

魔法の箱なのである」と批判していた[33]。韓国の裁判所は，権利認定・権利創造・権利救済を積極的に展開している。その根拠の一つとして，適法手続条項が挙げられることも少なくない。しかし，韓国は，連邦制度を採るアメリカとは状況が異なる。そのため，適法手続条項を「魔法の箱」として用いてはならないという指摘もみられる[34]。

もっとも，韓国における取調べの憲法的規制は，黙秘権や弁護人の援助を受ける権利の実質的・実効的保障に基づいて展開されたものであり，「適法手続」それ自体を根拠とするものではない。身体拘束された被疑者の取調べに弁護人が立ち会う権利を認めた2003年大法院決定も，黙秘権や弁護人の援助を受ける権利から立会権を導いた上で，「人身拘束及び処罰に関して『適法手続主義』を宣言した憲法の精神にも符合する」と述べているに過ぎない[35]。このように，韓国では，刑訴法の規定が充分に整理・整備されていない部分で，かつ，憲法の明文規定からはその要求がはっきりと読み取れない部分について，憲法の解釈原理として適法手続概念を機能させることによって，憲法の要求を読み取るという憲法解釈がなされている。やや比喩的に言えば，韓国の適法手続概念は，憲法と刑訴法の「空白地帯」を埋め[36]，両者を繋ぐボンドのような役割を現実に果たしているのである。そして，単に「空白地帯」を埋めるのではなく，手続全般を基本権保障という観点から規律し[37]，刑事手続を憲法化する方向で憲法と刑訴法を結合させる機能を担っているのである。

以上のことから，韓国の被疑者取調べにおける適法手続は，刑訴法の解釈・立法・運用を行う際に，憲法上の基本権の実質的・実効的保障を理論的に後押しし，被疑者取調べの憲法的規制を実現する論理であると位置づけることができる。

---

33) 안경환 「마법의 상자 적법절차조항」 사법행정28권 9호 (1987년) 98쪽.
34) 박종보 「미국헌법이 한국헌법에 미친 영향―적법절차와 평등보호를 중심으로―」 한양대학교법학논총24집 2호 (2007년) 69쪽.
35) 대법원2003.11.11선고, 2003모402결정.
36) 최영승・前掲注1) 3頁。
37) 헌법재판소1996.12.26선고, 94헌바1 결정.

第5章

小括——韓国における被疑者取調べの憲法的規制

　1910年の日韓併合以後，朝鮮刑事令によって，日本の明治刑訴法及び大正刑訴法が朝鮮に「依用」された。同時に，植民地統治の効率性を理由として，捜査機関の強制権限が拡大された。このように，韓国は，独特な形で日本法を継受した。その後，1954年に，韓国独自の刑訴法が制定された。しかし，この刑訴法は，日本の現行刑訴法を参考にしながら，「依用刑訴法」に英米法の理念を盛り込んだものであった。したがって，植民地統治が終焉した後も，日本と極めて類似した刑訴法を有することになった。

　他方で，韓国の刑事司法は権威主義体制を支える道具として機能し，度重なる改正を経験した。その中で，被疑者・被告人の諸権利は軽視され，多くの人権侵害を生んだ。そのため，1987年の民主化後に改正された憲法と刑訴法は，権威主義体制の残滓を清算するため，被疑者・被告人の人権保障に重きを置いた。また，憲法裁判所を創設し，積極的な違憲審査を行うことを可能にした。さらに，その後の司法制度改革や大法院・憲法裁判所の諸判例を通じて，身体拘束制度や国選弁護制度の見直しや，被疑者・被告人の諸権利の実質的・実効的保障が図られた。このような中で，公判中心主義を希求した司法制度改革は，2007年の刑訴法大改正を実現した。これによって，韓国刑訴法は，憲法的刑事訴訟へ向けて本格的に舵を切ることになった。

　民主化以後の一連の改革や司法判断は，被疑者取調べにも大きな影響を与えた。すなわち，憲法上の基本権に基づいて取調べを規制する動きがみられるようになった。その両輪となるのが，黙秘権と弁護人の援助を受ける権利である。韓国においては，取調べ過程において黙秘権が効果的に保障されないおそれを危惧しつつ，弁護人の援助を受ける権利の実質的保障

を軸として，Miranda法理と同様の効果を導いている。

　憲法上の基本権を実質的に保障する後押しをしているのが，韓国憲法12条1項及び3項が規定する適法手続原理である。韓国では，適法手続概念が，手続全般を基本権保障という観点から規律し[1]，刑事手続を憲法化する方向で憲法と刑訴法を結合させる機能を担っている。これは，刑訴法の解釈のみならず，立法や運用を行う際にも適用される。

　この論理を現実のものとし，刑訴法の憲法化を推し進めているのが，（1）権威主義体制への反省（過去事清算）と，（2）憲法裁判所による積極的な司法審査である。憲法裁判所は，1960年代のアメリカ―Warren Courtをモデルとし[2]，権威主義体制下で制定された法律や条項の多くに対して違憲決定を下した。その結果，現行憲法が「現実に根をおろした規範力のある憲法」として発展し[3]，法制定・法適用における憲法の優位・憲法的統制が実効化し，社会的・政治的争点を憲法化することになった[4]。さらに，これに伴い，「国民の憲法意識と政治的雰囲気」が成熟した[5]。憲法裁判の活性化に伴い，憲法に対する国民の理解も高まり，主権者として憲法に依拠し，国家権力の濫用と誤用に対する是非を問うことがようやく可能になった[6]。

　韓国が短期間の内に「憲法的刑事訴訟」に舵を切った背景には，（1）ドラスティックな変化を厭わず，積極的に現状を改善しようとする国民観・国民性や[7]，（2）先進国としての地位を確かなものにするために，国際水準へ合致した刑事手続を希求していること等が存在すると思われる[8]。もっとも，これらの仮説は，法社会学的な実証研究を経ていないため，今

---

1) 헌법재판소1996.12.26선고, 94헌바1 결정.
2) 韓寅燮「権威主義の体制下の司法府と刑事裁判―抑圧と抵抗のドラマ（1972〜1987年）―」大久保史郎・徐勝編『現代韓国の民主化と法・政治構造の変動』（日本評論社，2003年）169頁。
3) 姜京根「韓国の憲法―その概観と特徴―」尹龍沢・姜京根編『現代の韓国法―その理論と動態―』（有信堂高文社，2004年）19頁。
4) 韓寅燮・前掲注2）169頁。
5) 韓国憲法裁判所編『韓国憲法裁判所10年史』（信山社，2000年）79頁。
6) 鄭宗燮「韓国の民主化と憲法裁判所」大久保史郎・徐勝編『現代韓国の民主化と法・政治構造の変動』（日本評論社，2003年）70頁。

後の詳細な検討によって裏付ける必要がある。

　いずれにせよ，韓国では，被疑者取調べの性質を直視し，被疑者の黙秘権等が効果的に保障されないおそれがあることを危惧している。そして，憲法上の基本権を実質的・実効的に保障することによって，取調べを規制することを試みている。ここでは，適法手続原理が憲法と刑訴法を結合させるという重要な役割を果たしている。このようにして，韓国では，アメリカ法に学びながら，被疑者取調べの憲法的規制を実現しているのである[9]。

---

7) 今井輝幸『韓国の国民参与裁判制度―裁判員裁判に与える示唆―』(イウス出版,2010年) 3 頁は，「韓国においては，必要性が高い法律を迅速に制定し，施行し，その後に適切な改正を施していけばよいという柔軟な考え方に基づく立法を許容する社会的背景がある」と指摘する。
8) 대법원「사법개혁위원회 제24차 회의」(2004년11월15일).
9) 김용세「형사절차상 기본권 보장을 위한 형소법규정 및 실무현실에 관한 연구―헌법적 형사소송의 원리에 기초한 분석적 고찰―」형사정책연구19권 3 호 (2008년) 54〜55쪽.

第4部

日米韓 3ヶ国における
被疑者取調べ規制の差異の背景

アメリカ及び韓国における被疑者取調べ規制は，憲法上の基本権の実質的保障という観点に基づいて行われている。換言すれば，憲法的刑事訴訟観に基づいた取調べ規制を追求している。他方で，第1部で確認したように，日本の被疑者取調べでは被疑者の諸権利が実質的・実効的に保障されておらず，多くの問題点を抱えている。このような差異の要因すべてを指摘し，子細に検討することは困難である。そこで，本書がここまで検討した観点を踏まえ，（1）裁判所の判断の違い，（2）実定法の違い，（3）実務運用の違い，（4）その他の視座から，日米韓3ヶ国における被疑者取調べ規制の差異の背景を探ってみたい。

第1章

裁判所の判断の違い

1．被疑者取調べの性質に対する裁判所の事実認識の違い

(1) 被疑者取調べの性質に対する各国裁判所の事実認識

　日本とアメリカ・韓国の被疑者取調べ規制が大きく異なる背景には，被疑者取調べの性質に対する各国の裁判所の事実認識の違いが横たわっている。換言すれば，現実に行われている被疑者取調べに対する想像力や理解力の違いがある[1]。

　被疑者取調べに対する日本の最高裁の認識を窺い知ることができる判例として，いわゆる安藤・斎藤事件大法廷判決（以下，「平成11年判決」と称する。）がある[2]。周知の通り，平成11年判決は，被疑者の接見交通権の根拠について，憲法34条に求められる旨を明らかにした。そして，第1部で指摘したように，（1）接見自由の原則を確認しつつも，（2）接見の希望と取調べ等ないしは「間近い時に右取調べ等をする確実な予定」が抵触した場合には，「原則として」接見指定し得ると判示した。平成11年判決は，接見指定規定と憲法38条1項の関係について，被疑者に取調べのための出頭・滞留義務があると解することが，「直ちに被疑者からその意思に反して供述することを拒否する自由を奪うことを意味するものではない」と判示している。

---

[1] 鈴木義男・渥美東洋・小早川義則・高野隆・椎橋隆幸「座談会　ミランダの射程—ディカソン判決の意義と日本法への示唆—」現刑3巻2号（2001年）23頁〔高野隆発言〕，後藤昭「法科大学院と刑事訴訟法学」一法13巻2号（2014年）500〜501頁，後藤昭「刑事司法の10年後を展望する」青山ロー9号（2014年）66頁等。

[2] 最大判平成11年3月24日民集53巻3号514頁。

これに対して，Miranda 判決は，取調べ実務の問題点を挙げる中で，「身体拘束下の取調べが有する性格及び背景を理解することが，本日の判決には不可欠である[3]」と強調し，次のような事実認識を述べた。すなわち，「(現在の取調べ実務は，)気を紛らわすことを妨げ，外部からのあらゆる援助を剥奪するために，被疑者を孤立させることを必要としている。被疑者が有罪であると確信している雰囲気は，被疑者が抵抗する意思を削ぐ。被疑者は単に，警察が供述させようとして作成した先入観に基づく物語を確認するのみである。…暴力や拷問，もしくはこれらの具体的な戦略が採られなかったとしても，身体拘束下の取調べそれ自体が，個人の自由を著しく害し，個人の弱みにつけこむのである。…この取調べの雰囲気は，それ自体が被疑者を萎縮させる性質を有する。確かに，これは身体的な脅迫ではない。しかし，身体的な脅迫と同様に人間の尊厳を否定する。外部から隔絶された現行の取調べ実務は，わが国において最も重要な原則—すなわち，個人は自己負罪供述を強制されないという原則—と合致しない。身体拘束状況に内在する強制を排除するための充分な保護手段が採られていない限り，被疑者から獲得したいかなる供述も，真に自由な選択の産物であるとはいえない《省略・挿入筆者》[4]」と。もっとも，当時のアメリカにおける取調べ実務が，可視性に富んでいた訳ではない。そこで，Miranda 判決は，1931年の Wickersham 報告書や警察官向けの取調べマニュアル[5]に基づいて，取調べの実態把握に努めた[6]。そして，身体拘束下の取調べ実務が，「被疑者を孤立させ，不安に陥れ，そのうえ，権利をできる限り行使させないこと」を目的としていることを指摘した[7]。

　さらに，1990年の Minnick 判決[8]は，1981年の Edwards 判決[9]が「被疑者が権利行使した場合は，弁護人が『利用可能』になるまで取調べを再

---

3) Miranda v. Arizona, 384 U.S. 436, 446 (1966).
4) *Id*. at 456-458.
5) Fred E. Inbau & John E. Reid, Criminal Interrogation and Confessions (1962).
6) Miranda v. Arizona, 384 U.S. 436, 448-449 (1966).
7) 遠藤比呂通「刑事手続における沈黙の自由（2）」法学53巻5号（1989年）20頁。
8) Minnick v. Mississippi, 498 U.S. 146 (1990).
9) Edwards, v. Arizona, 451 U.S. 477 (1981).

開することができない」とした趣旨について,「被告人が既に行使したMiranda権利を放棄するよう,捜査官が被告人にしつこく求めることを防止する趣旨」であると整理した[10]。この整理の前提には,捜査官が被疑者に対して権利を放棄するよう「説得」することが少なくないという認識がある。これらは,2000年のDickerson判決においても再確認されている[11]。

　この点について,韓国大法院が取調べに対する事実認識を明確に示した判例は多くない。しかし,弁護人立会権を認めた2003年大法院決定は,「身体拘束中の被疑者に対しては,拷問や暴行等が行われやすく,韓国憲法が規定する黙秘権が効果的に保障されないおそれがある」と指摘していた[12]。この指摘は,2002年10月にソウル地検庁舎内で発生した被疑者拷問致死事件と無関係ではない。捜査機関による拷問によって被疑者が死亡した事件は,民主化運動の最盛期に発生した朴鍾哲拷問致死事件以来のことであった[13]。そのため,2003年大法院決定が取調べの特徴に言及する際に,取調べに対する事実認識が権威主義体制期の「悪しき取調べ」の記憶と結びつき,その強制性がより一層深刻なものとして把握されたと思われる。2003年大法院決定の時点で,録音・録画制度は法制化されていなかった。そのため,韓国における取調べ実務も,可視性を欠くものであった。しかし,大法院は,権威主義体制下の取調べや,前年に被疑者が取調べ過程で死亡した事実を踏まえ,現実の取調べが有する強制的な雰囲気を指摘したのである。

　以上のように比較すると,合衆国最高裁と韓国大法院は,身体拘束下の取調べが供述を強要する雰囲気を有することを直視していることが分かる[14]。それに対して,日本の最高裁は,観念的な認識しか有していない

---

10) Minnick v. Mississippi, 498 U.S. 146, 150-151 (1990). *See also*, Michigan v. Harvey, 494 U.S. 344, 350 (1990); Smith v. Illinois, 469 U.S. 91, 98 (1984).
11) Dickerson v. United States, 530 U.S. 428, 434-435 (2000).
12) 대법원2003.11.11선고, 2003모402결정.
13) 이동희「한국의 피의자신문절차와 그 개혁」형사법연구21권 4호 (2009년) 136～137쪽주 (2).

と言わざるを得ない。このような認識は，身体拘束された者が捜査機関から取調べを受ける場合に，心理的にいかなる力学が働くかについて，あまりに想像力を欠くものではなかろうか[15,16]。「逮捕，勾留されることは，いわば捜査機関の手中に入るわけで，一介の市民にとっては極めて異常な事態であり，強烈な心理的圧迫を感じないではおれない。そういう事態のもとで，国家機関が追及的な尋問をすることは，それじたい強要」である[17]。この点は，心理学的な観点からも，疑いがないとされている[18]。日本において，憲法が取調べを有効に規制する原理として機能せず，憲法の精神が忘却されている要因の1つとして，現実の取調べの性質に対する理解の著しい欠如を挙げることができるのではなかろうか。

(2) 事実認識の差異の背景

日本の裁判所が，現実の取調べの性質に対する理解を欠いている理由（ないしは，米韓の裁判所が，身体拘束下の取調べに内在する強制的な雰囲気を

---

14) アメリカでは，1931年のWickersham報告書によって拷問の存在が明らかになっている。韓国でも，被疑者が取調官によって拷問され死亡した事実が明らかになっている。他方で，日本の取調べ実務で，被疑者が死亡するほどの身体的な拷問が行われたことを窺わせる事実は，少なくとも近時はみられない。そこで，アメリカや韓国と日本の状況は全く異なるという指摘が考えられる。しかし，アメリカと韓国の裁判所は，身体的な拷問が行われる可能性のみを危惧している訳ではない。身体拘束下で取調べを受ける被疑者の供述の自由が効果的に保障されないおそれがあることを危惧しているのである。この状況が，日本においても妥当することは論を俟たない。したがって，取調べに内在する強制的な雰囲気を，アメリカや韓国に固有のものであると断じることはできない。

15) 後藤・前掲注1）「刑事訴訟法学」500〜501頁，後藤・前掲注1）「展望」66頁等。

16) 裁判官経験者である安倍晴彦は，定年退官後に弁護士登録し，刑事事件を中心に活動することを通じて，「裁判官時代の私がいかに『刑事事件に関して』核心の問題に，被告人らのおかれている立場に，被告人らのおもうところについて無知であり無関心でいたか」を感じたという（安倍晴彦「日本国憲法と裁判官の生き方」守屋克彦編『日本国憲法と裁判官―戦後司法の証言とよりよき司法への提言―』（日本評論社，2010年）54〜55頁）。

17) 田宮裕『捜査の構造』（有斐閣，1971年）57〜58頁。

18) 浜田寿美男『自白の研究―取調べる者と取調べられる者の心的構造―〔新版〕』（北大路書房，2005年）は，取調べの「心的構図」を示した上で，被疑者が虚偽自白へと「転回」する過程を心理学の立場から詳細に述べている。

直視している理由）を挙げ，これを検討することは極めて困難である。しかし，さしあたり，裁判官による検察官の過信を指摘することができるかもしれない。周知の通り，戦前の日本では，裁判官と検察官は，同じ司法省の官僚として組織されていた[19]。戦後，このような組織体系は改められた。しかし，長きに亘って，いわゆる「判検交流」が行われてきた[20]。特に，1974年に最高裁と法務省が「逆戻り」の保証に合意して以降，本格的に「交流」が行われてきた[21]。この影響もあり，日本の裁判官と検察官は，極めて近い関係を築いてきた。このような中で，「捜査に対する緊張感の欠如」が，裁判所のチェック機能の欠如をもたらした[22]。そして，裁判官は，少なくとも検察官による取調べに，過度の信頼を寄せてきたのではなかろうか。このような「信頼」の下では，身体拘束下の取調べに内在する強制的な雰囲気は観念し難い。2012年になり，刑事部門における「判検交流」はようやく廃止されることになった[23]。しかし，裁判官と検察官の「分離」によって裁判所のチェック機能が回復するには，まだ時間を要するであろう。

　これに対して，アメリカでは，法曹一元制度が採られている[24]。そのため，裁判官は，連邦法域であるか州法域であるかを問わず，裁判官になる前に「ほぼ例外なく」裁判官以外の職業を一定程度経験している[25]。

---

[19] ダニエル・H・フット（溜箭将之訳）『名もない顔もない司法—日本の裁判は変わるのか—』（NTT出版，2007年）61〜66頁，新井勉「大正・昭和前期における司法省の裁判所支配」日法77巻3号（2011年）1〜41頁等。

[20] 木佐茂男「裁判官の専門性と独立性（1）—西ドイツの実務と比較して—」北法40巻5＝6号（1990年）301〜318頁，萩屋昌志『日本の裁判所』（晃洋書房，2004年）149〜153頁，西川伸一『裁判官幹部人事の研究—「経歴的資源」を手がかりとして—』（五月書房，2010年）155〜167頁等。

[21] 読売新聞1974年3月29日付朝刊2面「判・検事　人事交流を本格的に"逆戻り"　も保証　4月まず3人」。

[22] 内田雅敏「裁判の独立を脅かす判・検事交流—司法は行政に対して緊張感を持て—」法セミ404号（1988年）29頁。なお，1990年日本弁護士連合会第41回定期総会「司法改革に関する宣言」は，「司法の機能低下」の原因の1つとして判検交流を挙げて批判している（日本弁護士連合会「司法改革に関する宣言」（1990年5月25日））。

[23] 朝日新聞2012年4月26日付朝刊1面「検事・判事の人事交流廃止　刑事裁判，公正さ意識」。

このことは，政治色が特に強いことを除き，合衆国最高裁判事にも当てはまる[26]。1945年から2000年までに退職した連邦裁判官1,271人を対象に行った調査では，裁判官の前職は，弁護士（38.9％）と連邦及び州の他の裁判所の裁判官（37.1％）が多数を占めた[27,28]。その他の職業は，検察官（11.4％），公務員（5.7％），議員（3.7％）であった[29]。この調査からは，（1）少なくとも連邦裁判所の裁判官が「司法官僚」ではないこと，（2）連邦裁判所の裁判官には弁護士経験者が極めて多いことを窺い知ることができる。そのため，連邦裁判所の裁判官が身体拘束下の取調べを想定する際に，少なくとも日本よりは，検察官を過度に信頼していない。このような制度的要因が，「供述を強制する雰囲気」を直視し易くしているのではなかろうか。

他方，韓国では，刑事司法における主導権を巡って，法曹三者の権限争いが行われてきた。とりわけ，裁判官と検察官の関係では，調書裁判主義は捜査段階を重視することになり，延いては刑事司法の主導権を検察官が握ることになるため，裁判所がこれを警戒してきた[30]。そのため，検察官（ないしは捜査機関）が行う捜査手続に対して，裁判官は極めて客観的な立場を採ってきた。また，韓国には，捜査機関が権威主義体制を支える「実力」として機能していたことや，捜査機関が被疑者を拷問し死亡させ

---

24) アメリカにおける法曹一元制度に関する詳細な研究として，岩田太「合衆国における法曹一元制度の一考察—裁判官選任過程研究からみえるもの—」上法48巻1号（2004年）330～295頁がある。

25) ダニエル・H・フット（溜箭将之訳）『裁判と社会—司法の「常識」再考—』（NTT出版，2006年）161～162頁。なお，同書155～209頁は，日本とアメリカの裁判所の政策形成機能が異なる制度的要因として裁判官選任手続を挙げ，これを検討している。

26) ウィリアム・A・フレッチャー（辻雄一郎訳）「アメリカ司法部の構成と裁判官の任命」駿河台24巻1＝2号（2010年）269～271頁。

27) Albert Yoon, *Love's Labor's Lost? Judicial Tenure among Federal Court Judges: 1945-2000*, 91 CALIF. L. REV. 1029, 1044, Table 2 (2003).

28) Ronald Wilson Reagan 大統領は，連邦地裁の裁判官のうち，47％を民間の弁護士事務所から採用している（*See* SHELDON GORDON, PICKING FEDERAL JUDGES: LOWER COURT SELECTION FROM ROOSEVELT THROUGH REAGAN 348-349 (1997). なお，フレッチャー・前掲注26) 268頁を併せて参照。）。

29) Yoon, *supra* note 27, at 1044, Table 2.

たり，多くの人権侵害を引き起こしてきたこと等への強い反省がある。このように，韓国の裁判官は，捜査機関による取調べを過度に信頼することなく，取調べに「供述を強制する雰囲気」が存在することや，拷問・暴行等が行われ易いことを歴史から学んでいるのではなかろうか。なお，韓国は，2011年7月の法院組織法改正を通じて，アメリカに倣った法曹一元制度を導入した[31]。この制度は，判事任用資格として，他の法曹経験が10年以上であることを要求するものである。但し，2013年から2017年までの5年間は3年以上の法曹経験者に，2018年から2019年までの2年間は5年以上の法曹経験者に，2020年から2年間は7年以上の法曹経験者に，それぞれ判事任用資格を与えるという段階的措置が採られている。そのため，10年以上の法曹経験が要求されるのは，2022年以降ということになる。将来的には，司法運営の中立性等は，現在よりも向上すると思われる。

　もちろん，日本の裁判所が現実の取調べの性質に対する理解を欠いている理由は，他にも考えられる。たとえば，(1) 判例を含む日本の法律学全体が，極めて観念的な議論に終始する傾向があることである[32]。これは，日本の法律学が事実を直視した議論を避けがちであるという意味である。もっとも，被疑者取調べについて，事実・現実に即した議論を展開するためには，取調べの実態を正確に把握する必要がある。しかし，第1部で述べたように，この点は極めて多くの困難が伴う。また，(2) 現行刑訴法の制定によって，職権主義から当事者主義へと転換し，審理に先立って心証を形成することができなくなった裁判官が，先行きの見えない訴

---

30) 取調べ録音・録画記録媒体を実質証拠として使用することに強い反対を示した裁判所の本音として，刑事手続の主導権を奪われたくないという思惑が指摘されている。安部祥太「被疑者取調べの録音・録画と記録媒体の証拠法的取扱い」青山ローフォーラム3巻1号（2014年）143頁以下，安部祥太「韓国の制度から得られる示唆―被疑者取調べ録音録画と公判中心主義―」刑弁91号（2017年）45頁など。

31) 詳細は，飯孝行「韓国の裁判官制度改革」法セミ599号（2004年）50〜51頁，日本弁護士連合会（弁護士任官等推進センター・裁判官制度改革・地域司法計画推進本部）「法曹一元及び弁護士任官に関する韓国調査〔最終報告書〕」，小川達雄「韓国で導入された法曹一元制度」自正64巻6号（2013年）96〜97頁を参照。

32) 後藤・前掲注1)「刑事訴訟法学」500〜507頁，後藤・前掲注1)「展望」65〜66頁。

第1章　裁判所の判断の違い

に対して不安や困惑を覚えたことも影響しているであろう[33]。このような不安や困惑は,「一刻も早く事件の輪郭を作り上げたい」という焦りを生み,「被告の自白を心待ちにする態度や警察官の自白調書を任意性についての厳しい吟味なしに採用する態度」となって現れた[34]。検察官も,このような裁判所の焦りを感じ取り,「なるほど捜査の理想としては,被疑者を勾留したままで被疑者に当らないで傍証を収集することが理想でしょうが,現在の捜査の水準では,やはり被疑者の自白によってある程度の証拠を得るということが実情ですし,また裁判所においても自白のある事件の方が判決をくだしやすいんじゃないかと思われるのです」と認識するようになった[35]。当事者主義への転換が裁判官の視野を意識的・無意識的に狭窄させたという説明には,一定程度の説得力があろう。

　少なくとも,アメリカや韓国と比較したとき,日本の裁判官と検察官の関係が極めて近く,友好的であることを指摘することができる。そして,そのために,裁判官は検察官の取調べを過度に信頼するきらいがあると考えられる[36]。日本の裁判所が身体拘束下の被疑者取調べに内在する「供述を強制する雰囲気」を直視しない背景として,さしあたり,裁判官と検察官の関係を指摘することができるのではなかろうか。

33) 小野清一郎・勝田成治・團藤重光・宮下明義・横川敏夫「座談会　新刑訴における証拠法」法時22巻10号（1950年）4頁〔横川敏夫発言〕，戒能通孝・柳川眞佐夫・横川敏夫・出射義夫・河田廣・横井大三「座談会　裁判のあり方―今日の運用と方向―」法時23巻2号（1951年）18頁〔河田廣発言〕等。
34) 横山晃一郎『憲法と刑事訴訟法の交錯』（日本評論社，1977年）11頁。
35) 横川敏夫編『逮捕・勾留・保釈―刑訴実務の総合研究―』（日本評論新社，1958年）75頁〔高橋正八発言〕。東京地検特捜部副部長であった高橋正八の発言は,自白の追及自体を法が許容しながら,それが強要に至ってはいけないという困難さを指摘するものである。
36) 周知の通り,刑訴法321条1項2項は,いわゆる検面調書について,原供述者が供述不能である場合に特信情況を要求していない。これは,検察官が客観・中立な存在であることから,正確な供述を録取するはずであるという「信用性の情況的保障」があると考えられているためである。このような実定法の考え方も,日本の裁判官が有する「取調べへの過度の信頼」を支えているかもしれない。

2．憲法解釈に対する各国裁判所の態度の違い

(1) 憲法解釈の問題としての取調べ規制

　憲法や法律が宣言する国民の権利は，単に明文規定を設ければ，その権利が実際に保障されるという性質のものではない。また，当該権利が保障されているか否かは，幅のある現実の事象を直視した上で検討されなければならない[37]。このような理解の下，被疑者取調べの性質に対して各国の裁判所が有している事実認識の違いを示した。以下では，各国の裁判所が，取調べに対する事実認識を踏まえ，いかなる憲法解釈を展開しているかを比較する。

　各国における憲法解釈の展開を比較する前に，「憲法解釈」という語の意義について簡単に触れておく。本書では，「憲法解釈」という語を，「法創造的・司法立法的な憲法解釈」を含む語として用いている。制定法主義の法体制の下では，裁判所による法形成や法創造を否定する方向に傾くのが一般的である[38]。しかし，裁判官による法適用と法創造の区別は，必ずしも明瞭なものではない[39]。また，法規範の適用のみで唯一の結論を導くことは困難であり，この傾向は憲法問題において特に顕著である[40]。これに対して，「法創造的・司法立法的な憲法解釈」は，制定法の解釈・適用を通じて，制定法の内容を具体化・明確化するのみならず，制定当時

---

[37] たとえば，谷口正孝『裁判について考える』（勁草書房，1989年）67～68頁は，「最高裁判所は，変動する社会的・経済的・政治的諸条件に即して基本的人権の保障という憲法上の価値，理念を実現するためにこれを立法，行政の侵害から保障する責任を果たすために与えられた権限の行使に躊躇してはならない」と指摘した上で，「法律の制約から解放された基本的人権は，『人類の侵すことのできない永久の権利』というには，あまりにも脆弱な権利に過ぎないものに貶されることになる。もし，これをしも司法消極主義の原則に立つものとして是認するとすれば，最高裁判所は憲法の価値・理念を実現するについてその責務に忠実でなかったとの非難を免れないであろう」という。

[38] 谷口・前掲注37) 90頁。

[39] 天野和夫「裁判官による法創造とその政策的機能」天野和夫・P＝アーレンス・J＝L＝ジョーウェル・王叔文編『裁判による法創造―現代社会における裁判の機能―』（晃洋書房，1989年）7頁。

[40] なお，香城敏麿『憲法解釈の法理』（信山社，2004年）5頁を参照。

とは異なる現在の社会情勢に適合した新たな意味内容を導き，そこに新たな法規範を創造・形成する[41]。そして，立法や行政による不法・不当な権利行使を是正し，究極的には法の理念的目的を，現実的には憲法の基本的価値を実現する。これは，司法の存在根拠に関わる最重要機能の1つである[42,43]。

　本書は，司法が法創造機能を有し，憲法の基本的価値を実現するための解釈を「法創造的に」あるいは「司法立法的に」行い得ることを前提としている[44,45]。このように考えたとき，被疑者取調べの憲法的規制において軸となる黙秘権や弁護人依頼権の実質的保障を追求することは，「憲法はどの程度実効的な権利保障を要求しているか」という「憲法解釈」そのものなのである[46]。

---

[41] 谷口・前掲注37）90頁。なお，早川武夫「司法過程における立法的契機」法哲1958年度（1959年）103～137頁，國生一彦「新司法試験における判例の位置づけ」判時1913号（2006年）34頁等を併せて参照。

[42] 天野・前掲注39）12頁。

[43] このような立場は，司法積極主義の1つとして位置づけられる。司法積極主義は，「立法府・行政府という政策決定者の決断に積極的に介入し，憲法の趣旨を貫徹させようとする立場」である（新井章「司法の積極主義と消極主義」芦部信喜編『講座憲法訴訟　第3巻』（有斐閣，1987年）189頁）。その背景には，「多数決による議会の決定をもってしても制限・侵害しえぬ『高次の』憲法的価値が存在することを承認し，しかも憲法はかかる憲法的諸価値の実現ないし保障の任務を裁判所に与えたのであるから，裁判所は必要と思われる場合に違憲審査権の行使をためらうべきではない」という考え方がある（同書204頁）。なお，司法積極主義の詳細な検討として，大沢秀介「司法積極主義とわが国の最高裁」『各国憲法の差異と接点—初宿正典先生還暦記念論文集—』（成文堂，2010年）287頁以下。

[44] 芦部信喜（高橋和之補訂）『憲法〔第7版〕』（岩波書店，2019年）348頁は，「司法は具体的な争訟について，事実を認定し，それに法を解釈・適用する作用だといっても…法律の単純かつ機械的な適用作用の意味に解すべきではない。裁判には法創造ないし法形成の機能を一定の範囲ないで積極的に営むことが期待されているのである。その意味で，司法は一定の立法的な作用を含む《省略筆者》」とする。

[45] 判例によって行われた法形成・法創造は，法規範として機能する。しかし，制定法主義の法体制の下においては，このような法創造によって導かれた法規範は，あくまでも補充的なものである（谷口・前掲注37）90頁）。この意味で，司法立法は，いわば「委任立法」的なものである（早川・前掲注41）126頁）。そのため，将来的には，立法によって明文規定を設けることが望ましいということになろう。

[46] 後藤昭『捜査法の論理』（岩波書店，2001年）171頁。

(2) 各国裁判所の憲法解釈の比較

　このような観点から，日米韓3ヶ国の裁判所が採ってきた被疑者取調べと権利保障に関する憲法解釈を眺めると，日本の最高裁が採用する論理は極めて硬直的であることが分かる。換言すれば，極端に司法消極主義である[47]。日本では，被疑者取調べに内在する危険に着目して，憲法上の諸権利を実質的に保障するための憲法解釈が採られることはほとんどない。むしろ，「判例も，…（憲法に）反するのではないかとさえ思われる事例を『救済』するにきゅうきゅうとしているといった状態《省略・挿入筆者》」である[48]。たとえば，昭和23年，最高裁は，黙秘権告知は憲法の要求であるか否かについて，「憲法は…黙秘の権利あることを認めている《省略筆者》」ものの，「裁判所に対し，訊問の事前にその権利あることを被告人に告知理解せしめ置かねばならぬ手続上の義務を命じていない」と判示している[49]。この事案は，裁判所が被告人に対して黙秘権告知を行わなかったものである。この論理は，昭和25年最高裁判決を通じて，捜査機関が取調べに先立ち被疑者に対して行うべき黙秘権告知についても適用されている[50]。昭和25年最高裁判決は，昭和23年判決の趣旨が被疑者取調べにも及ぶ趣旨を説明していない。しかし，憲法は被疑者取調べにおける黙秘権告知を要求していないという解釈は，その後も踏襲されている[51]。

---

47) 日本の裁判所の違憲審査アプローチは，「極めて注意深く用心深いアプローチ（very careful and cautious approach）」であると評されることがある。この評価は，Toronto大学名誉教授のDavid M. Beattyが，最高裁判事を務めた園部逸夫に宛てた1992年4月28日付書簡に記されていたものである（園部逸夫『最高裁判所十年』（有斐閣，2001年）234頁及び247頁）。

　また，新井・前掲注43) 220頁は，「アメリカの最高裁判決と比較して痛感させられることは，わが最高裁の判決には燃えるような憲法実現の意欲が感じられない，三権分立のもとにおける司法の任務などについて深い考察（司法哲学）を窺わせない，事実についての徹底した掘下げと精緻な論証，そしてそれをふまえた強烈な自己主張と安易な妥協や同調を拒む鞏固なパーソナリティのどれもがみられない」と指摘している。

48) 田宮裕『刑事訴訟とデュー・プロセス』（有斐閣，1972年）206頁。

49) 最大判昭和23年7月14日刑集2巻8号846頁。

50) 最三判昭和25年11月21日刑集4巻11号2359頁。

また，最高裁は，接見指定規定と憲法38条1項の関係について判示する文脈で，「不利益供述の強要の禁止を実効的に保障するためにどのような措置が採られるべきかは…立法政策の問題に帰する《省略筆者》」と判示している[52]。黙秘権の実効的保障を追求することは，憲法解釈の問題ではないと断言しているのである。

　もちろん，日本の最高裁も，「法創造的」あるいは「司法立法的」な解釈自体を一切否定している訳ではない。刑事法領域に関して「法創造的」あるいは「司法立法的」な解釈を行った代表的な判例に限っても，いくつかの判例を挙げることができる。たとえば，（1）共謀共同正犯の成立を認めた昭和11年大審院連合部判決[53]，（2）特別抗告について刑訴法411条の準用を認めた昭和37年大法廷決定[54]，（3）いわゆる第三者所有物没収事件判決[55]，（4）いわゆる高田事件判決[56]，（5）いわゆる尊属殺重罰規定違憲判決[57]，（6）電子機器による複写文書について，公文書偽造罪の成立を認めた昭和51年判決[58]，（7）違法収集証拠排除法則を認めた昭和53年判決[59]等である。

　裁判官の裁量に基づいて，新たな法原理を定立するような法解釈・法創造は，大きく4つの類型に分けることができる。日本国憲法の下では，（1）憲法77条の規則制定権や，終局裁判所としての権限・役割に基づき，具体的な裁判において法解釈という形で規則と同様の効果を導く場合，（2）法規範が権利を認めながら，これが侵害された場合の救済手段が講

---

51) 最一判昭和27年3月27日刑集6巻3号520頁，最三判昭和28年4月14日刑集7巻4号841頁，最二判昭和28年5月1日集刑80号49頁，最二判昭和36年11月17日集刑140号181頁，最一判昭和43年12月19日集刑169号763頁，最一判昭和48年12月20日集刑190号989頁，最三判昭和59年3月27日刑集38巻5号2037頁，最一判昭和63年4月28日集刑249号521頁等。
52) 最大判平成11年3月24日民集53巻3号514頁。
53) 大連判昭和11年5月28日刑集15巻715頁。
54) 最大決昭和37年2月14日刑集16巻2号85頁。
55) 最大判昭和37年11月28日刑集16巻11号1593頁。
56) 最大判昭和47年12月20日刑集26巻10号631頁。
57) 最大判昭和48年4月4日刑集27巻3号265頁。
58) 最二判昭和51年4月30日刑集30巻3号453頁。
59) 最一判昭和53年9月7日刑集32巻6号1672頁。

じられていないとして，必要な限度で法解釈・法創造を行い，救済を図る場合，（3）法解釈・法創造により，将来の権利侵害を予防するための手段を事前に講じる場合，（4）権利を擁護するための有効な保護手段が講じられていないとして，法解釈によって保護手段を定立する場合が考えられる[60]。

　本書との関係で重要な解釈は，（4）保護手段を定立する解釈である。権利の性質又は権利侵害の態様によっては，「単に事後的な救済手段を設けるだけ」では，権利の保護にとって不充分な場合がある。そして，「このような場合の保護手段は，原則として権利の付与に内在しているものと見るべきであって，法規範にこれが欠けているときには，法解釈により合理的な限度でこれを補完することが許されるといいうる[61]」のである[62]。しかし，最高裁が「法創造的」あるいは「司法立法的」な判断を行った上記諸判例のうち，（4）保護手段を定立する場合に該当する判例は，第三者所有物没収事件判決[63]等に限られる。被疑者取調べとの関連で，黙秘権や弁護人依頼権を実質的に保障するために保護手段を定立するような憲法解釈が展開されたことはない[64,65]。

　これに対して，アメリカでは，司法積極主義の下，「法創造的」あるいは「司法立法的」な解釈が数多く行われている。Miranda判決も，（4）保護手段を定立する法解釈を展開したものとして位置づけることができる。Miranda判決は，その冒頭で，併合審理した4事件が次のような問題を

---

60) 香城・前掲注40) 16〜20頁。第2部第4章も参照。
61) 香城・前掲注40) 19頁。
62) *See also,* Francis A. Allen, *The Judicial Quest for Penal Justice: The Warren Court and the Criminal Cases,* 1975 U. Ill. L. F. 518, 526 (1975); David A. Strauss, *The Ubiquity of Prophylactic Rules,* 55 U. Chi. L. Rev. 190, 195 (1988).
63) 最大判昭和37年11月28日刑集16巻11号1593頁。
64) 最高裁判事を務めた泉德治は，2010年9月にWashington大学で開催された研究会「日本の最高裁における意思決定過程」の席上で，複数のアメリカ側参加者から，「日本の最高裁は憲法を裁判規範として扱っていないのではないか，憲法よりも法律の方を重要な裁判規範としているのではないか」と指摘されたという。この指摘の意味として，泉は，本書が取り上げた黙秘権や弁護人依頼権に関する観念的な判例のことを指し示しているのではないかと述べている（泉德治『私の最高裁判所論―憲法の求める司法の役割―』（現代人文社，2013年）167〜172頁）。

提起していると指摘している。すなわち,「個人を弾劾する際に,憲法に適合するために社会が遵守しなければならない制約は何かという問題である。さらに特定すれば,警察によって身体拘束を受けた個人を取り調べて獲得した供述の証拠としての許容性の問題と,個人が自己負罪拒否特権を享受することを保障するために不可欠な手続の問題である」と[66]。これは,「憲法は,憲法上の権利を実質的に保障することを要求している」という解釈を前提に,「憲法は何を要求しているか」という視点に立った問題設定である。そして,憲法解釈の問題として,Miranda法理を導いたのである[67]。

韓国においても,取調べに関連する憲法上の諸権利を実質的に保障するために,弁護人立会権を認めるなど,積極的な憲法解釈(殊に,法創造的な憲法解釈)が展開されている[68]。その背景には,(1)民主化に伴う基本権に対する認識の転換と,(2)憲法裁判所による積極的な司法審査がある。権威主義体制期に国民の基本権が大きく侵害されたことを省み,司法積極主義のモデルとしてWarren Courtが参考にされたことは,既に述べた通りである。そして,このような憲法解釈の指導原理として,適法手続条項が挙げられている。

日本の最高裁が憲法上の諸権利の実質的保障を追求した憲法解釈に消極

---

[65] 違憲審査制は,捜査機関等の権限を抑制する機能を有する一方で,正当化する機能も有する。すなわち,「刑事手続に関与する諸機関の権限強化・拡大を裁判所の合憲判断によってオーソライズする」機能がある。これには,(1)捜査上の強制処分の要件を緩和するものや,捜査機関の処分に対抗する防禦上の基本権について射程を限定するものと,(2)新たな強制処分類型を創造するものがある。日本の最高裁が現実に果たしてきた機能は,捜査機関等の権限抑制よりも,権限正当化の方が大きいように思われる(以上,高田昭正『被疑者の自己決定と弁護』(現代人文社,2003年)24頁を参照)。

[66] Miranda v. Arizona, 384 U.S. 436, 439 (1966).

[67] *See also*, Allen, *supra* note 62, at 526.

[68] 既に述べたように,制定法主義の法体制では,司法立法は「委任立法」的な側面を有している。そのため,事後的に立法による明文規定の整備が望まれる。この点,韓国においては,弁護人立会権を認めた2003年大法院決定や2004年憲法裁判所決定の後,2007年刑訴法改正によって明文規定を設ける等,「司法府による立法」を「立法府による立法」によって再確認する過程を経ている。

的である理由をすべて明示することは極めて困難である。しかし，さしあたり，以下の2点を指摘しておきたい。1つは，1960〜1970年代に生じた「司法の危機」を契機として，司法消極主義が確立する過程である。もう1つは，憲法31条の適正手続条項の「スローガン化」である。

　日本の最高裁は，一般的に，司法消極主義であると称されている。その契機と関連して，裁判官出身の守屋克彦は，次のように指摘している。「最高裁判所に支配的な司法消極主義の意識とそれに基づく司法行政の取り組みは，積極的な憲法判断＝若い裁判官の観念的な傾向＝青法協の影響＝公正らしさの欠如＝影響のある裁判の場からの排除（任地・補職への配慮）という流れに収斂できるところがあるのではないか」と[69]。これは，「司法の危機」と司法消極主義の連続性を指摘するものである[70]。このような背景を有する司法消極主義の要因として，憲法学者であり，最高裁判事を務めた伊藤正己は，日本の精神的風土として「和」の尊重があることを挙げる。そして，「三権分立の中で他の権力への和の精神が重視され，裁判所は立法部や行政部の判断をできるだけ尊重しようとする体質がある」と指摘する[71]。さらに，「（三権分立の緊張関係の中に）和の精神がもちこまれるとその抑制的機能は弱体化せざるをえない。この態度からは違憲判断はでにくいのは当然であろう。そして公権力の行使と対置される人権保障への配慮が稀薄化し，人権の確保を核心とする憲法裁判の活用が退化していくことになろう」という[72]。また，憲法学者の戸松秀典は，司法

---

69) 守屋克彦「日本国憲法と裁判官」守屋克彦編『日本国憲法と裁判官―戦後司法の証言とよりよき司法への提言―』（日本評論社，2010年）16頁。
70) いわゆる「司法の危機」に関する最新の論稿として，鷲野忠雄『検証・司法の危機1969-72』（日本評論社，2015年）がある。その他，守屋克彦編『日本国憲法と裁判官―戦後司法の証言とよりよき司法への提言―』（日本評論社，2010年）所収の各論文を参照。また，後藤昭「学生から見た裁判所の激動」法セミ637号（2008年）1頁を併せて参照。
71) 伊藤正己『裁判官と学者の間』（有斐閣，1993年）116〜117頁。
72) 伊藤・前掲注71）117頁。ここでは，司法消極主義を生み出す他の要因として，法的安定の確保を至上の目的とする裁判官の存在が指摘されている。このような裁判官は，既成事実を尊重し，現実に行われている状況の変更を好まないという（同書121〜122頁）。

消極主義の要因として,「憲法感覚」が希薄な裁判官によって最高裁が構成されていることを指摘している[73,74]。戸松の指摘は,憲法裁判所を導入した韓国で,憲法裁判所判事を経験した黄道淵(황도연)の発言によっても裏付けられる。黄道淵は,「憲法裁判所では異なる目を持った人間が必要である。価値観と人生観が異なる人間,同質的でない人間が集まらなければならない。…憲法感覚はすぐに身につくものではない。法院に長くいればいるほど,憲法感覚から遠くなるので。憲法裁判所が大法院の一部となると,憲法裁判は死んでしまう《省略筆者》」と言うのである[75]。

日本の最高裁が憲法上の諸権利の実質的保障を追求した憲法解釈に消極的であるもう1つの理由は,憲法31条の適正手続条項が「スローガン化」していることであろう。刑事訴訟法学において,憲法31条の適正手続(ないしはデュー・プロセス)の重要性が強調されることは少なくない。しかし,適正手続ないしはデュー・プロセスは,極めて抽象的な概念である[76]。そのため,必然的に,刑事手続における被疑者・被告人の権利保障等の総体として把握されてきた[77]。また,1960～1970年代に,モデル論として当事者主義・弾劾主義が展開されるようになり,これを支える理論的基礎として適正手続が意義づけられてきた[78]。そして,適正手続な

---

73) 戸松秀典『憲法訴訟〔第2版〕』(有斐閣,2008年)420～422頁。
74) なお,Washington大学教授のDavid S. Lawは,アメリカ人研究者という立場から,日本の最高裁が保守的・消極的である理由について,文化面・歴史面・政治面・制度面から検討を加えている。Lawは,日本の最高裁が保守的・消極的である理由として,「官」の文化,自民党の影響力,仕事量の多さ,調査官と裁判官の立場の逆転現象等を指摘している(デイヴィッド・S・ロー(西川伸一訳)『日本の最高裁を解剖する—アメリカの研究者からみた日本の司法—』(現代人文社,2013年)を参照)。
75) 李範俊(在日コリアン弁護士協会訳)『憲法裁判所—韓国現代史を語る—』(日本加除出版,2012年)249頁。
76) 井戸田侃『刑事訴訟理論と実務の交錯』(有斐閣,2004年)3頁は,「いまでは学者の数だけデュー・プロセスがある」と表現している。
77) アメリカにおいても,このような抽象性を前提として,判例法理の展開を通じてデュー・プロセスの具体的な意味内容が明らかにされてきた。
78) 田宮・前掲注48)も,被疑者・被告人の権利保障等の総体としての役割と,モデル論の理論的基礎としての役割という2つの視座から書かれたものであると思われる。

いしはデュー・プロセスに関するこのような理解は，主として刑訴法学者によって導かれてきた。他方で，適正手続条項や憲法上の刑事人権規定が，憲法学の固有の論点として議論されることは多くなかった[79]。そのため，刑事訴訟法学における到達目標としての「適正手続」（いわば，「帰納的な適正手続観」）は観念されてきたものの[80]，憲法が刑事訴訟法ないしは刑事手続に要求する「適正手続」（いわば，「演繹的な適正手続観」）は，必ずしも明らかにされてこなかった[81]。「憲法は何を要求しているか」という憲法解釈は，「演繹的な適正手続観」に基づくものである。そのため，帰納的な適正手続観を展開するのみでは，「憲法は何を要求しているか」という憲法解釈の問題は浮上しない。

これに対して，韓国では，刑訴法の規定が充分に整理・整備されていない部分で，かつ，憲法の明文規定からはその要求がはっきりと読み取れない部分について，憲法の解釈原理として適法手続概念を機能させることによって，憲法の要求を読み取るという憲法解釈がなされてきた。「適法手

---

[79] 杉原泰雄『基本的人権と刑事手続』（学陽書房，1980年）23頁は，「日本国憲法における刑事手続の検討を憲法学の固有の課題とはみなさずに，放棄してしまっているかにみられるふしがある」と述べた上で，宮沢俊義や清宮四郎，佐藤功等の注釈書・概説書の刑事手続規定に関する検討が「均衡を失すると思われるほど簡潔」であると指摘している。なお，同書39〜40頁を併せて参照。また，横坂健治『憲法の理念と現実』（北樹出版，1985年）270頁は，「notice and hearing の法理は，わが国でももっと憲法論的に主張されていい」と指摘している。

このような視点から，憲法上の「沈黙の自由」を論じたものとして，遠藤比呂通「刑事手続における沈黙の自由（1）〜（3完）」法学53巻3号，53巻5号（1989年），60巻4号（1996年）がある。同稿は，「社会的，道徳的非難を受ける被告発者（The Accused）たる地位に立たされた被疑者，被告人にとって，人間としての尊厳を確保するためには，いかなる場合，いかなる程度に，沈黙の自由が保障さるべきか」という問題設定を行い，「憲法38条1項が規定する『刑事手続上の沈黙の自由』に法理学的考察を加え，憲法解釈論の基礎を築かんとする」ことを目的としていた。しかし，（1）及び（2）の発刊と（3完）の発刊の間の1994年に，黙秘権の母国イギリスで，黙秘権行使を不利益に推認することを認める法改正が行われた。そのため，（3完）ではこの点が検討の中心になっており，当初の目的は完遂されていないように思われる。

[80] 井戸田・前掲注76) 16〜17頁。

[81] 適正手続を帰納的側面と演繹的側面に分ける考え方は，青木孝之の指摘に着想を得た（青木孝之『刑事司法改革と裁判員制度』（日本評論社，2013年）25頁を参照）。

続」が憲法と刑訴法の「空白地帯」を埋め[82],両者を繋ぐ役割を現実に果たしているのである。憲法裁判所も,「適法手続」は手続全般を基本権保障という観点から規律し[83],刑事手続を憲法化する方向で憲法と刑訴法を結合させる機能を担っていると解してきた。さらに,「適法手続」は,実体的真実主義よりも優越する刑事手続の最高理念であるという抽象的規範が一般化している[84]。そのため,適法手続原則は,刑訴法上の問題が生じたときに,「憲法は何を要求しているか」という憲法解釈の問題として,憲法の水準まで権利を引き上げるための論理として実質的な意味を有する。

このような韓国の「演繹的な適法手続観」は,アメリカにおけるデュー・プロセス論の意義に対する理解を欠いた論理であるという批判を受けるかもしれない。すなわち,アメリカにおけるデュー・プロセス論は,合衆国最高裁が州の刑事事件に介入し,これを規制するために,修正14条のデュー・プロセス条項に依拠せざるを得ないという事情の下に発展してきた。アメリカにおけるデュー・プロセス論は,連邦制度の特殊性ゆえに発展を遂げてきたのである。これに対して,日本はもちろん,韓国も連邦制度を採用していない。そこで,憲法上・刑訴法上の諸権利を保障した結果の総体が「適法手続」であるという理解は可能であっても,適法手続原理自体が現実に手続を規制するという観点から,憲法上の権利の保障水準を導くことは,「適法手続」を過大視することになるのではないか,という批判が考えられる。

確かに,憲法上・刑訴法の諸権利を保障した結果の総体が「適法手続」であるという帰納的な理解は,日本において既に採られてきた伝統的な適正手続観である。しかし,この適正手続観は,「人権はどうしたらよりよ

---

[82] 최영승『피의자신문과 적법절차』(세창출판사, 2005년) 3쪽.
[83] 헌법재판소1996.12.26선고, 94헌바1 결정.
[84] 차용석『형사소송법』(세영사, 1997년) 63쪽, 조국「『헌법적 형사소송』의 관점에서 본 형사절차상의 권리 및 제도보장」울산대학교사회과학논집10권1호 (2000년) 307쪽, 차용석「형사소송에 있어서의『Due Process』의 구현」형사정책연구18권3호 (2007년) 588쪽.

く保障されるか[85]」という視点を欠く。換言すれば，憲法上の権利を実質的に保障するために，事後的な救済手段を設けるのみでは不充分であり，事前に保護手段を講ずる必要がある場合であっても，いかなる保護手段を講じるかは憲法解釈ではなく「立法政策の問題」であると位置づけることになる[86]。しかし，アメリカのデュー・プロセス論は，合衆国最高裁が州事件へ介入する論理を模索する中で，当該権利が「秩序ある自由体系の本質的な構成要素[87]」であるか否かという判断基準と共に発展した。すなわち，当該権利が「基本的公正」にとって不可欠であるか否かが常に意識されてきたのである。「秩序ある自由体系の本質的な構成要素」ないしは「基本的公正」は，まさに「憲法は何を要求しているか」という「憲法の要求」を意味するものである。このように，適正手続の役割を帰納と演繹の双方向から理解すれば，韓国における「適法手続」の役割を，韓国に特有のものであると把握することはできない。「憲法は何を要求しているか」という憲法解釈は，日本国憲法31条の適正手続条項も想定し，要求するところなのである[88]。そのため，このような理解を採らないのであれば，憲法31条の適正手続条項は「スローガン」であると宣言することになる。

---

85) 田宮・前掲注48) 1頁。なお，田宮裕は，続けて「この点にこそ刑事訴訟法学におけるデュー・プロセス論の意義があるといわなければならない」と指摘している。
86) 最大判平成11年3月24日民集53巻3号514頁を参照。
87) Palko v. Connecticut, 302 U.S. 319, 325 (1937).
88) 田宮裕は，デュー・プロセス論について，「憲法と法の間のギャップがあるとき，憲法に合わせて法を発展させるため，判例に期待する理論である。いわば『憲法的刑事訴訟法』といわれるものの手続き的原理を明らかにしようとしたわけである（刑事訴訟法の分野における『憲法訴訟の理論』だといってもよい）」という（田宮裕「刑事訴訟法の変遷」『刑事裁判の諸問題—岩田誠先生傘壽祝賀—』（判例タイムズ社，1982年）181頁注（3））。この考え方は，韓国における適法手続原理に関する理解と同旨であろう。

第2章

実定法の違い

　本書が実定法の解釈論を展開する以上，各国の実定法の違いを明確にしておく必要がある。繰り返し述べたように，日本と韓国の憲法及び刑訴法は，その程度の差はあれ，基本的にはアメリカ法を母法としている。そのため，制度の細部はさて措き，基本理念（とりわけ，人権保障に関する理念）は，各国とも大きく変わらないはずである。以下では，日本の憲法及び刑訴法の問題点を明らかにするために，日本の条文を基準に，各国の実定法の保障範囲等を比較・検討する。

1．各国憲法の条文の違い

(1) 黙秘権規定の同質性
　日本国憲法38条1項は，「何人も，自己に不利益な供述を強要されない。」と規定している。同条項は，その主体を限定していない。また，適用される手続についても限定がない。被疑者に対しては，黙秘権を保障した規定であると解されている。
　合衆国憲法修正5条は，「何人も…いかなる刑事事件においても，自己に不利益な証人（a witness against himself）となることを強要されない」と規定している。「自己に不利益な証人」という文言は，アメリカないしはコモン・ロー上の自己負罪拒否特権の発展過程と密接に結びついている。当初，自己負罪拒否特権は，証人の証言拒絶との関係で発展してきた。アメリカが自己負罪拒否特権を継受した際も，証人の証言拒絶が意識され，「…何人も，自己に不利益な証拠の提出を強制されることはない（nor can he be compelled to give evidence against himself）」という文言が用いられていた[1]。その後，合衆国憲法に付け加えられた権利章典の制定過程で，

James Madison が「…何人も，自己に不利益な証人となることを強要されない（nor shall be compelled to be a witness against himself)[2]」という草案を作成した。但し，「witness」は「証拠を提出する者」を意味するものであったため，条文の意味自体に大きな変更はない[3]。そして，1789年第1回連邦議会において，「いかなる刑事事件においても」という文言が追加され，現在に至る[4]。このように，合衆国憲法修正5条の自己負罪拒否特権は，証人の証言拒絶権として発展してきた。1964年の Malloy 判決[5]と同日に示された Murphy 判決も，「自己負罪に関する憲法上の特権は，州の手続における証人を，州法のみならず連邦法の下での負罪からも保護し，連邦の手続における証人を，連邦法のみならず州法の下での負罪からも保護するものである[6]」と判示している。このように，公判手続における証人の証言拒絶権との関係で発展してきた自己負罪拒否特権を，取調べ段階の被疑者に対してまで押し拡げたのが，Miranda 判決であった[7]。そして，現在では，被疑者が自己負罪拒否特権を有することに疑いはない[8]。合衆国憲法修正5条の「いかなる刑事事件においても」という文言は，自己負罪拒否特権の主張を刑事手続の間に限定しているようにも読むことができる。しかし，合衆国最高裁は，「民事手続であるか刑事手続であるかを問

1）邦憲法のうち最初に成立した Virginia 権利章典8条を参照。
2）Michael Edmund O'Neill, *The Fifth Amendment in Congress: Revisiting the Privilege against Compelled Self-Incrimination*, 90 Geo. L. J. 2445, 2480 (2002).
3）Richard A. Nagareda, *Compulsion "to be a Witness" and the Resurrection of Boyd*, 74 N.Y.U. L. Rev. 1575, 1605-1606 (1999).
4）United States Congress, Debates And Proceedings in the Congress of the United States 753 (1834).
5）Malloy v. Hogan, 378 U.S. 1 (1964).
6）Murphy v. Waterfront Commission, 378 U.S. 52, 77-78 (1964).
7）Miranda v. Arizona, 384 U.S. 436, 461 (1966). *See also*, Stephen J. Schulhofer, *Reconsidering Miranda,* 54 U. Chi. L. Rev. 435, 436 (1987); Yale Kamisar, *How Earl Warren's Twenty-Two Years in Law Enforcement Affected His Works as Chief Justice,* 3 Ohio St. J. Crim. L. 11, 26 (2005).
8）もっとも，アメリカにおいても，被疑者に認められた「供述を強要されない権利」が「自己負罪拒否特権」であるか「黙秘権」であるかについて，統一的な理解はなされていない。被疑者の「供述を強要されない権利」として，「right to remain silent」と「privilege against self-incrimination」がいずれも用いられている。

わず，公式なものであるか非公式なものであるかを問わず，返答が将来の刑事手続において当人に罪を負わせ得る場合であれば」，いかなる手続においても自己負罪拒否特権を主張することができると判示している[9]。そのため，その保障範囲を「刑事事件」に限定している訳ではない。

　韓国憲法12条2項は，「すべて国民は，拷問を受けず，刑事上，自己に不利な陳述を強要されない。」と規定している。この規定は，1962年第5次憲法改正によって初めて設けられた。そして，1987年に制定された現行憲法にそのまま引き継がれた。この条項は，その主体を「すべて（の）国民」に限定している。もっとも，外国人であっても，自己に不利な陳述を強要されない権利が保障されると解されているため，「すべて（の）国民」という限定に実質的な意味はない[10]。また，「刑事上」という文言は，合衆国憲法修正5条と同様に，自身が刑事責任を負い得る場合を意味している。そのため，刑事手続のみならず，行政手続や国会における質問等，いかなる場所であっても，当該供述が自身の刑事責任を負い得る場合には保障される[11]。その他，拷問の禁止と不利益供述の強要禁止が同一の条項に設けられている点が特徴的である。

　日米韓3ヶ国の憲法上の黙秘権規定を比較すると，日本国憲法の黙秘権規定に固有の問題を指摘することはできない。

(2)　Miranda法理の「先取り」

　日本国憲法は，38条1項で黙秘権を規定し，同条2項で自白法則を規定することで，両者を結びつけ，Miranda法理の考え方を「先取り」している。すなわち，日本国憲法は，法律上の供述強制のみならず事実上の供述強制も禁止し，これに反した場合の効果として証拠排除を明記している。

---

9) Lefkowitz v. Turley, 414 U.S. 70, 77 (1973). 但し，外国の刑事訴追における負罪を理由とした自己負罪拒否特権の行使は認められていない（United States v. Balsys, 524 U.S. 666, 672 (1998)）。
10) 신동운『신형사소송법〔제5판〕』（법문사，2014년）1015쪽，이재상・조균석『형사소송법〔제10판보정판〕』（박영사，2016년）122쪽。
11) 헌법재판소1990.8.27선고, 89헌가118결정。

この点は，韓国憲法も同様である。韓国憲法12条は，2項で黙秘権及び拷問の禁止を規定し，7項で自白法則及び補強法則を規定している。そのため，黙秘権と自白法則が一体のものとして理解されている[12]。但し，韓国憲法上の黙秘権規定は，1962年第5次憲法改正によって新設されたものである（第5次改正憲法10条2項）。他方で，自白法則に関する規定は，1980年第8次憲法改正によって新設されたものである（第8次改正憲法11条6項）。そのため，韓国憲法は，Miranda法理を「先取り」したのではなく，Miranda法理を「後追い」したものである。

　これに対して，アメリカでは，伝統的に，黙秘権と自白法則は別個のものであると理解されてきた。合衆国憲法修正5条の黙秘権とデュー・プロセスに基づく自白法則を初めて一体化させたのが，Miranda判決である。Miranda判決は自己負罪拒否特権を重視し，捜査段階においても自己負罪拒否特権が保障されることを明らかにした。そして，自己負罪拒否特権と自白法則を交差させ，Miranda法理に反して獲得された自白を不任意であると見做し，証拠排除することを宣言した。Miranda判決に付された各反対意見が指摘していたように，黙秘権と自白法則は歴史的背景が異なる。少なくとも，憲法の規定に照らせば，両者は独立した別個のものである。そのため，Miranda判決が示されるまでは，両者は別個のものとして観念されてきたのである。

　以上のような観点からみると，制定以来一度も改正されていない日本国憲法は，Miranda判決が示された1966年よりも約20年前の段階で，Miranda法理を一部「先取り」していたということができる。

(3) 弁護人の援助を受ける権利

　日本国憲法34条前文は，「何人も，理由を直ちに告げられ，且つ，直ちに弁護人に依頼する権利を与へられなければ，抑留又は拘禁されない。」と規定している。この条文は，「弁護人に依頼する権利」という文言を用いているものの，弁護人の援助を受ける権利を保障したものであることに

---

12) 이재상『형사소송법 기본판례』（박영사，2013년）198쪽.

争いはない。同条項は，弁護人の援助を受ける権利の主体を限定していない。また，保障範囲に関する限定もなされていない。そのため，身体拘束中の被疑者は，同条項を根拠として弁護人の援助を受ける権利を有する。

これに対して，合衆国憲法修正6条は，「すべての刑事訴追において (In all criminal prosecutions)，被告人 (the accused) は…自己の防禦のために弁護人の援助を受ける権利を有する」と規定している。ここで注目すべきは，その保障範囲である。換言すれば，「すべての刑事訴追」の意義が問題となる。合衆国最高裁は，Powell 判決において，「最も危機的な時期 (the most critical period)[13]」に弁護人の援助が保障されないことは，デュー・プロセスの否定であると判示した[14]。その後，弁護人依頼権に関する判例の蓄積を通じて，「最も危機的な時期」概念が構築されていく[15]。1958年 Crooker 判決に付された反対意見は，捜査段階を「最も危機的な時期」であると指摘し，逮捕直後から弁護人依頼権が保障されなければならないことを示唆した[16]。1959年 Spano 判決に付された補足意見は，起訴後に公判廷外で行われる取調べにおいても，修正6条の弁護人依頼権が保障されなければならないと述べた[17]。そして，1961年 Hamilton 判決は，アレインメントが刑事手続において「危機的な段階 (critical stage)」である旨を判示した[18]。さらに，1963年 White 判決は，予備審問手続 (preliminary hearing) が「危機的な段階」に該当する旨を明らかにした[19]。

このような中で，1964年 Massiah 判決は，取調べ段階が「危機的な段階」であることを初めて明らかにした[20]。もっとも，Massiah 判決で争わ

---

13) Powell v. Alabama, 287 U.S. 45, 57 (1932).
14) Id. at 71.
15) 山本正樹「捜査と弁護人の機能―合衆国最高裁判例における『決定的な段階』概念の発展を中心に―」論叢101巻4号（1977年）30～60頁を参照。
16) Crooker v. California, 357 U.S. 433, 443-444 (1958) (Douglas, J., Black, J. & Brennan, J., dissenting).
17) Spano v. New York, 360 U.S 315, 325 (1959) (Douglas, J., Black, J. & Brennan, J., concurring).
18) Hamilton v. Alabama, 368 U.S. 52, 54 (1961).
19) White v. Maryland, 373 U.S. 59, 60 (1963).
20) Massiah v. United States, 377 U.S. 201, 204 (1964).

れた事案は、起訴後に保釈されていた被告人が共犯者と車の中で会話した場面で、弁護人の援助を欠いていたというものである。その意味で、捜査機関による被疑者取調べが「危機的な段階」であることを明示したのは、1964年 Escobedo 判決ということになる。ここでは、捜査が特定の被疑者に焦点を絞り始めたか否かという基準が用いられている[21]。しかし、1966年 Miranda 判決は、取調べ段階を「危機的な段階」に含めることを事実上否定した。Miranda 判決が、修正6条に依拠せず、修正5条の「自己負罪拒否特権を保障するための弁護人依頼権」なるものを創設して Miranda 法理を展開したためである[22]。その後、いくつかの判例を経て[23]、1972年 Kirby 判決によって、「危機的な段階」概念は大きく後退する。Kirby 判決は、修正6条が保障される「すべての刑事訴追」の解釈として、「公式な告発（formal charge）、予備審問、大陪審による起訴状又はアレインメントのいずれによろうとも、当事者対立的刑事司法手続（judicial criminal proceeding）が開始されたとき[24]」と判示した。したがって、逮捕直後や被疑者取調べ、起訴前の面通し等では、修正6条の弁護人依頼権は保障されないということになる。以上のように、合衆国憲法修正6条の弁護人依頼権は、紆余曲折を経て、その適用範囲が「当事者対立的刑事司法手続が開始されたとき」に限定されることになった。

　他方で、韓国憲法12条4項前文は、「何人も、逮捕又は拘束されたときは、直ちに弁護人の援助を受ける権利を有する。」と規定している。同条項は、弁護人の援助を受ける権利の主体を限定していない。また、保障範囲に関する限定もなされていない。さらに、日本のように「弁護人に依頼

---

21) Escobedo v. Illinois, 378 U.S. 478, 490-491 (1964).
22) Miranda v. Arizona, 384 U.S. 436, 470 (1966). Miranda 判決が Escobedo 判決を事実上縮小したのは、黙秘権の重要性が徐々に認識され始めたためであろう。これは、Kamisar や Sutherland による学説の他、1964年 Malloy 判決による自己負罪拒否特権の州への適用、黙秘権侵害と弁護人依頼権侵害の両方が主張された Massiah 判決等との遭遇等が影響していると思われる。
23) See United States v. Wade, 388 U.S. 218 (1967); Gilbert v. California, 388 U.S. 263 (1967).
24) Kirby v. Illinois, 406 U.S. 682, 688 (1972).

する権利」という文言を用いず,「弁護人の援助を受ける権利」と規定し,その実質的内容を明らかにしている。この規定を根拠として,被疑者に弁護人の援助を受ける権利が認められていることに争いはない。

　日米韓 3 ヶ国の弁護人依頼権規定を比較すると,やや驚くべきことが明らかになる。修正 6 条の弁護人依頼権よりも,日本国憲法34条（及び韓国憲法12条 4 項本文）の方が,その保障範囲が広いのである。このことは,国選弁護人依頼権について考えると,より一層明らかになる。日本国憲法37条 3 項後文は,被告人の国選弁護人依頼権を明確に保障している。また,韓国憲法12条 4 項但書も,「刑事被告人が自ら弁護人を求めることができないときは,法律の定めるところにより,国家が弁護人を付する。」として,被告人の国選弁護人依頼権を宣言している[25]。これに対して,合衆国憲法修正条項に,国選弁護人依頼権を認める規定は存在しない。アメリカにおける国選弁護人依頼権は,1932年 Powell 判決を嚆矢とし,1963年 Gideon 判決に代表される判例法理によって確立されたものである。いずれにしても,憲法上の弁護人依頼権についても,3 ヶ国を比較する限りでは,日本の憲法規定の不備等を指摘することはできない。

(4) その他

　その他に,韓国憲法には,無罪推定原則に関する明文規定が設けられている。この規定は,日本国憲法や合衆国憲法にはみられない[26]。韓国憲法27条 4 項は,「刑事被告人は,有罪の判決が確定されるまでは,無罪と推定される。」と規定している。ここでは,韓国憲法12条 4 項但書と同様に,「刑事被告人」という語が用いられている。しかし,憲法裁判所は,無罪推定原則の適用対象である「刑事被告人」について,国選弁護人依頼権に関する韓国憲法12条 4 項但書とは異なり[27],被疑者を含むものであると解している[28]。公訴提起後の被告人に対して無罪推定原則を認めつ

---

25) 헌법재판소2008.9.25선고, 2007헌마1126결정は,韓国憲法12条 4 項但書を根拠として被疑者の国選弁護人依頼権を認めることはできないと判示している。
26) なお,世界人権宣言11条 1 項,自由権規約14条 2 項を参照。
27) 注25)を参照。

つ，捜査段階の被疑者に対してこれを認めないことは「自己矛盾」であるためである。一般的に，無罪推定原則は，主として身体の自由との関連で俎上に載せられることが多い。しかし，被疑者に対する処遇全般について適用される原理であると理解されている[29]。

2．日韓両国の刑訴法の条文の違い

日本国憲法のうち，取調べを直接に規制し得る黙秘権規定及び弁護人依頼権規定に，アメリカ及び韓国と比べて著しい不備はない。そうであれば，アメリカ及び韓国と日本の被疑者取調べ規制が大きく異なる実定法上の問題は，刑訴法の条文に潜んでいると思われる。もっとも，アメリカにおける被疑者取調べは，連邦証拠規則や各州の刑事訴訟法典等を除き，合衆国憲法及び判例法理によって直接規制されている。それに対して，日本と韓国では，刑訴法が直接に取調べを規制している。そこで，以下では，日本の刑訴法の各条文を韓国の条文と簡潔に比較し，実定法上の問題を指摘する[30]。

(1) 被疑者取調べの根拠規定

日本における被疑者取調べの根拠規定は，法198条である。同条1項は，「検察官，検察事務官又は司法警察職員は，犯罪の捜査をするについて必要があるときは，被疑者の出頭を求め，これを取り調べることができる。但し，被疑者は，逮捕又は勾留されている場合を除いては，出頭を拒み，又は出頭後，何時でも退去することができる。」と規定している。第1部で確認したように，捜査実務は，同項但書の反対解釈を主な根拠として，身体拘束された被疑者に対して取調べ受忍義務を課している。

---

28) 헌법재판소1992.1.28선고, 91헌마111결정.
29) 허영『한국헌법론〔전정9판〕』(박영사, 2013년) 375～376쪽.
30) 安部祥太「日韓現行憲法及び現行刑事訴訟法条文対照表・韓国刑事訴訟法改正沿革一覧表―被疑者取調べ関連条文を中心に―」青山ローフォーラム1巻2号（2012年）179～210頁も参照。

韓国における被疑者取調べの根拠規定は，法200条である[31]。同条は，「検事又は司法警察官は，捜査に必要なときは，被疑者の出頭を要求し，陳述を聴くことができる。」と規定している。日本の刑訴法198条1項のように，身体拘束されていない被疑者の退去の自由が明記されている訳ではない。しかし，被疑者取調べが任意捜査であること等を理由に，在宅被疑者の退去の自由が保障されている。日本の刑訴法198条1項との最も大きな違いは，反対解釈によって取調べ受忍義務を肯定し得る但書が存在しないことである。1954年制定刑訴法が制定された時点で，当時の大検察庁次長検事であった金致烈（김치열）は，被疑者に対して取調べ受忍義務を課し得る旨の通達を示していた[32]。これに対して，日本における「受忍義務論争」が紹介され，学界からは受忍義務否定説が説かれた。そのため，日本の刑訴法198条1項但書の存在は，韓国刑訴法学界や捜査実務家等に知れ渡っていた。既に述べたように，韓国刑訴法は，権威主義政権によって幾度となく改正されてきた。このことを踏まえれば，現在に至るまでに，反対解釈が可能な文言が追加されていても不思議ではなかった。しかし，現行刑訴法まで一貫して，このような条文は設けられていない。このことは，取調べを強制的に行うことはできない—少なくとも，日本の刑訴法198条1項但書には無理がある—という理解に基づくものではなかろうか。

(2)　黙秘権告知規定

　日本の刑訴法198条2項は，「前項の取調に際しては，被疑者に対し，あらかじめ，自己の意思に反して供述をする必要がない旨を告げなければならない。」と規定している。この規定は，制定当時は，「前項の取調に際しては，被疑者に対し，あらかじめ，供述を拒むことができる旨を告げなければならない。」というものであった。これに対して，捜査実務家は同規定の削除を主張した。その理由は，「①取調べの狙いは供述獲得であるのに，その前に供述を拒むことができると伝えるのは自己矛盾であり，取調

---

[31]　さらに，法241条以下で，被疑者取調べに関する独立した規定を設けている。
[32]　이완규「피의자신문의 성질과 수인의무」형사판례연구22호（2014년）372쪽.

官にとって心理的に苦しく，その士気を阻喪させる。②新設当初はともかく，現在では黙秘権の制度は一般国民に周知されているから告知の必要がなくなった。③被疑者のなかには告知を受けたため，自己に有利な事情を述べて疑いを晴らすことをせず，勾留・起訴されるケースがある。」というものであった[33]。もっとも，捜査実務家も，被疑者の黙秘権自体を否定することは，憲法との関係で「勿論」不可能であると解していたようである[34]。そして，黙秘権告知規定の存廃論が展開され，1953年刑訴法一部改正によって現在の規定に改められた[35]。

　これに対して，韓国の1954年制定刑訴法上の黙秘権告知規定は，取調べの根拠規定である法200条に設けられていた。すなわち，旧法200条2項は，「前項の陳述を聴くときは，予め被疑者に対して陳述を拒否することができることを知らせなければならない。」と規定していた。これは，日本の制定刑訴法が採っていた「供述を拒むことができる旨」という文言に類似したものである。ところが，2007年刑訴法改正は，この黙秘権告知規定を削除した上で，新たに独立した規定を設けた。それが，法244条の3第1項である。同条項は，「検事又は司法警察官は，被疑者を訊問する前に，次の各号の事項を告げなければならない。1. 一切の陳述をせず，個々の質問に対して陳述しないことができること，2. 陳述をしないとしても不利益を受けないこと，3. 陳述を拒否する権利を放棄して行った陳述は，法廷で有罪の証拠として使用されることがあること，4. 訊問を受けるときは，弁護人を参与させる等，弁護人の援助を受けることができること」というものである。この規定は，公選弁護人による援助を受けられる旨の告知が盛り込まれていない他は，Miranda告知と同内容である。また，既に確認した判例法理によって，権利告知を欠いた取調べで獲得した供述は証拠排除されることが確立している[36]。その結果，法244条の3第1項は，「韓国版Miranda告知[37]」と称されている。

---

[33] 三井誠『刑事手続法（1）〔新版〕』（有斐閣，1997年）143頁を参照。
[34] 栗本一夫「刑事訴訟法改正の諸問題」警察研究21巻5号（1950年）35頁。
[35] その過程の詳細は，松倉治代「刑事手続におけるNemo tenetur原則（3）―ドイツにおける展開を中心として―」立命337号（2011年）102〜117頁を参照。

なお，日韓両国では，黙秘権告知は，身体拘束の有無に関わらず，すべての被疑者に対して行わなければならない。これに対して，アメリカのMiranda告知は身体拘束された者のみを対象としている。そのため，各州の刑訴法典の規定はさておき，Miranda告知と比較すると，日韓両国の刑訴法の方が告知を一律に要求していることがわかる。また，日韓の黙秘権告知規定を比較すると，（1）包括的黙秘権を明示している点，（2）Miranda告知と概ね同じ告知がなされる点，（3）判例法理によって告知が憲法の要請であると解されている点で，韓国の黙秘権告知規定は黙秘権の実質的保障に優れている。

(3)　接見交通権規定

　日本の刑訴法39条1項は，「身体の拘束を受けている被告人又は被疑者は，弁護人又は弁護人を選任することができる者の依頼により弁護人となろうとする者…と立会人なくして接見し，又は書類若しくは物の授受をすることができる。」と規定し，被疑者と弁護人の接見交通権を保障している。しかし，同条3項は，「検察官，検察事務官又は司法警察職員…は，捜査のため必要があるときは，公訴の提起前に限り，第1項の接見又は授受に関し，その日時，場所及び時間を指定することができる。」と規定し，捜査機関の接見指定権限を認めている。同項但書は，「その指定は，被疑者が防禦の準備をする権利を不当に制限するようなものであつてはならない。」としている。しかし，平成11年大法廷判決によって，接見の希望と被疑者取調べ等ないしその間近で確実な予定とが抵触する場合には，「原則として」接見指定の要件があるとされている[38]。最高裁は，接見指定権限を自白獲得のために使うことを許容していると言っても過言ではない。

　これに対して，韓国刑訴法34条は，「弁護人又は弁護人となろうとする者は，身体拘束を受けている被告人又は被疑者と接見し，又は書類若しく

36）대법원1992.6.23선고，92도682판결，대법원2009.8.20선고，2008도8213판결，대법원2010.5.27선고，2010도1755판결．
37）최영승『형사소송법〔제2판〕』（피앤씨 미디어，2013년）93쪽．
38）最大判平成11年3月24日民集53巻3号514頁を参照．

は物の授受をすることができ，医師に診療させることができる。」と規定している。いわゆる接見指定規定は存在しない。また，施設法による時限の制約等を除き[39]，刑訴法上の接見制限規定は存在しない[40]。

　日韓両国の接見交通権規定を比較すると，接見指定規定が存在し，判例がこれを自白獲得の手段として事実上許容している点で，日本の接見交通権規定は問題がある。他方で，条文によって秘密交通権が明示されている点は，評価することができる[41]。

⑷　その他

　以上の他に，日本と韓国で異なる点として，次の点を挙げることができる。韓国では，2007年刑訴法改正によって，（1）弁護人立会権に関する規定（法243条の2）が設けられている。また，法241条以下で，被疑者取調べに関する独立した規定を設けている点も特徴的である。ここでは，（2）取調べに先立って人定確認を要求する規定（法241条）や，（3）被疑者取調べ調書の作成を義務づけ，増減変更の機会を要求する規定（法244条），（4）捜査の進行・経過を書面で記録することを要求する規定（法244条の4）等が設けられている。

3．日本の実定法上の問題点

　日本国憲法の諸規定は，アメリカや韓国と比較して大きく劣るものではない。しかし，制定法主義である日本と韓国の刑訴法を比較すると，日本の刑訴法の特殊性が明らかになる。すなわち，（1）被疑者に取調べ受忍

39）헌법재판소2011.5.26선고, 2009헌마341결정.
40）헌법재판소1992.1.28선고, 91헌마111결정.
41）もっとも，韓国でも，判例法理によって秘密性が確保されている（헌법재판소1992.1.28선고, 91헌마111결정）。この判例は，いかなる名分によっても接見交通権を制限し得ないことを明らかにしたものである。接見交通権を侵害して獲得した供述を証拠排除する論理は，判例によって確立している（대법원1990.8.24선고, 90도1285판결, 대법원1990.9.25선고, 90도1586판결）。したがって，秘密交通権の実質的な保障という面で，韓国が日本に劣っている訳ではない。

義務を課したようにも解し得る規定を設け，(2) 包括的黙秘権を明示せず，(3) 捜査機関の接見指定権限を認めている。また，(4) 捜査官は取調べ毎に調書を作成しなくても良く，(5) 弁護人立会いも認められていない。

　日本の刑訴法は，戦前の刑事手続を省み，英米法の理念を取り入れたはずである。そこでは，被疑者・被告人の権利保障や，訴訟構造の変化—被疑者・被告人の主体性確保—等が追求された。被疑者取調べに関しては，「強制の色彩を完全に除去しようというのが，現行法の意図するところ」であった[42]。刑事訴訟法の制定に携わった Alfred C. Oppler は，日本の憲法及び刑訴法について，Miranda 法理を先取ったとも解し得ることを指摘している。すなわち，「手続中はいつでも，被疑者は弁護人選任権を有している。被疑者はこの権利を告げられなければならず，しかもかりに被疑者が弁護士を得ることができないときは，裁判所は彼のために弁護士を選任しなければならない。勾留中の場合には，被疑者は看守又は監視人の立合いなくして弁護人に接見することができる。かつてはそのような接見の場に看守又は監視人が，必ず見張りに立っていた。種々の段階で，被疑者及び被告人は，被告事件を告知され，審問を受ける機会を与えられる。さらに被疑者及び被告人は，供述を拒むことができ，黙秘権も告げられる。これらの保障の中のあるものは，合衆国で数年後にウォーレン率いる最高裁判所によって下され，ある論争の的になった判決の原形をなすものであるように思われる」と[43]。

　しかし，日本と同様に英米法に学んだ韓国の刑訴法と比較すると，日本の刑訴法は，その理念を実現し得ない構造的な問題点を抱えていることがわかる。確かに，旧刑訴法と比較すれば，現行刑訴法は英米法の影響を受けている。他方で，現行憲法の理念に照らしたとき，刑訴法は，その水準を充たすには至っていない。日本の被疑者取調べへの問題点は，刑訴法それ自体によっても引き起こされているのである。

---

42) 松尾浩也『刑事訴訟法（上）〔新版〕』（弘文堂，1999年）62頁。
43) A・オプラー（内藤頼博監訳・納谷廣美・高地茂世訳）『日本占領と法制改革』（日本評論社，1990年）119頁。

第3章

捜査実務の意識の違い

　戦後，日本も韓国も，アメリカ法に学びながら刑事手続における人権保障を追求してきた。しかし，既にみたように，日本の実定法は，法条文上の問題を抱えている。そのため，実務運用も大きく異なることとなった。裁判所の態度・立場は，第1章で確認した通りである。そこで，以下では，特に捜査実務家の意識の違いに着目し，日本の捜査実務の特色を概観したい。

1．日本の捜査実務家の意識

　戦後，日本の捜査実務家が現行刑訴法を運用するにあたっての意識は，第1部第3章で確認した。これを端的に言えば，日本の捜査実務家は，現行憲法及び現行刑訴法が制定された後も，意識的に戦前と同様の運用を行うよう心がけてきた。その前提には，現行刑訴法の制定によって職権主義から当事者主義へと転換したことに馴染めず，検察官が法廷で立証活動を尽くすことに戸惑いを覚えていたことが挙げられよう。検務局総務課長であった宮下明義は，「本年（1950年）の春ごろから裁判官側の方で，当事者主義が前面に出ている訴訟形態であるにもかかわらず，検察官が積極的な立証を盡さないで，はなはだ遺憾であるという批判が強くなって，法務府の方でも検察官に対して積極的な立証を盡すようにということを申して來たわけであります《挿入筆者》」と述べている[1]。当事者主義の下での積

1）小野清一郎・勝田成治・團藤重光・宮下明義・横川敏夫「座談会　新刑訴における証拠法」法時22巻10号（1950年）12頁〔宮下明義発言〕。宮下明義は，検察官が積極的な立証を盡さない理由として，旧法事件と新法事件を同時に取り扱わなければならない状況があったことを挙げている。

極的な立証活動に対する戸惑いは,「捜査段階でとった調書を全部無条件で証拠として採用させよう」という動きを生んだ[2]。そして,検察官の戸惑いは,現行法の旧法的運用（糺問的な捜査活動）をもたらした。その過程で作成した調書は,同様に当事者主義的訴訟構造に不安や困惑を覚えていた裁判所の焦りによって,積極的に証拠採用された。このような不安や戸惑いが,自白を追及する戦前の刑事手続の名残と相俟って,糺問的な取調べと調書裁判を形作ってきたのではなかろうか。そして,糺問的な取調べに対して裁判所の「お墨付き」を得た検察は,第1部第3章で確認したような「現行法の旧法的運用」の正当化を主張するようになったのではなかろうか。

裁判所の不安・困惑と検察官の戸惑いが噛み合ったのは,1950～1955年頃である。この時期は,朝鮮戦争を契機として警察法が改正される等,警察の中央集権化が図られた時期である。また,GHQの影響の下,占領期に制定された法規の再検討が認められ,1953年の刑訴法改正が行われた時期でもある[3]。このような時勢が,捜査機関が「現行法の旧法的運用」の必要性や正当性を主張する土壌を提供してきたと思われる[4]。さらに,その後,学界から弾劾的捜査観や取調べ受忍義務否定論が主張されたため,捜査機関は,糺問的な取調べやそのための身体拘束等の必要性・正当性を改めて主張しなければならなくなった。そこで,「現行法の旧法的運用」が真相解明や犯罪発生率の低さ,刑事政策的機能と結びつけられ,日本の治安を支える理念として援用されるようになった[5]。

このように,現在の取調べに対する日本の捜査実務家の意識は,現行法

---

2) 横山晃一郎『憲法と刑事訴訟法の交錯』（日本評論社,1977年）12頁。
3) 松倉治代「刑事手続における Nemo tenetur 原則（3）―ドイツにおける展開を中心として―」立命337号（2011年）102頁。
4) もっとも,検察による「現行法の旧法的運用」は,現行法への戸惑いという消極的な理由のみによってもたらされたものではない。たとえば,チャタレー事件を担当した検察官の中込西尚は,若い部下に対して,「検察庁の門を一歩入ったら,ここは帝国憲法が生きているんだ。そのくらいのつもりでやらなければ一人前にならんよ。」と述べたという（家永三郎『家永三郎集第8巻』（岩波書店,1998年）94頁）。このように,検察による「現行法の旧法的運用」は,意識的・積極的にも行われたことを窺い知ることができる。

への戸惑いや不安と，裁判所の黙示的な支持，学界への反論過程等を通じて，より一層強固に形成されてきた。やや皮肉に言えば，当事者主義や被疑者の権利保障を追求した現行刑訴法が制定されたために，このような捜査実務の意識が確立された。そして，その過程で，現在の取調べの問題点を省み，憲法に合致した取調べを構築しようとする動きはみられなかった。

2．韓国の捜査実務家の意識

　韓国の捜査実務家の意識は，民主化以後，大きく変化したように思われる。そのため，時代区分を民主化前後に分け，その特徴の変化を示す必要があろう。しかし，民主化以前の韓国の捜査実務家の意識を窺い知ることは極めて困難である。これは，この時期の司法や検察に対する本格的な研究が行われていないためである[6]。探し当てることができたのは，捜査官が取調べにおいて「被疑者の琴線に触れ，真実を語るように説得することは，誠実な捜査官に要求される社会的な職務」であると考え，「裁判上の陳述拒否権とは異なり，捜査上の陳述拒否権は被疑者が真実を言う倫理的義務がある」ことを前提としているという指摘のみである[7]。そこで，以下では，被疑者取調べの憲法的規制が具体的に展開され始めた民主化以後に限定し，その特色を指摘したい。

　民主化後，韓国の捜査実務家が常に意識してきたこととして，（1）刑事手続における主導権確保と，（2）国民の信頼回復が挙げられる。これらは相互に連関するものであり，両者を切り離して説明することは困難で

5）たとえば，河上和雄「日本の刑事手続の特色―検察の立場から―」三井誠・中山善房・河上和雄・田邨正義編『刑事手続（上）』（筑摩書房，1988年）11～19頁，土本武司『刑事訴訟法要義』（有斐閣，1991年）17～34頁等。

6）韓寅燮「権威主義の体制下の司法府と刑事裁判―抑圧と抵抗のドラマ（1972～1987年）―」大久保史郎・徐勝編『現代韓国の民主化と法・政治構造の変動』（日本評論社，2003年）139頁。なお，民主化以前の検察を端的に言えば「権力の手足」であり，司法過程で「権力意志を代弁する機関」であった（同書144頁）。

7）조기영「구속피의자의 수사기관 조사실 출석의무?」전북대학교 법학연구42집（2014년）101쪽주（54）가 引用する，김기두「임의수사의 한계 진술거부권에 관한 연구」고시계1962년 7 월호（1962년）180쪽を参照。

ある。そのため，韓国の捜査実務家の意識を窺い知ることができる出来事を挙げ，（1）主導権確保と（2）信頼回復の各要素を適宜指摘する。

まず，韓国の捜査実務家は，刑事手続における主導権の確保を常に念頭に置いてきた。たとえば，被疑者取調べへの弁護人立会いは，警察によって率先して行われた。これは，1999年6月，警察庁が内部の業務指針「被疑者訊問時の弁護人参与指針」を策定したことによって実現した。警察による弁護人立会いは，対外的には，被疑者の権利保障のためのものである[8]。しかし，真の目的は，検察よりも人権保障に配慮した捜査機関であるという印象を国民に与えることであった[9]。そして，これにより，国民の信頼を得ようとした。

また，取調べ録音・録画制度も，捜査機関によって導入された。2003年6月，最高検察庁科学捜査課が主導して「捜査科学研究会」を設置し[10]，取調べ録音・録画導入が科学捜査化プロジェクトの一環として推進されたのである[11]。検察による録音・録画制度の導入も，単に取調べを改革するために行われた訳ではない。2002年にソウル地検被疑者拷問致死事件が発生したため，検察は国民の信頼を回復することが急務であった。また，その導入を検討していた2004年には，調書採用要件を変更する大法院判決が下された[12]。この大法院判決は，検察官が作成した被疑者取調べ調書を事実上廃止するものであった。そこで，録音・録画記録媒体を調書の代替物として使用するためにも，録音・録画の導入が急がれた。他方で，その過程で，録音・録画制度のメリットを認識し，取調べ改革を主導するリーダーが登場した。その筆頭は，同研究会のメンバーであった検事の金鍾

---

8) 경찰청「피의자신문시 변호인 참여지침」(1999.6.5제정, 수사61110-1601), 이영돈「변호인의 피의자신문 참여권의 범위와 한계」경북대학교 법학논고47집（2014년）265쪽.
9) 朴燦運「弁護士が見た韓国における捜査の可視化—最近の状況と議論の内容—」刑弁39号（2004年）98〜99頁。
10) 전충현「영상녹화 조사의 효율적인 활용 방안 연구—거짓말 탐지 기법 중심—」과학수사학 3권 1호（2009년）54쪽.
11) 천진호「증거방법으로서 영상녹화물 활용 방안 연구」동아법학52호（2011년）451쪽.
12) 대법원2004.12.16선고, 2002도537판결.

律（김종률）等である。当初の目的はさておき，検察内部に改革の必要性を認識した主導者が生まれたことは，韓国の刑事司法改革において極めて重要な要素である[13]。

　韓国において取調べ改革が捜査機関主導で行われた背景には，権威主義体制下及び民主化に伴って国民の間に形成された，公権力に対する厳しい監視・批判体制がある[14]。権威主義体制下で，捜査機関が「権力の手足」として機能し，司法過程で「権力意志を代弁する機関」としての役割を果たしていたためである。そのため，韓国では，「検察がしっかりしてこそ，国がまともになる」という言葉が一般的なほどに，検察改革が強く国民に認識されてきた[15,16]。

　このような中で，検察は，国民の信頼を確保し，それを向上させていく必要性に常に迫られてきた。これに対して，警察は，1954年制定刑訴法によって検察の捜査を補助する機関として位置づけられてきたため[17]，第

---

[13] ディビッド・T・ジョンソン「風向きを知るのにお天気キャスターは要らない—日本における取調録音・録画について合衆国と韓国から学ぶこと—」指宿信『被疑者取調べと録画制度—取調べの録画が日本の刑事司法を変える—』（商事法務，2010年）216頁。

[14] 朴相哲「韓国人の法意識」ジュリ1007号（1992年）28～31頁，ジョンソン・前掲注13）216頁等。

[15] 韓寅燮（中村知子訳）「韓国の検察改革—現状と展望—」法セミ599号（2004年）44頁。

[16] 民主化以後の歴代大統領も，検察改革に重きを置いてきた。歴代大統領が検察改革に重きを置き，「政治への信頼向上」を図る構造の中では，検察は「政治によって改革させられる組織」を脱し得ない。しかし，国民は，検察と同様に，政治に対しても批判的な目を向けている。そのため，このような中で検察が積極的に国民の信頼を獲得するためには，「政治によって改革させられる組織」から脱し，「腐敗政治を許さない正義の実現者」としての役割を果たす必要がある。近年の大統領経験者が検察によって捜査・訴追される背景には，このような「政治と検察の分離」思想があるように思われる。このようにして，政治と検察の双方から，「政治と検察の分離」が行われている。このことも，検察による「国民の信頼向上」という文脈で理解することができるのである（韓寅燮・前掲注15）44～47頁を併せて参照）。

[17] かつては，検事は自己の判断に基づき捜査を開始することができ（旧法195条），司法警察官は検事の指揮を受けて捜査をしなければならず（旧法196条1項），司法警察吏は検事又は司法警察官の指揮を受けて捜査の補助をしなければならない（旧法同条2項）とされていた。

一次的な捜査権の獲得を希求してきた。そのため，警察は，検察よりも人権感覚に優れた捜査機関であるという印象を国民に与える必要があった。このことは，同時に，国民の信頼を獲得する必要があることを意味する。このように，韓国の捜査機関は，ある意味では「不純な動機」によって，国民の信頼を獲得するために，被疑者の権利保障や現状の改革に積極的に取り組む必要があったのである[18]。

　なお，検察と警察の捜査権限分配については，若干の補足を要する。上記の経緯により，戦後の刑事訴訟法学では，検察と警察の捜査権限に関する研究が盛んに行われてきた。その後，2012年1月1日に施行された改正刑訴法では，司法警察官は検事の指揮を受けるとともに（法198条1項），犯罪の疑いがあると認識したときは，捜査を開始・進行しなければならないとされた（同条2項）。この改正によって，司法警察官が主体的に捜査を行えるようになった。これまで検察・警察間にみられた従属的な関係は，若干解消したと思われる。しかし，たとえば，司法警察官が逮捕令状を請求することはできず，検事に申請し，検事が逮捕令状請求を行わなければならないなど（憲法12条3項，法200条の2），検察と警察の捜査権限問題は依然として残っている。このような中で，文在寅政権は，検察改革を公約に掲げ[19]，2019年現在，検察・警察改革が積極的に議論されている。その主要議題の1つが，検察と警察の捜査権限分配である。今後も，検察と警察の捜査権限分配問題を背景とした刑訴法の改革が行われることが予想される。

---

18) その過程で，捜査機関によって「現状の正当化」が図られることはあまりなかった。これは，権威主義体制を支えた刑訴法が，日本の植民地統治の影響を強く受けているためであろう。韓国では，権威主義体制の反省とともに，日本の植民地統治の残滓を清算することが喫緊の課題として意識されてきた。そのため，「現状の肯定・正当化」は，日本による植民地統治を間接的に支持することになる。このような理由により，「現状の肯定・正当化」を強固に採り得なかったのである。

19) 安部祥太「韓国における検察改革と再審事件の検証──再審開始決定に対する検察官抗告への疑問──」法セミ775号（2019年）7～10頁も参照。

第4章

その他の視座

　その他に，韓国に固有の事情として，さしあたり次の点を指摘することができる。(1) 日本による植民地統治の残滓を清算することが至高の価値であり，戦前から連続した現行制度を積極的に改革しなければならないという土壌が存在すること，(2) 文化的にも経済的にも先進国化することを目指す中で，刑事手続を国際水準に合致させることが先進国としての地位に不可欠であるという認識が強く存在すること[1]，(3) 変化を厭わず現状を改善しようとする国民性があること[2]等である。これらは法社会学的な実証研究を行い，その真偽等を検討する必要がある。しかし，本書でこれらの検討を行う余裕はなかった。そのため，今後の検討課題としたい。

　なお，被疑者取調べと自白に関連して，日本人の特徴が指摘されることがある。すなわち，日本人は，世界的に見て自白しやすい民族であると言われている。この点についても，若干付言しておく。青柳文雄は，日本人の国民性に着目し，被疑者取調べを「立法的に…改めようとの動きもないというのは，この程度の取調は日本人にとってその自由な権利を著しく侵害されたとの意識がないからである《省略筆者》」という[3]。また，余罪の自白が多いのは，被疑者が「捜査機関なり裁判機関なりとの和合」を求めているためであり，長時間の取調べが行われるのも「日本人が自白しやすく，しかもその自白は通常の場合無理な取調によるものでなく，虚偽であることがないという経験的事実に負う」という[4]。そして，欧米では「良

---

[1] 대법원「사법개혁위원회 제24차 회의」(2004년11월15일).
[2] 今井輝幸『韓国の国民参与裁判制度—裁判員裁判に与える示唆—』(イウス出版，2010年) 3頁。
[3] 青柳文雄『刑事裁判と国民性〔総括篇〕』(有斐閣, 1979年) 201頁。
[4] 青柳・前掲注3) 91～92頁。

心に責められて」する自白が最も信用できないとされるのに対して，日本ではこのような自白が好対照をなすとした上で，日本人が自白しやすい事情として，（1）日本人が一神教の宗教を持たないこと，（2）日本人が捜査官なり裁判官なりと和合して日本人の調和の世界に戻りたいという性質を有すること，（3）捜査官なり裁判官なりが法の番人であると同時に道徳の番人でもあることを挙げる。以上のことから，「日本人の自白の量と質は旧刑訴から現行刑訴まで一貫した連続性をもっている」と結論づける[5]。

　これに対して，日本人の国民性論は，「アメリカ法の浸透を限定すべきだという価値判断が先行しており，『国民性』の観念はそのために利用された感がある」と指摘されている[6]。また，糺問的な捜査実務を正当化することを狙ったものであると位置づけられている[7,8]。黙秘権を中心とする被疑者の諸権利が人間の尊厳に基づく自然権的要素の色濃いものであり[9]，国際社会の普遍的な要求であることにも鑑みれば，日本人の国民性論によって日本の取調べを承認することはできない。日本人の国民性論は，尤もらしい「理論」によって，日本の取調べの法的な観察を放棄するよう説得するという意味でも，採用することができない。加えて，日本人の国民性論は，諸外国の検討―たとえば，自白率の比較等―を行っていない。Miranda判決後のアメリカにおいても，70～80%の被疑者が権利を放棄し，供述を行っているとされている[10]。このような自白率や自首率の比

---

5) 青柳・前掲注3) 210頁。なお，青柳文雄の主張の整理について，白取祐司「戦後刑事訴訟法学の歩みと現状」川崎英明・白取祐司編『刑事訴訟法理論の探究』（日本評論社，2015年）12頁を参照。
6) 松尾浩也『刑事訴訟の理論』（有斐閣，2012年）30頁。
7) 白取・前掲注5) 13頁。
8) たとえば，捜査実務家が取調べ録音・録画制度の導入に反対した際に盛んに強調された「信頼関係構築論」等は，日本人の国民性論が姿を変えたものであるという見方も可能であろう。
9) 高内寿夫「取調べ問題―黙秘権のゆくえ―」法セミ510号（1997年）51頁。
10) See Paul G. Cassell & Bret S. Hayman, *Police Interrogation in the 1990s: An Empirical Study of the Effects of Miranda*, 43 UCLA L. REV. 839, 859 (1996); Richard A. Leo, *Inside the Interrogation Room*, 86 J. CRIM. L. & CRIMINOLOGY 266, 276 (1996).

較等を検討せずに,「日本人は自白をし易い民族である」と主張することは,議論の前提を欠くものであろう。

　但し,被疑者取調べに関して,日本固有の特色が存在すること自体は否定することができない。そして,それこそが,本書が示してきた問題点である。そうであれば,一定の価値判断を含む日本人の国民性論に捉われずに,端的に日本の取調べの現状を直視すれば足りるということになる。いずれにしても,日本人の国民性論を採用することはできない。

第 5 部

日本における被疑者取調べの憲法的規制

第4部では，日米韓3ヶ国の比較を通じて，日本において憲法が被疑者取調べを直接に規制できない背景として，（1）裁判所の判断の特徴，（2）実定法の問題点，（3）捜査実務の意識，（4）その他の視座を指摘した。このように，日本の被疑者取調べの問題点は，憲法と刑事訴訟法の齟齬，憲法と実務運用の齟齬，刑事訴訟法と実務運用の齟齬がそれぞれ複雑に絡み合って生じている。しかし，憲法自体に本質的な問題点はみられない。そのため，本書が示してきたアメリカや韓国における憲法的刑事訴訟観から示唆を得ることによって，日本においても現行法の枠内で被疑者取調べを憲法に基づいて規制することができると思われる。第5部では，この点を踏まえ，日本における被疑者取調べの憲法的規制を展望する。

第1章

アメリカ及び韓国から得られる総論的示唆

　アメリカと韓国から得られる総論的示唆は，次の2点である。(1) 身体拘束下の取調べに内在する「供述を強制する雰囲気」を直視することと，(2)「憲法はどの程度実効的な権利保障を要求しているか」という憲法解釈に基づいた取調べ規制を展開することである。

　まず，(1) 身体拘束下の取調べに内在する「供述を強制する雰囲気」を直視する必要がある。日本の最高裁は，身体拘束下の取調べに内在する「供述を強制する雰囲気」を直視しているとは言い難い。平成11年最高裁判決は，接見指定規定と憲法38条1項の関係について，被疑者に取調べのための出頭・滞留があると解することが，「直ちに被疑者からその意思に反して供述することを拒否する自由を奪うことを意味するものではない」と判示している[1]。しかし，「供述を強制する雰囲気」は，アメリカや韓国に特有のものではない。このことは，足利事件における検察官取調べの録音テープが如実に示している[2]。このテープの反訳を見る限り，足利事件における検察官取調べにおいて，暴行や脅迫等が行われたことは窺われない。むしろ，検察官は「紳士的」かつ「知的」で「穏やか」であり[3]，「丁寧」で「情理を尽くした」取調べを行った[4]。それにも拘わらず，被

---

[1] 最大判平成11年3月24日民集53巻3号514頁。
[2] 足利事件の検察官取調べ録音テープについては，佐藤博史・木谷明・高木光太郎「座談会　足利事件・取調べ録音テープを聴く」世界806号（2010年）159〜169頁，佐藤博史「足利事件の取調べテープが教える取調べの技術—取調べの可視化の究極の課題—」日法76巻4号（2011年）1129〜1262頁，高木光太郎「足利事件の虚偽自白事例から取調べの科学化について考える」法と心理12巻1号（2012年）16〜22頁等を参照。
[3] 高木・前掲注2) 20頁。
[4] 葛野尋之『未決拘禁法と人権』（現代人文社，2012年）17〜18頁。

疑者であったＳ氏は，女児殺害を認める供述を行った。このテープが示唆していることは，（１）日本でも，身体拘束下の取調べに「供述を強制する雰囲気」が内在していること，（２）否認する被疑者にとって，身体拘束下で嫌疑を向けられた中で取調べを受け続けることは，身に覚えのない重大犯罪を「自白」することよりも，身体的・精神的に辛く苦しいこと[5]，（３）このようにして追い詰められた被疑者が，「自らの意思で」虚偽自白をし得ることである[6]。暴行に加えて，自白すれば家族の面倒を見る等の利益誘導を行ったり[7]，机を叩きながら「ぶち殺すぞ」と脅したり[8]，被疑者の弁解を聴かないまま５日間に亘って昼夜問わずに取調べを行うような事案[9]でなくても，被疑者の「供述の自由」は簡単に奪われる。身体拘束下の取調べに内在する「供述を強制する雰囲気」は，アメリカや韓国に特有のものではなく，日本においても存在するのである[10]。

このような「供述を強制する雰囲気」を前提に，（２）「憲法はどの程度実効的な権利保障を要求しているか」という憲法解釈の問題として，取調べ規制を検討しなければならない。日本の最高裁は，接見指定規定と憲法38条１項の関係について判示する文脈で，「不利益供述の強要の禁止を実効的に保障するためにどのような措置が採られるべきかは…立法政策の問題に帰する《省略筆者》」と判示している[11]。このような理解は，「憲法はどの程度実効的な権利保障を要求しているか」という視座を欠く。Miran-

---

5) 葛野・前掲注４）18頁を併せて参照。
6) 後藤昭「自白法則と補強法則」法時61巻10号（1989年）35頁は，「わが国の自白法則が当面する第一の課題は，『任意になされた嘘の自白』をなくすことである」と指摘する。佐藤博史『刑事弁護の技術と倫理―刑事弁護の心・技・体―〔補訂版〕』（有斐閣，2011年）74頁も，同旨を指摘する。後藤や佐藤がカギ括弧を用いて示唆するように，このような自白が強制されたものであることは，本書が示してきた通りである。
7) 大阪地決昭和59年３月９日刑月16巻3＝4号344頁。
8) 佐賀地決平成14年12月13日判時1869号135頁。
9) 東京高判昭和60年12月13日刑月17巻12号1208頁。
10) 第４部では，日本の最高裁が観念的な事実認識をしている要因として，裁判官と検察官の関係を挙げた。その他に，法的な問題として，黙秘権侵害の判断基準に関する最大判昭和24年２月９日刑集３巻２号146頁が影響していると思われる。
11) 最大判平成11年３月24日民集53巻３号514頁。

da 判決は，Miranda 法理を要求するにあたり，憲法は憲法上の権利を実質的に保障するための手続的保護手段を要求しているという理解を示している[12]。また，韓国でも，憲法の基本秩序である「法治国家原理」が，「法による国家権力の行使及び違法な国家権力の行使に対する効果的な権利救済制度の完備を要求している」と理解されている[13]。そして，これを実現するための論理として，適法手続原則が用いられている[14]。これに対して，日本の適正手続原則は，一種の「スローガン」に留まっている。しかし，日本国憲法が，合衆国憲法や韓国憲法と比較して，権利保障の面で不充分であるという事実はない。憲法は，刑事訴訟法の解釈・適用やその運用の基準として機能するのみならず，被疑者・被告人の基本的人権を具体的に保障するための規範として機能しなければならない[15]。換言すれば，「自由の侵害については法律の根拠規定が必要であるのに対し，自由の侵害からの救済は憲法が内在的に保障する」必要があるのである[16]。法の規定が明確でないときは，憲法の趣旨に従って，これを解釈しなければならない[17]。被疑者取調べ規制は，「憲法はどの程度実効的な権利保障を要求しているか」という憲法解釈の問題として捉えなければならないのである[18]。

---

12) Miranda v. Arizona, 384 U.S. 436, 478-479 (1966). *See also,* Francis A. Allen, *The Judicial Quest for Penal Justice: The Warren Court and the Criminal Cases,* 1975 U. ILL. L. F. 518, 526 (1975).
13) 헌법재판소2004.9.23선고, 2000헌마138결정.
14) 헌법재판소1996.12.26선고, 94헌바1 결정. 대법원2003.11.11선고, 2003모402판결.
15) 高田昭正『被疑者の自己決定と弁護』（現代人文社，2003年）31頁。なお，田宮裕『刑事法の理論と現実』（岩波書店，2000年）9頁以下。
16) 高田・前掲注15）32頁，佐藤隆之「被疑者取調べの適正化」ジュリ1370号（2009年）102〜105頁，葛野尋之「被疑者取調べ適正化の現在」法時85巻9号（2013年）57頁，渕野貴生「取調べ可視化の権利性と可視化論の現段階」法時85巻9号（2013年）63頁等。
17) 平野龍一『刑事訴訟法』（有斐閣，1958年）85頁。
18) 後藤昭『捜査法の論理』（岩波書店，2001年）171頁。

第 2 章

日本における被疑者取調べの憲法的規制

　本書では，日本の被疑者取調べの問題点を指摘した上で，アメリカと韓国の被疑者取調べ規制を検討してきた。その際，裁判所の考え方を変えることを目指して，国家の捜査権限行使に対峙する個人の人権保障という刑事訴訟法の本質論を踏まえ，憲法論的な観点を意識してきた[1]。その結果，身体拘束下の被疑者取調べに内在する「供述を強制する雰囲気」を直視することと，「憲法はどの程度実効的な権利保障を要求しているか」という憲法解釈の問題として取調べ規制を捉えるべきことを示唆として抽出した。このような示唆を踏まえると，日本において展開するべき被疑者取調べの憲法的規制は，次のようになる。

1．いわゆる「取調べ受忍義務」論

　まず，いわゆる「取調べ受忍義務」は，明確に否定される。身体拘束下の取調べに内在する「供述を強制する雰囲気」は，黙秘権の実質的保障と相容れないためである。また，否認している被疑者に対し，「言いたくなければ言わなくてもよいが，取調室に出頭する義務はあるし，取調室から退去することは許されない」と告げ，長時間の取調べを続けることは，「自白を求める威嚇」であり[2]，黙秘権の実質的保障を要求する憲法38条1項に違反する。さらに，刑訴法は，取調べ目的の身体拘束を予定していない（法60条，法207条）。これらのことから，論理的帰結として，取調べ

1）このようなアプローチについては，杉原泰雄『基本的人権と刑事手続』（学陽書房，1980年）39〜40頁，川崎英明「刑事訴訟法学の課題と展望」川崎英明・白取祐司編『刑事訴訟法理論の探求』（日本評論社，2015年）253〜254頁等を参照。

2）熊本典道『刑事訴訟法論集』（有斐閣，1988年）78頁。

受忍義務否定論が導かれる。そうすると，法198条1項但書の解釈が問題となる。既に第1部で示したように，同条項但書の解釈を巡っては，様々な見解が示されてきた[3]。本書では，法198条1項但書のベースとなったGHQのプロブレムシートから，同条項但書の解釈を考えてみたい[4]。

1948年4月17日に開催された刑事訴訟法改正協議会第4回会議に提出されたGHQのプロブレムシート「第一〇問　司法警察職員の尋問，取調及びその作成書類の証拠能力」には，「一．如何なる場合においても，検察官，司法警察職員は，被告人，被疑者その他の何人に対しても質問に答えることを強制し得ない。検察官，司法警察職員の取調の段階においては，被訊問者は何時でも答を拒絶することができ，又逮捕されていないときには退出することができる。」と記載されていた[5]。そして，2日後の同年4月19日に開催された第5回会議では，「第五問及び第一〇問の修正（一）」として，「検察官又は警察官は犯罪捜査中被告人，被疑者，又は事件の知識を有すると信ぜられる者に対し訊問に答えるよう要求することができる。すべての被訊問者は答を拒絶する権利を有し，若し逮捕されていない場合には何時でも退去することができる。」という修正案が提示された[6]。このプロブレムシートが，法198条1項の文言を導いたとされている。この記述が意味するところは，取調べを拒否することが，逮捕・勾留されている場からの解放までを含むものではないというものであろう[7]。少なくとも，修正前の第一〇問が「又逮捕されていないときには退出することができる」と規定し，これが修正（一）で「若し逮捕されていない場合には何時でも退去することができる」と改められたことに照らせば，法

3）第1部第3章「現行法における被疑者取調べとその問題点」を参照。
4）プロブレムシートは，「日本人との議論の基礎とするため，争点の簡単な分析と解決のための提案を記したもの」である（Alfred C. Oppler, *Reform of Japan's Legal and Judicial System under Allied Occupation*, 24 WASH L. REV. 290, 303 (1949))。
5）小田中聰樹『現代刑事訴訟法論』（勁草書房，1977年）113頁。
6）小田中・前掲注5）116頁。なお，久岡康成「刑訴法198条と明治憲法期における被疑者の任意取調」香川36巻3＝4号（2017年）108～112頁も参照。
7）小坂井久「第38条第1項」憲法的刑事手続研究会編『憲法的刑事手続』（日本評論社，1997年）439頁，久岡・前掲注6）122頁。

198条1項但書が取調べ受忍義務を課すための規定であると解することはできない。プロブレムシートによる勧告は，旧法下において取調べを目的とした行政検束等が濫用され，取調べが事実上強制されていたことに対する批判・反省を踏まえたものである[8]。そして，取調べ拒否が身体拘束場所からの解放を意味するものではない旨を示した。このことを踏まえると，法198条1項但書の解釈として最も説得的なものは，平野龍一の理解であろう。すなわち，法198条1項但書は，「出頭拒否・退去を認めることが，逮捕または勾留の効力自体を否定するものではない趣旨を，注意的に明らかにしたにとどまる」ものなのである[9]。平野の見解は，法文理上無理があると批判されることがある。しかし，このような経緯を踏まえれば，必ずしも無理な解釈とはいえない。

　さらに言えば，GHQによるプロブレムシートは，「若し逮捕されていない場合には（if not under arrest）」と述べ，勾留（detention）を含めていない。これは，少なくともGHQは，勾留段階における被疑者取調べを想定していなかったことを示唆する[10]。このような解釈は，制定過程や英文憲法に立ち返って，憲法38条2項の解釈—とりわけ，抑留（arrest）と拘禁（detention）の意義—を示した小坂井久の見解とも合致する[11]。現行憲法の制定直前である1943年には，逮捕直後に被疑者を治安判事へ迅速に引致することを要求するMcNabb判決が示されていた。このことを踏まえれば，GHQが「迅速な引致」の必要性を念頭に置き，プロブレムシートから「勾留」を除外したとも考えられる。そうであれば，憲法及び刑訴法は，勾留中の取調べを想定していないという解釈も可能である。

　なお，近時，法が取調べ目的の身体拘束を予定していないことを承認しながら，身体拘束中の被疑者について取調べのための出頭・滞留義務を認

8）多田辰也『被疑者取調べとその適正化』（成文堂，1999年）139頁。
9）平野龍一『刑事訴訟法』（有斐閣，1958年）106頁。
10）高内寿夫「被疑者取調べと弁護権」村井敏邦・川崎英明・白取祐司編『刑事司法改革と刑事訴訟法［上巻］』（日本評論社，2009年）461頁。
11）小坂井久「第38条第2項」憲法的刑事手続研究会編『憲法的刑事手続』（日本評論社，1997年）459〜482頁。なお，高内・前掲注10）461頁。

める新たな見解が提起されている。川出敏裕は，法制審特別部会第1分科会において，「勾留と在宅の間の中間的な処分」と関連して，次のように述べている。すなわち，「被疑者の身柄拘束期間には厳格な制限があり，捜査機関は，その限られた期間内に捜査を尽くして起訴・不起訴を決定しなければならないため，捜査の便宜を考慮して，身柄が拘束されている場合には，法律で特別に取調べのための出頭・滞留義務を認めた」と[12]。受忍義務に関する川出敏裕の説明に対して，分科会長を務めた井上正仁は，「現行法の規定についての説明として，優れた説明ではないかと思う」と述べている[13]。大澤裕も，同様の出頭・滞留義務肯定説を提起している[14]。

川出の説明は，接見指定規定の合憲性を認めた平成11年大法廷判決の論理と通底するところがある。平成11年判決は，刑訴法39条3項について，「刑訴法において身体の拘束を受けている被疑者を取り調べることが認められていること（198条1項），被疑者の身体の拘束については刑訴法上最大でも23日間…という厳格な時間的制約があること…などにかんがみ，被疑者の取調べ等の捜査の必要と接見交通権の行使との調整を図る趣旨で置かれたもの《省略筆者》」であると述べている[15]。川出の見解は，平成11年判決と同様に，「身体の拘束を受けている被疑者に取調べのために出頭し，滞留する義務があると解することが，直ちに被疑者からその意思に反して供述することを拒否する自由を奪うことを意味するものでない」ことを前提としている。そして，身体拘束期間が限られていることを強調し，「捜査の便宜」を考慮することで，「法律で特別に」出頭・滞留義務を認めたと解する。すなわち，川出の見解は，出頭・滞留義務を，接見指定制度と等しい性格のものと位置づけるのである[16]。この論理に基づけば，黙

---

12) 法制審議会—新時代の刑事司法制度特別部会第1作業分科会第8回会議（平成25年10月23日開催）議事録19〜20頁〔川出敏裕発言〕。
13) 法制審・前掲注12) 20頁〔井上正仁発言〕。
14) 大澤裕「被疑者・被告人の身柄拘束のあり方—いわゆる中間処分を中心に—」論ジュリ12号（2015年）94頁。
15) 最大判平成11年3月24日民集53巻3号514頁。
16) 大澤・前掲注14) 94頁。

秘権の問題は浮上しない。しかし，このような観念的な理解を採り得ないことは，既に示した通りである。また，川出の見解を採れば，（1）「捜査の便宜」によって黙秘権を譲歩させ，（2）「罪証を隠滅すると疑うに足りる相当な理由」や「逃亡し，又は逃亡すると疑うに足りる相当な理由」があれば受忍義務を肯定し得ると解することになる。しかし，このような解釈は，法198条1項を根拠としつつ，在宅被疑者に対する取調べと身体拘束被疑者の取調べの性質を区別する点などで疑問が残る。さらに，（3）起訴・不起訴の判断を初めから取調べに全面的に依拠することを前提とする制度自体に対しても，疑問を禁じ得ない。被疑者の黙秘権が憲法上の保障であることに鑑みれば，身体拘束期間に制限があったとしても，「捜査の便宜」によって受忍義務を「法律で特別に」認めることはできない。後述する黙秘権の意義や，黙秘権行使の効果を踏まえれば，「捜査の便宜」によって黙秘権が譲歩させられることはない。したがって，川出の見解は採り得ない[17]。

　ところで，身体拘束されている被疑者は，裁判官が発する勾留状によって「勾留すべき刑事施設」に留め置かれている。このような被疑者を，法律の規定に基づかず，捜査機関の判断で「勾留すべき刑事施設」から取調室へと連れ出せるというのは，とても「不思議なこと」である[18]。捜査（取調べや実況見分等）は，身体拘束の目的に含まれない。そうであれば，捜査機関は，勾留状の効力として，身体拘束されている被疑者を「勾留すべき刑事施設」から取調室に連れ出すことができないはずである[19]。このことは，弁護人が，現場調査に被疑者を立ち会わせたいと申し出ても，許可されないであろうことに照らせば，より一層明確になる。被疑者の自由に着目すれば，被疑者は勾留状によって「勾留すべき刑事施設」に滞留するよう命令されているため，そこから取調室に行く自由は認められていないはずである。このように，捜査権限と勾留権限を峻別する立場を採れ

---

17) 川出敏裕と大澤裕による新たな出頭・滞留義務肯定説に対する批判的検討として，斎藤司「取調べのための出頭・滞留義務と取調べの適正化論」『浅田和茂先生古稀祝賀論文集〔下巻〕』（成文堂，2016年）107～123頁がある。
18) 後藤昭『捜査法の論理』（岩波書店，2001年）113頁。

ば，身体拘束された被疑者に対する出頭・滞留義務は観念し得ない。このような理由により，法198条1項但書は「逮捕又は勾留されている場合」を除外したと解することもできる。この考え方は，未決拘禁の目的を徹底して純化したものであり，現行法の規定とも整合する。このような解釈を採れば，捜査機関が被疑者を取り調べようとする場合は，いわゆる一般接見（法80条）の範囲内に限られるということになろう[20]。

錯綜した取調べ受忍義務論が示唆することは，身体拘束の目的，被疑者の黙秘権保障，弾劾的捜査観等の観点から，現行法の条文が整合的に構成されていないことである[21]。捜査権限と勾留権限を峻別する梅田豊や高内寿夫の立場は，法律の規定に極めて忠実な解釈を提供している。それにも関わらず，現実の捜査実務との乖離が大きいと認識され，あたかも「非常識[22]」な立場であるように映るのは，刑訴法の条文自体に根本的な問題があるためであろう。法制審特別部会では，取調べ受忍義務論は「神々の争いとも言うべき議論」と評され[23]，議論の対象にならなかった。し

---

19) 梅田豊「取調べ受忍義務否定論の再構成」島法38巻3号（1994年）1〜26頁，高内寿夫「逮捕・勾留中の被疑者取調べに関する一試論」白鷗3号（1995年）73〜98頁等。なお，それにも関わらず，捜査機関が被疑者を「勾留すべき刑事施設」から自由に連れ出すことができるのは，施設法の定めによって捜査権が制約されることはないという暗黙の了解があるためであると思われる（後藤・前掲注18）113〜114頁）。

これに対しては，勾留状の効力として被疑者の身体を自由に移動させることができると解する立場も存在する（河上和雄・中山善房・古田佑紀・原田國男・河村博・渡辺咲子編『大コンメンタール刑事訴訟法〔第2版〕第2巻』（青林書院，2010年）415頁〔渡辺咲子執筆〕等）。

20) 福田雅章「国際人権法における被疑者取調べ」井戸田侃編『総合研究＝被疑者取調べ』（日本評論社，1991年）311頁，後藤・前掲注18）130〜133頁，葛野尋之「警察留置と弁護人接見」立命307号（2006年）125頁，梅田豊「いわゆる『取調べ受忍義務』なるものの法的根拠について」愛学55巻1＝2号（2014年）21〜24頁等。なお，韓国でも，受忍義務を否定する立場から，同様の見解が展開されている（조기영「구속피의자의 수사기관 조사실 출석의무?」전북대학교 법학연구42집（2014년）103쪽）。

21) 後藤・前掲注18）142〜143頁。

22) 梅田・前掲注20）23頁。

23) 法制審議会—新時代の刑事司法制度特別部会第14回会議（平成24年10月30日開催）議事録38頁〔井上正仁発言〕。

かし，取調べ受忍義務の有無は，黙秘権の実質的保障を左右する。また，本書のように弁護人立会権を導いても，受忍義務を肯定する実務（長時間の取調べを実施する実務）を前提としたままでは，弁護人立会権は画餅となりかねない。まさにここに，「憲法は何を要求しているか」という視点から，憲法に適合した刑事訴訟法を追求する必要性が認められるのである[24]。仮に，法198条1項但書の解釈として取調べ受忍義務を肯定する他ないのであれば，端的に同条は憲法違反であるということになる[25,26]。

2．黙秘権

(1) 黙秘権侵害の基準

最高裁は，黙秘権の意義について，「威力その他特別の手段を用いて，供述する意思のない被告人に供述を余儀なくすることを禁ずる趣旨」であると解している[27]。また，「身体の拘束を受けている被疑者に取調べのために出頭し，滞留する義務があると解することが，直ちに被疑者からその意思に反して供述することを拒否する自由を奪うことを意味するものでない」と判示している[28]。これらの判示を前提にすれば，具体的な強要等によって「現実に」被疑者の供述の自由が侵害されない限り，黙秘権侵害は認められない[29]。換言すれば，判例の論理は，供述の自由を危険にさ

---

24) 熊本・前掲注2) 80〜82頁，熊本典道「被疑者の取調べ―弁護の立場から―」三井誠・中山善房・河上和雄・田邨正義編『刑事手続（上）』（筑摩書房，1988年）191頁。
25) 村井敏邦『現代刑事訴訟法〔第2版〕』（三省堂，1998年）143頁〔高田昭正執筆〕，高田昭正『被疑者の自己決定と弁護』（現代人文社，2003年）98頁，渕野貴生「黙秘権保障と自白法則」川崎英明・白取祐司編『刑事訴訟法理論の探求』（日本評論社，2015年）192頁等。
26) その意味で，法198条1項但書を違憲であると断じずに，「出頭拒否・退去を認めることが，逮捕または勾留の効力自体を否定するものではない趣旨を，注意的に明らかにしたにとどまる」規定であると解する平野龍一の見解は，「198条の合憲解釈のアプローチ」であると評されることがある（田宮裕編『刑事訴訟法I―捜査・公訴の現代的展開―』（有斐閣，1975年）320頁〔田宮裕執筆〕）。
27) 最大判昭和24年2月9日刑集3巻2号146頁。
28) 最大判平成11年3月24日民集53巻3号514頁。

らすことそれ自体は，黙秘権保障の埒外であると解するものである[30]。

このような理解に基づけば，被疑者が黙秘権を行使している場合であっても，翻意し供述するよう捜査機関が「説得」する過程は，黙秘権侵害にはあたらない[31]。このことを正面から認めた下級審判決は，憲法38条1項や法198条2項の趣旨について，「国家機関とりわけ捜査機関に対し，何人に対しても，不利益な供述を強要することを禁止しかつこれを実質的に保障せんとするところにあると解されるので，被疑者が黙否権《原文ママ》を行使したからといつて捜査機関は直ちに爾後全く被疑者を取調べることができなくなるものではなく，いやしくも被疑者の供述を強要することとならない限り取調を続行し，或は日を改めて取調をなすことはなんらさしつかえないと考えられる」と判示している[32]。この論理は，取調べ受忍義務肯定説を前提に，黙秘権を行使している被疑者に対して「取調を続行」することと「供述を強要すること」は明確に区別し得るとするものである。その他に，取調べ受忍義務否定説ないしは出頭・滞留義務否定説を前提にしつつ，法198条1項が捜査機関に取調べ権限を認めていることを根拠に，「取調べに応ずるよう熱心かつ合理的な説得をすることは許されないはずはない」という見解もある[33]。このような理解の下で，現在も説得が重要な手続であると指摘される[34]。

29) なお，後藤・前掲注18) 156頁を参照。渕野・前掲注25) 188頁は，このような傾向が自白法則の適用にも及んでいるとした上で，「被疑者の完全屈服＝抗拒完全不能状態を黙秘権侵害の判断基準として要求していると分析せざるを得ない」と指摘する。
30) 関口和徳「被疑者取調べにおける黙秘権告知と憲法38条1項―黙秘権告知は黙秘権の内容に含まれるのか―」法時86巻5号（2014年）113頁。
31) 佐藤文哉「被疑者の取調べ」三井誠・中山善房・河上和雄・田邨正義編『刑事手続（上）』（筑摩書房，1988年）196頁，佐山雅彦「被疑者の取調べをめぐって」研修567号（1995年）95頁，佐藤隆之「被疑者の取調べ」法教263号（2002年）140頁。
32) 高松地判昭和39年5月18日下刑集6巻5＝6号681頁。
33) 田宮裕「取調べ問題の展望」井戸田侃編『総合研究＝被疑者取調べ』（日本評論社，1991年）788頁，田口守一『刑事訴訟法〔第7版〕』（弘文堂，2017年）140～141頁。なお，渡辺修『被疑者取調べの法的規制』（三省堂，1992年）227頁は，出頭拒否・退去の自由を否定した上で，説得が可能であるとする。
34) 富松茂大『自動車事故の供述調書作成の実務―取調べの基本と応用―』（立花書房，2016年）71～76頁等。

しかし,「供述の強要」と「説得」の峻別は限りなく困難である。「取調官対被疑者という状況のもとで,『真相への説得』が行われれば,それは,自白の強要と一歩を隔てるにすぎない」のである[35]。このことは,「説得」が許されると説く論者によっても示されている[36]。また,身体拘束下の被疑者取調べは,それ自体が「供述を強制する雰囲気」を内在するものである。さらに,既に述べたように,憲法及び刑訴法の理念に基づけば,取調べ受忍義務肯定説は採り得ない。これらを踏まえれば,被疑者が黙秘権を行使しているにも関わらず,翻意し供述するよう捜査機関が「説得」する過程は,供述の強要そのものである。被疑者からみれば,「問いに答えているのに,捜査官が満足する別の答え方をするまで何時間も,何日も,孤立無援の状態の中で『説得』を受けることを強いられる」ことは,「『任意』な答えを促す『説得』の範囲をはるかに超え」るものである[37]。「説得」過程が黙秘権を侵害したことにならず,被疑者が精神力や忍耐力によって単に耐え忍んでいる状態であるとすれば,黙秘権に権利としての実質は無いといっても過言ではない[38]。被疑者の黙秘権が包括的黙秘権であり,黙秘する理由や黙秘する旨の意思表示さえ不要であることに鑑みれば,何も言わない被疑者に対して取調べを継続し,あるいは供述するよう「説得」することは,「供述の強制」になる。黙秘権を行使している被疑者(あるいは,何も言わない被疑者)に対して,捜査機関に許容される働きかけは,「本当に権利を行使するかを1度確認する程度」が限度であろう。「意思確認」を超えて,翻意するよう働きかけることは,取調べの継続に他ならず,供述を強要することになる[39]。

---

[35] 松尾浩也『刑事訴訟法(上)〔新版〕』(弘文堂,1999年)118頁。札幌高判平成14年3月19日判時1803号147頁も,このことを示唆する。
[36] 田宮・前掲注33) 788頁。
[37] 後藤・前掲注18) 155頁。高田・前掲注25) 93頁は,「『取調べ官の質問にさらされながら沈黙を続ける』というようなことを,もともと刑事訴訟法は考えていないはずである」という。
[38] 淵野・前掲注25) 192頁。黙秘権の保障状況に関する刑事弁護人の認識をまとめたものとして,浦功「取調べの可視化と黙秘権—新時代の刑事弁護の展望—」浦功編『新時代の刑事弁護』(成文堂,2017年) 9頁及び10頁注 (17)。

(2) 黙秘権行使の効果

　第1部で示した黙秘権の本質や意義と，既に述べた黙秘権侵害の基準を踏まえれば，黙秘権行使は取調べ中止効を有すると解することになる[40]。このことは，取調べ受忍義務否定説を採ることの論理的帰結でもある[41]。黙秘権を保障することの意味は，被疑者が捜査機関からの追及に耐え忍んでいる状態を許さないというものである。黙秘権を行使するという決断は，「もうこれ以上，あなたとはお話しません」とコミュニケーションを終了させる決定に他ならない[42]。そのため，被疑者が黙秘権を行使した場合は，被疑者が自らの意思で翻意しない限り，捜査官はそれ以上取調べを継続することができない[43,44]。被疑者が黙秘権を行使しているにも関わらず，捜査機関が取調べを継続し，あるいは「説得」が奏功して自白を得たとしても，当該取調べは供述を強制するものである以上，自白の任意性が否定されることになろう[45]。

(3) 黙秘権保障のための手続的保護措置

　Miranda 判決後，アメリカにおいて Miranda 法理を巡る論争が巻き起こった要因の1つに，権利放棄に関する矛盾がある。すなわち，Miranda 判決は，身体拘束下の取調べに内在する強制的な雰囲気によって黙秘権が効果的に保障されないおそれを指摘し，これを打破するために弁護人が立

---

39) 久岡康成「黙秘権」井戸田侃編『総合研究＝被疑者取調べ』（日本評論社，1991年）421頁。
40) 渕野・前掲注25）192頁。
41) 小坂井・前掲注7）439頁，後藤・前掲注18）155頁，上口裕「自己負罪拒否特権の意義と射程」村井敏邦・川崎英明・白取祐司編『刑事司法改革と刑事訴訟法〔上巻〕』（日本評論社，2009年）520頁。
42) 渕野貴生「取調べ可視化の権利性と可視化論の現段階」法時85巻9号（2013年）59頁。
43) 村井・前掲注25）146～147頁〔高田昭正執筆〕。
44) もっとも，アメリカでは，黙秘権の行使には明確性が要求されるため，「何も言わない」ことは黙秘権の黙示的放棄になると解されている。See North Carolina v. Butler, 441 U.S. 369 (1979); Davis v. United States, 512 U.S. 452 (1992); Berghuis v. Thompkins, 560 U.S. 370 (2010).
45) 後藤・前掲注18）155頁。

ち会うことを重視しながら、弁護人不在の中で被疑者が自己の権利を放棄することを認めていた[46]。そのため、権利放棄が任意に行われたか否かを判断する際には、事情の総合説に依拠せざるを得ない[47]。

また、黙秘権が「一切の供述を拒否すること」のみならず、「個々の質問に対して供述を拒否すること」も保障するものであれば、被疑者は、取調べの開始段階で黙秘権を行使するか否かを決断する義務を負わない。そのため、被疑者が取調べ開始時に黙秘権を明示的に行使していなかったとしても、これは「暫定的な状態」に過ぎず、黙秘権放棄を意味する訳ではない[48]。そうであれば、黙秘権を行使も放棄もしない「暫定的な状態」で取調べに応じ、途中から黙秘権を行使する場合が考えられる。

Miranda判決の矛盾を回避し、あるいは取調べ途中での黙秘権行使を実効的に保障するためには、弁護人の立会いが最も有用である。また、常に弁護人が立ち会うことが困難であるとすれば、権利放棄の有効性を事後的に確かめる手段として、録音・録画が有用かもしれない。この点については、本章「4. 補論——取調べ録音・録画制度の憲法的位置づけに関する一試論」で簡単に言及する。

(4) 黙秘権告知のあり方と不告知の効果

日本の最高裁は、黙秘権告知は憲法の要求ではないと解している[49]。その背景には、黙秘権は「威力その他特別の手段を用いて、供述する意思のない被告人に供述を余儀なくすることを禁ずる趣旨[50]」であるという

---

46) See Miranda v. Arizona, 384 U.S. 436, 475-476 (1966).
47) North Carolina v. Butler, 441 U.S. 369, 374-375 (1979).
48) 渕野・前掲注42) 62頁。なお、배종대・이상돈・정승환・이주원『신형사소송법〔제5판〕』(홍문사, 2013년) 345쪽。
49) 最大判昭和23年7月14日刑集2巻8号846頁、最三判昭和25年11月21日刑集4巻11号2359頁、最一判昭和27年3月27日刑集6巻3号520頁、最三判昭和28年4月14日刑集7巻4号841頁、最二判昭和28年5月1日集刑80号49頁、最二判昭和36年11月17日集刑140号181頁、最一判昭和43年12月19日集刑169号763頁、最一判昭和48年12月20日集刑190号989頁、最三判昭和59年3月27日刑集38巻5号2037頁、最一判昭和63年4月28日集刑249号521頁。
50) 最大判昭和24年2月9日刑集3巻2号146頁。

理解がある。そのため，具体的な強要等によって「現実に」被疑者の供述の自由が侵害されない限り，黙秘権侵害は認められない。確かに，この論理に基づけば，黙秘権告知の欠如それ自体は，供述の自由を「直ちに」侵害することにはならない。

　しかし，このような理解が狭きに失することは，既に述べた通りである。また，黙秘権告知は，黙秘権の存在自体を被疑者に知らしめ[51]，告知を行う捜査官に自戒の機会を提供するのみならず[52]，取調べに内在する「供述を強制する雰囲気」を緩和させる機能を有する[53]。とりわけ，身体拘束下の被疑者取調べに内在する「供述を強制する雰囲気」を直視する本書の立場からは，黙秘権告知は「取調べの場の心理的な構造を変革する」極めて重要な手続となる[54]。そして，「憲法は当該権利の実効的保障を要求している」という理解に基づけば，黙秘権告知は，黙秘権を実質的・実効的に保障するための手続的保護手段として[55]，憲法が要求する手続であるということになる。

　黙秘権告知を欠いた場合，当該取調べに内在する「供述を強制する雰囲気」は緩和されない。また，被疑者が黙秘権に無知である場合には，「その無知に乗じて供述を強要した」ことになる[56]。そうであれば，黙秘権告知を欠いた場合，当該取調べは黙秘権を侵害した取調べとなる[57]。そ

---

51) 田口・前掲注33) 138〜139頁。
52) 酒巻匡「捜査の終結・被疑者の権利」法教368号（2011年）71頁，河上和雄・中山善房・古田佑紀・原田國男・河村博・渡辺咲子編『大コンメンタール刑事訴訟法〔第2版〕第4巻』（青林書院，2012年）178頁〔河村博執筆〕等。
53) 河上ほか・前掲注52) 178頁〔河村博執筆〕等。See Miranda v. Arizona, 384 U.S. 436, 467-468 (1966)。
54) 松尾・前掲注35) 118頁。
55) 法学協会編『註解日本国憲法（上）』（有斐閣，1953年）661頁。
56) 平野・前掲注9) 179頁は，被告人に対する黙秘権告知の文脈で，上記のように述べている。このことは，被疑者に対する黙秘権告知にも妥当するであろう。
57) 被疑者が身体拘束されている場合には，取調べ受忍義務があると誤信することも少なくないことが予想されるため，取調べに応じる義務がない旨とともに，取調べに応じなくても何ら不利益を受けない旨を被疑者に充分に理解させる必要がある（熊本典道「執拗な取調による自白」警研43巻1号（1972年）69頁，熊本・前掲注2）82頁，熊本・前掲注24）191頁）。

こで獲得した自白は，黙秘権を侵害して獲得したものとして，任意性が否定される。

3．弁護人の援助を受ける権利

(1) 接見交通権

(a) 刑訴法39条3項の違憲性

最高裁は，いわゆる安藤・斎藤事件大法廷判決（平成11年判決）において，接見交通権は「憲法の保障に由来するもの」であるという従来の判例を踏襲し，接見等の申出があったときに，「捜査機関が現に被疑者を取調べ中である場合や…間近い時に右取調べ等をする確実な予定があって，弁護人等の申出に沿った接見等を認めたのでは，右取調べ等が予定どおり開始できなくなるおそれがある場合などは，原則として右にいう取調べの中断等により捜査に顕著な支障が生ずる場合に当たる《省略筆者》」と述べた[58]。

しかし，この判示には大きな問題がある。まず，（1）接見交通権を「憲法の保障に由来するもの」と位置づけている点である（仮に，「憲法34条由来論[59]」と称する。）。「憲法34条由来論」は，憲法が接見交通権を直接に保障している訳ではないという解釈の幅を持たせるものである[60,61]。これにより，接見交通権は「刑罰権ないし捜査権に絶対的に優先するような性質のもの」ではなく，「接見交通権の行使と捜査権の行使との間に合理的な調整」が図られれば，憲法34条の趣旨は「実質的に損なわれない」という「合理的調整」論が導かれることになる。しかし，接見交通権は，憲法34条が保障する弁護人依頼権の一内容であり，憲法上保障された権利

---

58) 最大判平成11年3月24日民集53巻3号514頁。
59) 指宿信「秘密交通権をめぐって―志布志事件接見国賠裁判を通じて考える―」成城81号（2012年）250頁を参照。
60) 上野勝「調整論批判」柳沼八郎・若松芳也編『新接見交通権の現代的課題―最高裁判決を超えて―』（日本評論社，2001年）142頁，加藤克佳「被疑者と弁護人の接見交通」井上正仁・酒巻匡編『刑事訴訟法の争点』（有斐閣，2013年）105頁。

である[62]。このことは，接見交通権規定の制定過程からも明らかである[63]。したがって，「憲法34条由来論」は採り得ない。

　もっとも，平成11年大法廷判決の論理は，接見交通権が憲法上の権利であったとしても，合理的調整を要求するものであると理解することもできる。そうであれば，問題の本質は「憲法34条由来論」自体ではなく，憲法上の権利を捜査権限によって制限し得るとしている点であろう。すなわち，「接見の希望と被疑者取調べ等ないしその間近で確実な予定とが抵触する場合には，『原則として』接見指定の要件がある」と理解する点に，最大の問題がある。この論理は，「接見の利益と取調べの利益とが対立する場合に，基本的に取調べの利益を優先させる」ことになる[64]。しかし，現行法が自由かつ秘密の接見交通権を保障した趣旨は，黙秘権を保障するためでもある[65]。平成11年大法廷判決の論理は，弁護人依頼権や黙秘権を保障した現行憲法に適合せず，現行法が自由かつ秘密の接見交通権を保障した趣旨を没却するものである。以上のように考えれば，判例が理解するような意味での法39条3項の接見指定規定は，違憲であるという評価を免れることができない[66]。

---

61) 河上和雄『最新刑事判例の理論と実務』（信山社，1990年）219頁は，「憲法34条由来論」について，「単に，憲法の保証《原文ママ》を推し進めて刑訴法の規定が生まれたというにすぎず，何ら秘密交通権が憲法上の原則になったことを明らかにしたものでもないし，憲法上の原則に由来するというのは，単にその原則の精神をより拡大したものにすぎない」と理解している。これに対して，寺崎嘉博「弁護人の役割—接見交通と効果的弁護—」現刑13号（2003年）46頁は，平成11年大法廷判決が「被疑者に対し，弁護人を選任した上で，弁護人に相談し，その助言を受けるなど弁護人から援助を受ける機会を持つことを実質的に保障している」と明示したことを挙げ，河上和雄の理解は最高裁の認めるところではないと指摘する。

62) 光藤景皎「接見交通権」井戸田侃編『総合研究＝被疑者取調べ』（日本評論社，1991年）655頁。

63) 三井誠「接見交通権規定の成立過程—立法者意思の解明—」『平野龍一先生古稀祝賀論文集　下巻』（有斐閣，1991年）269〜271頁。

64) 後藤昭「接見指定権の原理的問題」『福井厚先生古稀祝賀論文集—改革期の刑事法理論—』（法律文化社，2013年）150頁。

65) 司法事務研究会編『刑事訴訟法規』（鏡書房，1948年）巻末所収の「改正刑事訴訟法提案理由書」9頁，野木新一・宮下明義・横井大三『新刑事訴訟法概説〔追補訂〕』（立花書房，1949年）40頁。なお，三井・前掲注63）264頁を併せて参照。

(b) 刑訴法39条3項の解釈

法39条3項が憲法に反しないと考える場合，どのような解釈を行えば憲法の理念に適うかについて付言しておく。接見交通権は，憲法上の権利である。そのため，憲法上の権利の実質的保障という観点からは，弁護人依頼権を「実質的に損」い，延いては黙秘権の実質的保障を危険にさらす平成11年大法廷判決の論理に与することはできない。また，平成11年大法廷判決の論理は，取調べ目的の身体拘束を否定した法の趣旨とも矛盾する[67]。これらを踏まえると，法39条3項の「捜査のため必要があるとき」に，取調べは含まれない[68]。

そもそも，接見交通権は憲法上の権利であるのに対し，接見指定権限は法律上のものに過ぎず，「飽くまで必要やむを得ない例外的措置[69]」である[70]。取調べが「捜査のため必要があるとき」に含まれないとすれば，接見指定が認められる場合とは，厳密な物理的不能の場合に限られる[71]。具体的には，（1）被疑者が裁判所で勾留質問を受けていたり，逮捕から勾留請求までの時間制限を守るために検察庁に被疑者を送致している等，被疑者が「勾留すべき刑事施設」に居ない場合や，（2）被疑者の身体を直接の対象として検証や鑑定等の強制処分が行われている場合等が考えられる[72]。（2）被疑者の身体を直接の対象として検証や鑑定等の強制処分が行われる場合は，司法審査（憲法35条）及び利益保護手続（法222条）を

---

66) 村岡啓一「接見交通権問題にコペルニクス的転回はあるか―安藤・斎藤事件最高裁大法廷への論点回付を受けて―」法セミ531号（1999年）24頁，村田和宏「接見交通権と取調べの関係について」九法78号（1999年）92頁，若松芳也「不条理な刑訴法39条3項を削除せよ」柳沼八郎・若松芳也編『新接見交通権の現代的課題―最高裁判決を超えて―』（日本評論社，2001年）273〜278頁，高田・前掲注25）132〜140頁，村岡啓一「被疑者と弁護人の接見交通」法教389号（2013年）9頁等。
67) 平野・前掲注9）84〜85頁を参照。
68) 後藤・前掲注64）149頁。
69) 最大判平成11年3月24日民集53巻3号514頁。
70) 三井誠『刑事手続法（1）〔新版〕』（有斐閣，1997年）158頁。
71) 後藤・前掲注64）149頁。
72) 捜査の必要性が認められる場合を詳細に検討したものとして，渡辺修「接見交通権と刑訴法三九条三項の『捜査のため必要』の解釈―福島地裁郡山支部平成二年一〇月四日判決を素材にして―」神院20巻3＝4号（1990年）187〜191頁がある。

経ている限り，「捜査のため必要があるとき」に該当することになろう。なお，身体拘束の効力として，実況見分等への立会いを強制する余地はない[73]。したがって，被疑者が任意に実況見分等に応じている場合であっても，被疑者が接見を希望し，あるいは弁護人が接見を申し出た場合は，即時の接見を実現させなければならない[74]。先に例示した場合に行い得る接見指定は，「現在，被疑者を検察庁に送致している途中であるため，押送中は接見できない」等の指定となり[75]，物理的に「会えない時間」を示すものになる[76]。

　法39条3項の「捜査のため必要があるとき」に該当するとして，捜査機関が接見の「日時，場所及び時間」を指定し得るのは，極めて例外的な場合に限られる。仮に憲法34条と法39条3項が両立すると言いたければ，法39条3項は「確認的な意味しかない条文」であると理解する他ない[77]。

　(c) 接見交通権行使の効果と侵害に対する救済

　接見交通権が憲法上の弁護人依頼権の一内容であると理解すると，接見交通権の侵害は憲法上の基本権侵害にあたる。また，受忍義務否定説に立ったとき，被疑者が「弁護人と接見しなければ取調べに応じない」旨の意思を示したにも関わらず，取調べを目的として接見指定することは，黙秘権及び接見交通権の侵害にあたる。したがって，被疑者が弁護人との接見を希望した場合は，接見が実現するまでの間，それ以上の取調べを行うことができない。もちろん，接見が実現するまでの間の「説得」は，黙秘権の侵害にあたる。それゆえ，被疑者の接見交通権行使は，取調べ中止効を生じることになる。

　それにも関わらず，接見が実現するまでの間に捜査官が取調べないしは

---

[73] 実務では，身体拘束の効力として，被疑者の立会いを強制することができると解されている。この点について疑問が残ることは，取調べ受忍義務論との関係で既に述べた。
[74] 渡辺・前掲注72) 188～189頁。
[75] 福井厚『刑事訴訟法講義〔第5版〕』（法律文化社，2012年）191頁を参照。
[76] 田宮裕『刑事訴訟法〔新版〕』（有斐閣，1996年）152頁。
[77] 井上正仁・後藤昭・神洋明・田口守一・三井誠・山室惠・渡邉一弘「座談会　刑事訴訟法の現実とその問題点」ジュリ1148号（1999年）143頁〔後藤昭発言〕。

「説得」を行い，被疑者から自白を獲得した場合は，当該自白は黙秘権及び弁護人依頼権を侵害して獲得したものとなる。このような場合の救済手段として，（1）法39条3項の処分に対する準抗告（法430条）と（2）証拠排除が考えられる[78]。但し，準抗告による救済には，本質的な限界がある。接見交通権侵害に対して準抗告を申し出て，決定が下されるまでの間に被疑者が自白した場合には，準抗告による救済は実効性に乏しい。そうであれば，接見交通権を侵害して獲得した自白は，憲法上の弁護人依頼権を侵害するとともに，黙秘権を侵害するものであるとして，証拠排除しなければ，その救済は充分に図られない[79]。

　被疑者の接見交通権行使に伴う取調べ中止効を無制限に認めると，接見交通権行使後の取調べは一切不可能となる。そうすると，弁護人が「勾留すべき刑事施設」へ赴いて被疑者と接見する気がないにも関わらず，被疑者に対して「接見交通権を行使すれば，それ以降の取調べは一切行われないから，とりあえず権利行使するように」と助言すれば，無条件に取調べを回避することができることになる。被疑者に黙秘を勧め，取調べを拒否させたい弁護人にとっては，このような戦術を採ることは自然である。これに対しては，2つの考え方があり得る。まず，（1）被疑者に包括的な黙秘権と権利行使に伴う取調べ中止効を認めるのであれば，権利行使後は被疑者が自らの意思で翻意しない限り，いかなる理由であっても取調べを再開し得ないため，権利行使後は一切の取調べを行い得ないという考え方である。これは，アメリカの Edwards 判決[80]や Minnick 判決[81]の考え方に近い。これに対して，（2）取調べの必要性を強調し，一定の条件が認められる場合には，接見交通権行使後であっても取調べを再開し得るという考え方があり得る。これは，韓国の大統領令「検事の司法警察官吏に対

---

78) 新潟地決昭和48年12月4日刑月5巻12号1673頁，後藤昭・白取祐司編『新・コンメンタール刑事訴訟法〔第3版〕』（日本評論社，2018年）1158〜1159頁〔後藤昭執筆〕を参照。
79) この点については，韓国大法院の判例が参考になろう（대법원1990.8.24선고，90도1285판결，대법원1990.9.25선고，90도1586판결）。
80) Edwards v. Arizona, 451 U.S. 477, 484-485 (1981).
81) Minnick v. Mississippi, 498 U.S. 146, 153 (1990).

する捜査指揮及び司法警察官吏の捜査準則に関する規則」21条3項の考え方に近い[82]。

　両者の違いは，黙秘権行使と接見交通権行使を厳密に区別し得ると解するか否かと，捜査の必要性を強調するか否かによる。黙秘権を行使する際に，その理由を述べる必要はない。そうであれば，「弁護人と接見するまでは黙秘する＝取調べは受けない」という黙秘権行使と，単に「弁護人に会ってから話したい」という接見交通権行使を厳密に区別することはできない。権利行使に伴う取調べ中止効を前提とすれば，黙秘権行使と接見交通権行使は，限りなく接近することになる。加えて，憲法上の権利と「捜査の必要性」を天秤にかけることはできない。それゆえ，被疑者が接見交通権を行使した後は，被疑者が翻意した場合を除き[83]，実際に接見が実現するまで，いかなる場合であっても取調べを再開し得ない。もちろん，翻意するように捜査官が被疑者を説得することは許されない。説得過程は，供述の強要に他ならないためである。このように解さなければ，論理的整合性を欠くとともに，憲法上の権利の実質的保障という観点から不充分となる。弁護人が上記「戦術」を勧め，被疑者が「戦術」の意図を理解した上で，その「戦術」を採った場合であっても，接見が実現するまでの間は，被疑者が自らの意思で翻意した場合を除き，捜査機関はそれ以上の取調べを行うことができない[84]。

(2)　被疑者取調べへの弁護人立会権

(a)　弁護人立会権の理論構成

　被疑者取調べへの弁護人立会権が，黙秘権や弁護人依頼権を実質的・実効的に保障する上で最も有効であることに争いはない。また，黙秘権の防禦権的性格や弁護権の参加的機能からも，その必要性が強く認識されてい

---

[82]　同条項は，弁護人立会いに関して，「弁護人が相当な時間内に出席せず，又は出席することができないとき」には，被疑者が弁護人立会権を行使した後であっても，取調べを再開することができる旨を規定している。

[83]　*See* Edwards v. Arizona, 451 U.S. 477, 485 (1981); Minnick v. Mississippi, 498 U.S. 146, 156 (1990).

る[85]。第1部で確認したように，弁護人立会権を導く論理には，いくつかのバリエーションがみられる。

そもそも，取調べ受忍義務否定説を前提にすれば，被疑者が弁護人の立会いを条件に取調べに応じる意思を示した場合，捜査官が取調べを継続したいときは，弁護人を立ち会わせざるを得ない[86]。そのため，受忍義務否定説の論理的帰結として，弁護人立会いを導くことができる。しかし，受忍義務否定説に基づいて弁護人立会いを導いても，これを被疑者の権利として積極的に位置づけるためには，さらなる検討を要する。また，弁護人から立会いを要求した場合に，これに応じる義務を捜査機関に負わせることは困難である。

そこで，弁護人立会いを被疑者の権利（延いては，弁護人の固有権）として構成するためには，次のような論理が必要であろう。まず，憲法38条1項の黙秘権に基づき，黙秘権を実質的に保障するための手続的保護手段として，弁護人立会権を位置づけることができる[87]。これは，Miranda法理と同様の論理である。受忍義務を負わない被疑者が黙秘権を行使した場

---

84) 接見交通権の制約と関連して，施設法による接見交通権制約の可否が問題となる。具体的には，刑事収容施設法118条1項及び220条1項による時限の制約の可否である。刑訴法と施設法の関係は，一元的に理解すべきである（後藤・前掲注18) 115頁，中川孝博「未決拘禁制度についての理論的課題」自正56巻10号（2005年）50頁，葛野尋之『刑事手続と刑事拘禁』（現代人文社，2007年）5頁，緑大輔「弁護士等との外部交通と施設担当者の義務」福井厚編『未決拘禁改革の課題と展望』（日本評論社，2009年）191頁等）。一元主義を徹底すれば，刑訴法で定められた制約以外に，施設法上の「管理運営上支障があるとき」という抽象的な事由によって接見交通権を制約することはできない（山本正樹「拘置所接見の機会と時間についての考察」刑弁26号（2001年）79～80頁）。

なお，法務省と日弁連は，2007年に，夜間や休日の接見に関する申合せを行っている（日本弁護士連合会接見交通権確立実行委員会編『接見交通権マニュアル〔第19版〕』(2018年）149～150頁）。これにより，原理的な問題はさて措き，実務では一定程度「自由に」接見ができているという（日弁連接見確立実行委・上記マニュアル43頁）。これを，一元主義的な法運用に向けた過渡期的なものとして位置づけ（緑・上記論文192頁），より一層自由な接見交通権の保障を追求していなかければならない。

85) 葛野尋之『未決拘禁法と人権』（現代人文社，2012年）195～200頁。
86) 後藤・前掲注18) 170頁。

合，取調べは直ちに終了されなければならない。しかし，現実には，取調べ中止が保障されないおそれがある。そのため，黙秘権は，黙秘権を実質的・実効的に保障するための手続的保護手段を設けること自体を内在的に要求していると考えられる[88]。さらに，黙秘権と関連して述べたように，被疑者の権利放棄の有効性を担保する必要がある。そのために最も効果的な方法は，権利放棄の際に弁護人が立ち会うことであろう。もっとも，初回取調べ時点で弁護人を選任している被疑者は決して多くない。そのため，立法論として，初回取調べ時に弁護人立会いを実施する制度を検討する余地があるかもしれない[89]。

次に，憲法34条の弁護人の援助を受ける権利の一内容として，弁護人立会権を位置づけることができる[90]。これは，韓国における弁護人立会権の理論構成と同様のものである。既に確認したように，日本の憲法34条は，韓国憲法12条4項と同様に，被疑者段階においても弁護人依頼権を保障している。したがって，弁護人の援助を受ける権利の具体化という韓国型の理論構成によっても，弁護人立会権を導くことができる。この場合，弁護人立会権の根拠として，弁護人依頼権と接見交通権を区別するか否かが問題となる。ここで参考になるのが，接見施設がないことを理由に接見を拒否することの可否が争われた最高裁平成17年判決である[91]。この判決は，

---

87) 村井敏邦「『ミランダ』への道」法セミ436号（1991年）107頁，松尾浩也・鈴木茂嗣編『刑事訴訟法を学ぶ〔新版〕』（有斐閣，1993年）151頁〔村井敏邦執筆〕，小坂井・前掲注7）440頁等。
88) 渕野・前掲注42）60頁。
89) このような制度設計をする際には，かつて韓国において提案された「捜査機関常勤弁護士制度」が示唆に富むように思われる。これは，弁護士を第三者機関に所属させ，（1）身体拘束の初期段階における必要的接見，（2）捜査過程における違法の有無の監視，（3）捜査機関への調査権限を有する公的機関への違法の報告等の業務を担わせることを構想するものである（이동희「피의자신문의 현황과 개선책」형사법연구20호（2003년）250～253쪽）。이동희의 제안에 대해서는，安部祥太「韓国における国選弁護制度―被疑者の国選弁護を中心に―」青社41巻1号（2012年）149頁注（115）を参照。Miranda 判決も，「警察署付弁護士（station house lawyer）」を常駐させる制度構想を示した判事がいたことを示唆している（Miranda v. Arizona, 384 U.S. 436, 474 (1966)）。
90) 芦部信喜編『憲法Ⅲ―人権（2）―』（有斐閣，1981年）151頁〔杉原泰雄執筆〕等。

接見施設がないことを理由に接見を拒否したとしても違法ではないとした上で，弁護人等の意向次第では，いわゆる「面会接見」ができるように「特別の配慮」をすべき義務が検察官にあると判示した。もちろん，憲法34条に基づく接見交通権の秘密性の要求を最高裁が「あっさりと捨て去っている」点は，看過することができない[92]。しかし，本書との関係で示唆的なのは，「弁護人等の意向を確かめ，弁護人等がそのような（立会人の居る部屋での短時間の『接見』など…秘密交通権が十分に保障されないような態様の短時間の《挿入・省略筆者》）面会接見であっても差し支えないとの意向を示した」場合には，弁護人又は被疑者が接見の秘密性を処分し得ることである。接見交通権が憲法上の権利として絶対的に保障されるものであり，取調べのための接見指定は観念し得ず，「弁護人等の意向」によって秘密性を処分することが可能であれば，接見交通権の一形態として取調べへの弁護人立会権を認めることができるように思われる。かつて，接見交通権の一形態として弁護人立会権を導く見解が示されたことがある[93]。これに対しては，接見交通権を秘密交通権と「面会接見」に分けることの妥当性について疑問が呈されていた[94]。しかし，その後，上述の平成17年判決が「面会接見」を正面から認めたことで，このような疑問に対する回答は得られたように思われる[95]。但し，弁護人立会権を接見交通権の一形態として位置づけることと，憲法34条の弁護人依頼権の一内容として理解することの区別に，どの程度の実益があるかは明らかではない。本書が，法39条の接見交通権を，憲法34条の弁護人依頼権の一内容な

---

91) 最三判平成17年4月19日民集59巻3号563頁。
92) 渕野貴生「接見施設がないことを理由とする接見拒否の可否と検察官の接見配慮義務」法セミ607号（2005年）124頁。
93) 川島健治「身柄拘束下での取調べに対する弁護権」青法36巻2＝3合併号（1995年）352頁。
94) 多田・前掲注8）335頁。
95) 接見施設で接見しなければならない法律上の理由は，法39条2項のみであると思われる。他方，取調室も，基本的には捜査機関の建物内に存在し，「被告人又は被疑者の逃亡，罪証の隠滅又は戒護に支障のある物の授受を防ぐため必要な措置」を講じ得る場所であろう。そうであれば，施設管理上の問題を理由として，取調室での接見を禁じることは困難である。

いしは具現化として理解しているためである。少なくとも，憲法は34条で弁護人立会権を認めており，刑訴法上も39条1項の接見交通権によって弁護人立会権を説明することができると理解すれば足りるであろう[96]。

なお，第1部で述べた通り，弁護人立会権の法的根拠は，総合的に考慮すべきである[97]。黙秘権と弁護人依頼権は，互いに矛盾するものではなく，むしろ相互に連関する。被疑者取調べへの弁護人立会権は，憲法38条1項及び憲法34条と，刑訴法39条1項を根拠として，現行法から導くことができるのである[98]。

(b) 弁護人立会権行使の効果と侵害に対する救済

被疑者が弁護人立会権を行使した場合の効果や，権利が侵害された場合の救済手段は，基本的には接見交通権の場合と同様である。すなわち，弁護人立会権は憲法38条1項及び憲法34条から導かれる憲法上の権利であるため，被疑者が権利行使した場合には，実際に弁護人が取調べに立ち会うまでの間，捜査官は取調べを継続することができない。このことは，受忍義務否定説の帰結でもある。そのため，被疑者が弁護人立会権を行使した場合，取調べ中止効が生じることになる。

それにも関わらず，弁護人が実際に立ち会うまでの間に捜査官が取調べないしは「説得」を行い，被疑者から自白を獲得した場合は，当該自白は黙秘権及び弁護人依頼権を侵害して獲得したものとして，任意性が否定さ

---

[96] 韓国においても，弁護人立会権の法的性質に関する争いがある。憲法裁判所2004年決定は，接見交通権の一内容として弁護人立会権を認めた（헌법재판소2004.9.23선고, 2000헌마138결정）。しかし，2007年の刑訴法改正によって，接見交通権とは別に弁護人立会権が設けられたことや，弁護人の意見陳述権が認められていることを根拠に，接見交通権とは別個の権利として弁護人立会権を位置づける見解が一般的である。もっとも，韓国刑訴法34条は「身体拘束を受けている被告人又は被疑者と接見し」と規定しているものの，任意同行された被疑者も弁護人との接見交通権を有するとされている（대법원1996.6.3선고, 96모18결정）。したがって，弁護人立会権の理論的根拠を接見交通権に求めたとしても，その帰結は弁護人依頼権に依拠した場合と異ならない。

[97] 渡辺・前掲注33）216頁，高野隆「被疑者の取調べにどのように対処するか」竹澤哲夫・渡部保夫・村井敏邦編『刑事弁護の技術（上）』（第一法規出版，1994年）99〜100頁等。

[98] 高田・前掲注25）100頁。

れる[99]。

　被疑者が弁護人立会権を行使した場合も，接見交通権の行使と同様に，取調べ中止効の限界に関する問題が生じる。とりわけ，接見と比較して時間的・技術的負担が大きい立会いでは，この問題が顕著に表れるおそれがある。しかし，弁護人立会権の法的根拠や意義に照らせば，接見交通権の場合との間に差異は生じない。また，画一的な基準を設けて，取調べ中止効の限界を定めることも困難である。被疑者が接見交通権を行使した場合と同様に，弁護人立会権を行使した場合も，弁護人立会いが実現するまでは，被疑者が自らの意思で翻意した場合を除き[100]，取調べを再開し得ない。

4．補論――取調べ録音・録画制度の憲法的位置づけに関する一試論

　被疑者取調べを巡る近時の議論は，取調べ録音・録画を中心としてきた。他方で，本書は，被疑者取調べを憲法に基づいて規制するために，黙秘権と弁護人依頼権の実効的・実質保障を展望してきた。そのため，制度として導入された取調べ録音・録画については，別稿に譲った。確かに，取調べ録音・録画を被疑者の権利として積極的に構成する見解も見られる。その代表例は，憲法38条1項に基づく論理である。しかし，法301条の2は，録音・録画を権利として構成していない。学説も，権利性を否定する見解が多いように思われる[101]。以下では，補論として，ごく簡単に本書の立場を示しておく。

　本書は，Miranda法理及び韓国における適法手続原則を踏まえ，「憲法は，事前に保護手段を講じなければ権利保障が実現しないにも関わらず，法規範にこれが欠けている場合には，当該権利の解釈により合理的な限度

---

99) 대법원2013.3.28선고, 2010도3359판결を参照。
100) この場合に，翻意するように捜査官が被疑者を説得することは許されない。See Edwards v. Arizona, 451 U.S. 477, 485（1981）; Minnick v. Mississippi, 498 U.S. 146, 156（1990）.

で，手続的保護手段を採ることを要求している」ことを明らかにした。換言すれば，憲法の要求であるというためには，当該手続的保護措置が採られなければ，当該権利が実質的・実効的に保障されないという関係が必要である。この基準に照らすと，録音・録画が憲法38条１項の要求であると解するには疑問が残る。確かに，取調べを録音・録画すれば，捜査機関を牽制することができ，違法・不当な取調べを一定程度事前に抑止することができる。しかし，身体拘束下の取調べに内在する「強制的な雰囲気」が完全に除去されることはない。この点は，かつて捜査機関が主張していた「信頼関係構築論」に対する反論が示唆するところでもある。捜査機関は，録音・録画することにより（あるいは，録音・録画機材が取調室内に存在することにより），被疑者が心理的に萎縮し，供述しにくくなるとして，録音・録画に反対していた[102]。これに対して，小坂井久は，「取調べが開始され，それが当然の状況となれば，被疑者の側も，まもなく録画機・録音機の存在など忘れてしまい，取調べの弊害にはなら」ないと反論していた[103]。本書は，信頼関係構築論に与しないし，小坂井の反論を否定するものでもない。しかし，被疑者が「録画機・録音機の存在など忘れてしま」うのであれば，録音・録画が，取調べに内在する「強制的な雰囲気」を取り除くことは難しそうである。そうであれば，録音・録画は，捜査機関への牽制に留まり，黙秘権侵害自体の防止策として過度に期待することはできない。このような意味で，録音・録画は，黙秘権保障のための不可欠な手段であるとは評し難い[104]。録音・録画措置が採られなければ，黙

---

101) 佐藤隆之「被疑者取調べの適正化」ジュリ1370号（2009年）105頁，大久保隆志「『被疑者取調べの可視化』について」広島ロー７号（2011年）165頁，堀田周吾「取調べの録音・録画と被疑者の権利」首法52巻２号（2012年）273頁，川出敏裕「取調べの『可視化』」井上正仁・酒巻匡編『刑事訴訟法の争点』（有斐閣，2013年）31頁，京明「要支援被疑者の取調べの適正化―現状と課題―」法時85巻９号（2013年）65頁，堀江慎司「取調べの録音・録画制度」論ジュリ12号（2015年）55〜57頁など。
102) 重松弘教・桝野龍太『逐条解説　被疑者取調べ適正化のための監督に関する規則』（東京法令出版，2009年）３頁，法務省「被疑者取調べの録音・録画の在り方について―これまでの検討状況と今後の取組方針―」（2010年６月）５〜９頁等。
103) 小坂井久『取調べ可視化論の展開』（現代人文社，2013年）69頁。

秘権が実質的・実効的に保障されないという関係は認められないのである[105]。したがって，憲法38条1項を根拠に，被疑者の権利として録音・録画を位置づけることはできない。

　但し，受忍義務否定説を前提にすれば，被疑者が録音・録画を条件に取調べに応じる意思を示したとき，捜査官が取調べを継続したい場合は，取調べを録音・録画せざるを得ない。この論理は，受忍義務否定説から弁護人立会権を導く見解を応用したものである[106]。しかし，このようにして録音・録画を導いても，弁護人立会権と同様に，被疑者の権利として積極的に位置づけるためには，さらなる検討を要する。弁護人が録音・録画を要求した場合に，これに応じる義務を捜査機関に負わせることが困難である点も，弁護人立会権の場合と同様である。

　他方で，録音・録画によって，黙秘権を侵害して獲得された自白の証拠利用を禁止できる点は重要であろう。すなわち，取調べ録音・録画を自白法則と関連させて理解するのである[107]。この場合，憲法38条2項を根拠として，被疑者が国家に対して任意に供述し得る環境の確保を求め得るとすれば，録音・録画が権利性を帯びるかもしれない[108]。しかし，憲法38条2項の「名宛人」は国家あるいは裁判所であり[109]，文言上無理があろう。もっとも，憲法は，任意性のある自白のみを証拠採用することを国家に要求している。もし，当該自白の任意性を判断するにあたって，取調べと供述過程を録音・録画し記録した媒体が有効な資料であるとすれば，取調べ録音・録画を，任意性を認めるための憲法上の条件として位置づけることはできそうである。もちろん，技術の発展等に伴い，録音・録画より

---

104) 佐藤・前掲注101) 105頁，川出・前掲注101) 31頁。
105) 本書と反対の理解として，渕野・前掲注42) 62〜63頁がある。
106) 後藤・前掲注18) 170頁を参照。
107) 上田信太郎「取調べ可視化についての一考察」広島ロー7号（2011年）181頁。
108) 髙内・前掲注10) 473〜474頁は，自白法則も被疑者・被告人の「積極的権利」として構成されるべきことや，GHQ が憲法制定当時に弁護人不在の状態でなされた自白を排除する案を検討しており，その代替案として38条2項が設けられた経緯等を挙げ，憲法38条2項を「取調べの任意性を被疑者・被告人みずから担保する権利」として理解すべきであると主張する。
109) 吉沢徹「取調べの可視化の是非について」広島ロー7号（2011年）198頁。

も任意性判断にとって有用や手段・方法が新たに誕生するかもしれない。また，憲法38条2項が直ちに録音・録画を要求していると解することは困難であろう。そのため，この憲法上の条件は，修正5条の自己負罪拒否特権とMiranda法理の関係のように，予防法則として位置づけることになる。この立場を採った場合，当該自白の任意性が争われた際に，任意性を認めるためには，録音・録画記録媒体による立証を行わなければならない。このような理解は，法301条の2が規定した録音・録画制度を理論的に説明できる。

　録音・録画制度は，黙秘権が効果的に保障されたか否かを事後的に検証することを可能にする。しかし，取調べ録音・録画を適切に行ったとしても，黙秘権が効果的に保障された適正な取調べを直ちに導き得るかについては疑問が残る[110]。取調べの全過程を録音・録画したとしても，捜査官が取調べ外で被疑者に働きかけを行った場合，これを適切に遮断することはできない。また，取調べが録音・録画されていること自体が，当該取調べで得られた自白の任意性を担保することにはならない。同様に，取調べが録音・録画されていること自体が，当該取調べで得られた自白の信用性を担保することにはならない。「任意になされた嘘の自白[111]」を見抜くことは，心理鑑定等の専門的技法を用いなければ困難である[112]。さらに，録音・録画記録媒体の証拠法的取扱いや心理学的な問題点を踏まえると，録音・録画の効果を過大視することはできない[113]。これらの問題を踏まえつつ，本書が示した取調べ規制との関係を考えると，取調べ録音・録画の位置づけは，次のようになる。

　取調べ録音・録画は，取調べ過程の透明性を高め，違法・不当な取調べを一定程度事前に抑止する。また，憲法の要求である黙秘権告知の有無・

---

110) 白取祐司「捜査の可視化と適正化」自正54巻10号（2003年）85頁。
111) 後藤昭「自白法則と補強法則」法時61巻10号（1989年）35頁。
112) 高木光太郎「足利事件の虚偽自白事例から取調べの科学化について考える」法と心理12巻1号（2012年）16頁。
113) 安部祥太「被疑者取調べの録音・録画と記録媒体の証拠法的取扱い」青山ローフォーラム3巻1号（2014年）125〜163頁。

適正性を事後的に判断するためにも有用である。そのためには，権利告知を含めた取調べ過程を録音・録画しておく必要がある。被疑者の黙秘権行使に伴う取調べ中止効を担保するためには，弁護人立会いが最も有効である。しかし，すべての取調べに弁護人が立ち会うことは困難である。そこで，録音・録画により，被疑者の権利行使によって取調べが中止されたか否かを事後的に判断することができる[114]。被疑者が自らの意思で供述することを選択した場合，弁護人が立ち会っていれば，有効な放棄が担保され，基本的には争いは生じない。しかし，被疑者・弁護人・捜査官の間で，被疑者の意思決定に対する認識が食い違った場合，結局は水掛け論に陥る。また，常に弁護人が取調べに立ち会うことは困難である。もちろん，本書の理解に基づけば，被疑者が弁護人立会権を行使した場合，現実に弁護人が立ち会うまで取調べを行うことができないため，「常に弁護人が取調べに立ち会うことは困難である」ことを前提とすることは，延いては取調べ受忍義務を前提とした議論を展開することになる。その意味では，弁護人立会いの困難性を想定する必要はないかもしれない。しかし，理論的には，被疑者が弁護人立会権を行使しつつ，弁護人が到着するまでの間は弁護人不在のまま取調べに応じることはあり得る。弁護人立会権は，全取調べに必要的に弁護人を立ち会わせる権利ではなく，被疑者に処分権が認められた権利であるためである。そうであれば，このような場合に，弁護人が到着するまでは弁護人不在のまま取調べに応じるという被疑者の意思表明や，有効放棄を証明するためにも，録音・録画記録が有用であろう（弁護人立会権を認めつつ，弁護人不在の中での権利放棄を認めた Miranda 法理の問題点

---

114) 仮に，弁護人立会いの下で被疑者が黙秘権を行使したにも関わらず，捜査官が「意思確認」を超えた説得を行い，被疑者が自白した場合，弁護人は公判段階で黙秘権侵害を主張することになる。しかし，それを証明する術は，弁護人自らの証言のみである。そうであれば，これまでと同様に水掛け論に陥ることになる。これを回避するためにも，録音・録画が必要になる（なお，金岡敏裕「不当な取調べに対する対応」刑弁79号（2014年）24頁が挙げる事例も参照）。録音・録画された取調べで，被疑者が黙秘権を行使した場合，従前のような長時間の説得は行いにくくなることが期待されている（後藤貞人「黙秘権行使の戦略」刑弁79号（2014年）22頁）。

も回避できる)。

　なお，弁護人立会いの下，被疑者が有効に黙秘権を放棄し，自らの意思で自白した場合であっても，常に任意性がある訳ではない。そのため，当該自白を証拠として許容するためには，任意性立証が不可欠となる。確かに，有効放棄後，弁護人立会いの下で行われた自白の任意性を公判で争う場合は想定し難いため，録音・録画をこのような形で用いることは，現実には少ないかもしれない。しかし，捜査段階と公判段階で弁護人が交代したり，第一審と控訴審以後で弁護人が交代することは考えられる。そして，新たに選任された弁護人が，以前の弁護人の弁護活動の不備等を指摘することはあり得る[115]。そうであれば，弁護人立会いの下，被疑者が有効に黙秘権を放棄し，自らの意思で自白した場合であっても，取調べの全過程を録音・録画し，事後的に検証し得る状態を整えておく必要があろう。

　いずれにしても，被疑者取調べ適正化の基軸は，権利行使に伴い取調べ中止効を生じさせる黙秘権の実効的な保障である。そして，被疑者の自由な意思決定を確保する前提条件としての手続保障を構築すること自体が，黙秘権保障の内実から要請される。その結果，弁護人立会権や絶対的な接見交通権，権利行使に伴う取調べ中止効が導かれる。これに対して，取調べ録音・録画は，これらの権利が現実に保障されたか否かを事後的に確認するとともに，保障されない状況で獲得された自白を排除するための二次的措置である。取調べ録音・録画は，それが全過程を記録したものであったとしても，「基本的には取調べの適正化が確保されているかを検証するための手段であって，かならずしも取調べの適正化そのものではない」のである[116]。したがって，取調べ録音・録画を被疑者の権利として位置づけることはできない。他方で，憲法は，任意性のある自白のみを証拠採用するよう国家に要求している。そのため，取調べ録音・録画は，自白の任

---

[115] 足利事件は，このようなケースの典型例であろう（最二決平成12年7月17日刑集54巻6号550頁を参照)。

[116] 三島聡「捜査ないしは取調べの適正化—宇和島誤認逮捕事件の検討とその教訓—」『刑事法における人権の諸相—福田雅章先生古稀祝賀論文集—』（成文堂，2010年）55頁。

意性を認めるための憲法上の要求として位置づけることができる。

このような理解は，録音・録画の権利性を積極的に説いてきた論者の見解とも矛盾しない。たとえば，小坂井久は，録音・録画を次のように位置づけている。「弁護人立会は，現実問題としては，弁護士の個別的な能力，関与の仕方などに依存し，バラツキが生じることは避けられない。主観性に留まるところもある。それによって全てカバーできるわけではない。それゆえ，可視化を欠かすことはできない。弁護人立会も可視化とともに必要であるが，以上のような意味においては，可視化は唯一の適正化手段なのである。このように，可視化なくして，取調べの適正化はなく，そのような適正化なくして，供述の自由はない。」と[117]。そして，脚注で，「アメリカのように取調べ拒否を常態化させるなら，別の議論をすべきこととなろう」と指摘している。「可視化論」を重視する傾向は，単に「現実的」であるという理由に加え，裁判員裁判や裁判の迅速化を見据えた「必要性」に基づくものでもあろう。そして，問題が山積した現在の被疑者取調べを前提に，適正化方策を探るものである。その結果，過度に「任意性・信用性立証の効率化」が強調されてきた[118]。これに対して，本書は，現行憲法及び現行刑訴法の解釈論として，黙秘権を軸とした取調べ規制を憲法が要求していることを示した。これは，今までの「可視化論」の前提とは異なる。そのため，本書における録音・録画の位置づけは，小坂井がいう「別の議論」の帰結に他ならない。その意味では，これまでの「可視化論」を否定するものではない。

---

117) 小坂井・前掲注103) 19頁。
118) 中川孝博「取調べの可視化は進展したか・改善されたのか」法セミ630号（2007年）26頁。

第3章

予想される批判への反論と今後の課題

　本書が主張した被疑者取調べの憲法的規制は，これまでの議論と比較して，結論において真新しいものではない。しかし，歴史的沿革により類似した制度を有する韓国における Miranda 法理の継受と変容を概観した上で，既存の議論と同様の結論が導かれることを明らかにした。これは，従前の議論の憲法的正当性を示している。現行憲法及び現行刑訴法の下で被疑者取調べを行うためには，少なくとも第2章で示した「憲法的要求」を充たす必要がある[1]。

1．予想される批判と反論

　捜査実務家は，被疑者取調べは刑事政策に資すると考えている[2]。そして，被疑者から自白を獲得することは，延いては治安の維持に繋がると考えている。この一連の過程で，被疑者と心を通わせ，信頼関係を築くことが欠かせないという[3]。しかし，仮に取調べや自白獲得に刑事政策的機能があると仮定すれば，それは被疑者が良心の下で自発的に自白した場合に限られる。そのためには，被疑者の良心を保護し，被疑者が自ら取調べに

1）熊本典道『刑事訴訟法論集』（有斐閣，1988年）82〜86頁は，本書と同旨の取調べ規制策を展開した上で，「判例による憲法的刑事訴訟法の解釈・運用による刑事訴訟法の発展」を期待することができないとして，立法による解決を提案する。

2）なお，司法制度改革審議会「司法制度改革審議会意見書」（平成13年6月12日）50頁も参照。

3）稲田伸夫「被疑者の取調べ—検察の立場から—」三井誠・馬場義宣・佐藤博史・植村立郎編『新・刑事手続Ⅰ』（悠々社，2002年）198〜199頁，本江威憙「取調べの録音・録画記録制度について」判タ1116号（2003年）5〜7頁。近時のものとして，富松茂大『自動車事故の供述調書作成の実務—取調べの基本と応用—』（立花書房，2016年）71頁等。

応じ，任意に供述し得る環境が，法的にも実際にも整えられなければならない。取調べに「真の贖罪」を求め，これを期待するのであれば，強制的要素は一切観念し得ないのである[4]。したがって，本書に対して，取調べの刑事政策的側面に基づいた反論を展開することは失当である[5]。

　また，いわゆる「信頼関係構築論」に基づく反論も，次の理由で失当である。本書が示した憲法的規制を実現させたとしても，被疑者と捜査官の間に信頼関係が築かれることはない。犯罪の嫌疑をかけられ，訴追されることが見込まれる一個人と，強大な捜査権限を有し，訴追を試みる捜査機関の間に，真の信頼関係は築き得ない。被疑者が捜査官と心を通わせようと働きかけたとしても，それは「恩恵」を求めて迎合したに過ぎない。捜査官が信じる「信頼関係」は，被疑者が捜査官に対して行った「悲しい迎合」なのである。なお，地下鉄サリン事件の実行犯である林郁夫は，手記の中で，取調官への信頼が「心を立て直す支え」になったと述懐している[6]。これに対して，酒井安行は，「悲しい迎合」による自白を強いられた被疑者が，「それによる自己のプライド崩壊の危機を回避するために，相手の人格に感動，共感して，自分の意思で自白したのだ，と自ら思い込ませようとすることは十分に考え得る」と看破している[7]。捜査官が被疑者と「心を通わせたとき」とは，被疑者が捜査官の意を汲み，これに対して捜査官が恩恵的パターナリズムの構造の中で被疑者を「赦した」ときに他ならない[8]。「信頼関係構築論」も，本書の主張に対する反論になり得

---

4) 平野龍一『捜査と人権』（有斐閣，1985年）94〜95頁も同旨である。
5) 仮に取調べや自白獲得の刑事政策的機能を認めるとしても，これはあくまでも副次的なものに過ぎない。そもそも，刑事手続の一方当事者である捜査機関に，被疑者の反省を促す権利も役割もない。被疑者の「良心」が保護された状況で，自らの意思で自白をした場合には，相手が捜査機関でなくても，反省・贖罪意識は芽生えるであろう。副次的な一側面を過度に強調する「刑事政策的機能」論は，正鵠を射ていない。
6) 林郁夫「オウムと私―『忘れないこと』それのみが今の私にできることです。―」文藝春秋76巻7号（1998年）94〜172頁。重松弘教・桝野龍太『逐条解説　被疑者取調べ適正化のための監督に関する規則』（東京法令出版，2009年）4〜5頁を併せて参照。
7) 酒井安行「取調べの録音・録画と日本の刑事司法」青法53巻1号（2011年）166頁。

ない。

　さらに，実体的真実発見を重視する立場からは，本書に対して，取調べの真相解明機能を阻害することになるという批判が向けられることが予想される。確かに，取調べにおいて明らかにしようとする真実が，客観的証拠の裏付けに限られるのであれば，「証を得て人を求む」捜査は実現するかもしれない。しかし，捜査官も人間である以上，独自の心証を形成し，それを追認させるプロセスから自由になれない。捜査官が経験豊富であり，それに裏打ちされた「鋭い勘」を働かせられる者であれば，この心理的メカニズムにより一層強く支配されるであろう。そうであれば，取調べにおいて明らかにしようとする真実は，「被疑者が追認した捜査官の筋書き」となりかねない[9]。これは，被疑者の憲法上の諸権利を制限・侵害してまで明らかにしなければならない「真実」ではない[10]。むしろ，真実発見を阻害する「真実」であろう。憲法や刑訴法も，このような「真実」を想定していない。本書が示した取調べ規制が真実発見機能を阻害するという批判は失当である。

2．今後の課題

(1) 取調べ手続の再構成と新たな捜査手法の検討

　もっとも，真実発見も，刑事訴訟法の重要な目的である（法1条）。そうすると，新たな問いが生じる。被疑者取調べと真実に関する問いである。まず，本書が示した取調べの憲法的規制が実現した後に，いかに「真実」

---

8) 浜田寿美男『自白の研究―取調べる者と取調べられる者の心的構造―〔新版〕』（北大路書房，2005年）237～238頁。
9) Miranda判決も，「被疑者が有罪であると確信している雰囲気は，被疑者が抵抗する意思を削ぐ。被疑者は単に，警察が供述させようとして作成した先入観に基づく物語を確認するのみである」と指摘していた（Miranda v. Arizona, 384 U.S. 436, 456-458 (1966))。
10) 韓国の2007年改正法の立法者は，「韓国社会の時代的要請は，実体的真実の発見よりも，被疑者・被告人の人権保護に重要な価値を見いだすことである」と考えている（김재윤「개정 형사소송법상 인권보호와 정의실현 간의 충돌과 타협—제308조의 2 위법수집증거배제법칙을 중심으로—」영남법학26호（2008년）65쪽）。

を発見するかという問題がある（真実発見の方法論）。たとえば，アメリカでは，被疑者が弁護人立会権を行使した場合，実際に弁護人が立ち会って取調べが行われることは稀である[11]。取調べ中止効によって，取調べが打ち切られたままになるのである。これは，弁護人立会権が修正5条の自己負罪拒否特権に基づくものであるため，「弁護人選任権者」が存在しないことも影響しているであろう。そのため，被疑者が弁護人立会権を行使した場合，捜査機関は，一切の取調べを諦めなければならない。イギリスでも，PEACEモデルに基づいた情報収集技法が採られており[12]，被疑者取調べで自白を獲得することを相当程度諦めている。イギリスにおける取調べ手続は，被疑者から充分に弁解を録取した上で，事前に準備・整理した客観的証拠を示し，被疑者の弁解との矛盾を突きつけていく。仮に被疑者が虚偽の弁解をした場合，嘘を重ねることになり，主張が破綻していく。その様子を録音・録画し，公判廷に提出する。事実認定者は，被疑者が弁解に窮している場面を視聴し，心証を形成していく。これらの手続は，被疑者の供述によって「真相」を解明するアプローチとは距離がある。それでも，アメリカやイギリスにおいて，刑事訴追ができないわけではない。物的証拠の収集手段や，刑事実体法における主観面の取扱いが異なるためである。同様に，日本において取調べの憲法的規制が実現した場合，主観面に過度に依拠しない実体法の検討は不可避である[13]。また，物的証拠の多様な収集手段や，事実認定に関する裁判実務慣行，証拠法の検討も必要になるかもしれない。これは，日本の刑事法全体の本質的・根本的な変革を要する。このような意味で，一種の「バーター論」は避けられない部分がある。

　また，本書が主張する憲法的規制は，「取調べ禁止説」ではない以上，

---

11) 小坂井久『取調べ可視化論の展開』（現代人文社，2013年）18頁注（47）。
12) 山上圭子「英国における取調べの録音制度について」ひろば56巻7号（2003年）71〜80頁，白川靖浩「イギリスにおける被疑者取調べについて（下）」警論60巻6号（2007年）81頁，指宿信『被疑者取調べと録画制度—取調べの録画が日本の刑事司法を変える—』（商事法務，2010年）265〜313頁等。
13) 横山晃一郎『誤判の構造—日本型刑事裁判の光と影—』（日本評論社，1985年）69頁。

被疑者が自由意思で捜査官に供述する場面は想定される。その場面に，弁護人が立ち会うこともあり得よう。そのような空間で，捜査官と被疑者の共同作業によって解明する真実とは何か（被疑者取調べにおける真実観）も検討する必要がある。このことは，何のために取調べを行うかという問いを含意している（被疑者取調べの意義・役割の再検討）。黙秘権が充分に保障され，権利行使によって取調べ中止効が生じる中で，捜査官と被疑者のコミュニケーションによって「真実」発見を目指すのであれば，少なくとも「反省を求める取調べ」は観念し得ない。従前の取調べ観を改め，取調べ手続の意義・役割を再検討する必要がある。その際には，心理学などを踏まえた「取調べの高度化」という観点から，取調べというコミュニケーションに真実発見機能を期待し続けて良いかについても問われることになろう[14]。

なお，この点と関連して，受忍義務（出頭・滞留義務）を事実上認めた上で，弁護人立会いの下で取調べを行った方が，日本の刑事司法に馴染み，かつ真実発見を犠牲にしなくて済むのではないかという反論が予想される[15]。この見解は，日本の刑事司法における検察官の捜査手続への関与の度合いや，起訴・不起訴判断において自白が果たす影響，「『真実』という言葉に，被疑者の無実という消極的な意味をも含めれば，まさしく被疑者こそが『真実』を知っている」という理解等を踏まえると，取調べ中止効を肯定するアメリカ型の取調べ（ないしは「原則黙秘」を慫慂する弁護方針）は被疑者に不利益に働くことがあるという実務的な問題意識に基づく。そのため，「総合考慮説に基づく個別的黙秘権行使」を前提に，これを弁

---

[14] 高木光太郎「足利事件の虚偽自白事例から取調べの科学化について考える」法と心理12巻1号（2012年）16～22頁，仲真紀子「科学的証拠にもとづく取調べの高度化―司法面接の展開とPEACEモデル―」法と心理12巻1号（2012年）27～32頁等を参照。なお，酒井・前掲注7）145～170頁は，捜査実務家による文献を詳細に検討した上で，心理学研究から得られる知見を用い，現在の取調べの真実発見機能に疑問を呈している。このような視点を敷衍させる必要があろう。

[15] 佐藤博史『刑事弁護の技術と倫理―刑事弁護の心・技・体―〔補訂版〕』（有斐閣，2011年）73～91頁を参照。渡辺修『基本講義 刑事訴訟法』（法律文化社，2014年）64～65頁も同旨であると思われる。

護人立会いによって実現するイギリス型の取調べ手続を追求すべきであるという反論である。確かに，現在の日本の刑事司法を前提とすれば，この主張は説得的かもしれない。しかし，黙秘権の意義や権利行使の効果については，既に本書で示した通りである。その上で，本書が「取調べ禁止説」を採らない以上，弁護人立会いの下で，いつでも取調べを終了させられることを前提に，被疑者が自由意思で取調べに応じることは可能である。その限りでは，被疑者が自由意思で応じる「取調べ」手続について検討すれば足り，本書の提案する憲法的規制を採るか否かという二項対立的な議論に立ち入るべきではない。

いずれにせよ，ここで危惧することは，「イギリス型」や「アメリカ型」と称したように，取調べに関する議論において志向する「取調べ」が論者によって異なるように思われることである。このようなコミュニケーションギャップを回避するためにも，取調べ手続の意義・役割について検討する余地は充分にあるように思われる。

(2) 在宅被疑者の取調べ

本書は，身体拘束された被疑者の取調べに焦点を絞って検討してきた。これは，Miranda法理の示唆に基づいた取調べ規制を展望することを試みたためである。そのため，いわゆる在宅被疑者の取調べについて，充分に検討することができなかった。日本の刑訴法は，Miranda法理とは異なり，身体拘束の有無を問わずに黙秘権告知を要求している（法198条2項）。そこで，在宅被疑者の取調べについてどう考えるか―具体的には，法198条2項が身体拘束の有無を問わずに黙秘権告知を要求した意味をどのように考えるか―という問題が残る。また，在宅被疑者にも黙秘権が保障される以上，身体拘束されていない被疑者の取調べにも弁護人立会権が認められるか否かが問題となる。これらの点について，現時点での考えをごく簡単に述べ，今後の課題を示しておきたい。

Miranda判決は，身体拘束中の取調べに内在する強制的な雰囲気を問題視した。このことを形式的に捉えれば，いわゆる在宅被疑者の取調べには，供述を強制する雰囲気が内在しないことになる。確かに，在宅被疑

が自宅等で取調べに応じ，家族等が立ち会った場合には，供述を強制する雰囲気は相対的に弱いものとなろう。しかし，日本では，このような取調べは少数である。実際には，在宅被疑者の取調べの大部分が，捜査機関の庁舎内で行われている[16]。また，第三者が取調べに立ち会う事例も極めて少ない[17]。さらに，判例の理解によれば，在宅被疑者の取調べにおいて，一定程度の有形力を行使して取調室からの退去を押しとどめる行為や[18]，4泊5日の宿泊を伴う取調べ[19]は適法である。加えて，在宅被疑者の取調べは，「自由に帰ることができるはずの被疑者を，事実上取調室に監禁することによって自白を強要するという方法が採られることがあるという意味では，わが国では，皮肉なことに，任意の取調べこそ可視化が必要である」と危惧されている[20]。これらを踏まえれば，在宅被疑者の取調べに供述を強制する雰囲気が内在しないという理解は，狭きに失するものであろう[21]。日本の在宅被疑者の取調べの中には，Miranda判決の下では「身体拘束下の取調べ」に該当し得るものが存在するのである。そのため，法198条2項が黙秘権告知を要求していることは，極めて大きな意義を有する。

---

16) 法務省「取調べに関する国内調査結果報告書」（平成23年8月）8頁「表6 取調べの場所」によれば，検察官による在宅被疑者取調べの84.7%が，検察庁舎内で行われている。このうち，個室の取調室が19.8%であり，大部屋の取調室が64.9%であった。また，参考人の取調べは，全体の78.9%が検察庁舎内で行われており，11.0%が「少年鑑別所，交番・駐在所，病院，取調べ対象者の勤務先，店舗，車内」で行われている。

17) 法務省・前掲注16) 9頁「表7 取調べの立会人」によれば，検察官による在宅被疑者の取調べ21,958回のうち，弁護人立会いが認められたのは1回であり，家族・親族の立会いが認められたのは53回である。参考人の取調べ6,372回のうち，弁護人立会いが認められたのは21回であり，家族・親族の立会いが認められたのは168回である。

18) 最三決昭和51年3月16日刑集30巻2号187頁。

19) 最二決昭和59年2月29日刑集38巻3号479頁。

20) 小川英世「任意の取調べと可視化の必要性—公務執行妨害罪等の無罪判決を契機として—」刑弁51号（2007年）115頁。松田岳士「在宅被疑者の取調べとその可視化」法時83巻2号（2011年）23頁は，小川英世の指摘を引用し，「在宅被疑者の取調べについても，事実上，取調室に代表される取調べの場への出頭・滞留が強制される事例が存在」するという。

仮に，在宅被疑者の取調べを，身体拘束中の取調べと全く同質のものであると理解すれば，在宅被疑者の取調べにもMiranda法理が要求されることになる。在宅被疑者の取調べに内在する強制的な雰囲気を強調すれば，このような形でMiranda法理を拡大することにも，一定の説得力を認めることができる。しかし，被疑者が置かれた状況や，供述を強制する雰囲気の程度等を踏まえれば，在宅被疑者の取調べと身体拘束中の取調べを全く同質のものであると理解することはできない。少なくとも，Miranda法理を前提とする本書の射程を超えた議論になる。そこで，在宅被疑者の取調べに対する規制が問題となる。

まず，在宅被疑者は，受忍義務を負わないことの帰結として，弁護人立会いを要求することができる[22]。このとき，捜査機関が引き続き取調べを行いたいのであれば，弁護人を立ち会わせるほかない。但し，このような弁護人立会いの実現は，在宅被疑者の資力や弁護人選任の有無によって左右される。在宅被疑者が既に弁護人を選任していたり，弁護人を選任する資力があれば，実際に弁護人を立ち会わせた上で取調べを行うよう求めることができる。このことは，刑訴法上の弁護人依頼権からも導くことができるかもしれない。他方で，資力がない在宅被疑者の場合は，受忍義務がないことの帰結として弁護人立会いを要求しても，実際に取調べに立ち会わせる弁護人を有しない。2016年改正法に基づいても，在宅被疑者の国選弁護権は認められていない。換言すれば，資力のない在宅被疑者が弁護人立会いを要求したとしても，国選弁護人選任権者がいないのである。このような弁護人立会いの要求は，結局のところ，「弁護人が同席しなければ，供述を拒否する」という黙秘権の行使に他ならない。

在宅被疑者が取調べ受忍義務を負わないことは争いがない。そこで，在宅被疑者が上記のような黙秘権を行使することの効果として，取調べ中止

---

21) このような問題意識を示すものとして，渕野貴生「黙秘権保障と自白法則」川崎英明・白取祐司編『刑事訴訟法理論の探求』（日本評論社，2015年）185〜186頁，高内寿夫「被疑者取調べの適法性について」國學院52巻4号（2015年）137〜146頁等。
22) 後藤昭『捜査法の論理』（岩波書店，2001年）170頁。

効が保障されなければならない。Miranda法理を前提として，身体拘束の有無で取調べ規制を区別するのであれば，在宅被疑者の取調べ規制で最も重要なことは，「出頭後，何時でも退去することができる」ことを保障することであろう。在宅被疑者には，「取調べに応ずるか否かの意思の自由[23]」ないしは出頭・退去の自由が認められている。取調べ場所からの退去は在宅被疑者の権利であり，「刑訴法上被疑者への任意の取調…（は,）その開始・継続を被疑者の自由な意思に全面的に依存している《省略・挿入筆者》」のである[24]。このことは，第2章で確認した法198条1項の制定過程に照らしても明らかである。そのため，捜査官は，在宅被疑者が退去権を行使することができるように，黙秘権とともに，「何時でも退去することができる」旨を告知しなければならない[25]。その上で，取調べを受けるか否かを在宅被疑者の自由な選択に委ねなければならない。在宅被疑者を取り調べる際に退去権の告知を行わなかった場合は，事実上の取調べ強制にあたる。Miranda法理の考え方を前提に，取調べ規制を身体拘束の有無で区別するのであれば，在宅被疑者を取り調べる際には，以上の規制が要求されよう。

　なお，在宅被疑者の取調べに内在する強制的な雰囲気を強調するのであれば，黙秘権を実質的・実効的に保障するための手続的保護措置として，在宅被疑者の弁護人立会権を導くことができるかもしれない。これは，身体拘束の有無を問わずに黙秘権から弁護人立会権を導く点で，Miranda法理を拡大するものである。但し，このような形で在宅被疑者に弁護人立会権を認めた場合も，実際に弁護人を立ち会わせることができる被疑者は，私選弁護人を選任できる被疑者に限られる。既に述べたように，在宅被疑者が資力に乏しいとき，国選弁護人を選任する権限を有する者がいないためである。これは，Miranda判決と同様の問題である。そのため，私選弁護人を選任している被疑者は弁護人立会権を行使し得る一方で，在宅被

---

23) 酒巻匡「任意取調べの限界について—二つの最高裁判例を素材として—」神戸法学年報7号（1991年）291頁。
24) 福岡地判平成3年12月13日判時1417号45頁。
25) 三井誠『刑事手続法（1）〔新版〕』（有斐閣，1997年）128頁。

疑者の弁護人立会権行使は，やはり黙秘権の行使に他ならないということになる。取調べに立ち会わせる弁護人が存在しない以上，被疑者の権利行使の効果は，アメリカと同様に，取調べ中止効を生じるのみである。その意味で，Miranda法理の対象を在宅被疑者の取調べにまで拡大する必要はない。在宅被疑者の「取調べに応ずるか否かの意思の自由」ないしは出頭・退去の自由が保障されれば足りるように思われる。

(3) その他の課題

　仮に，本書が主張する憲法的規制がすべて容れられたとしても，被疑者の黙秘権を漏れなく保障することは困難である。すべての取調べを通じて，被疑者が弁護人の援助を受けられる状況が整備されていないためである。また，仮に制度が整備されたとしても，被疑者が常に「効果的な」援助を受けられる訳ではない。このように考えると，被疑者取調べの事前規制には，一定の限界が存在する。そのため，事前規制に加えて，事後規制である自白法則を充分に機能させることが不可欠である。しかし，本書は，「憲法的要求」を充たさなかった場合に自白を排除する根拠を充分に検討することができなかった。具体的には，本書が示した自白の証拠能力論が，自白法則の実質的根拠に関する従来の議論の枠組みの中で，どのように位置づくかを示すことができなかった。

　もっとも，アメリカにおいても，Miranda法理という予防法則に違反したことが，直ちに憲法違反になるか否かについて，充分な検討が行われているとは言い難い。Miranda判決も，黙秘権告知には「供述を強制する雰囲気」を打破する役割があることを前提に，告知を欠いた取調べで獲得した自白を不任意であると見做しており，自白を排除する根拠は必ずしも明らかではない。韓国においても，自白排除法則の根拠論や違法収集証拠排除法則との関係等について，極めて複雑な議論が展開されている。日本の裁判例を概観しても，自白排除の根拠は「モザイクの様相」を呈しており，統一的な理論を見出すことは困難である[26]。これらは，自白法則

---

26) 関口和徳「自白排除法則の研究（9）」北法63巻4号（2012年）61～62頁。

の根拠論が，必ずしも相互に排他的な関係にある訳ではなく，複合的であるためであろう。たとえば，本書を前提に，黙秘権を告知せずに獲得した自白について考えると，Miranda 判決のように，「供述を強制する雰囲気」が払拭されていないことを理由に，獲得した自白を不任意と見做せば，任意性説による排除が可能である。また，告知が憲法上の黙秘権の一内容であり，不告知それ自体が黙秘権の侵害にあたることを強調すれば，人権擁護説による排除の余地もあろう。他方，憲法上の要求である告知を欠くことが，憲法に違反する重大な違法を構成すると強調すれば，違法排除説による自白排除も説明し得る[27]。自白排除法則の根拠論は，極限的な事例において実質的な意義を有するのであって，少なくとも本書との関係では本質的な問題ではない[28]。黙秘権不告知の場合を例に挙げれば，任意性説によっても，人権擁護説によっても，違法排除説によっても，自白を排除し得るという説明で足りると思われる。その限りでは，自白排除の根拠は「被疑者取調べの憲法的規制」を展望する上で必ずしも不可欠な論点ではない。

　本書は，自白排除法則の他に，未決拘禁制度や証拠法則，弁護権及び防禦権に関する理論的検討も不足している。さらに，アメリカ及び韓国の被疑者取調べの実態調査も適わなかった。これらの問題を今後の検討課題として設定し，本書を結ぶ。

---

[27] 中島宏「自白法則における違法排除説再論」法時83巻2号（2011年）39～40頁は，取調べ録音・録画制度の実施がさらに拡大すれば，当該自白が獲得された取調べ状況を事後的・客観的に確認することができるため，違法排除の観点から自白排除法則を論じる意義が改めて自覚されると指摘する。

[28] 後藤昭・白取祐司編『新・コンメンタール刑事訴訟法〔第3版〕』（日本評論社，2018年）857頁〔後藤昭執筆〕を参照。

■著者紹介

安部　祥太（あべ　しょうた）　青山学院大学法学部助教（専攻：刑事訴訟法学）

《略歴》
1987年　東京都生まれ
2013年　日本学術振興会特別研究員（DC2）
2016年　青山学院大学大学院法学研究科公法専攻博士後期課程修了，博士（法学）
同　年　青山学院大学法学部助教（現在に至る）
　　　　この間，立正大学非常勤講師，國學院大學兼任講師などを兼任。第4回守屋研究奨励賞受賞。

《主要業績》
「被疑者取調べの録音・録画と記録媒体の証拠法的扱い」青山ローフォーラム3巻1号（2014年），「裁判員裁判と取調べ録音・録画——『撮ること』の重要性と『見ること』の危険性」法学セミナー750号（2017年），「韓国におけるGPS捜査をめぐる状況」指宿信編『GPS捜査とプライバシー保護——位置情報取得捜査に対する規制を考える』（現代人文社，2018年），「刑事訴訟法入門——『犯人』の権利を守るのはなぜか？」法学セミナー759号（2018年），「再審開始決定に対する検察官抗告に関する予備的検討——韓国国家人権委員会による検察官抗告の改善勧告を契機として」青山法学論集61巻2号（2019年）ほか

被疑者取調べの憲法的規制（ひぎしゃとりしらべのけんぽうてきぎせい）

2019年9月30日　第1版第1刷発行

著　者──安部祥太
発行所──株式会社　日本評論社
　　　　〒170-8474　東京都豊島区南大塚3-12-4
　　　　電話03-3987-8621（販売：FAX－8590）
　　　　　　03-3987-8592（編集）
　　　　https://www.nippyo.co.jp/　振替　00100-3-16
印刷所──精文堂印刷株式会社
製本所──牧製本印刷株式会社
装　丁──図工ファイブ

JCOPY　＜(社)出版者著作権管理機構　委託出版物＞
本書の無断複写は著作権法上での例外を除き禁じられています。複写される場合は，そのつど事前に，(社)出版者著作権管理機構（電話03-5244-5088，FAX03-5244-5089，e-mail: info@jcopy.or.jp）の許諾を得てください。また，本書を代行業者等の第三者に依頼してスキャニング等の行為によりデジタル化することは，個人の家庭内の利用であっても，一切認められておりません。
検印省略　©2019　Shota ABE
ISBN978-4-535-52438-5　　　　　　　　　　　　　　　　　　　Printed in Japan